Security

경호학원론

박준석 · 정주섭 공저

백산출판사

Preface
머리말

현대사회는 급격한 사회변화와 국가안보 및 다양하고 강력한 범죄의 증가로 국가안보 및 치안능력이 부족한 실정입니다.

또한 모든 학문의 체계가 통합학문, 융합산업 등으로 변화하고 있는 현실에서 경호환경, 경호요인, 변화, 시스템, 경호원 자질, 선발, 교육제도, 자격증 및 제도, 법적인 해석에 대한 경호학의 학문적 변화가 여러 유형으로 요구되는 것이 현 시점이라 보고 있습니다.

이에 따라 새로운 국제적 · 국내적 변화에 적응 · 적용 · 변화의 전환이 필요하다고 사료됩니다.

국가위기관리의 부재와 체계적인 위기관리 정착화 및 시스템의 정비가 시급한 현실 속에서 경호학 분야에 원론적으로 접근하고자 이 교재를 편찬하였습니다. 부족하지만 계속해서 수정 · 보완하도록 하겠습니다. 아무쪼록 경호학의 학문적 기초가 되고, 경호관련 분야의 전문가 양성 및 관심 있는 분들에게 조금이나마 도움이 되기를 바랍니다.

끝으로 이 교재가 나오기까지 많은 격려와 사랑을 주신 연구실 제자 및 많은 배려를 해주신 백산출판사 진욱상 사장님과 직원 여러분께 감사드립니다.

박준석 · 정주섭

Contents

차 례

경호학 원론

경호학의 개요

Chapter 01

제1절 경호의 개념

1. 경호의 개념

일반적으로 경호학의 개념은 연구의 방법, 연구의 대상, 연구의 절차, 연구의 개요에 따라 학문적 영역에 접근할 수 있다.

경호학을 어떠한 관점에서 보느냐에 따라 인문 · 사회, 즉 행정, 경영 등의 영역으로 해석하는 학자도 있을 수 있으며, 사회과학으로서의 범죄학, 심리학 관련 영역으로 해석할 수도 있을 것이다. 또한 자연과학 측면에서 볼 때에는 통계학, 측정 · 평가, 생리, 의학 등의 경호 관련 분야의 과학적 법칙과 논리를 규명하기 위해서는 합리적 수단 · 방법인 종합과학이라는 측면에서도 경호학에 접근할 수 있을 것이다.

저자는 경호학의 학문적 발전방안의 학회자료에서 기술한 바와 같이 일반적이고 사전적인 의미에서 벗어나 시대적 변화와 흐름에 따른 학문적 접근이 필요하다고 생각한다. 즉 인접학문에서 보는 것과 같이 경호학의 역사, 철학, 명확한 목표, 체제 등과 같은 기초학문의 연구가 시급히 실현되고 명확한 구분의 작업이 필요하다.

경호의 개념이 경찰과 민간경비업법상에서 서로 다른데 용어의 정의를 통해서 바람직한 경호의 정의를 명확히 내릴 필요가 있다. 즉 경호는 '공적경호와 사적경호의 개념을 총망라한 인적·물적·환경적 요인을 종합하여 삶을 안전하게 영위할 수 있도록 전반적인 제반활동을 확보하는 활동'이라 정의할 수 있겠다.

이에 따른 학문적 배경은 다음과 같다.

현재의 우리나라 경호학 분야는 공적인 개념으로 편중되어 있는데, 세계사적 변화의 중심으로 볼 때 민간경호·경비산업의 증가는 여러 학문적 자료에서도 인정되고 있는 것이 현실이다.[1)]

이와 같이 선진국의 여러 학자들이 주장한 바와 같이 시대변화에 따라 경호의 개념도 변하고, 민간경호·경비산업 분야에 치중하고 있는 것을 학문적 변화를 통해 알 수 있다.

저자는 경호학의 개념적 기초를 다음과 같이 정의하고자 한다.

---

1) Stenning, Philip C. and Shearing, Clifford D., *The quiet revolution : the nature, development and general legal implications of private security in Canada*, Criminal Law Quarterly 22, 1980, pp. 220–248.
Shearing, Clifford D. and Stenning, Philip C., *Modern Private Security : Its Growth and Implications*, in Crime and Justice, Vol. 3, edited by M. Tonry and N. Morris, Chicago : University of Chicago Press, 1981, pp. 193–245.
Nalla, M. K. and Newman, G. R., *Public Versus Private Control : A Reassessment*, Journal of Criminal Justice, Vol. 19, 1991, pp. 537–547.
Johnston, Les., *Policing Britain : Risk, Security and Governance*, London : Longman, 2000.
Bayley, David and Shearing, Clifford D., *The future of policing*, Law and Society Review 30(4), 1996, pp. 585–606.
George, Bruce and Button, Mark, *Private security,* Perpetuity Press, 2000.
Button, Mark, *Private Policing,* London : Willan Publishing, 2002.

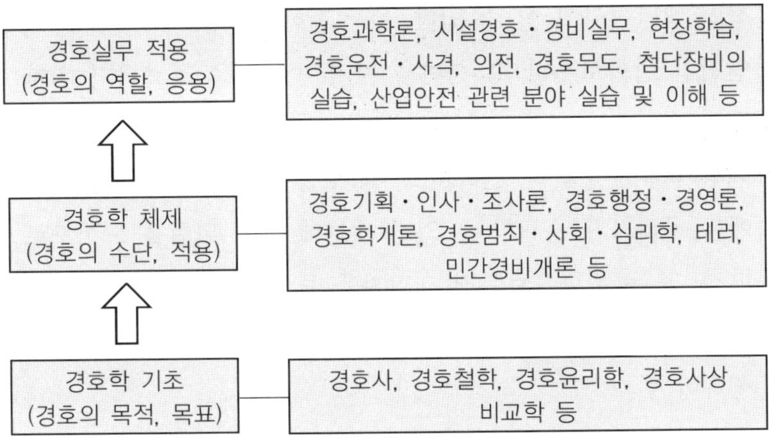

[그림 I-1] 경호학 개념 정립의 접근방법

또한 경호용어의 정의도 국문・영문에 대한 정의를 명확히 구분하여 개념 정리를 해야 한다. 자세한 내용은 뒷면 경호학의 발전방안에 자세하게 설명되어 있다.

사회가 다변화되고 범죄 수법이 다양화, 지능화됨에 따라 경호 대상자들이 위해를 당하는 사례가 점차 증가되자 전문적 경호조직의 필요성이 대두되었고, 그 요구에 따라 각자 그 나라와 경호환경에 적합한 경호기법과 경호조직이 탄생하게 되었다.

경호임무를 수행하는 경호원이란 생의 가장 귀한 목숨을 담보로 임무를 수행하는 자들이며, 언제 어디서든지 자기의 목숨을 초개와 같이 버릴 수 있는 숭고함과 투철한 직업의식을 가지고 있다고 볼 수 있으며, 역설적으로 이러한 위기의식이나 직업의식이 없다면 경호원으로서의 임무를 수행하기란 매우 어렵다고 볼 수 있다.

경호의 개념을 실질적 의미의 경호개념과 형식적 의미의 경호개념으로 구분하여 살펴보면 다음과 같다.

실질적 의미의 경호개념은 경호를 본질적・이론적 입장에서 이해한 것으로 학문적인 개념이라고 할 수 있다. 즉, "경호란 경호대상자를 인위적인 위해나 자연적인 변화로부터 그 신변을 지키고 안전을 확보하기 위한 작용을 말한다."[2)]

"경호대상자는 군중과의 접촉시도 및 모습을 나타내려는 속성이 있으며 군중 속에는 위해자가 존재할 수 있기 때문에 항상 위협을 느끼므로 경호원은 가능한 한 모든 위협으로부터 대상자를 보호, 위험을 감소시키는 일련의 경호활동을 실시하려 경호대상자와 군중의 중간지대에서 완충벽(Buffer) 역할을 수행해야 한다."[3)]

결론적으로 각 나라마다 그 나라의 특성에 따른 경호의 임무와 성격을 각각 다르게 규정하고 있지만 설명하고자 하는 의미는 같다고 본다.

형식적 의미의 경호개념은 현실적인 경호기관을 기준으로 하여 정립된 개념으로 법·제도적 측면의 개념을 의미한다. 즉 이론적인 개념이 아닌 현실적인 개념으로 정립시킨 것이다. 그러므로 형식적 의미의 경호는 경호기관에 의하여 행하여지는 그리고 제도적으로 정립되어 있는 의미를 뜻한다.

미국 Secret Service(미국비밀경호대)는 "경호는 실질적이고 주도면밀한 범행의 성공기회를 최소화하는 데 있다"고 정의하고, 일본의 Security Police(요인경호대)에서의 경호란 신변에 위해가 있을 때 국가 공공안녕의 질서에 영향을 줄 우려가 있는 자에 대하여 그 신변의 안전을 확보하기 위한 경찰활동이라 정의한다.

위에서 종합해 본 바와 같이 경호의 개념을 정의내리고자 한다.

경호란 인적·물적·환경적 요인을 종합적으로 계획하여, 결과·사후처리까지 완벽하게 임무를 완성하는 것이라고 할 수 있겠다. 즉 T.S.S.S(Total Security Service System)라고 정의할 수 있겠다.

---

2) 김계원, 『경호학』, 백산출판사, 2004, pp. 19-20.

3) Mark V. LonsDale, *Body guard*, Los Angeles : California 90049, 1995.

경호의 개념은 공경호를 강조할 뿐만 아니라 민간경호・경비・산업 부분까지 개념을 확대 해석해서 종합적인 경호・경비・안전 등 체계적, 조직적 관리를 해야 할 것이다.

2. 공경호의 원리

1) 공경호의 기본원리

(1) 3중경호의 원리

'3중경호의 원리'는 대부분의 전문 요인 경호기관에서 채택하고 있는 기본원리이다. 이 원리는 "경호대상자가 위치한 지역에서 가장 근거리부터 엄중한 경호를 취하는 순서로 따져 근접경호(Inner Ring), 중간경호(Middle Ring), 외곽경호(Outer Ring)"[4]로 나누고, 그에 따른 요원의 배치와 임무를 부여하여 범위 내에서 체계적으로 거리를 계산하여 논리성 있게 임무를 수행하는 것을 3중경호라 한다.

(2) 자연방벽의 원리

경호원은 우발사태 발생 시 수직적 방벽효과를 높이기 위해서 절대로 무릎을 굽히거나 몸을 움츠리거나 은폐시켜서는 안된다. 자신의 체위를 최대한 확장하여 피경호인에 대한 안전을 최대화하여 공격방향으로 대응해야 하는 것이다.[5]

---

4) 김두현, 『경호학개론』, 백산출판사, 2008, p. 40.

5) 양재열, 「경호의 기본적 이론에 관한 연구」, 연세대학교 행정대학원 석사학위논문, 1995.

(3) 근접거리 확보의 원리

다중이용시설이나 공공기관의 시설에서 다수, 소수의 경호대상 인원에 따른 적정 감시거리를 산출하기는 어렵다. 하지만 위해자의 손, 발, 무기, 시선 등을 고려하여 경호원이 경호대상자의 위협을 빨리 인지하여 즉각적으로 대응할 수 있도록 충분한 거리를 유지, 확보하여 접근 및 통제를 효율적으로 확보하는 원리를 말한다.

3. 민간경비의 개념 및 원리

1) 민간경비의 개념

민간경비의 개념은 특정국가가 처한 사회환경이나 시대적 상황에 따라 각기 다르다는 점을 인식하여야 한다. 우리나라의 경우, 경비업법 제2조 제1항[6]에서는 경비업무를 시설경비업무, 호송경비업무, 신변보호업무, 기계경비업무, 특수경비업무 등으로 시설경비에 혼잡경비를 포함시키고 있다. 이에 비해서 일본의 경비업법 제2조 제1항[7]은 경비업무를 시설경비, 혼잡경비(교

---

6) 제2조 제1항[경비업법]
   가. 시설경비업무 : 경비를 필요로 하는 시설 및 장소에서의 도난·화재 그 밖의 혼잡 등으로 인한 위험발생을 방지하는 업무
   나. 호송경비업무 : 운반 중에 있는 현금·유가증권·귀금속·상품 그 밖의 물건에 대하여 도난·화재 등 위험발생을 방지하는 업무
   다. 신변보호업무 : 사람의 생명이나 신체에 대한 위해의 발생을 방지하고 그 신변을 보호하는 업무
   라. 기계경비업무 : 경비대상시설에 설치한 기기에 의하여 감지·송신된 정보를 그 경비대상시설 외의 장소에 설치한 관제시설의 기기로 수신하여 도난·화재 등 위험발생을 방지하는 업무
   마. 특수경비업무 : 공항 등 대통령령이 정하는 국가중요시설의 경비 및 도난·화재 그 밖의 위험발생을 방지하는 업무

7) 일본 경비업법 제2조 제1항[경비업무]
   1. 사무소, 주택, 유흥장, 주차장, 유원지 등(이하 「경비업무 대상시설」이라고 한다)에 있어

통유도경비), 호송경비, 경호경비를 기본업무로 인정하면서 시설경비에 기계경비를 포함시키고 있다.

일반적으로 민간경호 · 경비라 함은 공경비에 대칭되는 개념으로 "여러 가지 위해로부터 개인의 이익이나 생명, 재산을 보호하기 위하여 특정한 의뢰자인 고객으로부터 받는 보수에 따라 안전 · 경비에 관련된 서비스를 행하는 개인 및 단체 그리고 영리기업을 말한다."[8]

민간경호 · 경비는 개념, 역할 그리고 기능 등이 각 나라마다 조금씩 차이를 보이고 있지만, 대체로 "민간경비는 경비원이 민간의 신분으로 고객의 요청에 의하여 범죄예방이라는 상품으로 고객이 지불하는 경비만큼 안전에 대한 경비서비스를 제공하는 것이라 할 수 있다."[9]

민간경호 · 경비의 기본적인 목적은 사회적 재산을 보호하고 손실을 예방하는 것으로써, "민간경호 · 경비는 넓게는 범죄(Crime)를 포함하여 낭비(Waste), 사고(Accidents), 테러(terror), 비윤리적 활동(Unethical Practices) 등 다섯 가지 유형의 위해를 통제하는 역할을 수행한다."[10] 이러한 민간경호 · 경비의 개념에 대해서는 다양한 견해가 있다.

최근에는 민간경호 · 경비분야 중 가장 급성장하고 있는 부문은 경비기기나 시스템의 제조 · 유통 · 시공 부문이다. 그러나 기존의 민간경호 · 경비의

서 도난 등의 사고발생을 경계하고 방지하는 업무
2. 사람 혹은 차량이 혼잡한 장소 또는 이들의 통행에 위험이 있는 장소에 있어서 부상 등의 사고발생을 경계하고 방지하는 업무
3. 운반 중인 현금, 귀금속, 미술품 등에 관한 도난 등의 발생을 경계하고 방지하는 업무
4. 사람의 신체에 대한 위해의 발생을 그 신변에서 경계하고 방지하는 업무

8) Private Security, *Report of the Task Force on Private Security*, U. S. Government Printing Office, 1976, p. 4.

9) 김영제, 「시큐리티 컨설팅 활성화를 통한 시스템 구축 방안에 관한 연구」, 용인대학과 경영대학원 석사학위논문, 2002, pp. 32-34.

10) 서진석, 「민간경비의 개념정의와 새로운 경향에 관한 이론적 고찰」, 21세기 질서행정, 성석 정진환 교수 정년기념논총 간행위원회, 2002, p. 331.

개념에서는 이런 부문이 제외되어 정의되고 사용되는 실정이다.

즉 고객으로부터 받은 보수에 따른 경호·경비를 행하는 개인 및 단체 그리고 영리기업을 말한다. 이러한 민간경호·경비 용어는 대체로 학자에 따라서 민간경호·경비, 임대경호·경비(Rent-a-Cops), 사경호·경비(Private Police) 또는 용역경호·경비 등으로 불리고 있다. 민간경호·경비는 일정한 경제적 금액을 지급하는 특별한 고객에게 안전[11] 관련서비스를 제공하는 자영업자와 사기업체 또는 다양한 위험요소들로부터 생명과 재산, 권리 등을 보호하기 위하여 이와 같은 사람들을 고용하거나 자체적으로 보호하는 개인이나 회사라고 규정할 수 있다. "민간경호·경비원은 법인조직의 고용인으로 사적 소유물 등을 보호하는 일을 한다."[12]

따라서 경호·경비원이라 함은 경호·경비업의 허가를 받은 법인이 채용한 고용인으로서 경호·경비업무를 수행하는 자이며, 경비원은 시설경호·경비업무, 호송경호·경비업무, 신변보호업무, 기계경호·경비업무 등을 수행하는 일반 경호·경비원과 특수경호·경비업무를 수행하는 특정경호·경비원으로 나누어진다.

2) 민간경비의 원리

(1) 경제환원론(Economic Reduction Theory)

일반적으로 경제환원론은 특정한 현상을 설명함에 있어서 그 현상이 경제와 직접적으로는 무관한 성격을 갖는 것임에도 불구하고 그 원인을 경제문

---

11) 안전(Security)이란, 안전한 상태나 성질, 위험으로부터 자유로움(Freedom From Danger), 안전(Safety), 공포나 불안으로부터의 자유로움, 보호(Protection), Spy행위나 파괴행위(Sabotage), 공격이나 도망에 대하여 보호조치가 취해진 것으로 정의하고 있다(Webster's New Collegiate Dictionary).

12) 장대홍, 「미국 민간경비산업의 새로운 경향, 민간경비산업의 국제적 동향」, 한국민간경비학회, 2001, pp. 26-27.

제에서 찾으려는 입장을 취하려는 특징이 있다.

예를 들면, 한 국가의 정치적 변화를 그 국가의 경제발전단계나 경제적 운용 상태에로 귀결 지우려는 연구들이 있는데, 이는 경제환원론적 입장에서 설명하려는 노력으로 볼 수 있다.

이와 같은 맥락에서 경제환원론적 입장에 있는 학자들은 민간경호·경비시장의 성장을 범죄의 증가에 따른 직접적 대응이라는 전제하에서 출발하고 있으며, 특히 거시적 차원에서 범죄의 증가를 실업의 증가에서 그 원인을 찾으려고 하는 것이 특징이다.

물론 실업은 경제의 일반적 침체에서 발생한다고 봄으로써 결국 민간경호·경비시장의 성장을 경제 전반의 상태나 운용에 연결시켜 설명하려는 입장이 경제환원론의 시각이다.

(2) 수익부담자이론

수익부담자이론은 자본주의사회에서 국가기구의 일부로서 경찰이 갖는 근본적 성격과 역할 및 기능에 관한 통념적인 인식에 의문을 제기하면서 시작한다. 경찰의 역할이 개개인의 안전과 사유재산을 보호하는 것이라는 일반적인 통념을 거부하는 것이다.

국가기구의 일부로서 경찰은 국가가 자본주의의 전반적 체제유지를 위한 정치적 역할을 수행하는 데 있어 일부분을 담당하는 공조직으로 파악되어야 한다는 것이다. 따라서 자본주의사회에 있어 경찰의 공권력 작용은 원칙적으로 질서유지나 체제수호 등과 같은 역할과 기능으로 한정하고, 사회구성원 개개인 차원이나 회사, 기업체 등 조직차원의 안전과 보호는 결국 해당되는 개인이나 조직이 담당하여야 한다는 인식에 기초를 둔 이론이다.

이것은 개인이 자신의 건강을 보호받기 위해서 상업적인 의료보험이나 자동차보험 등에 가입해야 하는 이치와 비교하여 이해할 수 있을 것이다. "자본주의사회에서는 개인의 재산보호나 범죄에서 올 수 있는 신체적 피해로부터의 보호는 결국 개인적인 비용에 의해 보호받을 수밖에 없다는 입장이 바로 수익자부담이론이다."[13]

자본주의의 발전과정에서 부의 증가에 따른 민간경호·경비의 발전은 불가피한 것이지만, 민간경호·경비가 특정한 시기에 급증하는 것은 몇 가지 조건 즉 전반적인 국민소득의 증가, 그리고 민간경호·경비제도나 서비스의 유용성에 대한 인식변화 등의 조건이 부수적으로 조성되었을 때 가능하다고 본다.

(3) 이익집단이론(Interest Group Theory)

이익집단이론은 1973년 Flovel이 주장한 이론으로서 경제환원론적 이론이나 경찰과 민간경호·경비가 상호보완적 관계를 갖는다는 공동화이론의 입장을 부정하는 이론으로써, "그냥 내버려두면 보호받지 못한 채로 방치된 재산을 민간경호·경비가 보호한다"는 주장을 제시하고 있다.[14]

(4) 공동화이론

공동화이론은 한 사회에 있어서 민간경호·경비가 경찰이 수행하고 있는 경찰 본연의 기능이나 역할을 보완하거나 대체한다는 일반적 관점과 맥을 같이하는 이론이다.

공동화이론은 경찰 자신들에게 부여된 기능이나 역할인 범죄예방이나 통제와 같은 서비스를 제공할 수 있는 능력, 즉 인적 측면이나 물적 측면 등이 감소됨으로써 생겨난 공동상태를 민간경호·경비가 채워준다는 주장을 기본

13) Gion Green, *Introduction to Security*, Boston : Butterworth, 1981, p. 18.

14) Tomas M. Scott and Marlys McPherson, *The Development of The Private Sector of The Criminal Justice System*, Law and Society Review(Vol. 6, No. 2), pp. 267–288.

골격으로 하고 있다.

사회의 다원화와 분화에서 초래되는 사회적 긴장과 갈등 그리고 대립 등에 의한 무질서나 범죄의 증가에 대응하기 위해서는 경찰력이 증가하여야 한다.

그러나 경찰력의 증가는 현실적으로 통상 이러한 사회적 요구를 따라가지 못하고 있다. 그 결과 생겨나는 갭(Gap)을 채우기 위해서 민간경호・경비가 발전한다는 이론이다. 이 이론에서 유추할 수 있는 것은 "경찰과 민간경호・경비가 상호갈등이나 경쟁관계에 있는 것이 아니라 상호보완적, 역할분담적 관계를 갖는다는 점"이다.[15)]

공동화이론은 기본적으로 공경호・경비인 경찰과 민간경비 사이의 관계가 어떠한 성격을 갖는가 하는 논의에서 이론적 근거를 찾을 수 있다.

(5) 공동생산이론

최근 치안환경과 관련하여 치안서비스 생산과정에 있어서 경찰과 같은 공공부문(Public Sector)의 역할증대뿐만 아니라 민간부문(Private Sector)의 참여를 활성화시킬 수 있는 방안이 활발하게 논의되고 있다. 이는 공공경찰이 근본적으로 안고 있는 한계를 일부 극복하고 시민의 안전욕구를 증대시키기 위하여 민간부문의 능동적인 참여를 다각적으로 유도하기 위한 것이다.

여기에서 논의되는 민간부문은 서비스 수혜자인 시민(Citizens), 영리목적의 민간경비(Private Security) 등을 들 수 있다. 과거에는 이들 민간부문이 단지 치안활동의 보조적 차원 내지는 별개의 차원에서 인식되어 왔으나, 오늘날에는 이들을 능동적・주체적으로 인식하기 시작하였다. 이는 민간부문을 경찰의 보조적 차원이 아닌 주체적 차원으로 인식함으로써 이들이 가지고

15) 이윤근, 「한국 사경비 발전방안에 관한 조사연구」, 동국대학교 대학원 박사학위논문, 1989, pp. 18-19.

있는 풍부한 인적·물적 시큐리티 자원을 보다 효율적이고 체계적으로 활용하고자 하는 의도에서 비롯된 것이다.

따라서 오늘날 치안활동에 있어서 민간부문의 참여는 필연성을 갖기 시작했으며, 공공부문과 민간부문이 결코 구별된 것이 아니라 다양한 Network에 의해서 복잡하게 이루어지고 있음을 부인할 수 없게 된 것이다. 이와 같은 이유로 오늘날 미국과 영국 등 선진국에서는 치안활동에 대한 접근에 있어서 소위 '서비스주체의 다원화'에 초점을 맞추고 있는 실정이다. 치안활동에 있어서 다원화된 전체라는 것은 경찰이 독자적으로 치안서비스 생산과정에 참여하는 것이 아니라, 이외에도 민간부문이 독립된 주체로서 참여하게 되었음을 의미하는 것이다. 이러한 견해는 '치안활동(Policing)'은 곧 '공공경찰(Public Police)'이라는 전통적 견해에서 보다 발전된 것이라 할 수 있다.

(6) 지역사회경찰활동이론

증가하는 범죄를 억제하고 경찰과 사회를 재통합하려는 '전통적 경찰활동'의 실패는 일반적으로 '지역사회경찰활동(Community Policing)'이라고 불리는 새로운 추세를 이끌었다.[16)]

지역사회경찰활동은 사회의 근본문제를 개선해 가면서 경찰과 시민의 관계를 중요시하는 경찰활동으로서 ① 분권화, ② 시민들과의 적절한 상호교류 및 협력, ③ 제도화된 감독과 업무수행에 필요한 훈련을 통해 시민과의 관계를 재정립하고, ④ 경찰조직 내 상·하 경찰관과의 관계를 재정립하는 것이라고 볼 수 있다.

범죄문제에 있어서도 사후의 대응보다는 사전의 적극적인 범죄예방을 선호하며, 경찰활동에 시민의 참여를 유도함으로써 경찰력의 한계를 극복하려

---

16) Louis A. Radelet, David L. Carter, *The Police And The Community*, New York : MacMillan College Publishing Company, p. 60.

하고 있다. 이러한 변화는 경찰이 시민을 잠재적 범죄자 또는 범죄피해의 대상자로 보는 자세에서 벗어나 범죄와 맞서 싸우는 범죄 진압자로 여기게 된 것을 뜻한다. 또한 "경찰도 다양한 사회체계들 가운데 하나로서 다른 체계와의 상호작용을 통하여 개방적인 자세로 사회문제를 해결하려는 것"이기도 하다.[17]

(7) 민영화론[18]

1980년대 이후 민영화가 세계적인 추세를 이루었고, 이러한 추세는 현재도 지속되고 있다. 이것은 복지국가의 이념에 대한 하나의 반성이고 앞으로 국가 역할의 범위를 어떠한 방향으로 정할 것인가를 보여주는 것이다.

민영화의 증가에 따라 공공서비스의 민간위탁이 증가하면서 공공관료제의 독점적 지휘에 근거를 두고 이루어지던 이전의 관리방식에 혁신적인 변화를 가져왔다. 민간위탁이란 정부와의 계약에 따라 민간기업이 공공서비스를 제공하는 것을 말한다. 민영화는 수혜자들이 개인적으로 많은 도움을 받을 수 있고 정부사업을 개인기업이 효과적으로 운영할 수 있다고 판단하는 경우 등이다. "치안질서 유지업무도 이러한 추세에 따라 국가권력에 의하여 수행되어야 하는 필수적인 부분을 제외하고 민간이양이 가능한 부분은 민간에 의하여 수행되어야 한다"는 이론이다.[19]

이러한 방법은 이윤동기에 따른 서비스 공급의 전문성과 신축적인 대응성을 활용하면서 다른 한편으로는 민간기업이 간과하기 쉬운 공공성을 유지하

---

17) 이기헌 · 임영철 · 기광도, 「미국 경찰의 범죄예방활동에 관한 연구」, 한국형사정책연구원, 1995, p. 57.

18) 오선경, 「민간경비 역할증대에 따른 인력관리 효율화 방안에 관한 연구」, 동국대학교 행정대학원 공안행정학과 석사학위논문, 2000, pp. 22-23.

19) 서민, 「우리나라 민간경비산업의 문제점과 개선방안에 관한 연구」, 성균관대학교 행정대학원 석사학위논문, 2003, pp. 26-27.

고자 할 때 주로 이용한다. 즉 민간위탁은 경쟁을 전제로 한다는 점에서 민영화와 구별되는 개념이다. 특히 미국에서는 민영화와 계약이 동의어로 사용되고 있지만 실제로는 완전히 다른 것이다. 민영화는 물질적 재산의 소유권을 공공부문에서 민간부문으로 이전하는 것을 말한다. 민영화된 조직은 경쟁적인 환경하에서 운영될 수도 있고 그렇지 않을 수도 있다. 따라서 민영화는 본질적으로 경쟁의 촉진과는 독립되어 있는 것이다. 민영화 후에 얼마나 경쟁이 이루어지는가는 산업구조와 정부의 정책에 달려 있다. 반면에 계약은 경쟁을 개방하는 것을 의미한다. 조직은 특정한 서비스를 고객에게 공급하기 위한 계약에 입찰하도록 초대받는다. "계약 공급의 두드러진 특징은 사전적인 경쟁이라는 요소에 있다."[20]

이런 민영화이론은 국가중요시설의 경호·경비를 민간경비에 위탁시키는 경우 전용된다고 할 수 있다. 그러나 국가 중요시설의 경호·경비를 민간경비에 전담시키는 것이 전적으로 모든 것을 민간에 이양하는 것은 아니며, 그 관리권을 공공기관에서 보유한 상태로 운영만 민간기업이 하는 것으로 볼 때 외주의 한 형태로 볼 수 있다. 즉 "서비스의 내부공급에서 외부공급으로 전환이 이루어지고, 이 과정에서 경쟁개념을 도입하여 보다 효율적인 서비스를 제공함에 그 의의가 있다"고 할 수 있다.[21]

(8) 제이론과 민간경호·경비 산업의 상관성

위와 같은 이론들을 고려해 볼 때 민간경호·경비 산업의 육성은 여러 이론들 중에서 특히 민영화론과 수익자부담의 원칙에 부합되는 것으로 보아야 한다. 사회가 다원화되고 정부의 권한이 민간영역에 미치는 제약성이 점차

20) 정윤길, 「지방공공서비스의 위탁계약 관리과정에 관한 연구」, 동국대학교 대학원 박사학위논문, 1998, pp. 9-10.

21) 안창훈, 「경비지도사 제도의 문제점 및 개선방안에 관한 연구」, 논문집 제 17집, 경찰대학, 1997, pp. 20-21.

줄어들고 있는 상황에서 편익을 보는 측에서 비용을 부담하는 것은 당연한 결과라고 할 수 있다. 결국 민간경호·경비 산업은 민영화이론과 수익자 부담이론이 중첩되는 점이위치에 놓일 필요에 의해서 민간경호·경비 산업이 태동한 것으로 해석이 가능하다는 것이다. 여기에 "외부 환경적 요소로 경제환원론, 공동화이론, 이익집단이론이 이론적 근거로 존재하는 것"이다.[22)]

제2절 경호의 목적과 목표

1. 경호의 목적

경호대상자 중에서도 특히 국가수반(대통령, 국왕, 수상 등)은 헌법상 국가를 보위하고 헌법을 수호하는 책임을 진다. 따라서 국가원수에 대한 경호는 한 개인의 신변을 보호하는 것으로 그치는 것이 아니라, 그것은 곧 국가와 국민의 안전을 보장하는 것과 직결된다고 볼 수 있다.

경호업무의 주요목표는 인적, 물적, 환경적 위해 요소로부터 경호대상자를 보호하는 것이다.

즉 경호대상자를 보호하고 위해자의 피해를 줄이는 데 목적이 있다. 목표달성을 위하여 실시하는 목적을 설명하면 다음과 같다.[23)]

1) 질서유지 및 공공의 안녕

주요요인이 있을 행사장의 시설 등에 대한 사건 검토와 분석을 하고 군중통제계획을 수립함과 동시에 관계기관과 협조함으로써 사건을 미연에 방지한다.

22) 강길훈, 「민간경비의 환경과 이론적 배경 고찰」, 경호경비연구, 제2호, 1999, p. 25.
23) 위준혁, 「경호경비에 관한 연구」, 동국대학교 대학원 석사학위논문, 1968, p. 97.

또한 법질서, 권리, 각 개인의 법익, 국가 또는 기타 공권력 주체의 기관과 집행의 불가침성을 뜻한다.[24)]

2) 신변안전보호

경호업무의 주요목적은 경호대상자의 여러 신변 요소에 대한 안전을 지키는 데 있다. 이것이 경호의 가장 중요한 목적이라고 하겠다.

3) 국민과의 협조 및 서비스

위험방지를 위한 법집행적인 임무뿐만 아니라, 적극적인 서비스 활동을 통해 국민에게 서비스를 제공하는 역할을 한다.

또한 경호대상자의 행사 간 군중들과 친화를 도모할 수 있도록 군중을 질서 정연하게 정리하고 감정적인 대립이 없도록 주의해야 한다.[25)]

2. 경호의 목표

경호의 목표는 공격보다는 예방경호와 우발상황에서의 신속한 제압, 사후처리를 효율적으로 행하는 것이다. 경호의 목적을 달성하기 위한 하위개념으로서의 경호의 목표는 1차 목표, 2차 목표로 구분하여 설명할 수 있다.

1) 1차 목표

피경호인 보호를 위한 경호의 목적을 달성하기 위하여 모든 경호조치의 1차적 목표는 '사전 안전조치', 즉 예방경호라고 할 수 있다.

---

24) 경찰대학, 『경찰학개론』, 2003, p. 14.

25) 경찰대학, 『경찰경비론』, 2003, pp. 258-260.

사전 안전조치란 피경호인의 안전한 보호를 위해 위험요소를 제거하거나 최소한의 수준으로 감소시키거나 무력화시켜 피경호인에 대한 공격 또는 공격의지를 사전 예방하는 조치이다.

사전 안전조치라는 경호의 1차적인 목표를 달성하기 위하여 피경호인이 'A'라는 행사장에 행차할 경우 경호요원들은 피경호인보다 사전에 예정행사장에 도착하여[26] 인적·물적 취약요소 및 모든 위험요소를 제거하게 된다.

2) 2차 목표

피경호인 보호라는 경호의 목적을 달성하기 위해 필요한 1차적인 경호목표가 사전 안전조치이고 완벽을 향한 안전조치에도 불구하고 1%의 오차나 허점으로 피경호인이 배석한 행사장에서 우발상황이 발생했을 경우 피경호인 보호를 위한 경호의 2차 목표는 바로 방호 및 대피라고 할 수 있다.[27]

경호는 공격이 아닌 방어임무이며 공격을 가해온 적을 저지하는 것이 중요한 것이 아니라 그 위험 현장에서 피경호인을 얼마나 신속하게 방호(Cover)하고 안전한 지역으로 대피(Evacuate)시키느냐가 중요하며 공격자 퇴치 및 제압은 그 다음의 문제이다.

행사장에서 우발상황이 발생했을 경우 대적행위를 하기보다는 신속한 '방호 및 대피'를 우선 개념으로 두는 것이 피경호인 보호를 위한 보다 효과적인 방법이라고 할 수 있다.

우발상황 발생 시 피경호인에 대한 방호 및 대피보다 범인에 대한 대적행위를 우선 개념으로 두고 행동할 경우 오히려 피경호인에게 치명적 결과를 초래한 경우를 우리는 이제까지 발생한 위해사례를 통해 많이 볼 수 있

---

26) 선발경호원 : 행사지역에 사전 출동하여 모든 위해요소에 대한 안전조치를 강구하는 요원.
27) 김광기, 「조선시대 무예사를 통한 경호제도의 고찰」, 건국대학교 대학원 박사학위논문, 1998, p. 20.

다.[28)]

따라서 경호는 공격이 아닌 방어임무이며 공격을 가해온 적을 저지하는 것이 중요한 것이 아니라 그 위험 현장에서 피경호인을 얼마나 신속하게 방호하고 안전한 지역으로 대피시키느냐가 중요하며 공격자 퇴치 및 제압은 그 다음의 사항이다.

제3절 신변보호 및 예방작용

1. 신변보호 및 예방작용의 정의

우리나라 공경호의 대표기관인 대통령 등의 경호에 관한 법률에서는 "경호를 신체에 대하여 직접적으로 가해지는 위해를 근접에서 방지 또는 제거하는 '호위'와 생명 또는 재산을 보호하기 위해 특정한 지역을 경계, 순찰, 방비하는 '경비'를 통합한 개념"으로 보고 있다.[29)]

미국의 공경호기관인 비밀경호대(Secret Service)는 경호를 "Protection is to minimize the chances of success of any real or contemplated attack(경호는 실제적이고 주도면밀한 범행의 성공기회를 최소화하는 데 있다)"라 정의하고 있다.[30)]

일본 공경호기관인 요인경호부대는 경호를 "신변에 위해가 있을 경우 국가 공공 안녕질서에 영향을 줄 우려가 있는 자에 대하여 그 신변의 안전을 확보하기 위한 경찰활동"으로 정의하고 있다.

28) 양재열, 「경호의 본질적 이론에 관한 연구 : 국가원수 경호를 중심으로」, 연세대학교 행정대학원 석사학위논문, 1995, p. 21.

29) 「대통령 등의 경호에 관한 법률」(법률 제10060호, 2010.3.12 개정), 제2조

30) 미국, 『SS팜플렛』(Protective Services), 1978, p. 20.

우리나라 경찰행정상 경호경비를 경호대상자의 신변에 대하여 직・간접적으로 가해지려는 위해를 방지하기 위해 위험요소를 사전에 제거하고 경호대상자의 안전을 도모하는 경찰작용으로 보고 있다.

공경호에서 신변보호란 "보호대상자의 생명, 신체를 직접・간접 위해로부터 보호하는 작용, 즉 보호대상자를 호위하는 작용이다"라고 정의한다. 또는 "경호대상자를 각종 음모나 사건 등 모든 위험과 곤경으로부터 보호하는 것"이라고 말할 수 있다.[31)]

민간경호 분야인 경비업법에서는 경호대상자 신변보호를 "사람의 생명이나 신체에 대한 위해 발생을 방지하고 그 신변을 보호하는 업무"로 정의하고 있다.[32)]

따라서 경호조직의 형태에 따라 다소 차이는 있지만 일반적으로 신변보호란 "경호대상자의 생명이나 신체를 직접・간접적인 모든 위험 및 곤경으로부터 보호하고 안전하게 방호하는 작용"으로 정의할 수 있겠다.

이상의 경호의 정의 및 신변보호의 정의에서 살펴보았듯이, 신변보호는 주된 경호의 목적으로써 대부분의 경호작용은 경호대상자의 신변보호를 위해 이루어진다.

사전적인 의미로 볼 때 예방(Prevention)이란 "무슨 일이나 탈이 있기 전에 미리 막는다"라는 뜻이며, 작용(Activity)이란 '동작하는 힘'을 의미한다.

따라서 일반적으로 예방작용(Prevention Action)이란 "무슨 일이나 탈이 있기 전에 힘을 가하여 미리 막는다"라고 정의할 수 있다.

이를 경호적인 측면에서 해석하면 예방작용이란 "경호대상자의 신변에 위해가 가해지기 전에 예방조치를 취하는 것이다." 즉 취약요소에 대한 대응책을 사전에 마련함으로써 위험을 최소화하는 것을 의미한다.

---

31) 양재열, 「경호의 기본적 이론에 관한 연구」, 연세대학교 행정대학원 석사학위논문, 1995, p. 19.

32) 「용역경비업법」(법률 5124호, 1995. 12. 30) 제2조.

이런 예방작용 차원에서 경호대상자가 행사장에 도착하기 전에 사전 출동하여 사전 안전조치를 취하는 것을 선발경호(Advance Security)라고 한다.

다른 의미로 예방작용은 실제적이고 주도면밀한 범행의 성공기회를 최소화, 무력화시키는 활동이며 경호대상자의 안전한 보호를 위해 위험요소를 사전에 제거하거나 최소한의 수준으로 감소시키거나 무력화시켜 경호대상자에 대한 공격을 사전 차단하는 작용, 즉 사전 안전조치로 볼 수 있다.

이런 예방작용은 경호환경 및 여건을 고려하여 단계별로 진행되며 주의 깊게 이루어진다.

2. 경호작용의 원칙

원칙이란 사전적 의미로 "많은 경우 또는 일반의 경우에 적용되는 법칙"으로 정의하고 있다. 경호의 측면에서 예방작용의 원칙을 논할 때 경호환경 및 여건의 다양성과 복잡성으로 인해 등식처럼 명확하게 규정할 수는 없지만 좀 더 효과적이고 이상적인 경호목적을 달성하기 위해 일반적인 원칙이 필요하다.

첫째, 과학적인 두뇌작용원칙이다.

경호작용 간에 발생할 수 있는 각종 위해요소는 대부분이 은폐되어 있어 사전에 발견하기가 매우 어렵다. 특히 위험한 사람들인 계획적인 공격자는 모든 수단을 강구하여 경호대상자의 근접지역으로 위장 침투를 감행한다. 또한 공격자는 사전에 치밀한 공격준비를 하고 예측하기 어려운 다양한 공격방법을 구사하므로 방어자의 위치에 있는 경호요원은 공격자의 공격행위를 사전에 탐지하고 차단하기가 매우 어렵다.

따라서 은폐되어 있는 공격자의 공격행위 징후를 사전에 탐지하고 차단하기 위한 적절한 대책을 강구하기 위해서는 공격자보다 뛰어난 과학적인 두뇌작용이 필요하다.

둘째, 고도의 경계심 유지원칙이다.

경호작용은 군사 방어작전과 상이하여 비노출로 소극적인 방어전술을 구사한다. 즉 군사 방어작전 시에는 다양한 전투병력, 장비, 장애물을 활용하여 적극적으로 적 침투를 봉쇄하지만, 반대로 경호작용은 매우 제한된 인원, 장비, 장애물을 가지고 보이지 않는 고도의 훈련된 공격자를 사전에 봉쇄하여야 한다.

따라서 경호작용 간 경호요원은 극도의 긴장감에서 발생하는 심신의 피로를 극복하고 공격자의 침투를 완벽하게 색출할 수 있는 고도의 경계심을 지속적으로 유지해야 한다.

셋째, 합리적인 지역방어(Sector Defence)원칙이다.

경호대상자를 효과적으로 보호하고 공격자의 직・간접적인 공격행위를 사전에 봉쇄하기 위한 원칙으로 위해분자에 대한 대적보다는 경호대상자 대피를 통한 안전을 최우선으로 고려하고 있다. 이를 위해 일반적으로 경호대상자를 보호하는 최선의 방법은 문제를 예견하고 그것을 회피하는 조치들을 강구하는 것이다.

경호대상자를 방어하기 위해서는 '목표물 희석' 즉 방어막(Defence Wall) 구성이 필요하며, 이에 대한 수단에는 경고, 장벽, 시설, 경호원, 경호장비 등 모든 방어매체가 포함되며, "방어매체 선택에 대한 기준은 경호대상자가 요구하는 보호수준에 의해 결정되며 이는 비용과 밀접한 관계가 있다."[33]

따라서 최선의 경호를 위해서는 다수의 방어막(층)을 설정하여 종심방어를 실시해야 한다. 대표적인 원리로는 중첩 경호원리가 있는데, 중첩경호의 기본구조는 3중 경호, 즉 행사장을 중심으로 내부를 근접경호, 내곽을 중간경호, 외곽을 외곽경호로 나눈다. 이 원리는 영국에서 이론적으로 정립되어 실질적인 발전은 미국에서 이루어졌다.

---

33) Burt Rapp 외 1, *Bodyguarding : A Complete Manual*, 1995.

이 원리를 기본적인 이론으로 정립한 것은 영국 런던 경시청 경호국이며, 실질적인 경호기법으로 발전시킨 것은 미국의 비밀경호대(S.S)이다. 이 원칙은 대부분 경호 선진국에서 요인 신변보호에 있어서 공통적으로 사용하고 있는 원리이며 통상 3선 경호 또는 3중 경호라고 한다.

근접경호 지역에서는 제반 취약요소에 대한 직접적인 경호작용이 이루어지고, 내곽경호 지역에서는 직접 및 간접 경호작용이 이루어지며, 외곽경호 지역에서는 주로 간접 경호작용이 이루어진다. 이런 권역별 직·간접적 경호작용은 독립적인 것이 아니라 상호 밀접한 관계 속에서 유기적으로 작용한다.

넷째, 경호작용기관 지휘통일의 원칙이다.

경호목표가 성공적으로 달성되기 위해서는 다양한 경호부서 작용이 단계별로 유기적으로 이루어져야 한다. 통상적으로 경호부서와 경호요원이 다수이고 경호작용업무가 긴급성을 요구하므로 경호작용 간 지휘통일은 매우 필요하다. 즉 암살 및 테러범의 효과적인 사전 제압을 위해서는 단일 지휘관에 의한 적극적이고 신속한 결단과 지휘명령 하달체계와 이에 따른 하급 경호요원들의 일사불란한 행동통일이 필요하다.

따라서 경호상황 발생에 대한 신속한 대응과 경호부서 간의 긴밀한 협조체제 구성 및 경호요원 등의 행동통일을 위한 경호작용기관의 지휘통일은 필연적이다.

3. 신변보호의 예방작용에 영향을 주는 요소

1) 예방작용 기본요소

(1) 예방작용 단위 간 상호협조

동일한 경호단위 내에서도 일정한 경호목표를 성공적으로 달성하기 위해 긴밀한 협조체제 구축이 필요하며, 더 나아가 근무자 개인 간에도 상호 업무

협조는 필요하다. 특히, 경호작용이 종합예술의 성격과 비교될 때 단위 간, 개인 간 협조는 더욱 필요해진다.

따라서 경호작용이 성공적인 효과를 거두기 위해 사전 충분한 연습작용을 통한 조직력(Team Work)을 배양하고 실제 경호작용 간 발생할 수 있는 경호공백을 미연에 제거해야 한다. 시간과 장소 등 여건이 허락하는 한 개인별, 개인 간, 단위별, 단위 간 예행연습을 최대한 실시하고 행사장에 출동해야 한다.

사경호에 있어서도 경호대상자가 대중이 많은 장소에 참석할 경우 행사장 지역을 책임지고 있는 경찰서에 혼잡경비 차원에서 지원 협조를 요청할 수 있으며 행사장 안전요원들과도 사전에 긴밀한 협조체제를 강구하는 것이 바람직하다. 특히, 생소한 지역에서의 경호작용 시 해당지역을 책임지고 있는 경호 유관기관과의 협조는 절대적으로 필요하다.

(2) 경호 안전작용

경호 안전작용은 각종 위해요소를 사전에 제거함으로써 경호대상자의 절대 안전을 지키는 예방업무를 말한다. 이와 같은 안전작용은 사전 경호작용 즉 위해자의 위해행위 전에 그것을 밝혀내고 범행을 무력화시키는 것이다.

가. 예방정보작용

예방정보작용은 경호작용에 필요한 자료 분석 요소를 준비해야 한다. 즉 경호정보 수집이란 장래적 위협에 대한 전략적 위험신호들과 진행 중인 구체적 음모에 대한 전술적 위해요소들을 수집하는 데 있다. 그러나 경호대상자에게 위협을 줄 수 있는 사람・물질・지형적 위험요소는 너무 광범위하기 때문에 실제적 위험요소로 발전할 가능성이 있는 위험요소들만 집중 감시할 수밖에 없다.

이 중 가장 주된 위험요소인 사람에 대한 위험요소에 대해서는 집중 관리가 필요하다. 이를 세부적인 대상으로 구분하면, "① 경호대상자의 명예훼손 및 모독자, ② 불온문건 사범, ③ 유언비어 유포자, ④ 영웅주의자, ⑤ 염세주의자, ⑥ 전과자, ⑦ 실업자, ⑧ 정신병자, ⑨ 파산자, ⑩ 총기 및 폭발물 소지자 등으로 분류"하고 있다.[34]

공격자들은 대체적으로 위해행위를 시도하기 전에 일종의 공격을 위한 암시적인 행동을 하게 된다. 경호대상자를 위협하는 전화를 하거나 서신으로 물품 등을 보내기도 한다. 또한 경호대상자에게 접근하기 위해 경호대상자가 참석하는 각종 행사장에 접근하거나 체류하는 지역을 배회하기도 한다. 공격자들의 암시적인 행동은 범행동기에 따라 다양하게 표출되며 이런 징후를 통해 경호정보를 수집할 수 있다.[35]

따라서 경호근무자는 경호대상자 주변에서 발생하는 위험 징후에 대해 면밀하게 자료를 수집·분석하고 관리해야 한다. 자료에는 위해 기도자, 잠재성 위해자와 경호대상자가 자주 사용하는 호텔, 공항 등의 시설물에 근무하는 종업원 명단도 포함해야 한다.

물질 위험요소에 대한 정보도 필요하다. 경호대상자가 방문하는 장소나 참석하는 행사장 내 또는 주변에 설치되어 있는 위험물에 대한 세부적인 정보 수집이 요구된다. 사람관련 위험요소가 위해행위에 직·간접적으로 사용할 수 있는 물질에 대한 상세정보는 사전 안전활동에 매우 유용하다.

나. 보안작용

보안작용이란 경호와 관련된 인원, 문서, 시설, 지역, 자재, 통신 등에 대하여 공격자로부터 보호대책을 수립하여 그 내용에 대해 지속적으로 보안을

34) 신동건, 『경비실무』, 도서출판 경찰행정연구원, 1994, p. 95.

35) 1981년 3월 30일 14시 30분 미국 워싱턴 D.C. 힐튼호텔 앞에서 「미국 노동총연맹 산업별회의 산하 건설 노조대회」의 연설.

유지하는 활동을 말한다.

경호작용에 있어서 보안이란 경호대상자의 습관이나 행동양식, 행사일정, 행사장소, 이동경로, 이동방법 등을 노출하지 않고 은폐시킴으로써 공격자로부터 경호대상자의 신변안전을 도모하는 사전 예방작용이다.

일반 암살자든 테러리스트든 위해행위를 실행에 옮기기 위해서는 반드시 공격에 필요한 정보수집을 위해 부단히 노력한다. 암살자들은 경호대상자 주거지역, 거주자 또는 공무원, 경호대상자 주변 종사자 매수 등을 통해 첩보를 획득하며 테러리스트들은 대개 5단계의 절차를 거쳐 범행을 감행하는데, 제1단계가 경호대상자의 습관적 행동이나 행차(行次)에 대한 정보 및 첩보를 수집하기 위한 관찰활동을 실시하는 것이다. 이 관찰활동을 통해 수집된 정·첩보 내용을 토대로 공격 장소, 공격 시기, 공격 방법을 결정한다.

예로써 링컨 대통령 암살범 'John Wikes Booth'는 포드 극장 종사자로부터 링컨 대통령의 극장 입석에 대한 정보를 얻었으며, 'Charles Guieau'는 가필드 대통령을 암살하기 위해 공격지점의 특징과 경호대상자의 습관에 대한 정보를 수집하기 위해 백악관 앞 광장을 배회하거나 백악관 정문 건너편에서 수일을 보내기도 하였다. 또한 1974년 스페인 수상 'Carrero Blanco'를 암살하기 위해 ETA 요원은 3개월간 습관적 행동을 관찰했다.

따라서 보안작용은 공격자로 하여금 위해행위를 할 수 있는 시작적인 여유를 제거함으로써 완벽한 경호작용을 추구하기 위한 작용이며, 경호행위에 있어 경호인력과 장비, 시간을 절약하고 경호작용 지역과 주변 일반인 불편을 최소화할 수 있는 방책이다.

외국의 대표적 공경호기관인 미국 비밀경호국에서도 최근 들어 대통령에 대한 능률적인 경호임무 수행을 위해 행사출발시간, 도착시간, 행·환차로 및 행사장까지도 정치적으로 문제점이 없는 한 보안조치를 하고 있다.

그러나 조직적인 공격자들은 공격을 성공시키기 위해 인원을 매수 사주하거나 각종 첨단장비를 동원한 다양한 수법으로 매우 은밀하게 공격에 필요한 정보·첩보를 수집하기 위해 노력할 수 있다.

다. 안전대책작용

위험한 사람은 경호대상자에게 공격을 가할 잠재적 가능성이 있는 사람으로 이들에 대한 행동을 감시하거나 경호대상자에게 접근하는 것을 차단해야 한다. 이를 위해 행사 시에는 경호대상자에게 근접하여 행동하는 사람들의 위험 대상자를 격리시키거나 밀착하여 감시대책을 강구해야 한다.

사전에 파악된 위험대상자에 대해서는 배제작용을 통한 안전조치가 필요하며, 이런 위험한 사람에는 공격형 정신병자, 원한관계에 있는 자 등이 포함된다.

물질위험요소란 경호대상자 주변의 위해를 가할 가능성이 있는 각종 자연물 및 인공물을 말한다. 이러한 인공 및 자연물에 대해서는 안전점검을 통해 사전에 그 위험을 방지하는 작용이 필요하다.

대체적으로 검측작용 대상범위는 근무자에 비해 상대적으로 광범위하여 행사성격에 따라 경제적이고 효과적인 검측작용이 이루어지도록 해야 한다.

지형적 위험요소라 함은 행사장 및 연도 주변의 지형적 여건이 경호대상자에게 위해를 가할 수 있는 근거를 제공할 수 있는 지역을 말한다. 통상 공격자들은 행사장을 직접 관측할 수 있는 지역이나 경호대상자의 차량이동 시 약점이 노출되는 지역에 매복을 실시하여 원거리에서 위해를 기도한다.

즉, 행사가 건물 외부에서 이루어질 때 주변의 고층건물이나 행사장을 관측할 수 있는 산들은 공격자에게 매우 양호한 공격장소가 될 수 있고, 행사장 주변이 우범지역일 경우 공격자가 은거하여 공격준비를 하기 때문에 매우 유리하다.[36] 따라서 이들 위험지역에 대해서는 사전에 공격자가 이용하지 못

36) 1963년 11월 22일 미국 텍사스주 댈러스에서 선거운동을 위해 방문한 존 F. 케네디 대통령이 댈러스 시가지를 카퍼레이드하던 중 급커브 연도에 위치해 있던 교과서 빌딩에서 범인 오스왈드가 저격하여 사망하였다.

하도록 안전조치를 해야 한다.

2) 예방작용 고려요소

경호작용의 주목표는 경호대상자 신변을 보호하는 것으로써 이를 위해 사전 예방작용이 필수적이며 완벽한 예방작용을 보장하기 위해서는 계획수립, 책임부서 간 협조, 동원인력 및 장비, 행사보안유지, 경호대상자의 성향 파악 등이 고려되어야 한다.

가. 계획수립

경호의 목표는 위해자의 주도면밀한 범행의 성공기회를 최소화하는 것으로, 범행을 사전에 예방하기 위해서는 이에 대한 계획수립이 필요하다. 행사계획이 결정되면 행사 간 일어날 가능성이 있는 위협 및 불특정인의 행위에 대한 예비 및 우발상황에 대한 계획도 필요하다.

나. 책임부서 간 협조

경호는 행사관련 인원 및 부서들의 협조에 의해 이루어지는데, 각각의 책임과 임무부여를 명확히 하기 위해서는 긴밀한 협조가 필요하다. 많은 인원과 부서가 투입될수록 긴밀한 협조가 이루어지지 않는다면 경호의 허점이 발생하는 것은 필연적이라고 할 수 있다. 팀원 간 협조가 가장 중요하다.

다. 인력 및 장비 확보

경호대상자의 신변을 안전하게 보장하는 데는 많은 인력 및 장비가 필요하다. 행사장에 배치되는 근무자, 경호대상자 및 근무자가 사용할 각종 장비 등이 포함될 수 있다. 인력 및 장비의 규모는 행사의 규모, 행사장의 특성, 경호대상자가 접촉하게 될 현지인들의 위해분석, 경제성, 경호대상자의 성향에 따라 결정된다.

라. 행사 보안유지

경호업무에 있어서 보안유지작용은 기본적인 요소이다. 방어자의 입장에서 항상 불특정 다수인원을 상대해야 하는 경호업무의 특성을 고려할 때 행사 보안유지의 중요성은 매우 크다.

행사의 보안이 노출되었을 때는 행사장에 대한 경호가 강화되어야 하며, 이를 위해 부득이 더 많은 인원의 인력 및 장비가 필요하게 되고, 또한 행사와 관련이 없는 일반인들에게 불편을 제공하게 된다.

결국 행사보안의 유지는 물적·인적 자원의 절약과 동시에 경호대상자의 안전을 지키는 데 중요하다고 하겠다.

마. 경호대상자의 성향파악

경호대상자의 인성과 경호에 대한 협조의 정도 등은 경호작용에 있어 매우 중요하다. 그중에서도 경호대상자의 경호에 대한 협조가 무엇보다 중요하다. 경호대상자의 고유 업무수행을 보장하고 지키기 위해서는 통제가 불가피하다고 볼 수 있다. 경호대상자와 경호요원 간 경호의 수준에 대한 문제는 경호대상자의 협조가 반드시 필요한 문제이므로 그 성향의 파악이 중요하다고 하겠다.

경호대상자의 고유 업무수행 시 많은 사람들을 접촉하고 행동반경이 크다면 경호요원들은 경호대상자의 생활을 광범위하게 통제하려 노력하는 반면 경호대상자는 그들의 사생활 통제에 불편을 느끼게 된다. 사회적으로 공적인 업무를 수행하는 높은 직위의 경호대상자도 직업인으로서 그 직업 자체에 스트레스를 받는 평범한 인간이므로 자기 생활에 있어 일정부분은 자유롭게 행동하기를 원한다.

기본적으로 경호대상자의 기능과 경호요원의 기능수행 사이에 발생하는 갈등은 결국 경호의 질적 변화를 일으킨다. 경호대상자가 어떤 수준까지 경호를 수용해야 하는가에 대해 강제적 효력을 가진 규칙이 없기 때문에 이는 전적으로 경호대상자 개인의 성향에 따라 결정된다. 즉 경호작용이 어느 수준까지 경호대상자 개인의 사생활 간섭을 용인할 것인가? 암살 등 테러위협을 어느 정도로 절실하게 느끼고 있는가? 경호요원에 대해 어떤 인식을 갖고 대할 것인가? 협조, 무관심 아니면 반발을 나타낼 것인가? 등은 전적으로 경호대상자의 성향에 달려 있다.

정치학자 드와이트 테이즈는 공경호에서 경호에 대한 대통령들의 시각을 분석하여 그 유형을 크게 세 가지로 분류했다.

첫째, '경호사절형'으로 이런 유형의 대통령은 경호의 필요성을 거의 느끼지 않으며 경호수행절차를 거의 무시하며 행동한다.

둘째, '소극적 노력형'으로 경호의 필요성은 느끼지 않으나 가능하면 경호요원과 불화를 일으키지 않고 조화를 이루려고 한다.

셋째, '적극적 지원형'으로 경호에 저항을 느끼지 않으며 오히려 경호작용으로 인한 대중과의 일정한 격리를 즐기는 경향을 가지고 있다.

물론 이와 같은 성향분석은 경호대상자의 주변 환경변화에 영향을 받는 등 정확하다고 볼 수는 없으나 경호대상자의 성향을 구별하는 데 유용하다.

3) 예방작용단계

완전하고 효과적인 예방작용이 이루어지기 위해서는 일련의 경호작용단계가 필요하다. 위해분자의 공격단계별로 경호작용단계를 적용하여 위해요인을 축자적으로 감소시킴으로써 궁극적으로 완벽한 신변보호의 경호목표에 도달할 수 있다.

첫째, 예측(Anticipation)단계이다.

예측단계에서는 경호대상자에게 영향을 줄 수 있는 사람, 경호 환경적 취약에 대한 충분한 정·첩보 자료를 준비해야 한다.

특히, 최근의 테러 양상은 그 이전에 비해 상당히 변화하고 있다. 과거에는 정치적 목적을 널리 알리고 달성하기 위한 방법으로서 '이념형'의 성격을 띠었던 것에 비해, 1990년대 중반 이후부터는 '이념형'의 테러행위 위에 이념과는 관계없이 무조건 '살상을 위한 살상'이라는 보다 타락한 '맹목살상형'이 등장했다.

따라서 예측단계에 있어서의 정·첩보 수집범위는 더욱 확대될 수밖에 없으며, 이에 대한 인력, 장비, 예산의 증가가 요구된다.

둘째, 인지(Recognition)단계이다.

이 단계는 예측단계에서 수집·분석된 정·첩보 내용 중에 위해(危害) 가능성이 있는지 여부를 확인하고 판단하는 과정으로 제한된 동원자원을 가지고 예방할 수 있는 실질적인 위해요소를 찾아내는 매우 중요한 단계이다. 또한 인지단계는 정확하고 신속하며 종합적인 고도의 판단력을 필요로 한다.

셋째, 분석(Investigation)단계이다.

이 방법은 과학적으로 분석하여 효율적으로 대응하도록 하는 단계이다.

넷째, 억제(Neutralization)단계이다.

위와 같이 예방작용 4단계는 행사 성격, 행사장 특성, 행사관련 정·첩보 등 경호환경에 따라 융통성 있게 적용될 수 있으나, 가능한 한 순차적인 단계를 적용함으로써 완벽한 예방작용을 할 수 있다. 단계별 모형도는 다음과 같다.

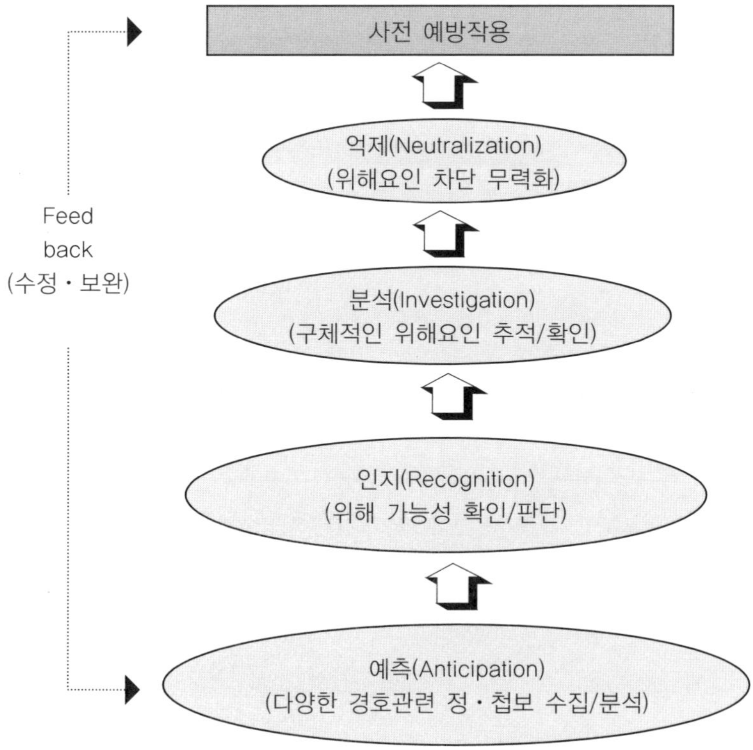

[그림 I-2] 예방작용단계 모형

4) 사전예방작용의 문제점

사전예방작용의 문제점은 다음과 같다.

(1) 효율적인 경호요소의 활용 극대화

(2) 피경호인의 업무활동 원활

(3) 피경호인의 사생활 보장

그러므로 경호원과 피경호인의 신의, 믿음, 도덕성이 가장 중요하다고 하겠다.

경호의 역사

Chapter 02

제1절 삼국시대

경호의 개념은 왕이나 최고지도자 또는 집권자 등에 대한 신변보호의 필요에 의하여 자연발생적으로 나타났다. 따라서 유사 이래 집단적인 생활을 영위하면서부터 경호와 비슷한 활동이 이미 이루어졌다고 추측할 수는 있으나, 우리나라의 기록상에 나타난 최초의 경호활동은 삼국시대로부터 비롯된다.

1. 고구려

고구려의 성장은 주변 소국의 병합과 더불어, 중국 세력과 갈등하고 교류하는 과정에서 이루어졌다. 때문에 고구려는 삼국 중 가장 먼저 중국의 유교문화를 수용하여 유교적 인문교육을 실시할 수 있었다. 예컨대 제2대 유리왕의 황조가(黃鳥歌)가 『시경(詩經)』 관저(官邸)와 그 형식이 유사한 것으로 보아, 지배층을 중심으로 유교적 소양교육이 이때부터 이미 이루어졌음을 알 수 있다.[1] 나아가 고구려는 국초부터 유교를 정치이념으로까지 수용했는데, 유리왕이 수렵을 지나치게 좋아하자 주위에서 "유교적 이념에 기반한 간언을 올렸다는 사실"[2]은 그 단적인 사례일 것이다.

---

1) 박재문, 『한국교육사』, 학지사, 2001, p. 43.

소수림왕 2년(372)에 체계적인 유교식 교육이 실시되었는데, 그 상징적인 정책이 바로 태학(太學)의 설립이었다.[3] 태학의 직제와 교육내용에 대해서는 자세히 알 수 없다. 다만, 『삼국사기』의 "자제(子弟)들을 교육했다"는 기사로 보아, 입학자격이 대체로 왕실과 귀족의 자제들이었던 것으로 여겨진다. 그 교육내용도 여러 중국문헌을 통해 유추할 수밖에 없다.

『주서(主書)』와 『북사(北史)』에서는 고구려에는 오경(五經) · 삼사(三史; 『사기(史記)』 · 『한서(漢書)』 · 『후한서(後漢書)』) · 『삼국지(三國志)』 · 『진양추(晉陽秋)』 등이 있었다[4]고 기록하고 있다. 이들 서적들은 태학에서 교육된 것으로 생각된다. 이후 중국 측의 문헌이 보다 많이 유입되면서 그 과목도 늘어났을 것이다. 고구려에서는 민간차원에서도 유교식 교육을 실시했다. 7세기의 사정을 전하는 『구당서(舊唐書)』에 따르면, 민간에서도 각 거리마다 경당이라는 큰 집을 지어 그 자제들에게 중국서책들을 교육시켰다고 한다.[5] 이처럼 고구려에서는 국가만이 아니라 민간차원에서도 학교를 세워 유교식 교양을 교육했다.

가령 4세기 중엽에 만들어진 안악(安岳) 3호분의 행렬도를 보면, 중무장 기병과, 갑옷 · 투구를 쓰고 방패와 긴 창으로 무장한 보병 외에 평상복에 도끼를 들고 수행하는 인물들이 묘사되어 있다. 이 벽화는 신분과 경제력에 따라 군대가 편제되었음을 보여준다.

고구려 초기에는 왕에 대한 경호 및 경비의 내용이 나와 있는 기록은 없다. 그러나 제20대 장수왕이 평양으로 도읍을 옮긴 후의 관제에 대하여 다음과 같은 기록이 나온다.

"지방조직에 管內의 모든 城鎭에 刺使와 같은 處閭近支 또는 道使를 두고

---

2) 『三國史記』 권13, 高句麗本紀 1, 琉璃明王 23年條.

3) 『三國史記』 권18, 高句麗本紀 6, 小獸林王 2年條, 「立太學敎育子弟」.

4) 『周書』 권49, 列傳 41, 異域 上, 高麗條.

5) 『舊唐書』 권199 上, 列傳 149, 東夷 高麗條.

그 밑에 무관인 大模達을 두어 武事를 分掌하였다"[6]라고 하였는데, 이는 곧 지방 성주의 친위(親衛)를 맡고 있는 대모달이라는 호위장군이 있었다는 것이며, 이는 곧 경호의 개념이라고 보여진다.

2. 백제

백제의 경우도 일찍부터 교육기관을 설치하여 오경(五經)을 비롯한 유교정선 등을 교육했음을 알 수 있다. 그리고 말타기, 활쏘기 등과 같은 무예교육도 정부차원에서 적극 실시하기도 했다.

『일본서기(日本書紀)』에 따르면, 아직기(阿直岐)는 일본에 건너가 태자의 스승이 되었고, 그 후 박사 왕인(王人)도 일본 태자의 스승이 되었다.[7] 아직기가 유교경전에 능통했으며, 왕인이 『천자문(千字文)』 1권과 『논어(論語)』 10권을 가지고 건너간 것[8]으로 보아, 백제에는 이들이 활동한 시기인 4세기에 이미 유교교육을 실시하고 있었음을 알 수 있다.

또한 당시 왕인이 박사라는 관직에 있었던 것을 고려할 때, 교육기관도 설치되어 있었던 것으로 보인다. 이런 사정은 6세기에 오경박사(五經博士)를 비롯한 역박사(易博士) · 역박사(曆博士) 등이 일본에 파견된 사실[9]에서도 확인할 수 있다.

백제의 관할을 보면 최고 의사결정기구에 육좌평[10]이 있고, 그중 제1품관인 위사좌평은 궁중 및 국도의 경비를 담당하는 숙위병을 통솔하는 최고의 군관으로서 국도를 5개부로 구분하고 각 부에 500명씩 2,500명의 요원을 관

6) 내무부 치안국, 『한국경호사』, p. 30.
7) 『日本書紀』 권10, 應神天皇 15 年條.
8) 『古事記』 應神 20年, 此之御蔵條.
9) 『日本書紀』 권19, 應明天王 15年 2月條.
10) 『삼국사기 백제본기』, 고이왕 27년(AD 260년).

장하여 국토경비에 임하였다. 이들은 평시에는 친위 및 국토경비에 임하고 전시에는 전투임무를 수행하였으며, 평시 임무는 바로 오늘날 경호·경비의 역할을 수행한 것으로 보인다.

3. 신라

신라의 국립교육기관 설립은 통일 이후에 이루어졌다. 그전에는 화랑제도를 마련하여 청소년들을 교육하고 그중에서 인재를 등용했다. 화랑제도는 진흥왕 37년(576) 인재를 등용할 목적으로 시행한 원화(源花)에서 기원했다.

처음에는 미녀 2명을 그 지도자로 삼았다가 용모가 아름다운 남자로 대치하여 화랑이라 이름하고 받들게 했다. 중국 당나라 영호징(令狐澄)이 지은 『신라국기(新羅國記)』에 따르면 화랑은 귀족자제 중에서 선발했다고 한다.[11]

화랑도의 교육내용은 신라의 전통적 사상인 풍류도(風流徒)에 기반했을 것이다.

풍류도에 대해서는 최치원(崔致遠)의 다음과 같은 언급에서 엿볼 수 있다.

"우리나라에는 현묘한 도가 있었으니 풍류라 한다. 풍류의 가르침을 창설한 근원은 선사(先史)에 자세하니 실로 삼교(三敎)를 포함하여 인간을 교화하는 것이다. 말하자면 집에 들면 부모에게 효도하고, 나가면 나라에 충성하는 것은 공자의 뜻이요, 억지로 하지 않으면서 말없이 실천하는 것은 노자의 뜻이요, 악하게 행하지 않고 선하게 행하는 것은 부처의 교화이다."

이처럼 신라 고유의 풍류도에는 유·불·선 3교의 가르침 모두가 포함되어 있었다. 당연히 신라에서는 자신의 전통사상인 풍류도를 토대로 화랑도를 교육했을 것이다. 이후 유교가 도입됨에 따라 화랑 교육도 유교 위주로 이루어졌다. 이런 사정은 "어진 재상과 충성스러운 신화가 이(화랑_지은이)로부

11) 『三國史記』 권4, 新羅本紀 4, 眞興王 37年條.

터 나오고, 훌륭한 장수와 날랜 군사들도 이로부터 생겼다"는 김대문(金大問)의 『화랑세기(花郎世紀)』 기사[12]에서 확인할 수 있다. 유교 위주의 화랑도 교육내용은 "사군이충(事君以忠)·사친이효(事親以孝)·교우이신(交友以信)·임전무퇴(臨戰無退)·살생유택(殺生有擇)"이라는 원광(圓光)의 세속오계(世俗五戒)가 보다 구체적으로 입증해 준다.[13]

진덕여왕 5년에 시위부가 국도에 설치된 무관부로서 궁궐의 숙위 및 경비 임무를 수행하였다. 이 시위부는 조직의 임무가 점점 증가하면서 통일신라시대 신문왕 때에는 구서당으로 발전하여 궁성을 경비하는 큰 조직이 되었다. 구서당이란 신라 신문왕 때 완성된 군제 중 하나로 23개 편제 중 제2위에 위치하는 중요하고 방대한 조직이었다.

제2절 고려시대

고려는 태조 왕건이 왕위에 오른 이후 일련의 유교적 정책을 시행하고,[14] 서경(西京)에 학교를 세우는 등 초기부터 유교 장려정책을 펼쳤다. 이후 광종이 과거제를 실시함[15]으로써 유교경전을 위주로 한 교육이 점차 강화되었다. 이어 성종 11년(992) 기존 교육기관을 개편·정비하여 국자감을 설치한 이후, 국자감은 성균관 등으로 이름이 바뀌면서 고려 말까지 국가의 중앙교육기관으로 그 기능을 이어갔다. 국자감 안에는 국자학(國子學)·태학·사문학(四門學) 등의 기술학부도 설치했다.[16] 국자감의 입학정원은 국자학·태학·

12) 『三國史記』 권4, 新羅本紀 4, 眞興王 37年條.
13) 『三國史記』 권45, 列傳 5, 貴山條.
14) 『高麗史』 권1, 世家 1, 太祖 13年 12月 庚寅條.
15) 『高麗史』 권2, 世家 2, 光宗 9年條.
16) 『高麗史』 권73, 志 27, 選擧 1.

사문학으로 각 300명씩 총 900명이었지만, 실제로는 이보다 훨씬 적었다. 교육과목과 수업연한을 보면 『효경』과 『논어』는 필수과목으로 1년을 연한으로 했고, 『상서』·『공양전(公羊傳)』·『곡량전(穀梁傳)』은 선택과목으로 이 가운데 하나를 정하여 2년 6개월의 연한을, 『주역』·『모시』·『주례(周禮)』·『의례(儀禮)』도 선택과목으로 하나를 정해 2년의 연한을, 『예기』·『좌전(左傳)』 중 하나를 택하여 3년의 연한을 두어 이수하게 했다.[17] 『효경』과 『논어』를 필수과목으로 했다는 것은 유교적 수신과 윤리의 기본적인 교양을 우선시했음을 보여준다.

1. 고려시대 공경호와 사경호의 비교

고려의 군사조직은 시대적 변천에 따라 달리해 왔으나 중앙군 조직을 그동안 2군 6위로만 국한해서 검토해 왔던 것에 대하여 비판하고 금군(禁軍)의 일종인 견룡군이라는 별도의 군사조직이 실재했음을 입증하는 연구결과에 의해 경군, 즉 중앙군이 2군 6위라는 단일 군사조직에다 어느 한 계층 출신으로 구성되었다고 볼 수 없게 되었다.

견룡군의 가장 기본적인 임무는 왕을 가까이에서 친위하는 일이다. 그만큼 견룡군의 임무는 막중한 것이다. 친위부대 안에서 견룡군의 임무수행은 친위임무의 역할 분담을 의미한다.

① 奇卓誠幸州人美容儀善射御初補校尉毅宗好馳馬擊毬擢爲牽龍常在王側(고려사 100, 기탁성전).

② 白任至藍浦縣人業農初以驍勇被選至京賃屋居賣薪自給毅宗選充內巡檢軍扈駕出入不離仗側以勞補隊正(고구려 100, 백임지전).

③ 屯府兵于闕庭以備不測　自是選取驍勇者號內巡檢分爲兩番常着紫衣持弓

17) 『高麗史』 권74, 志 28, 選擧 2, 學校條.

劒分立仗外不避雨雪夜則巡警達曙(고구려 82, 병2 숙위, 의종 21년 정월).

①은 견룡군의 경호실태를 알려주는 것이다. ②와 ③은 내순검군(內巡檢軍)의 경호실태를 말해주는 것이다. 두 경우를 비교하여 본다면 견룡군은 '상재왕측(常在王側)'이라고 해서 항상 왕의 곁에 있었다고 한다. 반면에 내순검군은 '불리장측(不離仗側)'과 '분립장외(分立仗外)'라고 하여 의장(儀仗) 곁에서 떨어지지 않았다든가 의장 밖에 나누어 섰다고 한다.

여기서 나타나는 견룡군과 내순검군의 차이는 '왕의 곁'과 '의장의 곁과 밖'에 있다고 하겠다. 다시 말하자면 왕을 중심으로 볼 때 그들의 경호임무가 의장의 안(內)에서 이루어지는가, 아니면 밖(外)에서 이루어지는가에 차이가 있다 하겠다.

따라서 견룡군이 왕의 가장 측근에서 신변경호를 맡았다면 내순검군은 의장행렬의 밖에서 전체적인 경호를 맡았다고 할 수 있다. 특히 견룡군의 경호임무가 왕의 가장 측근에서 이루어졌다는 사실은 경호 책임자로서의 지위가 다른 호위부대보다도 우위에 있음을 말해준다.

다음은 왕의 행차와는 달리 일상적인 임무를 처리하거나 거처에 머무를 때, 견룡군의 임무이다. 국왕이 일상적으로 나랏일을 보거나 거처하는 곳은 궁성(宮城) 안이다. 따라서 견룡군의 친위(親衛)는 주로 궁성 안에서 이루어진다.

2군 6위의 중앙군이 부실해지기 전에는 국왕의 시위와 숙위는 주로 2군이 담당하였다. 그러나 2군이 해이해지면서 숙위 임무의 비중은 금군으로 대폭 옮겨가게 되었다. 따라서 궁성 안에서의 숙위는 견룡군을 비롯한 금군의 주요 임무가 되었다. 견룡군은 숙위 임무의 수행을 위하여 왕이 거주하던 내정(內庭)에 주둔하고 있었던 것으로 생각된다.

그리고 일과의 대부분은 이곳에서 이루어진 것으로 보인다. 이 점은 광종이 친위군을 강화시키기 위해 주군(州郡)에서 풍채 있는 자들을 뽑아 내청(內廳)에서 먹게 하였다는 사실과 금군이 함께 배식을 받아먹었다는 점에서 미루어 알 수 있다. 이것은 또 그들이 왕과 지근거리에서 함께 생활하였음을 의미한다고 할 수 있다.

견룡군을 궁내에서 함께 먹고 자고 근무하게 만든 데는 크게 두 가지 의도가 내포되었다고 생각된다. 첫째, 예측하지 못한 급변에 신속하게 대응하기 위함이었고, 둘째는 그들의 단결력과 충성심을 높이기 위한 의도였다고 할 수 있다. 후자는 전자를 위한 것이기도 하다.

따라서 이러한 상황에 대비하여 왕과 지근거리에서 함께 생활하는 견룡군과 같은 금군이 필요했던 것이다. 견룡군은 일이 발생하였을 때 왕의 명령을 받아 곧바로 출동할 수 있는 위치에 항상 포진하고 있어야만 했다.

국왕은 견룡군을 자신의 처소인 내정에서 근무시킴으로써 그들에게 보다 강한 충성심을 기대할 수 있었다고 생각된다.

견룡군이 공적인 군대였다고는 하지만, 그들의 주요임무가 국왕 개인에게 집중되어 이루어졌다는 측면을 감안한다면 도방과 견주어도 큰 잘못은 없으리라 생각한다. 다시 말하자면 견룡군이 국왕에게 그리고 도방이 무인집정자에게 충성을 바친 것은 한 사람에게 집중되었다는 점에서 보면 큰 차이는 없을 것이다.

다음은 고려 전기 금군을 대표하는 군사조직의 하나인 견룡군과 최씨 무신정권의 도방을 <표 II-1>과 같이 비교해 본 것이다.

〈표 II-1〉 고려시대와 현대 공경호 비교

구분	고려시대 공경호(금군)	현대 공경호(경호처)
창설 목적	국왕의 신변호위 강화(왕권강화)	대통령의 경호를 담당
구성원 자격	有風彩者(풍채, 효용, 용력을 갖춘 자)	특별제한경쟁공채시험을 통해 선발된 경호공무원 및 인가받은 현직경찰관이나 군인

구분	고려시대 공경호(금군)	현대 공경호(경호처)
역할 및 기능	① 국왕을 비롯한 왕실세력의 행차를 호종(시위) ② 궁궐 내의 경비담당(숙위) ③ 의장대오서의 기능수행(의장-왕의 권위와 위용 상징) ④ 정보수집 · 사찰	① 대통령과 그 가족 ② 대통령 당선인과 그 가족 ③ 퇴임 후 10년 이내의 전직 대통령과 그의 배우자 및 자녀의 호위 ④ 대통령 권한대행과 그 배우자 ⑤ 방한하는 외국의 국가원수 또는 행정수반과 그 배우자 ⑥ 그 밖에 처장이 경호가 필요하다고 인정하는 국내외 요인
보상	① 활쏘기, 격구 등을 실시. 우수자에게 포상 ② 정치적 성장의 지름길로 이용(權貴子弟들이 선호)	① 국가공무원의 혜택과 복지 ② 상이를 입고 퇴직한 자와 그 가족 및 사망한 자의 유족에 대하여는 대통령령이 정하는 바에 따라 국가유공자 등의 예우 및 지원

<표 II-1>로 보아 최씨 무신정권의 도방과 금군이 그 성격과 기능 면에서 상당한 유사성을 지니고 있음을 알 수 있다. 이러한 유사성은 최충헌 도방이 금군을 참고로 하여 설치 · 운영되었을 가능성이 매우 높음을 보여준다.

2. 고려시대 경호의 현대적 조명

인류가 역사시대로 접어들어 정치사회를 이루고 국가의 성립을 보게 되면서부터 군사문제는 가장 중요한 관심사가 되어 왔다. 대내적으로 지배체제를 뒷받침하고 대외적으로 외침에 대비하기 위해 무력은 필수 불가결한 것이었으며, 그것을 조직화하여 훈련 · 강화 · 유지시키고, 유사시에는 실제로 그것을 운용하는 과정에서 야기되는 허다한 군사문제는 정치사회로서의 국가의 성립과 발전에 가장 긴요한 요소가 아닐 수 없었던 것이다.

그래서 이는 외침에 대비하여 국가의 존립을 보장하는 한편 대외적인 팽

창을 선도하는 기능을 수행하며, 대내적으로는 핵심적인 권력기구의 하나로서, 지배체제의 존속이나 변화의 과정에서 상당한 핵심적인 권력기구의 하나로서도 영향력을 행사하게 된다.

한국사에 있어서 군사조직의 연구는 우선 병권의 소재가 정권변동에 상당한 영향력을 가지며, 군사조직 편성의 방법 여하가 국가권력의 집중도에 커다란 관계를 가지기 때문에 군사조직이 국가의 지배체제를 이해하는 데 중요한 비중을 차지하는 것이라는 점에서 그 의의를 찾을 수 있다.

『고려사』에서는 국가의 통치조직에 관한 지(志)로서, 선거지(選擧志)·백관지(百官志)·식화지(食貨地)에 이어 병지(兵志)가 있어서 여러 방면의 군사제도에 관한 기록들을 광범위하게 채록(採錄)·제시하고 있을 뿐만 아니라 그 찬자(撰者)의 흥망사관적 견지에 입각한 고려 군제사에 대한 견해를 반영해 주고 있다.18)

고려사 72, 여복(輿服), 의위(儀衛)의 서경(西京)·남경(南京)을 순행하고 돌아올 때 맞이하는 호위와 의장의 규정을 보면 왕이 타고 있던 어련(御輦)을 중심으로 가장 측근에는 견룡군이 호위하고 있다.

그리고 그 다음에는 낭장(郎將) 4명, 상장군(上將軍) 2명, 대장군(大將軍) 2명, 천우비신장군(千牛備身將軍) 4명이 따르고 있으며, 어련 앞에는 양솔(陽率), 청곡병대솔(青曲炳大率), 공작선(孔雀扇), 홍수선(紅繡扇) 순서로 가고 이 앞에 도지(都知), 중금(中禁)이 있다. 그리고 의장 대열의 후미에는 순검군이 따르고 있다.

고려사 72, 여복(輿服), 의위(儀衛)의 기록은 평소 임금의 경호체계에 대한 전체적인 모습을 어느 정도 보여주는 것이라고 생각된다. 따라서 이것을 토대로 견룡군을 비롯한 금군의 호위실태를 그림으로 그려보면 [그림 II-1], [그림 II-2]와 같다.

18) 김홍, 『한국의 군제사』, 학연문화사, 2001.

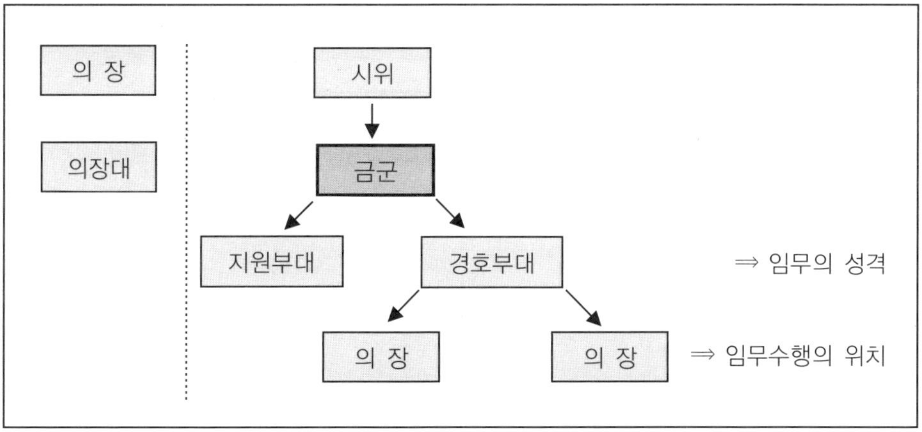

[그림 II-1] 국왕행차 시 친위군의 임무별 구분

[그림 II-1], [그림 II-2]에서 보는 바와 같이 현대 공경호의 체계와 유사함을 알 수 있다. 그리고 왕을 중심으로 하는 친위모습이 공경호의 기본원리인 3중 경호, 인간 장벽, 육탄 경호, 적정 감시거리의 원리와 비슷하다는 점에서 고려시대 친위조직 연구의 의의가 있다고 할 수 있다.

현대의 대통령경호를 담당하는 부대는 국가최고통치자로서 대통령을 경호하는 방식이나 구성은 대부분 보안사항으로 되어 있으나 일반적으로 알려진 바에 의하면 경호범위에 따라 외곽경비와 내곽경비, 근접경호의 3중 경호로 나누어지는데, 외곽경비는 경찰청소속의 101경비단이, 내곽경비는 22경찰경호대, 그리고 근접경호는 대통령경호처직원이 담당하는 것으로 알려져 있다.

또한 현대 공경호의 상징이라 할 수 있는 대통령경호처와 비교를 간략히 해 보면 [그림 II-2]와 같다.

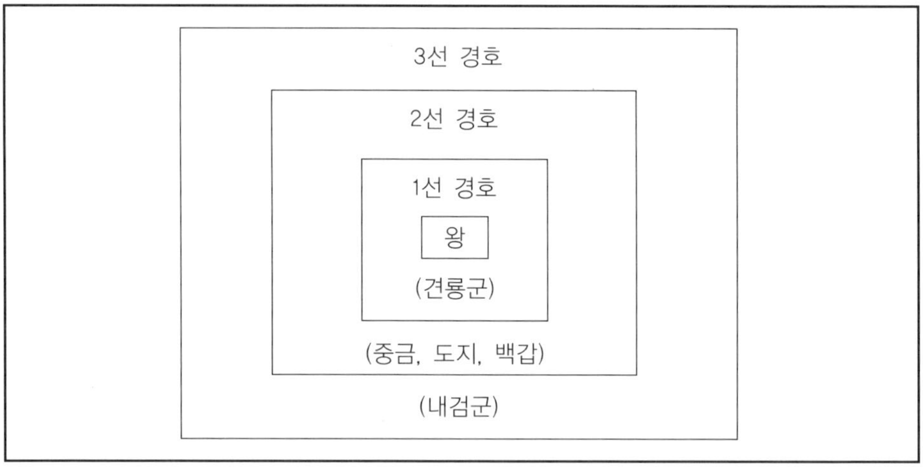

[그림 II-2] 국왕친위의 기본원리

다음으로 무신집권하의 최씨정권의 사병인 도방과 마별초를 검토하여 현대의 사경호와 비교하면 첫째, 성립 시기상 도방은 최충헌이 집권하고 5년이 지난 후에 정권의 안정과 자신의 신변보호를 위해 경대승이 설치했던 것을 부활시킨 것이고, 마별초는 정권이 어느 정도 안정기에 접어든 최이 때 몽고와의 긴장된 시대적 배경과 집권체제의 강화를 위해 설치하였던 것이다.

둘째는 역할 면에 있어, 도방과 마별초는 모두 최씨정권의 사병으로서 그 소임을 다했지만 주된 역할은 도방이 담당하였으며, 마별초는 부수적인 역할을 수행하였다는 점이다. 전자는 정치적, 군사적 실력행사에 있어서도 이용되었으며, 때로는 최씨정권의 필요에 따라서 국가의 공적인 임무도 수행한 반면에, 후자는 의장적인 역할과 같은 부수적인 역할을 담당하였다는 것을 알 수 있다.

셋째는 도방과 마별초의 관계에 있어 도방이 주된 임무를 수행하고, 마별초가 부수적인 역할을 담당하였다고는 하나, 후자가 전자에 속한 기병부대였다기보다 병립하여 보병, 기병의 양 날개를 이루는 병립(竝立)적인 관계라 여겨진다.

한편, 도방과 마별초는 최씨정권에 복종을 전제로 기구화하여 사적인 조아(爪牙)로서 그 기능을 다하였지만 국가의 존망에 대해서는 아무런 의무도 갖지 않으며, 국가의 군사력을 약화시키면서 그 세력을 강대화하였다.

현대의 업무수행 성격상 사경호와의 역할 및 기능을 비교해 보면 다음과 같다.

첫째, 서비스를 받는 대상으로 구분해 보면 고려시대는 정권유지와 신변보호 차원에서 무신정권의 개별적인 사병인 데 반해, 현대는 특정한 의뢰자나 고객을 대상으로 한다는 것이다. 특정한 의뢰자의 신변 및 재산의 보호와 안전을 위해 행하는 것이다.

둘째, 구성원의 자격을 보면 强有力者(힘 있고 용맹)를 원했던 고려에 비해 현대는 무술유단자 및 인성, 신체조건, 직업에 대한 인식도 등의 부수적인 자격도 포함된다는 측면에서 단순히 힘만의 충성적 경호가 아닌 철저한 봉사정신으로 고객에게 안전을 제공한다는 것이다.

셋째, 구성원의 모집방법에 있어서 고려는 가병처럼 창자루에 은병을 달아매어 국인들에게 자랑하며 오는 사람을 모집했는가 하면, 현대는 엄격한 자격조건(신체조건, 인성, 능력 등)을 가지고 선발한다는 것이다.

넷째, 역할과 기능 면에서 보면 고려는 최씨 무인집정 및 그 일가의 호위(시위)와 숙위, 최씨가의 위상을 높이는 도방원으로 무예과시, 정보의 수집, 차기 무인집정의 옹위 등이 있으나, 현대는 스토커, 가정폭력 등과 같은 신변경호 및 VIP, 정치인 · 경제인 · 연예인 · 일반인 · 외국인들을 경호하는 수행경호와 콘서트 · 전시회 · 예식장 등의 행사경호로서의 역할과 기능이 있다. 또한 시설경호, 호송경비, 탐정업무, 도청검색, 영상감시시스템 등이 현대 사경호의 주요 업무사항이기도 하다.

현대의 경호는 정부기관의 중요요인을 경호하기 위하여 실시하는 국가기관의 경호인 공경호와 사회일반의 사회불안, 공포심리에서 신변경호로 이루어지는 사경호 등으로 구분되는데, 고려왕조의 친위조직이나 무신정변 이후의 도방, 가병, 마별초에서 볼 수 있듯이 고려시대는 주로 군사적인 활동이나 무예활동을 통한 경호조직이 그 중심을 이루고 형성되었다는 것을 알 수 있다.19)

제3절 조선시대

조선왕조는 유교를 통치이념으로 받아들였을 뿐만 아니라, 유교적 사회질서를 정착시켰다. 그것은 유교 교육기관을 중앙과 각 지방에 설립하여, 국가적 차원에서 유교적 세계관을 보급함으로써 가능했다. 이런 역할을 담당한 것은 국가 주도의 관학(官學)과 민간의 사족(士族)이 세운 사학이었다. 관학에는 성균관을 비롯하여 서울의 동부·서부·남부·중부에 세운 4학(學)과 지방의 주(州)·부(府)·군(郡)·현(縣)마다 하나씩 둔 향교가 있었다. 사학에는 서원(書院)과 서당이 있었다. 서원은 유교 교육기관인 동시에 선현선사(先賢先師)를 제사하는 봉사(奉祀)기관이기도 했다. 서원은 국가의 통제와 과거제도의 구속에서 벗어나 도학적(道學的) 성리학에 치중하여 교육함으로써 유교적 인간을 양성하는 것이 주목적이었다.

조선시대에 존재하였던 왕실호위대인 금군의 종류가 몇 가지로 구분되는지를 파악하고, 이들의 임무는 무엇이며 어떤 활동을 했는가를 파악해 보면 다음과 같다.

첫째, 조선시대에 존재하였던 왕실호위대인 금군은 임진왜란(壬辰倭亂)을 기준으로 하여 전기(前期)에는 내금위(內禁衛), 겸사복(兼史僕), 우림위(羽林衛), 정로위(定虜衛)로 나뉘었고, 후기(後期)에는 호위청(扈衛廳), 용호영(龍虎

19) 전태인, 「고려시대 무예활동을 통한 친위조직연구」, 한국체육대학교 대학원 박사학위논문, 2005, pp. 116-120.

營), 장용영(壯勇營)의 조직으로 구분되었다.

둘째, 금군의 임무를 살펴보면 전기와 후기에 있어 왕에 대한 신변보호를 위한 엄격한 시립·배종·의장과 왕궁호위를 위한 입직·숙위·수문 등의 공유 임무가 있으며, 다만 특별한 경우로서 변방에 왜적이 쳐들어왔을 때 왕이 금군에 왕명을 내려 변방에 가서 우리나라를 침략한 왜적과 싸움을 해야 하는 임무가 부여되었다.

또한 전기의 금군 대부분이 고유임무에 충실하지만 금군의 부정부패로 인하여 잦은 인원의 변동을 불러왔으며, 후기로 올수록 왜란과 호란을 거치면서 금군의 기능에 있어 인원이 대폭 증가되면서 왕권에 대한 세력을 확대시켰고 다른 신권세력을 견제하는 역할을 하였다.

1. 조선시대 왕실호위의 개념과 범위

『국사대사전』에서는 왕(王)에 대한 어원과 기능에 대하여 왕은 군주국가의 최고 통치자로서 일명 임금이라 하였고, 왕이란 호칭은 원래 중국에서 생긴 것으로 중국 삼대시대에는 천하를 통일한 사람을 일컬었으나, 진(秦)·한(漢) 이후 황제(皇帝)라는 명칭이 생기면서부터는 황족이나 공신들을 봉하는 작위(爵位)[20]의 하나가 되었다.

우리나라 역사상 군주국가다운 정치체제를 갖춘 것은 삼국시대(三國時代)부터인데, 이 가운데서 가장 먼저 한문(漢文)의 왕(王)자를 쓴 나라는 고구려(高句麗)로서 거의 건국 초기부터 사용하였다.

특히 조선시대는 중앙집권적인 정치체제가 확립되면서 왕의 권력이 커졌고 또 국가의 최고 권력자로서 그의 명령은 곧 법(法)이었다. 왕이 살아서 후계자에게 왕위를 넘겨주면 상왕(上王)이란 칭호를 받았고, 죽으면 백관들이

20) 작위(爵位)란 벼슬과 지위를 의미한다.

모여 생전의 치적을 고려하여 이에 합당한 시호(諡號)를 올리며, 서울 근처에 장사를 지내고 관원을 두어 왕릉(王陵)을 지키게 하였다.[21]

또한 조선시대의 왕들은 제27대에 걸쳐 왕위를 계승했으며 그 재위기간은 무려 519년에 달한다.[22] 그리고 이들은 한 나라의 최고 통치자로서 권력을 유지하기 위해서는 무엇보다도 자신의 안전이 절실히 필요하다고 느꼈을 것이다. 이에 자신의 안전을 책임질 조직들이 필요했을 것이고, 왕은 자신의 안전을 위해 왕명을 통해 신변보호를 책임질 특수조직(特殊組織)을 만들 것을 명했을 것이다.

1) 왕실호위의 개념

왕실은 사전적인 의미로 왕의 가족 또는 왕의 집안을 일컬어 왕실이라 정의하고 있다.[23]

또한 호위(護衛)는 따라다니며 보호하여 지킴이라고 정의한다.[24]

그러면 왕실호위는 누가 담당했는가? 그것은 바로 병조(兵曹)[25]에 속한 오위(五衛)[26]의 한 군사조직인 금군(禁軍)이다. 이 금군(禁軍)이 주로 하는 임무

---

21) 이홍직, 『국사대사전』, 서울 : 민중서림, 1999, pp. 919-920.

22) 왕조별로 시호와 재위기간을 살펴보면, 태조(1392~1398), 정종(1398~1400), 태종(1400~1418), 세종(1418~1450), 문종(1450~1452), 단종(1452~1455), 세조(1455~1468), 예종(1468~1469), 성종(1469~1494), 연산군(1494~1506), 중종(1506~1544), 인조(1544~1545), 명종(1545~1567), 선조(1567~1608), 광해군(1608~1623), 인조(1623~1649), 효종(1649~1659), 현종(1659~1674), 숙종(1674~1720), 경종(1720~1724), 영조(1724~1776), 정조(1776~1800), 순조(1800~1834), 헌종(1834~1849), 철종(1849~1863), 고종(1863~1907), 순종(1907~1910), 이현종, 『동양연표』, 서울 : 탐구당, 1977, p. 117.

23) 민중서림 편집부, 『엣센스국어사전』, 서울 : 민중서림, 1997, p. 1683.

24) 민중서림 편집부, 『엣센스국어사전』, 서울 : 민중서림, 1997, p. 2531.

25) 병조는 조선시대의 관청으로서 정2품 아문으로 1392년(태조 1년)에 설치, 무선, 군무, 의위, 우역, 병기 및 서울의 성무노가 민가의 경비, 궁궐문 열쇠의 관리 등에 관한 일을 맡아보았다.

26) 이홍직, 『국사대사전』, 서울 : 민중서림, 1999, p. 908. 조선시대의 군사조직으로서 조선의 건국 왕인 태조 이성계가 고려의 병제를 계승하여 삼군도총부를 두었다가 후에 의흥삼군

는 왕을 측근에서 호위(護衛)하는 것이다.

호위(虎威)와 같은 개념으로서 경호(警護)라는 말이 있는데, 그 의미는 '경계(警戒)하고 보호(保護)함'이다. 즉 경계란(잘못이 없도록 미리 조심함, 타일러 주의시킴) 적으로부터 피해를 예방하기 위하여 취하는 감시수단을 말하며, 보호란 '보호하며 호위함, 돌보아 지킴'이란 뜻으로 경호란 경계의 '경(警)'자와 보호의 '호(護)'자가 합성된 단어이다.

위에서 살펴본 바와 같이, 왕실호위(王室護衛)라는 개념은 여러 측면에서 다양하게 해설될 수 있으나, 여기서는 왕의 가족을 포함한 호위군사들이 그 주위를 보호하고 지키는 것이다.

2) 왕실호위의 범위

왕실호위(王室護衛)의 범위에 있어 다루고자 하는 내용은 왕실호위에 있어 호위를 맡는 군사조직은 무슨 조직이며, 호위의 대상은 어디까지이고, 호위방법은 어떤 형태의 대형으로 취하며, 호위를 할 지역은 어느 경계선까지인가를 살펴보고자 한다.

호위를 맡는 군사조직은 왕실호위대(王室護衛隊)인 금군이다. 금군을 전기와 후기로 나누어 살펴보면, 조선 전기에는 태종 7년(1407)에 설치된 내금위

부로 고쳤는데 그 밑에 의홍친군 십위를 두었다. 그 후 1457년(세조 3년)에 군제를 개혁하여 3군을 5위로 편성하고 오위진무소가 이를 총괄하도록 하였는데, 오위진무소는 1466년(세조 12년) 오위도총부로 개칭되었다. 오위는 의홍위, 용양위, 호분위, 충좌위, 충무위를 말한다. 의홍위는 서울의 중부 경기, 강원, 충청, 황해 출신 군사로 구성되었고, 용양위는 경상도, 서울의 동부 출신 군사로 구성, 호분위는 서울의 서부, 평안도 출신의 군사로 구성, 충좌위는 서울의 남부, 전라도 출신 군사로 구성, 충무위는 서울의 북구, 영안도 출신의 군사로 구성되었다. 5위는 위-부-통-여-대-오-졸의 상·하 군직으로 되었고 별도로 유군 5영을 보충대로 두었으며, 부에는 각각 4통을 두되 보병과 기병으로 나누었다. 통에는 각각 약간의 여를 두고, 여는 각각 5대, 대는 각각 5오, 오는 각각 5졸로 편성되었다. 오위는 세조 이후 별 변동 없이 유지되어 오다가 임진왜란 때 그 기능이 상실되고 도성의 경비만 담당하는 한직이 되었다.

(內禁衛),[27] 세종 때 설치된 겸사복(兼史僕),[28] 성종 23년(1492)에 설치된 우림위(羽林衛), 중종 7년(1512)에 설치된 정로위(定虜衛)의 조직으로 구분되었다가, 조선 후기에 접어들면 왕권의 강약과 결부되면서 왕을 근접 호위(護衛)하는 금군은 호위청(扈衛廳)[29] · 용호영(龍虎營)[30] · 장용영(壯勇營)[31]이라 말

---

27) 이홍직, 『국사대사전』, 서울 : 민중서림, 1999, p. 335. 조선 세조 말년에 설치한 성중관의 하나로 주로 궁내의 경비를 맡아보았으며, 내금위장 3명, 겸사복장 3명이 통솔하였다. 1666년(현종 7년)에 금군청을 신설하면서 여기에 예속시켰다. 군대의 인원 700명의 기사 중 100명씩 3부대가 소속되었다.

28) 이홍직, 『국사대사전』, 서울 : 민중서림, 1999, p. 62. 조선 초기에 성립된 병제의 하나. 기병 중심의 가장 정예적인 친위병으로서 주로 국왕의 신변보호를 위한 시립, 배종, 의장 및 왕궁호위를 위한 입직, 수문과 이 밖에 부방, 포도, 포호, 어마의 점검, 사육, 조습, 무비 및 친병양성 등의 임무를 맡고 있었다. 그 유래는 고려시대의 상승승지에 기원을 가진 내승, 즉 내사복제도에서 비롯하여 1409년(태종 9년)에 처음으로 그 성립을 보고, 1464년(세조 10년)에 정비된 조직을 갖추게 되었다. 겸사복은 『경국대전』에 종2품아문으로 되어 있는데, 이 조직에는 겸사복장 3명, 겸사복 50명, 내승 3명, 녹사 2명, 서리 1명 등 총 59명이 소속되어 있었다. 그중 겸사복 50명은 사회적인 신분보다 무재를 중시해서 임명하였으므로, 이를 구성한 계층에는 양반으로부터 서얼, 양민, 천인 및 향화인, 왜인 등에까지 걸쳐 있었다. 그러나 겸사복이 친위병이었던 만큼 용모, 학식, 연령, 신장 등이 중요한 자격요건이 되었다. 이러한 겸사복은 왕권을 강화하려는 역대 국왕들에 의해서 더욱 확대 변천되었는데, 1505년(연산군 11년)에 보려대로 개칭 강화되고, 다시 중종 초에 겸사복으로 환원되고, 선조 때에는 내금위, 우림위와 같이 내삼청으로 불리다가 1666년(현종 7년)에는 금군청, 1754년(영조 30년)에는 용호영으로 통합되었다가 고종 때는 겸사복청으로 불리게 되었다.

29) 이홍직, 『국사대사전』, 서울 : 민중서림, 1999, p. 1598. 조선의 군영으로 1623년(인조 1년) 궁중을 수호하기 위하여 설치한 기관으로 3개청을 두었다가 정조 때 1청으로 하고 1881년(고종 18년)에 폐지하였다가 다음해에 다시 설치하였다. 1883년(고종 20년)에 다시 폐지하였으며 1891년(고종 28년)에 부활, 1894년(고종 31년) 군제의 개편에 따라 다시 폐지하였다. 관원으로는 대장 1인, 별장 3인, 군관 350인, 소임군관 3인 당상별부료군관 1인이 있었는데, 그중 대장은 훈신이나 척신인 대신 및 국구 중에서 겸임하였다.

30) 이홍직, 『국사대사전』, 서울 : 민중서림, 1999, p. 934. 조선의 군영으로 1755년(영조 31년)에 금군청을 개칭한 곳으로 궁궐의 숙위와 호종을 담당했으며 영내에 내금위, 우림위, 겸사복 등의 3위를 두었다. 병조판서의 총괄하에 별장 1명, 장 6명, 당상군관 16명, 교련관 14명, 그 밖에 별부료군관 120명을 두었다가 1882년(고종 19년) 무위영에 합쳐졌고, 그 후 다시 복귀하였다가 1894년(고종 31년) 통위영에 합쳐졌다.

31) 이홍직, 『국사대사전』, 서울 : 민중서림, 1999, p. 1188. 조선시대의 군영으로 1791년(정조 15년) 수원에 설치했던 군영으로 1802년(순조 2년) 총리영으로 개칭하였다.

할 수 있다.

호위의 대상에 있어 넓게는 왕을 포함한 그의 직계가족 모두를 대상으로 할 수 있으며, 작게는 왕의 가족 즉 왕과 세자 그리고 왕후까지만 한정할 수 있다. 하지만 여기서 다루고자 하는 것은 작은 의미의 왕만을 호위하는 시위(侍衛)가 아니라 넓은 의미의 왕실호위를 의미한다.

금군의 호위형태를 보면, 즉 호위에 대한 대형이나 대열은 세종 때의 「국조오례의[32]」에 나타난 왕실의식(王室儀式)을 바탕으로 호위장소에 어떻게 배치되는지를 알아보고자 한다.

왕실의식에 있어 초엄(初嚴)[33]이 울리면 병조(兵曹)는 지정된 장소로 장병을 집결시키고 대・법・소・가(大・法・小・駕)[34]와 노부(鹵簿)[35]를 준비한다. 이엄이 울리면 위장들은 각각 그 시위장병을 통솔하여 전정으로 들어가 정렬한다.

이때 사복시정(司僕詩正)은 연(輦)[36]을 근정전 밖에 여(輿)[37]를 사정전 합문 밖에 모두 남향으로 대기시킨다. 삼엄(三嚴)[38]이 울리고 그 소리가 그치면 내・외의 문을 열고 각 시위장병은 시위임무(侍衛任務)에 들어가고 궁 밖으로 거동 시 행군을 시작한다. 왕이 모든 행사를 마치고 거처하는 궁궐(宮闕)로 돌아가면 병조판서가 왕의 교지(敎旨)를 받들어 해엄(解嚴)하면 시위병력

---

32) 이홍직,『국사대사전』, 서울 : 민중서림, 1999, p. 181. 오례에 관하여 편찬한 책. 세종의 명을 받아 허주 등이 고금의 예서, 홍무예제를 참작, 두씨통전을 모방하여 편찬에 착수, 이어서 세조 때에 강희맹 등을 시켜 5례, 즉 길, 흉, 가, 빈, 군 중에서 실행해야 할 것을 뽑아 도식을 편찬, 탈고한 것을 1474년(성종 5년)에 신숙주, 정척 등이 완성하였다. 총 8권 8책이다.

33) 초엄이란 첫 번째 치는 엄고로 시위장병 및 문무백관 일정한 장소에 집결한다.

34) 대(大)・법(法)・소가(小駕)는 왕이 거동 때 사용하는 의장행렬의 종류이다.

35) 노부(鹵簿)는 왕의 거동 시 사용하는 의장 또는 의장을 갖춘 거동행렬을 말한다.

36) 연(輦)은 왕이 타는 가마의 일종으로 좌・우와 앞에 주렴이 있는 것이다.

37) 여(旅)는 국왕이 타는 가마의 일종으로 연(輦)보다 규모가 작다.

38) 삼엄(三嚴)은 세 번째 엄고(嚴鼓)로 국왕이 전정(殿庭)에 나오고 궁 밖으로 거동 시 행군을 시작한다.

은 임무를 마치고 철수하였다.

왕 친림행사 시 병력배치는 시위병력 성격에 따라 위치를 지정하여 배치했다. 왕을 중심으로 근접해서 병조(兵曹)와 도총부 이하의 관직으로서 군무를 띤 자 및 겸사복(兼史僕)이, 그 다음으로 내금위(內禁衛)와 별시위(別時衛)가, 그 다음으로 입직 중앙군이 배치되었다.

이에 따른 병력배치를 행사성격별로 살펴보면 왕이 친히 제사를 행할 때는 기고(旗鼓)를 장비한 시위군이 제단(祭壇) 밖에 머물러 시위하였고, 묘(廟)나 능(陵)에 제사지낼 때는 문 밖에 머물러 시위하였다. 또한 국왕이 친림하는 대소(大小) 조하(朝賀) 행사나 연회에는 위장(衛將)들이 각자 예하부대를 지휘하여 궁정(弓旌)에 정렬시키며, 병조(兵曹)와 5위도총부(五衛都摠府) 이하 군무(軍務)에 직책을 가진 자 및 겸사복 소속요원은 왕의 측근에 시립(侍立)하고, 내금위(內禁衛), 별시위(別時衛), 소속요원은 궁정의 섬돌 위에 정렬하여 시위하였다.

그러나 보통 중신(重臣)이나 시종(侍從)신하들이 왕을 알현하고 상참(常參)할 때는 입직장사(入直將士)만 시위토록 하고, 시위장사는 궁정(弓旌)에 들어오는 대로 각각 그 방향에 정렬하였다.

왕이 만약 군사들을 대열(大閱)하고자 할 때는 궁중 마루에 걸려 있는 대종(大鐘)을 계속해서 울려 신호를 삼았는데, 이를 첩종(疊鐘)[39]이라 했다.

모든 군사가 첩고(疊鼓)의 예에 의해 모두 집결하고 오위소속의 군사들은 광화문 앞길부터 종묘, 흥인문까지 정렬하여 호위하고 위장(衛將) 이하가 명을 받아 이를 통솔하였다. 정렬 시위는 의홍위, 용양위, 호분위, 충좌위, 충무위의 순이었다.

마지막으로, 금군이 궁궐의 어느 지역까지를 관할했는지에 대해서는 왕의

39) 첩종(疊鐘)은 열병(閱兵) 때 제대(諸臺)를 집합시키기 위해 궐내에서 치는 대종(大鐘)으로 타종을 치면 입직(入直)하는 모든 위병은 근정전 뜰에 모여서 각각 소정의 위치에 정렬한다.

수렵활동이나 도성 밖의 행차를 제외한 왕이 거처하는 궁궐 안으로 제한하였다.

그렇다면 궁궐(宮闕)은 어떤 곳인가? 궁궐은 왕과 왕실의 생활공간이자 국정(國政) 운영의 최종단계가 이루어지는 정치와 행정의 중심지였다. 조선왕조의 수도 한양(漢陽)에는 왕이 임어(臨御)하여 활동하는 궁궐이 복수로 존재하였다.

왕이 정규적으로 임어하여 정치행정상의 활동을 하는 제일(第一)궁궐을 법궁(法宮)이라 하였고, 법궁보다 격이 한 단계 낮기는 하지만 필요한 경우 이어(移御)하여 상당한 기간을 머물 목적의 제이(第二)궁궐을 이궁이라 하였다. 조선왕조의 궁궐 경영체제(經營體制)는 왕이 주로 법궁에 임어하지만, 필요에 따라 이궁을 오가며 활동하는 법궁(法宮)과 이궁의 양궐체제(兩闕體制)였다.

또 궁궐(宮闕)의 공간구조를 보면 내전(內殿), 외전(外殿), 궐내각사(闕內各司), 궁성문(宮城門)과 궐외각사(闕外各司), 동궁(東宮), 후원(後園) 등의 여러 구조물이 있다.

특히 궁궐은 정치와 행정의 최고 관부였다. 따라서 궁궐은 절대 권력자인 왕이 거처하는 곳으로 왕을 호위하는 금군에게는 크나큰 부담이었을 것이다. 하지만 나라 최고책임자의 신변을 보호한다는 차원에서 궁궐 안을 호위하는 데 그 의의가 있다.

2. 조선시대 왕실호위와 금군의 활동

왕실호위에 있어서 조선왕조를 전기와 후기로 구분[40]하여 금군의 조직변화를 살펴보고, 조직변화에 있어서 이들 조직들의 활동은 무엇을 중심으로

40) 시대구분에 있어서 보통 정치사의 관점에서는 전기, 중기, 후기로 나누지만, 본 연구에서는 시대구분을 군제사의 관점에서 임진왜란(1592년)을 기준으로 전기와 후기로 나누었다.

이루어지는가를 파악하는 데 중점을 두고자 한다.

1) 조선 전기의 왕실호위와 금군

태조 초의 10위로부터 여러 변혁을 거친 뒤 세조 3년에 5위로 확정됨으로써 조선 전기의 중앙군사제도는 5위체제로 편성되었다고 말할 수 있다. 5위는 의흥위(儀興衛), 용양위(龍驤衛), 호분위(虎賁衛), 충좌위(忠佐衛), 충무위(忠武衛)를 말하며, 이 5위는 국왕의 숙위와 도성치안유지를 주로 한 임무를 수행하였다.[41)]

조선 전기 군사제도가 오위체제로 정비되면서 한성에는 오위를 중심한 위병과, 왕권의 직접적인 보호를 중심으로 한 친병 혹은 금군으로 확연히 구분되었다. 즉 중앙군 가운데서도 오위에 소속된 병종들은 도성 경비의 책임을 맡는 군사들이며 이보다 그 중요성이 결코 적다 할 수 없는 내금위(內禁衛), 겸사복(兼司僕) 등은 왕권의 직접적인 호위군이 되는 것으로 이들은 모두가 중앙군의 테두리에 넣을 수 있는 것이다.[42)]

내금위나 겸사복 등 왕의 친병계열(親兵系列)의 병종(兵種)은 이에 속해 있지 않음을 볼 수 있는데, 이는 5위제도가 성립됨으로 말미암아 친병(親兵)과 위병(衛兵)의 구분이 확연하게 나타나기 시작한 것을 말해주는 것이다. 즉 왕의 신변은 친병이 보호하고 궁궐이나 수도경비는 5위병들이 전담하였다고 보여진다.[43)]

세조 때 5위체제가 정비되면서 서서히 금군과 위병의 차이가 생겨났다. 즉 왕권을 직접 호위하는 금군으로서 내금위 · 겸사복 · 우림위 등이 설치되어 5위체제와는 다른 또 하나의 중앙군을 이루게 되었다.

---

41) 천관우, 『근세조선사연구』, 서울 : 일조각, 1982, p. 59.
42) 서울특별시편찬위원회, 『서울600년사』, 서울 : 삼화인쇄, 1977, pp. 403-405.
43) 차문섭, 『조선시대 군제연구』, 서울 : 단국대학교출판부, 1995, pp. 14-15.

이에 내금위, 겸사복, 우림위, 정로위에 대하여 각자 개별적인 조직에 대하여 알아보려고 한다.

(1) 내금위(內禁衛)

특수병(特殊兵)의 설치는 두말할 것도 없이 왕권강화(王權强化) 내지는 신장과정(伸張過程)에 있어서 그 왕권(王權)을 강력하게 뒷받침하기 위한 수단의 일환(一環)으로서 취해진 것이다.

내금위는 태종 7년 10월에 설치되었는데, 그 이전에는 비록 유명무실했으나 궁중에 입직숙위(入直宿衛)하던 내상직(內上直)을 정리 개편하여 조직한 왕을 가장 가까이서 모시는 친군(親軍) 혹은 금군(禁軍)이다.

이와 같이 유래를 알 수 없는 내금위는 앞에서 기술한 태종 7년 10월 신축조(辛丑條)의 왕조실록에 나오는 내상직위내금위(內上直爲內禁衛)가 기록상으로는 처음 나타나는 것으로, 그 뒤에도 이에 대한 기사가 전연 없다가 태종 9년 4월 비로소 내금위의 기록이 나타나기 시작함으로써 그 설치연혁은 거의 알 수 없다.

이들은 처음 태종의 신임을 받은 친병(親兵)들을 중심으로 편성되었는데, 처음에는 60~90명의 소수에 불과한 정예부대로 내금위절제사(內禁衛節制使)에 의하여 영솔(領率)되었다. 그러나 국가기초가 확립되고 왕권이 강화되면서 세종 6년(1424)에는 같은 임무를 띠고 설치되었던 내시위(內侍衛)를 통합하여 그의 21년에는 200명에 이르렀다. 이들은 교대로 근무하는 병종이 아니라 교대 없이 장번(長番)으로 근무하는 군대였으며, 엄격한 시험에 의하여 선발되었고 주로 양반자제들로 그 대우도 다른 병종들보다는 후대(厚待)되었다. 즉 경국대전(經國大典)에 의하면 내금위장(內禁衛將)에 의하여 통솔되고 190명 정원에 전원이 체아직(遞兒職)[44]을 받는 가장 대우가 좋은 병종이었다.

---

44) 체아직(遞兒職)은 조선 초기의 오위(五衛)에는 허다한 직명(職名)과 녹봉이 설정되었는데,

내금위는 국왕이 임명하는 측근 정예요원으로 왕성(王城)을 떠난 일이 없었다. 경국대전(經國大典) 병조(兵曹) 선발정원조(選拔定員條)에 의하여 내금위소속 요원 중 결원(缺員)이 있을 때마다 선발시험(選拔試驗)을 거쳐 보충하였다.

이들은 궁중(宮中) 깊숙한 곳에서 왕권을 호위하였으나 그 무재(武才)가 뛰어나기 때문에 때로 영안도나 평안도 등지에 군사지휘관으로 부방(赴防)하는 경우도 많았다. 이러한 빈번한 부방은 상대적으로 왕권시위가 약화되는 현상이 나타나, 이의 빈자리를 메우기 위하여 예차내금위(預差內禁衛)제도를 신설하여 이것이 연산군·중종연간에 제도화되었다. 연산군 11년(1505) 5월에 내금위는 정원 200명의 충절위(忠節衛)로 개칭되었고, 정원 700명의 예차내금위는 소적위로 개칭되었다가 중기 초에 다시 내금위로 환원(還元)하였으며, 선조 임진왜란 때에는 일시 폐지(廢址)했다가 34년 다시 복설(復設)되어 후에 겸사복·우림위 등과 함께 하나의 단일화된 내삼청(內三廳), 금군청(禁軍廳) 내지 용호영(龍虎營)으로 변제(變制)되어 나갔다.

그러므로 내금위는 모두 체아직이기는 하지만 장번으로 품계가 있는 군대로써 충당되었으며, 이들은 또한 타 특수병과는 달리 무신직이었던 것이다. 왕의 근시병으로서의 내금위가 실질적인 명에 있어서 여러 특수병의 중추적인 군대임을 인정하였다.

태종 7년에 설치된 내금위의 직임이 숙위배호에 있음은 두말할 것도 없다. 따라서 이들은 입직, 시립, 호종에 있어서 왕의 가장 측근에서 호위하는 왕의 근위병이었으며 또한 의장을 겸하였다.

명칭은 중종반정 이후에 다시 내금위로 환원되었으나 한때 예차내금위는 폐지되었다. 그러나 중종 5년(1510)의 삼포왜란 이후에는 왕권호위를 강화하

뒤에 오위의 제도가 무너진 후에도 직명(職名)과 그에 따른 녹봉은 그대로 두어 필요한 사람을 급양(給養)하기 위한 자리로 남겨두었다. 이럴 경우, 그 관직을 체아직(遞兒職), 녹봉을 체아록(遞兒祿)이라 하였다.

기 위하여 실차 190, 예차 200, 가예차 100으로 그 인원수가 늘어나 금군의 중추가 되었으며, 그 뒤에도 예차내금위는 한때 300으로까지 늘어났으나 대개 250이 상례(常例)로 된 것 같다.

내금위수의 증감을 보면 세조·연산군·중종·선조 등 왕권의 존립이 불안하든가 혹은 전제권을 강화하고자 노력하던 왕대는 그 수의 증액을 볼 수 있고, 반면에 세종이나 성종과 같이 세대적으로 비교적 안정된 때나 혹은 관료권을 비교적 존중한 때에는 그 수가 감액되거나 질적인 향상문제가 크게 운위된 것으로, 내금위 자체가 왕의 최근시병(最近侍病)이라는 것을 새삼 느끼게 하고 왕권의 강약에 따라 그 질이 변형되어 나감을 알 수 있다.

(2) 겸사복(兼司僕)

겸사복은 내금위와 거의 같은 기능을 가진 왕의 친병(親兵)으로 그 설치 연대는 확실하지 않다. 다만, 세종 7년 2월에 처음으로 기록에 나타난 것으로 보아 적어도 세종 7년 이전에는 이미 제도화되어 있었던 것 같다.[45]

태종 18년(1418) 당시 사복시가 세자의 출입 시 중요한 위치를 차지한 것은 그러한 추측을 더욱 가능케 한다. 따라서 말을 관할하는 사복시에서 말에 대한 수발만이 아니라 세자의 호위까지도 책임 맡게 되는 데에서 하나의 병종으로써의 위치를 굳히게 된 것으로 보여진다.[46]

이들도 내금위와 마찬가지로 왕의 측근에서 근무하는 금군이다. 이들도 타관이 겸하는 겸사복장(兼司僕將 : 정2품) 아래 정원은 50인으로 모두 체아직(遞兒職)을 받았다. 즉 정3품 1인, 종3품 2인, 종4품 5인, 종5품 6인, 종6품 9인, 종7품 6인, 종8품 9인, 9품 14인으로 구성되어 있었다. 그 정원은 불과 50명으로 내금위와 다른 점은 영안도, 평안도의 자제 10명이 반드시 이에 포함

45) 육군본부, 『韓國軍制史』, 서울 : 육군본부, 1968, p. 72.

46) 이충수, 「朝鮮王朝時代 侍衛制度의 史的硏究」, 연세대학교 대학원 석사학위논문, 1997, p. 17.

되어야 한다는 점이다. 즉 영안남도 2명, 북도 6명, 평안도 2명을 그 지방의 절도사가 재행이 있는 자를 택하여 계문(啓聞)하면 병조(兵曹)는 내금위의 시취제(試取制)에 의하여 서임하도록 하였다.

(3) 우림위(羽林衛)

성종 23년(1492) 4월 조선왕조의 특수신분층인 서얼(庶孼) 출신을 대상으로 편성된 금군이다.

우림위 설치 당시의 절목에 의하면, 양반의 첩자 손 중에서 무재(武才)가 뛰어나도 갑사 이외는 속할 곳이 없어 따로 일위를 설치한다고 하고 있다.

서얼(庶孼)은 조선왕조 특유의 신분제한으로 관계 진출이 허용되더라도 그 품계가 한정되고, 품계에 따른 직임도 서반 또는 잡직류에 국한되어 일반의 관료 자손이 차지하는 동반으로의 진출이 금지되고 있었다. 즉 이들 서얼 출신은 상당히 많은 수를 차지하고 있었지만 서얼이라는 이유 하나로 중용되지 못하여 이들의 불만이 많았기 때문에 그 불만을 해소시켜 주는 한 가지 방편과 또한 그리 많지 않은 내금위, 겸사복 등의 금군이 때로 부방(赴防)하는 사례가 있어 금군의 부족현상이 일어나게 되는 불합리도 시정한다는 두 가지 뜻에 의하여 설치된 것이 우림위라 할 수 있다. 이들은 설치 초기 50명이 3교대로 복무했으나 뒤에는 장번(長番)으로 근무하게 되었으며, 그 지위는 내금위나 겸사복만은 못했으나 위병의 기간인 갑사(甲士)보다는 우위에 있었던 것으로 보이며, 이들은 종2품인 우림위장(羽林衛將) 3명에 의해 통솔되었고, 이들의 취재와 연재는 내금위의 예에 의하고, 입직(入直) 시에는 사옹원(司饔院)에서 숙지케 했다. 우림위(羽林衛)는 연산군 10년(1504) 8월에 일단 폐지되었으나, 중종 1년(1506)에 재설치되어 금군의 기능을 다시 하였다.

내금위장 · 겸사복장 · 우림위장은 금군의 지휘관인데 내장이라 하여 행정상으로 병조판서의 총령 아래 내삼청(內三廳)이라 했으며, 뒤에는 유음자제가 많이 채용되었다. 이상의 3병종은 뒤에 내삼청, 금군청 등으로 통합되어 명실 공히 왕권을 가장 가까이서 보위하는 직속 금군으로 되었다.

(4) 정로위(定虜衛)

정로위의 설치도 우림위의 설치와 마찬가지로 내금위 등이 변란이 있을 때마다 부방(赴防)하게 되어 금군기능이 약화되는 것을 메우기 위하여 중종 7년(1512)에 제도화하였다. 이들의 설치배경은 삼포왜란과 여진족의 북방위협 등 국제정세 변화에 긴박하게 대비하기 위한 군사력 확보였다.

중종 때 설치된 정로위는 금군의 대역으로서의 임무를 맡게 되고, 평상시에는 마땅히 금군으로서 번상(番上) 시위를 해야 하지만 유사시에는 금군을 대신하여 부방하는 데 이용되었음을 알 수 있다.

사실상 역이 없던 한량(閑良)들이 일단 정로위에 수용됨으로써 모두 무역을 자처하게 되니 오히려 정병이나 갑사(甲士)의 보졸(步卒)이 되어야 하는 자까지도 이에 다투어 속하게 되어 오히려 군제상의 허점을 만들어놓아 아무런 이익이 없게 되기도 하였다.

양민과의 계층적인 차이도 별로 없었지만 경제적인 여건 등이 일반 양민보다는 우월하다는 이유로서 지배계급시하던 당시에 이와 같은 것을 가려내기란 지난(至難)하였을 것이다. 따라서 일면 정병이나 갑사의 보졸이 실제로 호수의 징수에 시달릴 바에야 정로위에 속할 수만 있다면 누구나 다 속하고 싶었을 것이다. 이와 같은 계층상의 무질서는 초기 군제 전체에 걸쳐서 볼 수 있는 현상이기는 하나, 더욱이 한량(閑良)의 정로위 귀속은 양반과 다를 바 없지만 경제적 내지는 지방에서의 세력기반을 가진 한량과 또한 계층상으로 보아 양반계급과 다를 바 없는 것으로 보인다. 부당한 대우를 받고 있는 서얼 출신은 어느 면으로 보면 비슷하기 때문이다.[47)]

47) 차문섭, 『조선시대 군제연구』, 단국대학교출판부, 1995, p. 142.

이상에서 보는 바와 같이 정로위는 처음 한량(閑良)을 중심으로 하여 편성되었으나 뒤에 서얼이 가담하게 되었고, 서얼 귀속이 이루어진 이후에는 일반서민들이 모두 다투어 정로위에 속하게 됨으로써 사족(士族)들은 이를 비천하게 여겨 귀속하는 것을 꺼리게 되고, 조정에서는 그들 관료 내지는 지배계급의 계급적인 우월성을 지키기 위하여 여러 번 귀속한계에 대하여 논란을 벌였으나 그들이 뜻한 대로 거의 이행되지 못한 것 같다.

이들은 평시에는 내금위와 다름없이 금군으로서 왕권보호를 전담하였으나 변란이 일어나면 내금위가 하던 부방을 대신하는 면만 다르다.

이들 정로위는 갑사·별시위의 위병(衛兵)과는 달리 일종의 금군인 친병(親兵)의 예비병이라 보아야 할 것이다. 이렇게 본다고 하면 적어도 한량들로 편성된 이 정로위는 친병(親兵)에 가까운 군대였다고 보아야 할 것이다. 즉 정로위(定虜衛) 자체가 그대로 일종의 예차내금위인 것이다.

이들 군대의 실력순위를 적어보면 겸사복·우림위-정로위-별시위·갑사-정병이 되는 것이다. 그러나 후기로 가면 금군이 금군청(禁軍廳)으로 개편되는 과정에서 거의 유명무실하게 되었다.

이외에도 왕권과 관계되는 중앙의 무직으로서의 선전관(宣傳官)과 수문장(守門將) 등이 있었다. 특히 선전관은 고려 말부터 있어온 제도로서 국초에는 8인을 궁중 안에 두고 마치 동반에 있어서의 승지와 같은 군사적 역할을 담당하였다.

이들은 전원 체아직(遞兒職)을 받았으며 대개 내금위나 겸사복, 별시위, 갑사에서 승서(陞敍)되는 경우가 많았다. 뒤에는 선전관청을 별도로 두고 그 수가 70여 명으로 늘어났으며, 무직에서는 지체와 문벌을 자랑하는 공신으로 일컬어졌다. 초기 8인의 선전관은 정3품에서 종9품까지 1명씩으로 체아록(遞兒祿)을 받았다.

2) 조선 후기의 왕실호위와 금군

금군은 왕의 측근에서 시위(侍衛)·배호(陪扈)하고 궁궐(宮闕)을 숙위(宿衛)하였던 까닭에 국초부터 역점을 두어 매우 강조되어 왔다. 더구나 임진왜란 뒤에 복구가 덜된 데다 여러 가지 측면에서 국난에 대한 방책이 필요한 시기였다.

후기사회에서 왕권의 강약과 결부되면서 왕권을 직접 호위하는 금군(禁軍)은 호위청(扈衛廳)·용호영(龍虎營)·장용영(壯勇營)으로 정비되었다. 그 가운데서도 가장 중심적인 병력은 호위군관(護衛軍官)으로 이루어진 호위청과 금군으로 짜인 용호영이었다. 장용영의 혁과는 도성수비체제는 물론이고 호위청과 용호영이 담당하는 왕실호위체제의 변화를 가져왔다. 그것은 원칙적으로 장용영 설치 이전으로 복귀를 뜻하는 것이었다.[48)]

호위청은 서인반정정권의 주도세력과 연관되면서 표면적으로는 궁궐 숙위(숙위)로서 설치되었고, 용호영은 조선 전기 왕의 친병이었던 내금위(內禁衛)·겸사복·우림위를 단일화하여 하나의 군영으로 성립시켜 제도화한 것이다.

(1) 호위청(扈衛廳)

호위청은 인조 초에 설치된 왕의 친위병(親衛兵)의 하나이다.[49)] 호위청의 설치는 인조반정에 성공한 서인정권에 의하여 숙위단약(宿衛單弱)이란 명목으로 설청(設聽)되었다. 인조는 그해(1623) 9월에 설청하고 10월에는 대장 4명과 당상관 2명을 정하여 사모군 중에서 대장은 100명, 당상관은 50명을 뽑아 군관으로 삼고 국왕 호위의 임무를 맡게 하는 한편 국가에서 급료를 지급하도록 하였다.

---

48) 국사편찬위원회, 『한국사』, 서울 : 탐구당문화사, p. 224.

49) 최효식, 『조선후기 군제사 연구』, 서울 : 신서원, 1995, p. 115.

호위청의 설치는 왕권의 약화를 가져오는 것이니, 효종대의 군비확충과 짝하여 금군의 강화를 기도한 것은 이러한 공신들의 군사세력을 의식했다고도 볼 수 있다. 원래 왕실호위가 목적이었으나 의정과 국구가 대장이 됨으로써, 최고위 관료층의 군사기반적인 성격을 띠고 있었다.

1778년(정조 2년) 정조가 왕실호위기관으로 숙위소(宿衛所)를 설치하면서 종래의 3청 가운데 1청만 남겨 호위청은 크게 축소되었다. 이로써 왕권의 견제를 담당했던 호위청을 왕권의 호위를 위한 친위체제로 전환시키고자 한 것이다.

결국 정조 때 왕권의 강화와 결부되면서 숙위소체제(宿衛所體制)를 성립시키면서 호위청의 축소를 가져왔다. 이로써 과거 훈신이나 척신의 군사적 배경이었던 호위청이 이제는 왕권강화를 위한 친위체제로 강화된 것이다.

호위청은 왕의 교외행차 및 도성 안 행사 등의 배위(陪衛)를 담당하였으며, 당시 호위청의 조직편제와 직무를 보면 다음과 같다.

① 대장 : 초정 혹은 국구가 겸함

② 별장 3명 : 호조에서 급록하며 1명씩 내입번한다.

③ 소임군관 4명 : 병방(兵房)·호방·당상·장무 각 1. 당상군관은 호조가 급록하고 나머지는 호료를 지급한다.

④ 군관 400 : 이들은 도하의 근착이 있고 사어에 능한 자로 요과는 95명으로 하고 매삭 별장의 감시 아래 시재를 행하여 부료하되 각 10두(斗)를 지급한다.

⑤ 입직 : 90명을 3번으로 나누어 궐내에 입직하며, 또 5명은 대장소에 윤직하고 내중일에 궐내에 입직한다.

⑥ 국왕의 교외행행 : 궐내 입직 15명을 더하여 50명으로 하고 유도(留都)대장에 속하여 궐 외신지인 금화문북~공북문전로에 배립 호위한다.

⑦ 국왕의 성내동가(城內動駕) : 출번군관 60명을 좌·우열로 나누어 시위학하고 환궁 후에 신전을 기다려 파진한다.

⑧ 특전 : 군관이 시사에 처하여 5중한 자가 한량인 경우는 전시에 직부하게 하고 출신자는 가자한다. 또한 3청호관으로 환전하는 규정(금위영·어영청 각 3자리, 총융청 한 자리)에 의하여 군관 중에 출신자는 요사를 헤아려 거수자(시사에서 많이 맞추는 자의 요사도 역시 같다)로서 자리가 나면 이차한다.

⑨ 원역 : 뇌자 10명, 순령수 10명, 등용군 10명, 표하군 12명, 하후군 6명, 장모 모막군 20명이 있는데, 이들의 급료는 호조에서 포는 병조에서 지급한다.

왕의 호위를 비롯한 궁중(宮中)의 호위를 담당했던 호위청은 그 군사의 수가 작았던 만큼, 재정규모도 가장 작았던 군영이었다. 하지만 19세기 전반 왕권의 호위를 위하여 운영된 호위청은 세도가문에 의해 독점됨으로써, 오히려 왕권의 견제를 담당하는 역기능을 피할 수 없었다. 그 후 호위청은 1881년(고종 18년) 일단 폐지되었다가 이듬해 다시 설치되는 등 개편을 거듭하다가, 1894년 군제개편으로 폐지되었다.

호위청의 편제는 급료군관과 재가대편 군관으로 조직된 이중체제였다. 그래서 군졸은 없고 군관만 있는 특수한 군영이었다. 군관액은 초기에는 각 대장 휘하에 140여 명, 당상 80명으로 총 1,040여 명이었다. 그 가운데 급료군관은 각 50명으로 제한되었다. 그런데 영조 때 와서 대폭 감축된다. 이외의 액수는 모두 재가대변 군관이 되었다. 호위청 군액은 1천여 명 선에서 유지되었다. 특히 숙종 때 표하(標下)·장모군(帳募軍) 등 호위청군졸(扈衛廳軍卒) 400여 명을 방역 등 잡역을 면제시키는 조건으로 모집하여 군문의 모양을 갖추었다.

호위대장은 반드시 훈(勳)·척(戚)·중신(中臣) 가운데 타직(他職)과 겸하였다. 그리고 별장(別將)은 당상관으로서 호위청의 제반사항을 총괄하였다.

호위군관(護衛軍官)의 임무는 궁궐숙위(宮闕宿衛)와 국왕행행(國王行幸) 시

도성수비(都城守備)와 정탐(偵探) 및 적간(摘奸), 전란(戰亂) 시 출천(出天)하였다.

(2) 용호영(龍虎營)

태종 7년(1470)에 설치된 내금위, 세종 때 설치된 겸사복, 그리고 성종 23년(1492)에 설치된 우림위 등의 3위만은 용호영이라는 조직으로 병합(竝合)되면서 왕권을 측근에서 배호(陪扈)하는 금군으로 존치(存置)되었다.

금군청은 마침내 『속대전(續大典)』상으로 하나의 군영(軍營)으로 설치되었다. 이와 같은 금군은 가장 우수하고 능력 있는 무관이 이에 해당하고 있었고, 이들은 사일수 · 시취(試取) 등을 통하여 뽑고 우수한 자는 금군 내에서의 당상군관(堂上軍官) · 교련관(敎鍊官) 또는 외방무관직(外方武官職) 및 중앙군영(中央軍營)의 관직(官職) 등으로 진출하였다.

금군 강화의 첫 번째 작업으로 먼저 영조는 금려(禁旅)에 대한 사적인 처벌을 총관일지라도 금지하도록 정식화함으로써 금려가 국왕 호위의 특수군(特殊軍)임을 분명히 하였고, 병조에 지시하여 금군의 접제와 군기의 보수를 명하였다. 1737년(영조 13년) 병조판서 박문수에게 명하여 「금군절목(禁軍節目)」을 편찬케 하여 금군의 처우개선에 대한 제도적 기반을 마련하였다. 「금군절목」의 핵심은 근무 수에 따른 가계와 이에 상응하는 출사에 있었다.

당상군관은 현종 9년에 금군으로 무과에 합격하여 당상관에 이른 자를 위해 대우직으로 설정되었으나, 숙종 때 일시 폐지되었다가 다시 설정될 때는 그 수를 25명으로 줄여 판서군관 15명, 별장군관 10명으로 규정하였다.

『속병장도열』에 의하면 "당상군관 25, 출신한적과 15, 금군과 10명은 병조판서(兵曹判書)에 속하고 10명은 별장에 속한다"고 하는 것으로 보아, 금군 가운데 당상군관 10명을 승임(陞任)하여 별장 예하에 둔 것 같으나 『속대전(續大典)』상으로 보장할 만한 법적 조처는 아니었던 것 같다.

이것이 법전으로 조처된 것은『대전통편(大典通編)』이후였다. 즉 이때는 당상군관을 16명으로 감축하고 1명은 별부료장방으로 일찍이 방어사를 거친 자로 임명하고, 7명은 한적, 8명은 금군에서 승차한다고 하고 있어 정조대에 가서야 법전(法典)적인 조처가 이루어진 것 같다.

또한 교련관(敎鍊官)은 영조 13년에 논의는 있으나 실천된 것 같지는 않고 전기『속병장도열』에도 교련관 7명을 금위영교련관(禁衛營敎鍊官)으로 겸하고 있으며,『속대전』의 금위영조(禁衛營條)에 보면 교련관 15명 가운데 7명은 금군청에 속해 겸임체제를 고수하고 있다.

그러나 다만 어영청(御營廳)·총융청(摠戎廳)의 교련관(敎鍊官)을 금군에서 각 1명씩 승임(陞任)하는 규정밖에 없어 이것도 실행된 것 같지 않다.

영조『속대전』성립 당시는 법전(法典)화되지 않았던지, 아니면 시행된 것은『속대전』이후의 일로 생각된다. 교련관의 승임(陞任)도 정조 때의『대전통편(大典通編)』에 금군 4, 한산 8, 행오승차 2로 규정하고 있다.

다만, 영조 13년 당시 시행되어 법전(法典)적인 보장을 받은 것이 있다면 그해 11월에 박문수가 선전액(善戰額)의 40명과 부장응천 20명, 수문장응천 10명, 도합 70명을 10명씩 7번으로 나누어 선전관 몇 자리, 부장 몇 자리, 수문장 몇 자리를 정액하고 매 부목에 전천함으로써 금군을 실하게 해야 된다던 주장은 받아들여져 법전(法典)화되었다.

영조를 중심으로 왕권강화와 더불어 금군도 강화되어 가고 있었음을 알 수 있다.『속대전』에 등재된 금준청의 편제를 보면 다음과 같다.

700명을 합하여 1청을 삼고 7번으로 나누되, 매번 3정 9령 = 100명으로 하고 부호와 입직(入直)을 관장하며 병조판서(兵曹判書)가 통령(統領)한다고 하였다. 또 선전관(宣傳官) 취재출신 40명, 부장(副將) 취재출신 40명을 임명하고 금군은 비록 승진하여 절충(정3품)·가선(종2품)에 이른다 하더라도 교체하지 않고 잉속(仍屬)케 한다고만 하였다. 그리고 조직편제로는 별장(別將) 1명에 장(將) 7명을 두되, 겸사복장(兼司僕將) 2명, 내금위장(內禁衛將) 3명, 우림위장(羽林衛將) 2명 등 모두 7명을 두고 있다. 즉 별장(別將) 1(종2품)-장(將) 7(정3품)-정 21(종8품)-영(令) 63(종9품)으로 연결된 것이다.

이상과 같이 강화된 금군은 영조 30년 병조판서의 금위대장(禁衛大將) 겸직을 풀고 제조로서 자문에 응하게 하는 조치를 취하게 됨으로써 호위대장(扈衛隊將)은 훈척이나 대신이 겸하게 되고, 병정책임자인 병조판서(兵曹判書)는 금군청(禁軍廳)을 책임져 왕권과 직결되었다. 그러나 이는 어느 면에서는 금위영을 병판에게서 분리시킴으로써 병찬이 가지고 있던 군사권의 일단이 떨어져 나가는 결과이며, 이는 상대적으로 영조왕권의 강화정책 중 가장 핵심적인 것이었다.

정조는 영조와 같이 왕권강화를 노리면서도, 자신의 특별한 사정으로 용호영(龍虎營)과는 별개로 장용위(張勇衛)란 또 다른 친위부대(親衛部隊)를 창설하기에 이른다.50)

금군이라는 뜻으로 일명 금려(禁旅)라고 불린 용호영은 1791년(정조 15년)에 호위체제를 강화하기 위해 숙위소, 장용영을 설치하여 직접 왕을 호위하게 함으로써 100명을 감하여 600명으로 만들었다.

또 용호영은 종전의 군액은 700명이었다. 그러나 실제로는 내금위 2번, 겸사복 2번, 우림위 2번 등 600명이 6번차로 운영되었다.

이어서 19세기 전반 국왕을 호위하고 궁궐 숙위하는 호위청과 용호영의 군사력 외에 약 200명 정도의 훈련도감(訓練都監) 소속 무예별감(武藝別監)과 금위영(禁衛營), 어영청(御營廳)의 일부 군사가 있었다. 이들을 모두 합치면 19세기 전반 국왕 호위 군사력의 전체수는 약 1,200~1,300여 명이 되었는데, 그 가운데 가장 중심을 이루는 것이 용호영이었다.

---

50) 이태진, 『조선후기의 정치와 운영제 변천』, 서울 : 한국연구원, 1985, p. 261.

(3) 장용영(壯勇營)

장용위의 설치는 이미 정조 즉위 초부터 계획되어 온 것으로서 정조 자신의 독단적인 계획과 추진에 의하여 은밀히 진행되었다.

정조 역시 영조와 마찬가지로 탕평책을 통한 군주권 강화를 도모하였다. 이에는 물리력의 뒷받침이 절대로 필요했기 때문에 거기에 상응하는 군사제도의 개혁이 필요했다.

정조 2년(1778) 6월에 발표된 '대고'에는 정치개혁의 기본원칙이 비교적 잘 표현되고 있는데, 이때 이미 군영의 개혁을 언급하고 있었다. 즉 군권(軍權)은 군주권(君主權) 아래에서 일원적으로 통제되어야 한다는 의지였는데, 7년 후인 정조 9년에 장용영의 설치로 나타났다. 즉 장용영의 명칭은 기존 무예청(武藝廳)의 무예출신을 바꾸어 부르게 된 것이 그 시초로 실제금군이나 무예청이 친위부대로 잔존하고 있는 상황에서 이루어진 것이다.

그러나 정조가 정치의 첫째 원칙으로 내세운 척신계(戚臣系)의 정치관여 금지는 군영대장(軍營大將)의 경우 예외적인 경우가 나타나기도 한다.

장용영은 정조 9년(1785) 여러 척족의 포위 속에서 왕권보위를 철저히 하기 위하여 설치되었던 숙위소(宿衛所)를 혁파하고 새로운 금위체제(禁衛體制)의 조직으로 개편한 것으로, 처음에는 장용위라 일컬었다.

이 장용위 설치의 직접적인 동기를 보면 정조 8년에 그의 생부인 사도세자의 존호를 장헌세자로 바꾸고 이를 축하하기 위한 경과를 보여 무과에서 무려 2,000여 명이나 합격시킨 일이 있다. 이는 장헌세자를 추모한다는 뜻도 있겠지만 상대적으로 왕권을 강화하기 위한 정책으로 풀이될 수 있다.

또 군주권(君主權) 재확립 의도와 밀접하게 연결되는 친위보대(親衛寶帶)의 성격을 가지고 있기도 했다. 장용위는 숙위전담(宿衛專擔) 장교집단과 제색군의 경·향의 마보군(馬步軍)을 확보하기 시작하였고, 정조 12년(1788)이 되면 장용영으로 호칭되면서 계속 확대되다가, 17년 2월에 「장용영진·내외

영 · 친정절목 · 내영절목」에 의하여 내영 · 외영제가 선포되면서 제도적으로 대폭 정비되었다.

이때 내영(內營)은 수도인 한성부(漢城府)에 설치되었는데, 제색군 · 마보군(馬步軍) · 아병(牙兵)을 합쳐 5,000명으로 계획되었다. 이 중에서 마군(馬軍)은 선기대(善騎隊) 3초 345명이었고, 보군(步軍)의 경우 경군(輕軍)은 1사 5초 615명으로 편성하고, 향군(鄕軍)은 4사 20초 2,540명으로 편성하도록 계획되어 있었다.

외영(外營)은 정조 17년 수원에 화성이 축조되고 유수부가 승격하면서 수원부를 중심으로 설치되었다. 도성(都城)의 이름은 장용외영이라 하였다. 그리고 사도세자의 무덤인 현륭원(泫隆園)과 국왕 행차 시에 머무는 행궁(行宮) 지역에 설치된 외영은 실제로는 내영보다 중요시되었다. 외영은 화성행군(行軍)과 성을 지키는 정군(正軍)과 수성군(守城軍), 그 수성을 돕는 4방 각 읍의 협수군(協袖軍)으로 구성된다.

특히 장용외영(張龍外營)은 정조 13년 10월 그 편제를 국초의 오위법(五衛法)으로 완성된 것이 특징이다. 화성의 5위는 장낙위(張樂衛)라고도 불렸는데, 전위 · 좌위 · 우위 · 중위 · 후위로 구성되었다. 이때 정조 17년 2월 내 · 외영으로 분립되고 19년경에는 前 · 佐 · 中 · 右 · 後의 5사 25초의 편제로 완정되었으며, 이러한 정비과정에서 대부분 다른 군영의 군사를 이획하여 이루어졌다. 이와 같은 장용영의 설치는 군사의 이획 등으로 군영체제에 상당한 혼란을 수반하였다.

또한 장용영에서 지출하는 모든 경비를 내탕(內帑)의 잉여(剩餘)분으로 충당하도록 하여 장용영의 정비작업을 서둘렀다. 장용영의 운영비는 기본적으로 왕실 경비에서 지출되었지만, 처음 규모를 확대해 나갈 때는 주로 훈련도감(訓練都監) · 금위영(禁衛營) · 어영청(御營廳) · 총융청(摠戎廳) · 수어청(守禦廳) 등 타 군영의 재정과 군사를 이동시킴으로써 최소한의 경비로 설치하였다.

이어 장용영의 군제가 어느 정도 갖추어지면서 중책을 담당할 장용영 변방과 그 아래에 경비출납과 관리를 맡을 군향색 낭청, 군사를 관할하는 하총을 두고, 기호(旗號)를 정식으로 갖춰 비로소 '장용(將勇)'이라 하였다.

장용영의 임무는 도성 중심의 내영(內營)과 수도 외곽인 화성(水原) 중심의 외영(外營)으로 확대 편제되어 한마디로 왕권의 강력함을 과시하면서 왕권을 확립시키고자 하는 정조의 노력에 의하여 이루어진 것이다. 정조가 돌아가자 장용영이 가지고 있던 임무는 각 군사조직에 나누어 배분되었다. 궁궐숙위의 임무는 본래대로 무예별감(武藝別監)으로 이양되었으며, 수도방위도 종래와 마찬가지로 훈련도감(訓練都監)·금위영(禁衛營)·어영청(御營廳)의 삼군문(三軍門)에 의하여 이루어졌으며 왕권호위의 임무도 용호영으로 되돌아갔다.

3. 조선시대 금군의 역할과 한계

본장에서는 조선시대 전반에 걸쳐 왕실호위대인 금군이 어떠한 역할을 수행했으며, 이들의 활동한계는 어디까지인가를 알아보는 것이다.

먼저 왕실호위대인 금군이 어떠한 역할을 했는가? 그것은 앞장에서도 언급했듯이 왕실호위대에 속한 금군은 전기와 후기로 나누어 살펴보았듯이, 전기(前期)에는 내금위(內禁衛), 겸사복(兼史僕), 우림위(羽林衛), 정로위(定虜衛) 등 4개 조직이 있으며, 후기(後期)에는 호위청(扈衛廳), 용호영(龍虎營), 장용영(壯勇營)의 3개의 조직으로 나누어진다.

금군에 속한 여러 조직이 공통적으로는 왕의 명령을 받는다는 것과 왕의 측근 호위라는 임무가 있었으면서도 개별적으로는 조직내부의 신분층, 인원 등 여러 면에서 차이점이 나타나고 있다.

조선 전기의 호위조직(護衛組織)인 내금위는 왕권의 신장 내지는 강화를 위한 조처로서 창설된 조직으로 왕의 측근에서 호위를 하며, 이들의 출신성

분은 양반(兩班) 자제들로 구성되었다. 그리고 구성인원은 최소 60명에서 최고 700명까지 뽑아 운영했다.

금군의 또 다른 조직으로 겸사복이 있으며, 이들은 사회적인 신분보다 무재(武宰)[무예(武藝)·용력(勇力)]를 더 중시하여 조직함으로써 그 구성원의 계층(階層)이 야인으로부터 서얼(庶孽)·양민(良民)·천민(賤民)에 걸쳐 있었으며, 향화인(向化人)·북방양계인(北方兩界人)들까지 기용하여 이들을 회유하는 조직으로 이용한 점, 그리고 해마(海馬)[어마(御馬)의 조습(調習)·점검(點檢) 등]의 기술과 기병(騎兵)적인 무재(武才)까지를 갖춘 자들로 구성됨으로써 여러 근시병(近侍兵)들 가운데 가장 정예적이었다.

한편, 우림위는 특이한 조직으로 조직구성원이 특수 신분층인 서얼 출신을 대상으로 뽑아 편성된 부대이다. 인원은 겸사복과 마찬가지로 50명이다. 또한, 정로위는 우림위와는 정반대로 조직구성원이 지방토호(地方土豪)의 자제들인 한량(閑良)을 대상으로 뽑아 편성된 부대로서 구성인원은 70명이다.

조선 후기의 호위조직인 호위청은 특수조직으로서 구성원이 친위병(親衛兵) 군졸은 없고 군관만 있는 특수한 군영(軍營)이며, 인원은 1,040명이었다.

또한, 용호영은 왕을 측근에서 배호(陪扈)하며, 구성인원은 1,000명이며, 장용영은 척신계(戚臣系)의 정치관여 금지와 왕권강화를 위해 창설된 부대이다. 여기에 소속된 구성원은 모두 무과(武科) 출신자이다.

위에서도 살펴보았듯이 왕실호위대인 금군이 가지고 있는 고유의 임무(任務)는 바로 왕에 대한 신변보호를 위한 엄격한 시립(侍立)·배종(陪從)·의장(儀仗)과 왕궁호위를 위한 입직(入直)·숙위(宿衛)·수문(守門) 등으로 행하여졌다. 다만, 특별한 경우로서 변방에 왜적이 쳐들어왔을 때 왕이 금군(禁軍)에 왕명(王命)을 내려 변방에 가서 우리나라를 침략해 온 왜적과 싸움을 해야 하는 임무(任務)가 부여되었다.

하지만 왕의 호위임무(護衛任務)를 벗어나 왕과 밀착된 까닭에 왕권(王權)을 배경으로 그 직권을 남용 혹은 부정을 행함으로써 사회적인 폐해를 끼치3

는 폐단도 나왔다.

또한 금군이 활동하는 데 있어 왕이 거처하는 궁궐과 왕이 행차하는 곳으로 지극히 제한된 활동을 하였다.

제4절 근 · 현대사회의 경호

1. 갑오경장 이후

근대적 의미의 경찰의 용어를 처음 쓰게 된 시기이다. 강화도조약 이후에 갑오경장을 거치면서 근대적 경찰로 발돋움하게 되었다.

2. 정부수립 이후

창덕궁경찰서의 명칭을 경무대경찰서로 변경하고 관할구역도 중앙청 및 경무대 구내로 하였다.

1949년 12월 29일에는 내무부 훈령 제25조에 의하여 경호규정이 제정되었는바, 이는 최초로 경호라는 용어의 사용과 경호업무의 체제가 정비되었다는 점에 의의가 있다고 하겠다. 이후 경무대경찰서장이 경호책임자가 되어 주로 대통령경호임무를 수행하였다.

1948년 8월 15일 대한민국 정부가 수립되면서, 경찰은 제헌헌법에 따라 새로운 행정조직의 체계 속에서 미 군정하의 경무부가 내무부의 치안국으로 격하 조정되어 내무부 치안국(경찰청의 전신) 산하 경위부가 이승만 대통령 호위를 담당하게 되었다.[51]

---

51) http://www.pss.go.kr/warp/kr/data/old_security(2010년 4월 2일 검색).

그러던 중 1949년 2월 23일 구왕궁을 관할하던 창덕궁경찰서는 폐지되고 경무대경찰서가 신설되었고, 경무대경찰서가 대통령의 경호 및 관저의 경비를 맡게 되었다. 그리고 동년 12월 29일 내무부훈령 25호로 '경호규정'이 제정되면서 '경호(警護)'라는 용어가 처음 쓰이게 되었다.

1) 5 · 16쿠데타와 경무대경찰서의 폐지

1960년 4 · 19혁명으로 이승만 정권이 무너지고 동년 6월 15일 제3차 개헌을 통하여 대통령중심제에서 내각책임제로 전환되어 국무총리의 지위가 크게 강화됨에 따라 대통령경호를 담당해 오던 경무대경찰서는 폐지되고(1960년 6월 29일),[52] 동년 8월 13일 민주당정부를 중심으로 제2공화국이 수립되면서 서울시 경찰국 경비과에서 '경무대경찰관 파견대'를 설치하여 대통령의 경호 및 대통령관저의 경비를 담당하였다. 동년 12월 30일 윤보선 대통령이 경무대를 청와대로 개칭함에 따라 '경무대 경찰관 파견대'는 '청와대 경찰관 파견대'로 명칭이 변경되었다.[53]

그런데 이듬해인 1961년 5 · 16쿠데타로 박정희 소장이 정권을 탈취하자 경찰경호를 마감시켰다. 전권을 장악한 박 소장이 국가재건최고회의를 만들어(1961년 5월 20일 발족) 의장에 취임하자, 박종규 소령을 중심으로 한 '국가재건 최고회의의장 경호대'가 창설되어 박 소장을 경호하였다.

그 후 1963년 12월 제5대 박정희 대통령 취임과 더불어 법률 제1507호인 대통령경호실법에 근거하여 독립된 정부기구인 '대통령경호실'이 창설되었다.[54]

---

52) http://www.pss.go.kr/warp/kr/intro/history(2010년 4월 2일 검색).

53) 장기붕, 「21세기 국가경호기관 MODEL에 관한 연구」, 연세대학교 행정대학원 석사학위논문, 2001, p. 10.

54) http://www.pss.go.kr/warp/kr/intro/history(2010년 4월 2일 검색).

2) 제3공화국에서 2010년 4월까지 경찰경호조직의 변천

경무대경찰서가 폐지된 후, 1974년 12월 24일 내무부 치안국이 정부조직법 개정으로 치안본부로 개편되었고, 1991년 8월 1일 치안본부는 경찰청으로 명칭이 변경되었다.

경찰은 현직 대통령에 대한 경호직무와 관련하여 경호처에 파견형태로 근무하고 있는 형태로서, 대표적 기관이 101경비단 및 22특별경호대, 202경비대이다.

1975년 3월 8일 경호실 제7과를 '101경비대'로 개칭하였으며, 1976년 3월 29일 101경비대를 '101경비단(단장은 경무관급)'으로 개칭하였다.

'22특별경비대(대장은 총경급)'는 1974년 10월 31일 서울시 경찰청 소속으로 설치되었는데, 2001년 12월 27일 '22특별경비대' 명칭이 '22경찰경호대'로 변경되었다.

1999년 1월 1일 서울지방청 기동단 소속의 '120경비대'를 지방청차장 소속 직할대로 전환하면서, '202경비대'로 명칭이 변경[55]되었다.

3) 각급 경찰경호조직

경찰경호조직은 대체로 전・현직 대통령 및 국회의장・대법원장・헌법재판소장・국회의장 등 각급 요인의 신변(주로 수행경호) 및 사저 경호경비조직으로 나뉜다. 경찰청 소속 경호직무 담당 부서는 경비부 산하 '경호과' 등이 있다.

55) http://www.smpa.go.kr/202sc/(2010년 4월 13일 검색).

제5절 경호장비의 역사적 유래

인류사회의 발전과정에서 계급의 발생과 수반되어 싸움은 필수적이었다. 우리나라의 고고학적 자료로서는 집단 간의 싸움을 나타내는 자료가 없으나, 스페인의 르방에 있는 신석기시대의 동굴벽화에는 병사들이 창과 활을 들고 행군하는 모습이 있다. 머리의 장식이 다른 앞쪽의 지휘자를 따라 종대로 행군하는 모습이다. 이것은 이미 신석기시대에 어느 정도 조직화된 군대가 있었으며, 이에 수반되어 집단 간의 싸움도 있었을 것으로 추정되나, 갑옷의 출현에 대해서는 애매모호하다. 그러나 초기의 갑주류는 인간의 머리, 가슴, 생식기 등 중요한 부분을 보호하는 중국 운남성 율족의 피갑과 같이 간단한 것이었을 것이다.

우리나라에서는 선사시대 갑주의 실물자료는 전혀 남아 있지 않으며, 갑주가 본격적으로 출현하는 시기는 4세기대 이후이다. 실물자료는 아니지만 안악 3호분의 벽화에 갑주가 상세히 묘사되어 있어 4세기대에 고구려에서는 갑주가 일반화되어 있음을 알 수 있다. 4세기 이전의 갑주로는 무산 호곡유적의 골제찰편, 경주지방에서 출토되었다고 전하는 견갑형도기, 부조예군묘의 철제소찰, 석암리 219호분의 흑칠소찰(피제소찰갑), 부산 노포동 31호분의 칠제품 등을 들 수 있다. 특히 4세기대 이후 갑주의 실물자료가 다량으로 출토되는 남부지방의 경우 4세기대 이전의 갑주자료는 부산 노포동 31호분의 칠제품이 유일한 것이다. 부산 노포동 31호분의 칠제품으로 유기질제 갑주가 있었을 것이다.

4세기대 이후에 출현하여 거의 4~6세기대에 한정되어 있는 철제 갑주는 우리나라의 고대국가 형성기에 있어서 중요한 군사력의 상징이다. 그러나 철제갑주의 출현이 본격적인 정복전쟁의 시작이라고 볼 수는 없다. 철제갑주의 등장은 단순히 우수한 방어구의 출현을 의미하는 것만은 아니다. 철제갑주의 생산을 위해서는 철생산력이 뒷받침되어야 하고 뛰어난 단조기술이 요구된다. 또한 철제갑주의 부장양상을 통해 권력의 변화과정을 어느 정도 파악할 수 있다. 철제갑주의 변화양상과 부장양상은 무기의 발달이라는 측면 외에도 기술의 발달, 사회구조의 변화상을 알 수 있는 주요한 자료가 되는 것이다.

또한, 무도사 연구와 오늘날 경호역사 연구에도 좋은 자료로 사료된다고 할 수 있다. 앞으로 동양무도의 역사적 접근을 이러한 역사적으로 증명할 수 있는, 역사적 고증이 검증된 벽화, 갑주 등 출토되는 자료를 통해 연구 토대를 알 수 있다.

1. 갑주의 종류

우리나라에서 출토되는 갑주는 대부분이 철제품이다. 나무나 가죽으로 만든 유기질제 갑주의 존재 가능성도 있으나 출토된 자료는 지극히 한정되어 있다. 철을 중심으로 한 금속제 갑주의 종류를 살펴보면 다음과 같다.

1) 주

삼국시대의 철제주는 전체적인 형태와 구성철판의 종류에 따라 다섯 종류로 나눌 수 있다.

(1) 종장판주

전체적으로 반구형을 띠며, 안쪽으로 휜 규형철판을 혁결법으로 연접한 것이다. 대표적인 예는 김해 예안리 150호분의 종장판주다. 고구려 감신총의 벽화에 묘사된 주도 종장판주로 보아 철제갑주의 출현시기부터 만곡 종장판주와 함께 주의 중요한 형식의 하나였던 것으로 볼 수 있다. 종장판혁철주, 수신세판혁철주 I류 등으로 불리기도 한다.

(2) 만곡종장판주

종장판주와 형태적으로 유사하나 규형철판이 S자형으로 만곡되어 있어 주의 측면형이 철형을 띠며, 상부에 반구형의 복발이 있는 것이 많다. 몽고발형주, 복발형주, 종세장판혁철주, 수신세판혁철주Ⅱ류 등으로 불리기도 한다. 전체적으로 주체를 구성하는 지판의 수가 증가하는 방향으로 변화한다. 특히 볼 가리개에 뚜렷한 시기적 차이가 반영되어 있다. 4세기대의 만곡종장판주에는 넓은 철판 1~2매를 연결한 삼각형의 볼 가리개가 주로 부착되어 있으나, 5세기대가 되면 소찰로 구성된 볼 가리개가 부착된다.

(3) 차양주

반구형의 주체 앞에 반원형의 챙을 붙인 현대의 모자와 닮은 형태이다. 일본에서 출토예가 많은 것으로 미비부주라 불린다. 주상부의 복판과 중위, 하위의 대판을 기본으로 하며, 그 사이에 여러 가지 모양의 철판으로 메운 것으로, 구성철판의 종류에 따라 형식이 세분된다. 모두 정결기법으로 제작된 것이 특징이다. 우리나라에서는 고령 지산동 1~3호분, 김해 두곡 43호분, 동래 연산동 고분군에서 출토된 3예밖에 없다.

(4) 충각부주

주의 평면형태가 살구씨 모양으로 주상부에서 앞쪽으로 튀어나온 밥주걱 모양의 복판을 가진 것이 특징이다. 파양주와 함께 일본에서 다량으로 출토된다. 우리나라에서는 고령 지산동 32호분, 부산 오륜대고분, 함양 상백리고분 등에서 출토되었다.

(5) 소찰주

주를 구성하는 철판의 형태가 사각형, 오각형 등을 기본으로 하며, 주상부에 평면 타원형의 중절모형복판과 복발이 있다. 복발 중에는 관모형을 띠는 것도 있어 관모형복발주라고도 하였다. 이러한 형태의 소찰주의 계보에 대해서는 2가지 설이 있다. 하나는 수찰주가 가야지역 서남부에서 주로 출토된 것으로 보아 중국-백제로 이어지는 중국계 갑주문화의 영향으로 성립된 백제계라는 설과, 또 하나는 삼실총 2실 서벽의 무사와 통구 12호분 무사가 착장하고 있고, 또 경기도 아차산 4보루에서 출토된 것으로 보아 고구려계일 가능성이 있다는 것이다. 이러한 소찰주로는 함천 반계제가 A호분, 합천옥전 M3호분, 아차산 4보루, 한남대소장품 등이 있다.

방형의 소찰을 기본으로 하는 소찰주 외 경산조영 EI-1호분의 소찰주와 같이 소형의 소찰을 사용한 소찰주도 있다. 1예밖에 출토되지 않았으므로 구체적인 양상을 알 수 없다.

2) 갑

삼국시대의 철제갑은 연구자에 따라 여러 가지 명칭으로 불리고 있으나, 크게 판갑과 찰갑으로 나눌 수 있다. 이와 함께 부속갑으로서 경갑, 견갑, 상박갑, 굉갑, 상갑, 대퇴갑 등이 있다.

(1) 판갑

인체의 상반신을 보호하는 갑으로 여러 가지 형태의 철판을 못이나 가죽으로 연결하여 만든 것이다. 일본에서는 내량조의 문헌을 근거로 하여 메이지(明治)시대 이래 단갑이라 한다. 사용된 철판의 종류와 결합방법에 의해 종장판혁철판갑, 종장판정결판갑, 방형판혁철판갑, 장방판혁철판갑, 삼각판혁철판갑, 삼각판정결판갑, 횡장판정결판갑으로 나누어진다.

종장판판갑은 4세기대를 중심으로 출토되는데, 가죽으로 연결한 혁철판갑은 동래 복천동 38호분의 종장판혁결판갑 1예뿐이고, 나머지는 모두 정결판갑이다. 출현 초기부터 몸통 아랫단을 두른 도련판을 비롯해 섶판, 무판 등을 갖추고 또한 목을 보호하기 위한 경갑과 측경갑이 있는 상당히 정형화된 형태를 갖추고 있다. 이전시기에 이미 정형화된 유기질제갑이 있었음을 의미하는 것이다. 종장갑의 사용, 후동고대판, 후동상부의 경갑, 도련판 등 기본적인 정형성이 보인다.

이들 판갑을 비교해 보면, 구조적 특징의 차이를 발견할 수 있다. 전동부 구성의 차이에 있어서는 ① 고대판이 없는 것(동래 복천동 46호분, 부산박물관 소장품), ② 고대판이 1매의 L자형 철판으로 구성된 것(동래 복천동 57호분), ③ 고대판이 2매의 철판으로 구성된 것(호림미술관 소장품, 동래 복천동 10호분), ④ 고대판이 1매의 'て'자형 철판인 것(김해 퇴래리 출토품) 등 4종류로 나누어진다. 이러한 차이는 종장판정결판갑의 제작시기의 차이를 반영한 것이다. 제작시기의 차이는 기술적인 발전단계와 직접적으로 관련되는 것으로 특히 전동 고대판에서 뚜렷이 나타난다.

방형판혁철판갑은 동래 복천동 64호분의 1예뿐이다. 장방형의 철판을 상하, 좌우로 연결하여 만든 것으로 일본의 종장판혁철판갑의 종장판을 상하로 구분한 것으로 볼 수 있으며, 철판의 너비가 종장판판갑과 유사하다. 일본에서는 종장판혁철판갑과 함께 4세기대 갑주의 중요한 형식 중의 하나다.

종장판 계통의 판갑과는 계통이 전혀 다른 판갑으로 기본적으로 7단으로 구성된 판갑, 즉 대금식판갑이 있다. 지판의 형태와 결합기법에 의해 장방판혁철판갑, 삼각판혁철판갑, 횡장판정결판갑으로 구분되는데 기본적으로는 4단의 대판을 기본으로 하고 그 사이에 장방판, 삼각판, 횡장판을 채운 것이다. 우리나라에서는 5세기대 이후 출현하지만, 일본에서는 4세기대에 이미 장방판혁철판갑과 삼각판혁철판갑이 출현한다.

(2) 찰갑

찰갑은 일본에서는 괘갑이라고 하는데, 일정한 크기의 소찰을 횡으로 연결한 다음 다시 종으로 수결하여 상하 유동성을 가지도록 한 갑이다. 소찰을 좌우로 연결하여 전동의 중앙에서 여미는 동환식과, 전동과 후동의 좌우 옆구리에서 여미는 양당식으로 구분된다. 찰갑은 나름대로의 부속구를 구비하는데 경갑, 굉갑, 상박갑, 상갑, 대퇴갑, 경갑 등이 있다.

찰갑은 삼국 중 고구려에서 가장 먼저 시작되어 신라, 가야, 백제로 퍼져나갔는데, 4세기 안악 3호분의 행렬도에 묘사된 무사의 모습에서 이미 기마전술과 함께 기마용 무구인 찰갑이 고도로 발달하였음을 알 수 있다.

백제지역에서는 서울 몽촌토성의 저장혈에서 뼈로 만든 찰갑이 있으나 어느 부분에 해당하는지 정확히 알 수는 없으나, 철이 아닌 유기질로 만든 찰갑의 존재를 알 수 있다.

신라・가야지역의 초기 찰갑으로는 동래 복천동 38호분, 56호분, 경산조영 I B60호분의 찰갑이 있다. 5세기대 찰갑의 소찰에 비해 대형의 소찰이 사용된 점과 경갑 등의 부속구가 없다는 점이 특징이다. 중국 한대 이전 상하의 유동성이 없는 찰갑과 동일한 형태일 가능성도 있으나, 구체적인 복원이 이루어지지 않아 명확하지 않다. 이러한 찰갑은 김해 예안리 150호분의 종장판주의 소찰과 경주 월성로가 29호분의 소찰로 볼 때 4세기 후반대까지 그 계보가 이어지는 것으로 볼 수 있다. 이러한 4세기대의 찰갑은 5세기대의 찰갑과 구분하기 위해 소찰갑이라 한다.

5세기대 찰갑 역시 구체적인 복원은 어려우나 4세기대 소찰갑과는 전혀 다르게 설계된 찰갑으로 소찰의 크기는 대체로 2.5cm × 5 ~ 9cm 정도로 작아 소찰주가 훨씬 많아졌다. 출토상태가 양호한 동래 복천동 11호분 출토찰갑을 근거로 그 구조를 간단히 살펴본다면, 허리를 중심으로 위에 해당하는 동찰갑이 6단, 허리부분인 요찰이 1단, 그 아래 상갑찰 4단이 확인되며, 그 외에도 상박갑, 대퇴갑, 경갑 등도 소찰로 구성되어 있다. 각 부위에 따라 소찰의 형태가 다르다. 이러한 찰갑은 기마전술의 도입과 함께 본격적으로 확산된다.

(3) 부속갑

판갑의 부속갑으로는 견갑과 상박갑이 있다.

견갑은 쇄골과 견갑골을 보호하는 갑으로서 일본의 연구자들이 경갑 또는 경개라 하는 것이다. 우리나라에서는 찰갑에 부속되는 나팔상의 경갑이 있으므로 보호하는 부위를 고려하여 견갑이라 한다. 동래 복천동 112호분, 2호분(동아대), 녹산가달 4호분, 고령 지산동 32호분, 부산 연산동 8호분 등에서 출토되었다. 견갑과 연결되는 갑으로 상박갑이 있는데, 일본의 연구자는 견갑 또는 견개라 한다. 대부분이 대상철판으로 구성되어 있으나, 부산 연산동 8호분에서는 소찰로 구성된 상박갑이 출토되었다.

이외 판갑의 부속갑으로 상갑이 있는데, 일본에는 찰갑의 부속갑으로 경갑, 굉갑, 상박갑, 상갑, 대퇴갑, 요찰 등이 있다. 이 중 요찰과 상갑은 찰갑과 일체를 이룬다. 경갑은 4세기대의 안악 3호분의 벽화에도 상세히 묘사되어 있으며, 실물자료는 5세기대 이후 가야지역에서 다량 출토되었다. 굉갑은 2~3매로 된 철판을 원통형으로 맞대어 팔꿈치 아래에서 손목 위까지를 보호하는 부속구이다. 세장방형지판을 이용한 것도 있는데, 일본에서는 농수라고도 한다. 상박갑, 대퇴갑, 경갑은 모두 소찰로 구성된 것이 동래 복천동 11호분에 출토되었으며, 각 부위마다 소찰의 형태에 차이가 있다.

3) 마갑주

우리나라에서 마주가 출토된 고분은 동래 복천동 10호분, 합천 옥전 M3호분, 동 28호분, 동 23호분, 동 35호분, 동 M1호분, 동래 연산동 8호분, 부산 오륜대고분, 김해 대성동 1호분, 경주 황남동 109호 3·4곽, 함안마갑총, 김해 삼계동두곡 8호분, 경주 사라리 65호분 등이다. 마주는 크게 본체(얼굴 덮개부), 챙, 볼 가리개로 구성되어 있다.

마갑은 매우 다양한 형태의 소찰로 구성되어 있어 부위별로 소찰에 차이가 있음을 알 수 있다. 우리나라의 자료는 아니지만 북송시대(무경총요)에 마갑도가 있으며 부위별로 면렴(마주), 계항(경갑), 탕흉(흉갑), 마신갑(복갑), 탑후(고갑) 등으로 구분되어 있어, 마갑이 당시 4개 부위로 구분되었음을 알 수 있다. 또한 고구려 고분벽화에 묘사된 마갑이 안악 3호분의 기마부사도에는 2부분, 삼실총의 기마무사전투도에는 3부분, 쌍영총의 기마무사도에는 3부분으로 구분되어 묘사되어 있다. 그러므로 마갑이 부위별로 구분되어 제작되었음은 틀림없으며, 또한 부위별 소찰의 차이를 상정할 수 있다.

2. 고구려 고분벽화에 묘사된 갑주

고구려 갑주의 실물자료는 매우 적다. 길림 집안우산하 41호 고분의 소찰, 경기도 아차산 제4보루의 철제소찰주와 찰갑의 소찰, 농오리산성과 고이산성의 철제주 등이다. 반면 압록강유역과 대동강유역의 고구려고분의 벽화에 갑주가 비교적 상세하게 묘사되어 있다. 압록강유역인 통구에서는 삼실총과 통구 12호분, 장천 1호분, 마선구 1호분 등 4기의 고분벽화에 갑주가 묘사되어 있으며, 대동강유역에서는 안악 3호분, 덕흥리벽화고분, 개마총, 쌍영총, 약수리벽화고분, 팔정리벽화고분, 대안리 1호분, 감신총 등 9기의 고분의 벽화에 갑주가 묘사되어 있다. 이들 고분의 연대는 연구자에 따라 약간의 차이가 있으나, 4세기대 고분은 안악 3호분, 감신총이며, 개마총은 6세기대 고분이다. 나머지는 대체로 5세기대 고분이다.

고구려 지역에서 갑주가 본격적으로 사용된 것은 현재 자료로 보는 한 4세기대 이후다. 4세기 전반의 고분인 감신총의 전실서벽의 감내 좌측과 후실남벽의 행렬도에 종장판주와 사선과 횡선으로 표현된 갑을 입은 무사가 묘사되어 있다. 사선과 횡선으로 표현된 갑은 포제 또는 혁제갑일 가능성이 크며, 종장판이 뚜렷이 표현되어 있는 주는 철제일 가능성이 있는데 복발이 표현되어 있지 않은 점이 특징이다.

고구려 고분벽화에 묘사된 주는 종장판주, 소찰주로 구분된다. 종장판주는 다시 두 종류로 나누어지는데, 감신총, 안악 3호분, 안악 2호분, 약수리벽화고분의 주와 쌍영총의 개마기사의 주는 만곡의 표현에 있어 명확하게 차이가 있으므로 고구려의 종장판주에는 2계통이 있음을 알 수 있다. 이러한 종장판주의 두 계통은 가야의 종장판주에도 반영되어 있다. 삼실총 2실 서벽의 무사와 통구 12호분의 무사가 장착하고 있는 주는 종장판주와는 다른 것이다. 주체가 소찰로 표현되어 있다. 유사한 주의 실물자료가 경기도 아차산 제4보루에서 출토되었다. 기본적으로 방형소찰로 구성된 주다. 동일한 소찰주가 합천반계제가 A호분, 합천옥전 M3호분 등 가야지역의 고분에서도 출토되었다. 벽화에 묘사된 고구려의 주가 종장판주와 소찰주로 구분되기도 하지만 시기적으로도 변화가 있다. 감신총, 안악 3호분, 약수리벽화고분, 덕흥리벽화고분 등 4~5세기 초의 주에는 뿔과 같은 것이 묘사되어 있지 않으나, 통구 12호분, 삼실총, 쌍영총, 안악 2호분 등 5세기대의 주에는 주의 주체에 뿔과 같은 것이 묘사되어 있어 변화가 있음을 알 수 있다.

갑은 대부분 찰갑으로 표현되어 있다. 단, 감신총의 포제 또는 혁제갑과 함께 덕흥리벽화고분 개마기사의 갑은 갈색의 저고리 모양인데, 소찰이 전혀 표현되어 있지 않으므로 판갑으로 볼 수 있으며, 갈색으로 표현되어 있어 유기질제갑, 즉 피갑이나 목제갑일 가능성이 크다.

이외 마주와 마갑이 비교적 상세하게 묘사되어 있다. 실물자료가 아니므로 구체적인 양상은 알 수 없으나 마주에는 차이가 있다. 삼실총, 통구 12호분, 개마총, 마선구 1호분의 마주는 미비가 모두 삼엽형이다. 안악 3호분과 약수리벽화고분 마주의 미비는 반원형, 덕흥리벽화고분 마주의 미비는 세 개의 능형판으로 구성되어 있다. 이러한 차이는 지역적인 차이나 시기적인 차이를 반영한 것으로 볼 수 있다.

안악 3호분의 기마무사도에는 마갑이 2부분, 삼실총의 기마무사작전도에는 3부분, 쌍영총의 기마무사도에는 3부분 등으로 구분되어 있다. 마갑이 부위별로 구분되어 제작되었음은 틀림없으며, 부위별 소찰의 차이를 상정할 수 있다. 가야지역에서 출토되는 마갑의 소찰이 부위별로 차이가 있는 것과 관련 있는 것이다. 약수리벽화고분의 마갑은 소찰로 표현된 것과 굵은 자색 선과 흑색·자색 점의 배합으로 된 줄무늬가 상·중·하 세 부분에 있는 것이 있다. 소찰의 마갑은 철제마갑이고, 후자는 피제마갑으로 추측할 수 있어 재료가 다른 두 종류의 마갑이 존재한다는 것을 알 수 있다.

3. 백제의 갑주

백제의 갑주자료는 매우 단편적이다. 몽촌토성 85-4호 저장공의 골제소찰, 하남 미사리 B3호 거주지의 철제소찰, 용인 수지 II-1호 주거지의 소찰, 파주 주월리 유적의 소찰과 삼각판 철판, 부여 송국리 76-58지구의 철제 소찰 등 주거유적에서 출토된 것이 있으며, 부안 죽막동 유적의 판갑석제모조품과 찰갑 소찰과 같이 제사유적에서 출토된 것도 있다. 분묘유적에서 출토된 것은 청주 신봉동 B지구 1호 목곽묘의 삼각판정결판갑, 경갑, 견갑, 청주 신봉동 92-2호 석실분의 종장판갑, 함평 신덕고분의 종장판주와 찰갑 화성 백곡리 1호분의 찰갑, 전 장성 만무리 출토의 횡 판정결판갑 등이 있으며, 부소산성에도 찰갑이 출토되었다. 분묘에서 갑주가 출토되는 지역은 한성, 웅진, 사비 등의 백제 중심지가 아니라는 점이 특징이다.

백제 지역의 갑주자료 출토양상의 특징 중 하나는 생활유적에서 출토된다는 것이다. 생활유적에서 출토되는 갑주자료는 매우 단편적이며 무장의 목적보다는 철편의 재활용이라는 관점에서 접근되어야 할 것이다.

백제는 낙랑멸망 이후 직접적으로 고구려와 국경을 접하면서 일찍부터 고구려와 접전이 많았다. 그러므로 고구려의 갑주를 신라나 가야보다 빨리 수용할 수 있었을 것이며 전술 또한 큰 차이가 없었을 것이다. 대부분의 갑주자료들이 신라나 가야의 실물자료와 차이가 없다. 단, 하남 미사리 B3호 거주지의 철제소찰은 다른 찰갑의 소찰과 뚜렷이 구분된다. 두 개의 구멍이 한 쌍을 이루는 일반적인 소찰과 달리 독립된 1개씩의 구멍이 뚫려 있다. 소찰과 소찰을 직접 연결하여 갑옷을 구성하는 방식보다는 피혁이나 포에 부착하는 방법으로 갑옷을 제작한 것으로 생각된다. 파주 주월리 유적의 삼각판 철판은 일반적인 혁철판갑의 삼각판과는 구멍에서 차이가 있다. 일반적인 혁철판갑의 삼각판에는 철판의 가장자리를 따라 일정한 간격으로 1개씩 구멍이 뚫려 있으나 주월리의 삼각판에는 2개의 구멍이 한 조를 이룬다. 이러한 점들은 갑주의 형식이나 제작기술이 공유된 것이 아니라 독자적인 갑주의 형식과 제작기술을 가지고 있었음을 나타내는 것이다. 고구려와의 전쟁과정에서 고구려의 중장기마전술을 수용하고, 갑주의 제작기술도 받아들였으나 곧 독자적인 갑주생산체제를 갖추었던 것이다.

4. 신라의 갑주

신라지역에서는 경주 황남동 109호 3·4곽, 황오리 54호을총, 인왕동 C구 1호분, 월성로고분군 등의 신라 중심지와 경주 사라리고분군, 구어리고분군, 구정동고분, 포항 옥성리고분군, 경산임당·조영고분군, 울산 중산리고분군 등의 외곽지역에서 갑주자료가 출토된다.

4세기대의 갑주는 사라리와 구정동을 포함하여 경산, 울산, 포항 등 외곽지역에서 주로 출토되며, 종장판주, 종장판판갑, 소찰갑 등의 갑주는 가야지역의 4세기대 갑주와 차이가 없다.

동래 복천동 38호분에서는 종장판주, 종장판판, 소찰갑 등이 모두 출토되었으나, 경주지역의 초기갑주는 종장판주, 종장판판갑, 소찰갑 등이 단독으로 출토된다는 점이 특징이다. 또한 구정동고분 종장판판갑은 종장판의 좌우 누중방법이 다른 종장판판갑과 반대며, 후등상부의 경갑이 나팔모양으로 정형성이 보이지 않는다. 초기판갑의 특징으로 볼 수 있다.

5세기대에는 황남동 109호 3·4곽, 황오리 54호을총, 인왕동 C구 1호분 등 경주 중심부의 극히 한정된 고분에서만 갑주가 출토된다. 5세기 이후 신라는 백제, 고구려, 가야와의 영토 확장을 위한 전쟁이 더욱 많아지면서 갑주의 필요성과 효용성은 더욱 증가되나 갑주의 부장량은 줄어든다. 5세기 전반대까지는 황남동 109호 3·4곽과 같이 대형분묘에 갑주가 부장되어 가야와 갑주의 부장양상이 같으나, 이후 갑주의 부장량이 급격히 줄어든다. 이는 갑주에 부장에 대한 관념의 차이에 의한 것이다. 황오리 54호을총, 인왕동 C구 1호분 등 소형묘에 매납되며, 대형묘의 갑주는 금공품으로 변화한다. 금동제, 은제의 갑주는 장식성이 강한 것으로 방어용 무기로서의 갑주라기보다는 화려한 장신구로서 파악된다. 신라의 대형적석목곽묘에서 철제갑주 자료가 출토되지 않은 것은 신라에서 철제갑주류가 사용되지 않은 것이 아니라 가야와는 달리 권력의 상징물로서 이용되지 않았던 것이다.

6세기대 이후 갑주의 실물자료는 거의 없으나 감은사지 동·서탑의 사리구나 십이지신상에 묘사된 갑주로 보아 갑주의 형식이 중국 당의 영향을 강하게 받은 것으로 볼 수 있다.

5. 가야의 갑주

갑주의 시기적인 변화를 구체적으로 알 수 있는 지역은 가야다. 4세기대 낙동강 하류역의 김해 대성동 고분군과 동래 복천동 고분군에 한정되었던 갑주가 5세기대 이후 가야 전역으로 확산되며 출토량이 급증한다. 4세기대 철제갑의 주류를 이루었던 종장판판갑은 급격하게 줄어들고 5세기대에는 찰갑이 급격히 증가한다. 특히 동래 복천동 고분군은 4세기대에서 5세기대에 걸쳐 연속적으로 분묘가 축조되고 갑주의 출토량이 많아 갑주부장양상의 변화를 구체적으로 파악할 수 있는 유적이다.

4세기대의 가야갑주는 신라와 동일하게 종장판주, 종장판판갑, 소찰갑이다.

종장판주는 고구려의 고분벽화에 묘사된 것과 마찬가지로 종장판주와 만곡종장판주의 두 종류가 있어 계통을 달리하며 5세기의 종장판주로 변화한다. 4세기대의 종장판주는 볼 가리개가 소찰이 아니라 철판으로 제작되었다는 것이 특징이다.

종장판주와 함께 출토되는 갑은 소찰갑과 종장판판갑이다.

종장판판갑은 동래 복천동 38호분의 판갑을 제외하고는 출현 초기부터 정결기법으로 제작되었으며, 종장판의 사용, 후동압부만, 후동상부의 경갑, 지판 등 기본적인 정형성이 보인다. 종장판판갑은 신라와 가야의 두 지역에서 고루 발달한 것으로 볼 수 있다. 대부분의 종장판판갑이 김해 대성동고분군과 동래 복천동고분군에서 출토되어 낙동강 하류지역에 집중되어 있다. 5세기대 이후는 낙동강 하류의 부산과 김해지역에서만 한정되어 출토된다. 복천동고분군에서는 종장판판갑과 다른 계통의 방형판판갑 1영이 출토되었다. 소찰갑은 5세기대 찰갑의 소찰에 비해 대형의 소찰이 사용된 점과 경갑 등의 부속구가 없다는 점이 특징이다. 김해 예안리 150호분의 종장판주의 소찰과 경주 월성로가 29호분의 소찰로 볼 때 4세기 후반대까지 그 계보가 이어지는 것으로 볼 수 있다.

5세기대의 갑주는 크게 종장판판갑, 7단구성의 판갑, 찰갑의 3계통이 있다.

종장판판갑은 4세기대부터 계통이 이어지는 것으로 출토량이 급격히 줄어들며 출토지역도 낙동강 하류역에 한정된다. 이와는 달리 새로운 형식의 7단구성의 판갑이 출현한다. 7단구성의 판갑은 백제지역의 청주 신봉동 B지구 1호분의 삼각판정결판갑과 전장성만부리 출토의 횡장판정결판갑을 포함하여 총 16령이다. 부산, 김해, 창령, 합천, 함안, 고령 등 가야의 전역에서 소량이지만 출토된다. 그중 낙동강 하류역인 부산·김해지역에서 8령이 출토되었다. 이러한 7단구성의 판갑과 함께 주목되는 것이 미비부주와 충각부주다. 미비부주는 부산 연산동고분군과 고령 지산동고분군, 김해 상계동두곡고분군에서 출토되었으며, 충각부주는 고령 지산동고분군, 함양 호생원 1호분, 부산 오륜동고분에서 출토되었다.

7단구성의 판갑과 미비부주, 충각부주는 일본에서 5세기대 이후 다량 출토되며, 일본의 특징적인 갑주라 할 수 있다. 영남지역에서 출토되는 7단구성의 판갑과 충각부주, 미비부주가 일본에서 공급되었을 가능성을 제시한 주장이 있다. 영남지방에서 출토되는 7단구성의 판갑 중에는 일본에서 일반화되지 않은 몇 가지 요소들이 있다. 합천옥전 68호분 삼각판혁철판갑의 정결기법, 부산생곡동가달 4호분, 고령지산동 32호분, 전연산동고분출토의 판갑에 사용된 장조호접번, 복천동 4호분 판갑의 협부의 소형철판 등이 그것이다. 이러한 요소들은 7단구성의 판갑의 제작지가 한국의 어느 지역임을 시사하는 것이라 할 수 있다. 7단구성의 판갑은 비교적 소형고분에서 출토되거나 대형고분에서 출토되는 경우에는 찰갑과 함께 출토된다. 갑주형식에 있어 위계차이를 나타내는 것이다.

판갑과는 별도로 찰갑의 출토량이 증가한다. 4세기대의 소찰갑과 소찰의 크기나 형태가 다른 찰갑은 마갑과 마주등과 함께 본격적인 중장기마전술의 도입을 의미하는 것이다. 안악 3호분의 행렬도에 의하면 고구려에서는 이미 4세기대에 고도의 기마전술이 발달했다. 그러나 영남지역이 4세기 전반대에 고구려 갑주문화의 영향을 받기는 하였으나 기마전술이 본격적으로 보급되지 않았다. 기마전술의 도입과 함께 4세기대 낙동강 하류역을 중심으로 하던 갑주문화가 가야 전역에 급속도로 확산되어 가는 것이다.

6. 갑주 부장양상의 변화

4세기대 갑주의 부장양상을 구체적으로 밝힐 수 있는 유적이 동래 복천동 고분군과 김해 대성동 고분군이다. 동래 복천동 고분군의 경우 초기의 대형분묘에는 복천동 38호분과 같이 모든 종류의 갑주가 망라되어 있다. 갑주의 출현 초기에는 최상의 신분에 의해 독점되었음을 의미하는 것이다. 반면 대성동고분군, 주부곽식 목곽묘의 철제갑주의 부장양상 차이는 단순히 정치체의 배경차이가 아니라 두 지역 간의 관계를 밝힐 수 있는 실마리가 될 수 있을 것이다. 최고 지배계층이 철제갑주를 소유하지 않은 집단과 최고 지배계층에서 모든 갑주를 소유한 집단 간의 관계를 갑주의 소유상황의 비교를 통해 밝힐 수 있을 것이다. 이를 위해서는 갑주뿐 아니라 출토자료의 전반적인 비교검토가 필요하다. 낙동강을 사이에 두고 있는 두 집단은 단순히 종속 또는 병립의 관계가 아니라 집단의 형성 초기부터 일정한 역학관계를 가졌던 것으로 추측된다.

4세기 중엽이 되면 동래 복천동고분군의 경우 중심 분묘에서는 부곽에 부장되고, 주변 분묘에서는 주곽에 부장되며 동일형식 갑주의 복수 부장이 이루어진다. 갑주 구성에 있어서 수찰갑이 사라지고 주와 판갑으로 획일화된다. 이러한 사실은 최상위층에서는 철제갑주의 의미가 전달계에 비해 축소되어 간다는 것을 반영한 것으로 볼 수 있으며, 갑주의 보유계층이 최상층에서 다음 계층으로 변화되는 양상을 나타내는 것이다.

즉 무장의 범위가 4세기 중엽 이후 확대되어 가는 것이다. 4세기대 후엽이 되면 갑주의 무장범위가 확대되면서 최상층 계급에 있어서 철제갑주의 의미가 축소되어 가는 것이 5세기대에 들어서도 새로운 갑주 즉 찰갑이 본격적으로 도입되면서도 일시적으로 계속 이어진다. 동래 복천동고분군의 경우 중심선상에 있는 분묘에 갑주가 부장되지 않은 경우도 있다. 중심선상의 분묘에 갑주가 부장되지 않는다는 점은 최상층의 지배계층 아래에 전문 전사집단의 출현을 의미하는 것으로도 해석할 수 있다.

김해 대성동고분군의 경우 4세기 전반대와는 달리 4세기 후반대가 되면 주부곽식 목곽묘에서 철제갑주가 출토된다. 철제갑주가 최고 권력층의 상징물로서 주부곽식 목곽묘에 부장되는 것이다. 3, 39호분 등 주부곽식 목곽묘에 철제갑주가 다량으로 출토되어 최고 지배층의 분묘에 갑주가 집중되는 현상을 보인다. 갑주 구성은 종장판판갑과 종장판주만 출토되는 4세기 후반대의 복천동고분군과는 다른 양상이다. 갑주수용에 있어서 집단 간의 차이를 나타내는 것이다. 복천동고분군과 대성동고분군은 낙동강을 사이에 두고 인접해 있지만 고분 축조기에 있어서 집단성격의 차이가 있었던 것이다. 철제갑주의 도입은 거의 동시기에 이루어지지만 외래계 유물의 보유상황이나 갑주의 부장양상은 차이가 있어 이를 짐작할 수 있다.

5세기 중엽이 되면 갑주소유의 관념이 변화하면서 최상층 분묘의 주곽에 일괄이 부장되면서 갑주부장의 양상이 변화하는 것이다. 이 시기는 갑주가 가야 전역에 본격적으로 확산되는 시기다. 이러한 변화는 복천동 21 · 22호분의 칠두령과 10 · 11호분의 금동관에서도 대비된다. 칠두령과 금동관의 소유는 주술적 성격과 정치적 성격의 대비인 것이다. 5세기 중엽 금동관의 출현은 주술적 권력에서 탈피한 정치적 권력의 출현을 의미하는 것이며, 복천동 10 · 11호분과 같이 주곽에 갑주일괄이 부장되었다는 것은 정치적 권력이 강력한 군사력을 배경으로 하였던 것으로 볼 수 있는 것이다. 강력한 군사력을 배경으로 했다는 것은 그 이전까지 부곽에 주로 부장되던 갑주가 주곽이 중심이 되어 부장되고 갑주일괄이 하나의 분묘, 즉 중심 분묘에 집중된다는 점에서 입증될 수 있다.

이와 함께 소형분묘에도 갑주가 부장된다. 대형분묘에의 갑주집중과 소형분묘에의 갑주 부장 확산은 여러 가지의 의미로 해석할 수 있다. 대형 분묘에의 갑주집중은 군사적 힘에 의한 권력의 장악이다. 경주를 중심으로 하는 신라에서는 관과 금공품이 권력의 중요한 상징물로 등장하는 시기에 가야지역에서는 철제갑주가 권력의 상징물이 된다. 신라는 무력보다는 통치력에 의한 권력의 집중이 이루어지고, 가야에서는 무력에 의한 권력의 집중이 나타나는 것이다. 소형분묘에의 갑주부장 확산은 전문 전사집단의 존재를 의미하는 것이다. 4세기대 지배계층에 집중되었던 갑주의 양상과는 대조를 이루는 것이다.

7. 금동장식 갑주의 성격

5세기대 대형분묘에의 갑주 집중현상과 함께 주목되는 것이 금동장식의 갑주다.

합천 옥전 23호분의 금동장주, 합천 옥전 M3호분의 금동장주, 합천 반계제가 A호분의 소찰주, 동래 복천동 112호분의 횡장판정결판갑, 동경국립박물관 소장 금동장종장판정결주, 한남대학교박물관 소장 금동장방형판혁결주 등이 있다. 이들 금동장식 갑주는 시기적으로 크게 5세기 중경과 6세기 1/4분기로 구분되며 계기성이 없어 보인다. 또 복천동 112호분의 횡장판정결판갑을 제외하면 지역적으로 합천지역에 한정되어 있으며, 금동장식이 주에 한정되어 있다는 것이 특징이다.

옥전 23호분과 옥전 M3호분, 반계제가 A호분은 시기별, 고분군별로 볼 때 최대급에 속하는 고분이다. 그러므로 금동장식 주를 보유할 수 있는 계층은 그 시대, 지역 내에서 최고 수장층이라 할 수 있을 것이다.

합천지역, 즉 5세기 후반~6세기 전반 고령의 대가야 영향이 강한 지역에서는 수장층의 무덤에 금동장식 주가 부장되는 것과는 대조적으로 동래 복천동 고분군에서는 비교적 소형 수혈식 석곽묘에서 금동장판갑이 출토되었다. 동래 복천동 112호분은 복천동고분군 내에서는 비교적 소형에 속하는 수혈식 석곽묘이며 고분의 축조위치도 중심부에서 벗어난 사면이다.

동래지역에서는 5세기 후반에 수장층의 무덤이 연산동고분군으로 이동하며, 수장층의 무덤으로서 복천동고분군과 연산동고분군이 계기적으로 축조된다. 하지만 복천동고분군에서는 5세기 말까지 소형 고분이기는 하지만 수장집단의 묘역에 고분이 축조되며, 연산동 8호분과 같은 철제 갑주류를 다량 보유한 계층이 있지만, 복천동 112호분과 같은 금동장판갑을 보유한 계층이 있다. 그러므로 복천동고분군과 연산동고분군은 단순히 동래지역에서 수장묘의 영조지역으로의 이동이 아니라 수장집단의 구성원 또는 성격이 변화되었다는 것을 의미하는 것이라 할 수 있다. 또한 금동장갑주의 보유상황이 합천지역과는 다르다. 이것은 동래지역과 합천지역이 5세기 후반 이후 집단의 성격에 있어 차이가 있음을 나타내는 것이다.

합천지역에서 출토되는 금동장주의 출토위치는 모두 피장자의 발치다. 옥전 23호분에서는 금동제관모가 피장장의 머리부분에서 출토되었으며, 금동장식주는 경갑, 마주 등의 다른 갑주류와 함께 피장자의 발치에서 출토되었다. 옥전 M3호분에서는 많은 갑주류가 출토되었는데, 피장자의 머리 쪽 유물군에서 방형판소찰주, 경갑 1, 마주 1 등이 금동장귀갑문안교, 주연에 밀집사선문대가 있는 검릉형 행엽 등과 함께 출토되었으며, 금동장주와 나머지 갑주류는 피장자 발치 쪽의 유물군에서 출토되었다.

갑주류는 방어용 무기로서의 기능과 함께 가야지역에서는 권력의 상징물인 위신재로서의 기능을 강하게 가지고 있었다. 그러므로 무기로서의 기능과 무관하게 장식의 대상이 될 수 있다. 그러나 금동장주의 부장위치로 보아 금동장주의 위신재로서의 비중은 금동제관모나 철제주에 비해 뒤지는 것으로 볼 수 있다.

합천 반계제고분군의 경우 금동장주가 출토된 가A호분을 제외하고는 갑주가 출토된 고분이 전혀 없다. 가B, 다A, 다B호분 등이 고분군 내에서의 봉토가 남아 있는 대형분인 점을 감안하면 무구류나 마구류의 출토량이 매우 적은 편이다. 이러한 점은 합천 반계제고분군을 축조한 집단을 무장적 성격이 강하지 않은 집단으로 볼 수 있는 근거가 된다. 그러므로 반계제가 A호분의 금동장식주는 무장집단과는 무관한 것으로 볼 수 있다.

일본의 경우 5세기 중엽 이후 금동장갑주의 부장이 증가한다. 금동장갑주를 보유할 수 있는 인물은 특정 역할을 담당한 사람으로서 무인적 성격을 가지고 있으면서도 다른 무인과 명확하게 구분되는 인물이다. 근기의 백설조·고시고분군의 피장자집단을 실질적으로 지지한 군사조직의 중핵을 이루는 사람들이었다. 그리고 금동장갑주는 무장격차에 의한 신분격차가 존재했음을 의미하는 것이라 한다.

우리나라의 금동장식주는 반계제가 A호분과 같이 무장적 성격과 관련 없이 보유하는 경우도 있고, 철제갑주를 보유한 경우 철제갑주에 비해 위신재로서의 비중이 낮은 점도 있다. 그러므로 우리나라의 금동장갑주는 권력의 상징물인 위신재로서 갑주를 선호한 지역에 분여된 것일 가능성이 있다.

옥전 M3호분과 반계제가 A호분에서는 고령계 토기가 주로 출토되고, 옥전 M3과 반계제고분군에서 백제계 토기가 출토되었다. 이 점으로 보아 용봉문환두대도의 제작지를 포함하여 금동장식주가 백제 또는 고구려와 연관이 있을 가능성이 있다. 장식대도의 출토가 이전 시기부터 이루어지고 있고 또한 방형판주가 가야지역에서만 출토되고 용봉문환두대도 또한 가야 특히 합천지역을 중심으로 출토된다. 그러므로 이러한 유물들이 제작지에서 출토되었을 가능성이 높다. 5세기 후반 이후 대가야의 성장과 함께 영토의 확장과정에서 거점지역에 대한 지배의 한 방식으로 금동장식주가 배포 또는 허용되었을 가능성이 있다. 반계제가 A호분과 같이 무장적 성격이 적은 집단에서 금동장식주가 출토되는 점, 금동장식주의 부장위치에 차이가 있는 점 등은 이러한 관점에서 이해되어야 할 것이다.

단, 대가야의 중심지인 고령에서 금동장식주가 전혀 출토되지 않는다는 점이 문제다. 고령 지산동고분군의 경우 다른 가야고분에 비해 갑주류의 출토량이 적은 편이다. 대가야의 중심에서는 지산동 32호분이나 30호분의 예로 보아 금동관이 중요한 위신재였다는 것을 알 수 있으며, 그러한 관념은 45호분까지 지속되는 것으로 볼 수 있다. 옥전 23호분의 경우 옥전 고분군 내에 정형화된 대가야계 문물이 정착되기 이전단계에 해당된다고 볼 수 있다. 신라계 토기를 비롯하여 다양한 계통의 문물이 유입되는 단계이다. 그러므로 옥전 23호분의 금동장주는 대가야와 무관한 것으로 주의 형식에 있어서도 차이가 나며, 신라의 영향을 배제할 수 없다.

8. 갑주부장의 소멸

갑주는 우수한 개인방어용 무기일 뿐 아니라 권력의 상징물로서 중요한 위치를 차지한다. 고구려의 고분벽화 안악 3호분 행렬도에 묘사된 기병과 보병, 보병 간의 갑주에 차이가 있음은 이것을 단적으로 증명하는 것이다. 철제 갑주가 방어구로서의 실용성이 강조되고 상징성이 축소되면 부장품으로서의 가치는 축소된다고 볼 수 있다.

신라의 대형 적석목곽묘에서는 금관을 비롯하여 금제, 은제, 금동제의 장신구류가 부장되고 철제갑주는 거의 없는 실정이다. 비록 갑주가 출토된다 하더라도 금동제, 은제의 부분적인 부속구로서 나타나며 거의 굉갑에 한정된다. 이러한 갑주는 장식성이 강한 것으로 방어용 무기로서의 갑주라기보다는 화려한 장신구로서 파악된다. 신라의 대형 적석목곽묘에서 철제 갑주자료가 출토되지 않은 것은 신라에서 철제 갑주류가 사용되지 않은 것이 아니라 권력의 상징성으로서 이용되지 않은 것으로 볼 수 있다.

가야는 4세기 때부터 철제갑주가 중요한 권력의 상징물로 취급되어 분묘에 매납되었다. 5세기 중엽 이후 동래 복천동 10 · 11호분, 고령 지산동 32호분에서와 같이 일부 금동제 장신구가 나타나지만 그 비율이 매우 적어 철제 갑주의 부장을 쇠퇴시킬 정도는 아니었다. 5세기 후반대에 금공품의 확산으로 인해 합천 반계제가 A호분의 소찰주, 합천 옥전 23호분 및 동 M3호분의 금동장주와 같이 철제갑주와 금공품이 결합된 양상이 나타난다. 그러나 신라에서와 같이 철제갑주의 상징적 성격이 급격히 축소되는 현상은 나타나지 않는다.

가야의 멸망과 함께 신라의 갑주에 대한 관념이 그대로 이어져 갑주가 권력의 상징물이 아니라 실용무구로서의 성격이 강조되어 갑주부장은 완전히 사라진다고 할 수 있다.

이상으로 우리나라의 갑주변화에 대해 고구려, 백제, 신라, 가야를 구분하여 살펴보았다. 갑주의 출토상황이 모두 다르므로 일률적인 변화양상은 알 수가 없다.

고구려는 벽화에 묘사된 갑주를 통해 4세기 말~5세기 초에 갑주의 변화와 함께 전술적인 변화가 있었음을 알 수 있었다. 백제는 명확하지 않으나 신라와 가야도 거의 비슷한 시기의 갑주양상이 일변하고 부장양상도 달라진다. 갑주변화의 양상은 세부적으로는 차이가 있을지 모르나 새로운 갑주의 도입이라는 점에서 고구려와 가야는 동일하다. 신라 또한 가야와 함께 일시적으로 새로운 갑주의 도입과 함께 갑주부장의 집중이라는 점에서 동일한 양상을 보인다.

신라 · 가야지역에 한정되는 것이기는 하지만 신라에서는 금공품이 중요한 권력의 상징물로 변화하고, 가야에서는 갑주가 중요한 권력의 상징물이 되어 신라와 가야의 갑주부장 양상에 차이가 생기게 되는 것이다.

위에서 알아본 바와 같이 경호장비의 연구자료에 접근하기 위해서 고대갑옷과 투구의 역사적 자료에서 살펴보았다. 경호학의 시대적 흐름에 따른 역사적 변천사를 연구하고자 할 때 역사적 자료를 토대로 하여 무도 및 경호의 역사를 검증해야 할 필요가 있다고 사료된다. 현대의 경호 · 경비산업의 방호 · 경호장비에서 볼 때 역사적 검증에서 좋은 자료가 될 것이다. 미래의 무도사 연구의 방향도 현대사회에 맞게 재검토 · 재검증할 필요가 있겠다.

사회변화에 따른 경호환경

Chapter 03

제1절 범죄예방의 개념

범죄예방의 개념은 국가에 따라 다소 차이를 보이지만, 대체적으로 다음의 4가지 개념들에 근거하고 있다고 볼 수 있다. 첫째, 어떠한 악하고, 불쾌하고, 파괴적인 것이 대두하고 있다는 것, 둘째, 이런 일들이 인간의 통찰력과 현명함으로 인해 제한될 수 있다는 것, 셋째, 예방활동의 많은 부분이 형사사법제도의 범위 밖에 있다는 것, 넷째, 바람직하지 않은 사건의 발생 전에 중재를 해야 한다는 것이다. 이러한 개념들에 근거한 범죄와 비행의 예방은 사회마다 각기 다양한 범죄자의 상(image)에 따라 달라질 수 있다.[1)]

범죄예방이라는 개념은 범죄통제의 과정 중에서 제시된 것으로 볼 수 있으며, 종전의 범죄통제와는 다음과 같은 경우에 구별된다 : 범죄가 발생하기 전에 활동한다는 것, 범죄행위의 직접 억제에 중점을 둔다는 것, 사전에 예방하기 때문에 이상적이고 도덕적인 제도라는 것이다.[2)]

몇몇 국가에서는 공식적으로 범죄예방의 개념을 "범죄의 위험을 예견, 인식, 평가하여 이를 감소, 근절시키기 위한 사전활동"으로 정의하고 있다.[3)] 이

---

1) E. H. Johnson, *Handbook on Crime and Delinquency Prevention*, Greenwood Press, 1987, p. 2.

2) 김보환 「효율적 범죄통제를 위한 방법체제의 개선 : 도시경찰을 중심으로」, 치안논총 제6집, 경찰대학 치안연구소, 1989.

3) National Crime Prevention Institute, *Understanding Crime Prevention*, Butterworths, 1986, p. 2;

러한 개념의 정의는 상당히 포괄적인 것이고, 잠재적 범죄자의 범죄욕구 등에 중점을 두기보다는 범행기회를 줄이는 데에 초점을 맞추고 있는 것이다.[4)]

범죄예방은 범죄와 그에 따른 피해의 실제 수준과 인지된 수준 모두를 다루어야만 하며, 범죄예방은 범죄의 수준과 범죄에 대한 두려움을 감소시키기 위해 고안된 행위를 동반하게 되는데, 이런 활동들은 형사사법기관과 일반대중, 그리고 사적인 조직들이 담당하게 된다.[5)]

범죄예방의 개념은 상당히 포괄적인 것으로 볼 수 있는데 다음 3가지 유형이 있다.

1차적 범죄예방은 물리적・사회적 환경들 사이에서 범죄원인이 되는 조건을 개선하는 것이다.[6)] 이 예방의 궁극적인 목표는 범죄행위를 유발하는 물리적・사회적 환경조건들을 변화시키는 것이다.[7)] 1차적 예방에 해당되는 것들은 환경설계, 이웃감시, 민간경비, 그리고 범죄와 범죄예방에 관한 교육 등이다. 환경설계는 범죄자의 범행을 어렵게 만들고, 지역주민에 대한 감시를 용이하게 하며, 지역주민들에게 안전성을 제공하는 것을 목적으로 하는 넓은 범위의 범죄예방기술의 일종이다. 이웃감시는 지역사회 주민들 스스로 지역사회를 통제할 수 있는 능력을 향상시키고 잠재적 범죄자에게는 검거의 위험을 증가시킬 수 있다.

L. J. Fennelly, *Handbook of Loss Prevention and Crime Prevention*, Butterworths, 1989, p. 4.

4) L. J. Fennelly, op. cit., p. 4.

5) S. P. Lab., *Crime Prevention-Approaches, Practices and Evaluations*, Anderson Publishing Co., 1992, p. 10.

6) Paul J. Brantingham and Frederick L. Faust는 1차적 예방은 다음 사항에 적용될 수 있을 것으로 보았다. 첫째, 개인들로 하여금 범죄행위의 성향을 갖지 않도록 하는 것, 둘째, 범죄예방을 위하여 물리적 환경의 변화를 시도하는 것, 셋째, 전형적인 교도소구금과 교정서비스의 역할을 제한하는 것 등이다.

7) P. J. Brantingham and F. L. Faust, 「A Conceptual Model of Crime Prevention」, *Crime and Delinquency,* 22, 1976. 6, p. 292(E. H. Johnson, op. cit., p. 3).

2차적 범죄예방은 잠재적 범죄자를 초기에 발견하고 비합법적 행위가 발생하기 이전에 예방하고자 하는 것이다. 2차적 예방에서는 사회와 형사사법기관의 문제를 올바르게 분석하고 예측하는 능력이 특히 중요하다. 2차적 예방접근은 범죄율이 높은 지역이나 범죄행위가 예견되는 지역에 초점을 맞춘다. 이러한 목표지역을 대상으로 한 예방활동들 중 많은 부분은 1차적 예방의 활동들과 유사하다. 다만, 그의 구별은 1차적 예방의 프로그램이 범죄행위를 야기할 가능성을 가진 문제들을 방지하는 것을 목적으로 하는 반면, 2차적 예방에서는 이미 존재하는 요인들과 일탈행위를 조장하는 요인들에 보다 중점을 둔다는 것이다.

2차적 예방활동은 범죄촉발의 가능성이 높은 환경 및 범행 가능성이 높은 개인을 대상으로 하고 있으므로 이들 환경 및 개인과 자주 접하게 되는 지역사회 지도자, 교육자, 부모에게 의존하고 있다.[8)]

3차적 범죄예방은 Brantingham and Faust에 따르면, "실제 범죄자를 대상으로 하는 것이며 범죄자들이 더 이상 범죄를 저지르지 않도록 하기 위한 활동을 의미한다."[9)] 그들은 교정기관이 처벌이나 치료를 통한 3차적 예방을 중요한 목표로 하고 있다고 보았다.[10)] 따라서 3차적 예방의 대부분은 형사사법기관이 담당한다. 즉 체포, 기소, 교도소구금, 치료, 사회복귀와 같은 것이 3차적 예방에 해당하는 것이다. 이외에 민간운영 교정프로그램과 지역사회 내 다이버전과 교정활동들도 포함된다.

이상 3가지 범죄예방접근의 대상을 보면, 1차적 예방은 일반대중이 되는 반면, 2차적 예방은 범죄를 저지를 가능성이 높은 개인이나 집단, 3차적 예방은 범죄자이다. 반면, 범죄예방의 주체는 크게 정부와 민간분야로 구분

8) S. P. Lab., op. cit., pp. 12-13.

9) P. J. Brantingham and F. L Faust, 「A Conceptual Model of Crime Prevention」, *Crime and Delinquency,* 22, 1976. 6(S. P. Lab, op. cit.), p. 13.

10) E. H. Johnson, op. cit., p. 4.

한다.[11]

제2절 범죄학의 각 학파에서 보는 범죄예방

1. 고전학파

1700년대 이전까지의 형법이 자의적으로 시행되었던 것에 대한 반작용으로, 처벌의 엄격성을 낮추기 위한 움직임이 있었다. 고전학파에서는 처벌이 범죄자를 억제하는 데 사용되어야 하며, 범죄자에 대한 보복 대신 범죄예방에 사용되어야 한다고 보았다.[12] 이 학파는 인간의 행위는 합리적인 계산의 결과이므로 처벌에 대한 두려움이라는 억제효과로부터 큰 효과를 얻을 수 있을 것으로 믿었다.

2. 실증주의학파

실증주의학파는 1800년대 초에 발전된 것으로, 법을 범죄자를 억제하기 위한 수단보다 사회를 보호하고 범죄자를 교정하기 위한 수단으로 보고 있다. 이 학파는 법이나 처벌이 사회통제의 수단으로 더 이상 효과를 보이지 않으며 오히려 치료와 사회복귀가 유용한 것들이라 보고 있다. 소년법원(Juvenile Court)의 설립은 이 학파의 반영으로 볼 수 있다.

---

11) 한국형사정책연구원, 「각국의 범죄예방정책에 관한 연구」(A Study on Crime Prevention Policies in Foreign Countries), 1994, p. 19.

12) *National Crime Prevention through Environmental Design*, Sage Publications, 1977, p. 24.

3. 사회학파

사회학적 범죄학(sociological criminology)은 1920년대에 출현하였다. 이 학파의 옹호자들은 해로운 사회적 환경들이 범죄행위의 체득과 반사회적 태도(anti-social attitudes)를 자극한다고 보았다. 이 학파에서는 범죄를 감소시키기 위해서 범죄를 조장하는 사회적・경제적 환경들을 변화시켜야 한다고 보고 있다.

4. 현대(Contemporary)학파

현대학파는 범죄자의 환경보다 잠재적 피해자의 환경에 초점을 맞추고 있다. 또 이 학파에서는 범죄발생 이전의 경찰활동을 강조하는 새로운 경찰모델의 등장이 필요하다고 주장한다. 이 학파의 입장에 따르면 범죄예방을 위하여 물리적・사회적 환경 개선과 잠재적 피해자가 그들의 위험을 줄이기 위해 취할 수 있는 방법에 대한 교육 등이 이용될 수 있다고 볼 수 있다.[13)]

◉ 연구의 대상과 방법

범죄예방에 대한 연구는 여러 가지 관점에서 접근이 가능한데, 그중 하나가 범죄예방활동을 담당하는 집단에 따른 것이다. 범죄예방을 담당하는 집단들은 [그림 III-1]과 같이 분류할 수 있다.

---

13) National Crime Prevention Institute, op. cit., pp. 17-18.

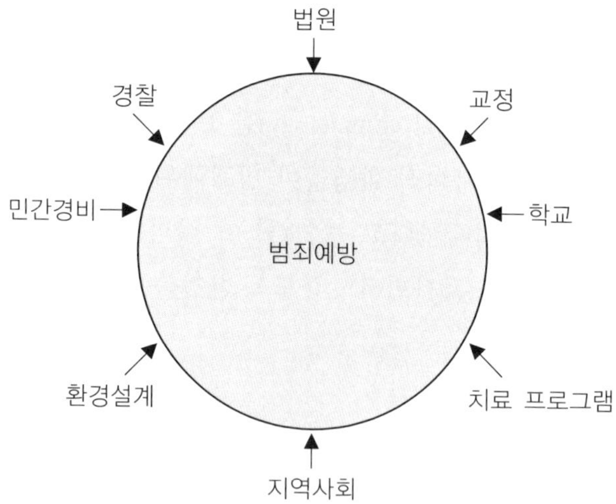

[그림 III-1] 범죄예방에 대한 접근

제3절 성폭력

1. 성폭력의 개념

성(性)이란 인간의 생물학적 성별과 신체구조, 성관계와 생식능력을 포함하며 그것을 기반으로 하는 규범과 느낌 그리고 자아와 성역할 및 성관계 등을 총괄한다. 인간사회에 있어서의 성관계는 문명문화의 범주에 속하며 문화는 광의의 측면에서 특정한 생활양식이기 때문에 지금 이 시대의 성문화는 우리 사회에서 보편화되어 있는 특정한 양식의 성생활을 의미한다. 그러므로 성문화는 다른 문화와 마찬가지로 우리 사회구성원의 집단적인 산물이다.

도덕적 기본개념의 붕괴와 전통적 가족제도의 퇴색, 그리고 옳고 그름에 대한 모호한 기준과 더불어, 산업사회의 냉혹한 경쟁과 비인간성 속에서 자양분을 얻은 성윤리의 붕괴는 혼돈되고 왜곡된 성문화를 낳게 되고, 이것은 성폭력을 유발시키는 사회적 동기 중 하나가 된다.

성폭력이란 상대방의 동의 없이 강제적으로 성적 행위를 하거나 성적 행위를 하도록 강요, 위압하는 행위 및 성행위를 유발시키기 위해 선정적 언어로 유인하는 행위로 정의한다.

성폭력의 범위에는 성적 추행(가슴, 엉덩이, 성기부위를 접촉하거나 집적거리기, 키스, 음란한 행위), 성기노출(피해자 또는 가해자의 성기를 노출시키는 행위), 윤간, 강도강간(가족면전 강간), 근친강간, 성적 가혹행위(가해자의 성적 만족을 위해 상대방에게 신체적 상해를 입히는 행위), 음란물 보이기, 음란물 제작에 이용, 윤락행위 강요, 음란전화 등이 포함되는 것으로 본다. 따라서 성폭력은 상대방의 신체뿐만 아니라 성성(sexuality)을 대상으로 한 폭력의 행사이다.[14)]

상대방의 의사에 반(反)하여 가하는 성적 행위로 모든 신체적, 언어적, 정신적 폭력을 포괄하는 광범위한 개념이다. '상대방의 의사에 반한다' 함은 원치 않거나 거부하는 행위를 상대방에게 계속하거나 강요한다는 말이다.

따라서 상대방으로 하여금 성폭력에 대한 막연한 불안감이나 공포감을 조성할 뿐만 아니라 그것으로 인한 행동제약을 유발시키는 것도 간접적인 성폭력이라 할 수 있다.

성폭력은 과거 주로 여성에게만 가해져 왔으나, 수년 전부터는 그 대상이 아동은 물론 최근에는 오히려 여성이 남성에게 성폭력을 행하는 역-성폭력이 행해지고 있다.

「성폭력범죄의 처벌 및 피해자보호 등에 관한 법률」은 성폭력범죄의 처벌 및 피해자 보호에 관한 법률이다.[15)]

성폭력범죄는 형법 제22장 성풍속에 관한 죄 중 제242조(음행매개) · 제243

14) 여성상담과 여성복지, 『한국여성의 전화』, 1999, p. 134.

15) 「성폭력범죄의 처벌 및 피해자보호 등에 관한 법률」(2010년 1월 18일 개정).

조(음화 등의 반포 등)·제244조(음화 등의 제조 등) 및 제245조(공연음란)의 죄, 형법 제31장 약취와 유인의 죄 중 추행 또는 간음을 목적으로 하거나 추업에 사용할 목적으로 범한 제288조(영리 등을 위한 약취, 유인, 매매 등)·제292조(약취, 유인, 매매된 자를 수수 또는 은닉. 다만, 제288조의 약취·유인이나 매매된 자를 수수 또는 은닉한 죄에 한한다)·제293조(상습범. 다만, 제288조의 약취·유인이나 매매된 자 또는 이송된 자를 수수 또는 은닉한 죄의 상습범에 한한다)·제294조(미수범. 다만, 제288조의 미수범 및 제292조의 미수범중 제288조의 약취·유인이나 매매된 자를 수수 또는 은닉한 죄의 미수범과 제293조의 상습범의 미수범 중 제288조의 약취·유인이나 매매된 자를 수수 또는 은닉한 죄의 상습범의 미수범에 한한다)의 죄, 형법 제32장 강간과 추행의 죄 중 제297조(강간)·제298조(강제추행)·제299조(준강간, 준강제추행)·제300조(미수범)·제301조(강간 등 상해·치상)·제301조의2(강간 등 살인·치사)·제302조(미성년자 등에 대한 간음)·제303조(업무상 위력 등에 의한 간음) 및 제305조(미성년자에 대한 간음, 추행)의 죄, 형법 제339조(강도강간)의 죄, 이 법 제5조(특수강도강간 등) 내지 제14조의2(카메라 등 이용 촬영)의 죄 등이다.[16)]

「성폭력범죄의 처벌에 관한 법률」 조항을 피해자의 보호를 위해 개정 또는 보완해야 할 것이다. 첫째로 친족의 범위를 '존속 등 연장의 친족', '4촌 이내의 혈족과 2촌 이내의 인척', '사실상의 관계에 의한 친족'으로 규정하고 있다. 친족의 범위를 민법과 동일하게 확대시키거나 최소한 의부를 포함시키는 것이 필요하다. 두 번째 국가와 지방자치단체의 성교육 및 성폭력 예방교육을 의무화하고 있는데, 이러한 특별법이 실효를 거둘 수 있도록 하는 것이 급선무이다. 세 번째 피해자의 최소한의 양육을 일정기간 보장해 주는 기관의 확대와 지원이 필요하다. 또한 어린 친족성폭력 피해자일 경우 학교나 병

16) 「성폭력범죄의 처벌 및 피해자보호 등에 관한 법률」(2010년 1월 18일 개정).

원과 같은 사회기관에서 피해사실을 인지했을 때는 이를 신고하는 것을 의무화하는 조항을 신설해야 한다.

마지막으로 특별법에서는 직장 내의 관계를 업무상의 위력 등에 의해 자신의 보호·감독을 받는 사람에 대한 것으로 한정하여 동료나 고객, 거래처, 직장알선을 미끼로 성폭력을 행하는 사례들이 제외되고 있다. 이런 부분은 하루속히 개정되어야 할 것이다.

2. 성폭력의 원인

1) 우리 사회의 성문화

남성 중심적 성문화는 남성의 성적 욕구를 본능적인 것으로 간주하여 남성의 성적 행위에 대해서는 관대, 허용적인 반면, 여성에게는 순결을 강요하는 이중적 성규범으로 성관계를 상호 간의 동의적 관계에서 이루어지는 행위로 보는 것이 아니라 일방적 관계에서 이루어지는 행위도 성관계로 간주하는 성기 중심적 성인식이 성폭력을 발생시키는 주요 요인이다.

또한, 성의 상품화와 퇴폐적 성문화는 여성의 성 상품화가 확산되고 서구의 성개방문화가 음란 저속한 문화를 통해 현실이 각종 성폭력과 성범죄를 조장하는 여건을 제공하고 있다.

위계적, 권위적인 우리 사회는 남자와 여자, 어른과 아이, 교사와 학생, 직장 상사와 부하직원의 관계에서 전자는 후자에 비해 절대적인 권위를 갖게 하여 힘을 갖지 못한 여자, 아이, 학생, 부하직원에 대한 성폭력의 발생을 야기시키고 있다.

2) 낮은 신고율

성폭력범죄가 증가되는 가장 주요한 요인 가운데 하나로 낮은 신고율을 들 수 있다. 이는 피해자의 잘못으로 인한 결과 또는 사회적으로 성폭력의 피해자에 대한 부정적인 생각 등에 의한 것으로 추정된다.

3) 성폭력 관련법의 문제

성폭력범죄처벌은 아직도 성폭력을 강간과 추행에 관한 죄로 명명하고 성적 자기결정권에 반하는 범죄로 개념규정을 하자는 여성계의 의견을 받아들이지 않고 있다. 어린이 성추행의 경우 증거물이나 증인이 없고 어린이 진술밖에 없는 경우, 어린이의 진술을 신뢰하지 않는 등 성폭력 피해자들의 권익을 보장하기에는 미흡한 것이 현재의 상황으로 이를 이용하는 장애인 성폭력 등이 과거에 비하여 급속도로 늘어나고 있다.

4) 사법처리과정의 문제

현재 성폭력에 대한 처리과정은 일반 형사소송절차와 똑같아 개인의 사적인 권리가 보장되지 못하고 있다. 대부분 사건을 전담부서에서 통합적으로 처리하는 것이 아니라 성폭력사건에 대한 바른 인식이나 성폭력 수사방법에 대한 훈련을 받지 않은 경찰에 의해 수사가 진행되기 때문에 수사과정에서 피해자가 제2, 제3의 피해를 받게 되는 경우가 흔히 발생한다.

5) 성의식

사회인구학적 특성과 더불어 성의식 관련 여러 변인들, 즉 남성성, 성차별주의, 이중적 성윤리, 강간통념, 도구적 성, 도락적 성충동이 미치는 영향력을 알아본 연구결과를 토대로 살펴보면, 주요 성의식 중 성폭력 가해여부에 연관되는 특성은 '자신을 남자답다고 여기는 성향(남성성)'이 강할수록, 또한 '성과 사랑, 결혼의 관계를 분절적 · 도구적으로 이해하는 성향(도구적 성의식)'이 강할수록 성폭력 실행 가능성이 높은 것으로 나와 있다. 젊은 남성들 가운데 이와 같은 성의식(남성성 및 도구적 성의식)을 수용하는 정도가 유독 높을 경우, 그만큼 성폭력을 실행할 가능성이 더 높다고 한다.

6) 상품화된 성문화

상품화된 성문화가 성폭력 유발에 영향을 미치는가? 연구결과에 따르면 최근 1년간 포르노 접촉 경험뿐만 아니라 청소년기에도 포르노 접촉빈도가 많았던 낮은 소득층에 속하는 남성들이 성폭력에 가담할 가능성이 높으며, 이와 같은 결과는 상품화된 성문화가 적어도 남성집단에는 성폭력 허용도를 강화하는 기제로서 기능하는 측면이 있으며, 성폭력 허용도를 매개로 성폭력 유발에 영향을 미친다는 점을 시사한다.

7) 성차별적 사회화(가부장제적 구조)

우리는 상품화된 섹슈얼리티뿐만 아니라 성차별적 문화환경(sexism), 가부장제적 성의식 및 성폭력에 미치는 영향에도 주목해야 한다.

차별적 성역할 사회화경험, 성장기 부모의 폭력적 갈등상황, 폭력적 훈육 등의 환경에서 자란 남성의 경우 성폭력 가담률이 높다고 한다. 여성의 경우도 성차별적인 사회화과정을 겪음으로써 암묵적으로 여성들을 잠재적인 강간피해자로서의 심성을 갖도록 학습시킨다.

이는 역설적으로, '성폭력 피해에 대한 두려움'은 여성들의 강간피해자적 잠재의식의 다른 형태라고 말할 수도 있다.

3. 성폭력의 현황

1) 성폭력범죄 현황

〈표 III-1〉 성폭력범죄 발생현황(2008년)[17]

(단위 : 건)

구분 \ 연도별	1998	1999	2000	2001	2002	2003	2004	2005	2006	2007	2008
계	7,846	8,565	11,069	13,204	11,587	12,511	14,089	13,446	15,326	15,325	17,178
강간	5,978	6,359	6,856	6,750	6,116	6,519	6,959	7,321	8,755	8,732	9,889
성폭력 처벌법위반	1,868	2,206	3,607	3,893	3,334	3,913	4,264	4,282	4,955	4,858	5,143
청소년 성보호법	-	-	606	2,561	2,137	2,079	2,866	1,843	1,616	1,735	2,146

<표 III-1>의 자료를 통해 1998년 이후 2008년까지 성폭력범죄의 현황을 유형별로 살펴보면, 강간의 경우 1998년 5,978건에서 2008년 9,889건으로 3,911건 증가한 60.4%가 증가하였고, 성폭력 처벌법 위반의 경우 1,868건에서 2008년 5,143건으로 172.6%나 증가하였다. 또한 청소년 성 보호법에 대한 범죄 발생건수는 2000년 606건에서 2008년 2,146건으로 모든 성범죄 관련 발생건수가 매년 증가하고 있다.

2) 성폭력범죄 상담현황

(1) 피해자 성별, 연령별 상담현황

2009년 성폭력 상담건수 1,338건 중 성폭력피해자의 성별 분포는 여성이 1,296건(96.9%), 남성이 42건(3.1%)이며, 연령별로는 성인 피해가 896건(66.9%), 청

17) 사이버경찰청, 『경찰백서』, 2009.

소년 216건(16.2%), 어린이 163건(12.2%), 유아 62건(4.6%), 미상 4건(0.1%)으로 나타났다.

〈표 III-2〉 2009년 성별 · 연령별 피해자 현황[18]

(단위 : 건(%))

연령대 / 성별	성인 (20세 이상)	청소년 (19~14세)	어린이 (13~8세)	유아 (7세 이하)	미상	총계
여	867 (64.9)	210 (15.8)	156 (11.7)	59 (4.4)	4 (0.1)	1,296 (96.9)
남	26 (2.0)	6 (0.4)	7 (0.5)	3 (0.2)	0 (0.0)	42 (3.1)
총계	893 (66.9)	216 (16.2)	163 (12.2)	62 (4.6)	4 (0.1)	1,338 (100.0)

(2) 피해 유형별

피해 유형별 상담현황을 살펴보면, 강간이 521건(39.0%)으로 가장 많은 분포를 보이고, 그 다음으로 성추행이 493건(36.9%), 성희롱 139건(10.4%), 스토킹 68건(5.1%), 강간미수 57건(4.4%) 순으로 나타났다.

〈표 III-3〉 2009년 피해유형별 피해자 현황[19]

(단위 : 건(%))

유형 / 계	강 간 521 (39.0)				강간미수	성추행	성희롱	통신매체 이용음란 (음란전화)	카메라 이용 촬영	스토킹	음화 등의 제조 유포	미상
	단순 강간	특수 강간	준강간	강간 치상								
1,338 (100.0)	373 (27.9)	48 (3.6)	71 (5.3)	29 (2.2)	57 (4.4)	493 (36.9)	139 (10.4)	29 (2.2)	20 (1.5)	68 (5.1)	2 (0.1)	9 (0.4)

18) http://www.sisters.or.kr/index.php/subpage/pds/1(한국성폭력상담소).

19) http://www.sisters.or.kr/index.php/subpage/pds/1(한국성폭력상담소).

(3) 성폭력 피해자와 가해자의 관계

성폭력 피해를 피해자와 가해자의 관계로 살펴보면, 아는 사람이 1,137건(85.0%)으로 대다수를 차지하며, 모르는 사람 143건(10.7%), 미상 58건(4.3%)의 분포를 보이고 있다. 피해자와 가해자의 관계가 아는 사람인 경우, 직장 내가 328건(24.5%)으로 가장 많았으며, 다음으로는 친족, 친/인척 201건(15.1%), 초중고 및 대학 110건(8.2%), 친밀한 관계 101건(7.6%), 주변인의 지인 97건(7.3%) 등의 순으로 나타나고 있다.

〈표 III-4〉 2009년 피해자/가해자 관계[20]

(단위: 건(%))

아는 사람 1,137(85.0)												모르는 사람	미상	총계
친족, 친/인척 201(15.1)		직장	친밀한 관계	채팅/인터넷	동네 사람	서비스 제공자	학교	유치원/학원	주변인의 지인	소개로 만난 사람	기타			
친족	친/인척													
104 (7.8)	97 (7.3)	328 (24.5)	101 (7.6)	47 (3.5)	67 (5.0)	58 (4.3)	110 (8.2)	39 (2.9)	97 (7.3)	15 (1.1)	74 (5.5)	143 (10.7)	58 (4.3)	1338 (100.0)

4. 성폭력의 예방 및 대책

1) 성폭력 피해의 신고

어려서부터 남자아이의 공격성을 남성다움으로 방조하거나 고무하는 한편, 남녀 사이의 진정한 애정과 신뢰와 책임에 기반한 성관계가 아닌 강압적이고 폭력적인 성을 부추기며, 남성을 성의 주체로 보고 여성의 성을 대상화, 상품화하는 우리 사회의 왜곡된 성문화를 평등한 주체인 남녀 간의 만남으

20) http://www.sisters.or.kr/index.php/subpage/pds/1(한국성폭력상담소).

로 보는 건강한 성문화로 전환시켜야 한다. 이를 위해서는 체계적인 성교육 및 성폭력 예방 프로그램들이 이루어져야 할 것이다.

또한 성폭력에 대한 잘못된 통념을 깨고 올바른 인식이 필요하며, 남녀 평등한 성문화의 정착, 즉 성의 사회화에 대한 올바른 인식과 평등교육실시 등 성폭력피해를 최소화하고 보다 근본적인 예방을 위한 개인적, 사회적인 노력과 함께 국가적인 장치 또한 필요하다 하겠다. 하지만 가장 중요한 대처방안으로는 성폭력 피해의 신고이다.

2) 예방책 및 대책

사회문제로 대두되고 있는 성폭력을 예방하기 위해서는 개인과 사회, 국가의 다각적인 접근과 노력이 요구된다. 여기서는 개인의 예방책에 초점을 맞춰 성폭력 가해자, 피해자가 되지 않기 위한 지침을 소개한다.

(1) 남성이 할 수 있는 일

① 여성을 동등한 인격체로 존중한다.
② 다른 사람에게 성관계를 강요하지 않는다.
③ 상대방의 '아니오'는 거부의 표시로 받아들인다.
④ 얌전히 있는 것을 동의한 것으로 혼동하지 않는다.
⑤ 다른 남자들이 성차별적 농담을 하거나 여성을 무시하는 발언을 할 때, 또는 여성을 성적으로 이용하거나 학대할 때 이의를 제기한다.
⑥ 자신이 경험한 강간과 유사한 성관계의 횟수와 성경험에 대하여 자랑스럽게 떠들어 대는 남자들에게 문제를 제기한다.
⑦ 대인관계에 있어서 다른 사람의 반응에 무신경하고 자신의 감정을 잘 표현해 내지 못하는 기존의 태도를 버린다.
⑧ 여성들과 충분한 우정을 나눈다.

⑨ 강간의 실상과 원치 않는 성관계에 대해 가능한 한 많이 알아둔다.

(2) 여성이 할 수 있는 일

① 평소 자기주장을 분명히 하는 태도를 갖는다.

② 규칙적인 운동과 체력단련을 통해 힘과 자신감을 기르고 호신술을 익혀둔다.

③ 데이트 상대를 선택할 때, 다음과 같은 남성은 되도록 피한다.

- 여성을 평등하게 대하지 않고 무시하거나 모든 결정을 자기 마음대로 하려는 남자
- 여성의 행동과 생활을 지배하려는 남자
- 여성 일반에 대해 부정적으로 말하는 남자

④ 상대를 잘 모르거나 친밀한 관계가 될 마음이 없을 때에는 그의 집에 가거나 그를 집에 초대하지 않는다.

⑤ 집으로 돌아오는 길을 모르는 곳에서 데이트하지 않는다.

⑥ 숙박업소에 같이 가는 것은 성관계를 암묵적으로 동의한 것으로 간주되기 쉽다는 것을 인식한다.

3) 성폭력을 당했다면 슬기롭게 대처하자

(1) 성폭력을 당할 위험에 처할 경우

① 당황하지 않는다.

② 가해자를 안심시키기 위해 스스로 벗는 시늉을 한다.

③ 피임기구(콘돔)를 사용하자고 하며, 손가방을 뒤지면서 수호도구(호루라기, 가스총, 전기충격기)를 사용하여 상대방을 제압한다.

④ ③의 경우가 불가능할 경우 무릎으로 상대방의 성기를 가격하거나,

하이힐이나 주변의 도구(돌, 병, 벽돌) 등을 사용하여 상대방을 가격한다.

⑤ 가장 중요한 것은, 위험한 상황에 놓이기 전에 미리 그 상황을 피해 빨리 안전한 곳으로 장소를 옮기는 방법이다.[21] 대부분의 경우 저항이 무의로 끝날 가능성이 많기 때문에 항상 주변 환경과 상황을 파악하여 위험에 빠지지 않도록 예방하는 것이 최선이라 하겠다.

(2) 성폭력을 당했을 경우

강간을 당했다면 우선 자기 죄책감이나 기타 감정의 기복에 휩싸이지 말고 되도록 빨리 냉정을 되찾아야 한다. 물론 쉬운 일은 아니다. 어떻게 그런 일을 당하고 이성적일 수 있겠는가. 하지만 중요한 것은 나 자신이고 빨리 문제를 해결하지 않으면 더 큰 고통이 뒤따를 수 있음을 생각해야 한다. 강간을 당하고도 신고를 하는 것은 극히 일부라고 한다. 대부분이 그냥 함구하고 마는 것이다. 자신이 피해자라는 사실이 공개되는 것을 꺼리기 때문일 뿐 아니라 가해자가 다시 보복해 오지 않을까 하는 두려움 등 여러 가지 이유에서이다. 강간을 당했다면 반드시 신고부터 해야 한다. 우선 가까운 성폭력상담소나 112에 신고 전화하고 신체손상 여부를 확인하고 임신을 예방하기 위해 23시간 이내에 산부인과를 찾아야 한다. 이때 증거를 보존하는 것이 매우 중요하다. 산부인과에 갈 때에는 피해 당시 입었던 옷 그대로 봉투에 넣어 가지고 가야 한다. 산부인과에서는 응급 피임처치를 받게 된다. 모닝 애프터 필이라는 복합경구 피임약을 처방받는데 피임에 성공할 확률은 75% 정도 된다. 외국에서는 이 약을 약국에서 시판하지만, 우리나라는 보건소나 산부인과에서만 처방하며 약국에는 없다. 그러니 강간을 당한 후 산부인과를 찾는 것은 원치 않는 임신을 예방하기 위해 필수적이다. 성병의 감염 여부도 반드시 체크해야 한다.

---

21) 박준석, 「호신술과 자기방어」, OCU강의 3주차, p. 5.

4) 다른 차원의 접근

(1) 의료적 차원

일차적으로 신체적 상해나 정신적 치료가 필요한 피해자에게 지역사회나 정부차원의 의료기관을 지정하여 종합적인 신체검사 등이 가능하도록 조치를 취해야 할 것이다. 성폭력의 피해에 대한 조기치료를 하여 부정적인 파급효과를 줄이고 신체적인 상해에 대한 신속한 대처를 하여야 한다.

(2) 법적 차원

가해자에 대한 응당한 처분을 요하는 법적 고소를 할 수 있도록 도움을 주어야 한다. 특히 1993년에 제정된 「성폭력 방지를 위한 특별법」을 현실적인 적용이 용이하도록 사회의 연계체계를 구축해야 할 것으로 본다. 한편, 피해대상자가 더욱 다양해질 것에 대비하여 보다 포괄적인 법적용이 필요할 것이다.

(3) 상담치료적 차원

단기적으로는 피해자가 정신적 안정을 찾을 수 있도록 피해 초기에 전문가가 적극적으로 개입하여 편안하고 사적인 공간에서의 면접이 진행되도록 하여야 한다. 물론 피해를 당한 장소에서 격리되어야 하고 피해 상황의 설명이나 심문성 질문을 하지 않도록 면접자가 충분히 훈련되어야 한다.

(4) 사회문화적 차원

올바른 성의식, 체계적인 성교육 실시, 성문제 관련 상담실시 등을 통하여 성에 대한 담론을 개방적이고 공식적인 경로를 통하여 할 수 있는 사회적 분위기를 조성하여야 한다. 의식적인 차원에서 이중적 성의식을 수정하여야 한다. 이중적 성의식은 성폭력의 피해자로 하여금 단순한 범죄를 당한 것이 아니라 인생의 낙오자로 간주하도록 만들며, 나아가 여성으로 하여금 잠재적인 피해대상자로 더욱 조장될 가능성을 보인다. 성폭력을 비롯한 다양한 형태의 폭력문화에 대한 사회적 허용을 더 이상 용납하지 않는 사회운동을 펼쳐야 하며, 특히 자본주의사회에서 성문화가 향락문화와 결탁하는 것을 철저히 배격해야겠다.

성폭력은 개인적인 불행에 그치는 것이 아니라 전체 여성의 문제이며, 더 나아가서 우리 사회가 해결해야 할 당면과제이다. 따라서 성폭력에 대한 대응행동을 개인적이 아닌 집단적 차원으로 승화시켜 남성과 여성이 함께하는 사회문화운동으로 정착시켜 나가야 하겠다. 성폭력이라는 가시적인 현실도 중요하지만 미래 세대에게 왜곡된 문화환경을 물려줌으로써 그들의 정신건강에 피해를 주는 일은 일종의 역사적인 범죄로 보아야 할 것이다.

제4절 청소년범죄

1. 청소년범죄의 정의

청소년이란 신체적 · 심리적 · 정신적으로 볼 때 아동이 성인이 되어가는 과도기라고 할 수 있다. 우리가 청소년이라고 할 때에는 흔히 중 · 고등학교의 연령에 해당하는 젊은이를 말하고 있다. 즉 청소년은 연령적으로 볼 때 사회구성원으로서의 완전한 역할과 기능을 수행하기에는 아직 미흡한 일명 틴에이저라 할 수 있다. 이러한 청소년기는 신체적 발달 면을 볼 때 질적 · 양적으로 인생에 있어 최대의 전환기에 해당한다. 청소년기는 체격이 성인으로 변화하는 시기로서 신장, 체중을 시작으로 하는 체격의 현저한 양적 성장이 뚜렷하고, 이에 동반하여 체력이나 운동능력이 발달된다. 또 질적인 변화로서는 생식기의 성숙에 따라 제2차 성징이 발현하고 급격한 성적 발달이 보인다. 청소년기의 신체에 일어나는 이러한 변화는 청소년의 지적 · 정서적 · 사회적 발달과 함께 복잡하고 밀접하게 상관관계를 가지면서 청소년기의 심리에 커다란 영향을 미치고 있다.

청소년범죄는 보통 범죄소년이라고 지칭되고 있으며, 이는 곧 성년에 비해 정신적 · 신체적으로 특이한 성격을 갖고 있는 청소년의 범죄를 말하는 개념이다. 따라서 청소년의 연령기준을 어디에 두느냐에 따라 각 국가의 법 규정상 청소년범죄의 범위가 결정된다. 그런데 소년비행의 개념에는 범죄소년뿐만 아니라 촉법소년, 우범소년 비행이 포함되며, 소년경찰의 보도대상에는 불량행위소년과 요보호소년을 포함시키고 있다. 우리나라 교정의 실무상으로는 소년비행자 중 보호처분을 받고 소년원에 수용 중인 자를 비행소년이라 하고 형벌을 받고 소년교도소에 복역 중인 자를 범죄소년이라 구별하고 있다.

2. 청소년 폭력의 원인과 문제점

청소년기는 인생에서 가장 중요한 시기로 건강한 성장과 발달을 최선의 발달과업으로 삼아야 한다. 그러나 오늘날 황금만능주의와 퇴폐 향락에 물든 사회와 입시위주의 과잉경쟁만을 중시하는 잘못된 교육풍토는 우리 청소년들을 가치관의 혼미와 갈등 속에 방황하게 하고 탈선과 비행을 조장하고 있으며, 더욱이 위험수위를 넘어선 청소년폭력은 신체적 상해와 정신적 위해 속에 청소년들에게 엄청난 고통을 안겨주는 심각한 사회문제이다. 그동안 정부, 경찰, 교육청 등 범국가적으로 청소년 폭력문제를 해결하고자 노력해 왔으나 별다른 실효를 거두지 못한 이유는 무엇인가?

학교폭력의 원인 및 문제점에 대해서는 대체로 다음의 네 가지로 요약된다. 첫째, 가정의 영향으로 결손가정이나 부모교육의 문제, 가정폭력을 모델로 하여 학교폭력이 발생한다. 둘째, 학교문제로 지나친 학업위주의 학생평가로 인한 강압적 분위기 속에서 오는 좌절, 열등감과 학교규칙, 교사와 학생과의 관계 악화, 교사의 감정적 체벌이 폭력을 유발시킨다. 셋째, 개인적 차원으로 잘못된 생활방식, 미숙한 상황판단, 성격문제, 주변 친구관계의 영향으로 폭력을 일으킨다. 넷째, 사회문화적인 요인으로 사회 전반의 퇴폐향락문화, 실업, 적자생존, 매스미디어의 폭력성 등이 학교폭력을 유발한다.

결과적으로 청소년 폭력의 원인은 개인적 특성과 가정의 문제, 학교교육의 문제, 사회적 환경의 문제 등 다중적 영향으로 나타나게 되며 개인적 원인보다는 가정환경과 가정교육의 취약성이나 가정폭력의 학습과 같은 가정적 원인이, 학교교육의 원인보다는 대중매체의 폭력성이나 퇴폐적 향락문화의 접촉이 가져오는 사회적 환경의 요인들이 더욱 큰 영향을 미친다. 이러한 청소년 폭력문제의 심각성에 대한 공감대는 널리 형성되어 있는 데 반하여, 이에 대한 우리 사회의 대처는 아직까지 매우 미흡한 상황이다. 우선 청소년 폭력에 효과적으로 대처하기 위해서는 가해자의 법적 처리와 사후관리, 그리고 피해자의 보호를 위한 제도적 장치뿐 아니라 청소년 폭력을 예방하고 억제할 수 있는 교육프로그램이 마련되어야 한다.

청소년폭력이 습관화되고 이것이 성인까지 이어져 일반적인 사회생활에 적응하지 못하게 되어 결국 일생을 마치게 된다는데 큰 문제가 있다고 하겠다. 그러므로 이와 같이 습관적 범행에 익숙해진 청소년이 적절한 기회에 범죄로부터 벗어날 수 있는 여러 조건을 갖추는 것이 무엇보다 중요하다.

3. 청소년문제의 유형

1) 청소년 성문제

〈표 III-5〉 청소년 성범죄 현황[22)]

	2003	2004	2005	2006	2007	2008
성폭력	1,198	1,508	1,235	1,706	1,717	2,126

<표 III-5>를 살펴보면, 2003년 청소년 성범죄는 1,198건으로, 2004년 1,508건, 2005년 1,235건, 2006년 1,706건, 2007년 1,717건, 2008년 2,126건으로 매년 증가하는 추세이다. 청소년범죄의 유형 중에서 특히 문제가 되고 있는 것이 바로 청소년 성범죄이다. 대개의 청소년은 범죄를 자주 저지르지 않으며, 저지른다고 해도 심각하지 않은 범죄를 수차례 하다가 어떤 계기로 이를 그만두게 되지만, 일부의 청소년들은 범행을 되풀이함에 따라 더욱 자주 불법행동을 저지르며, 더욱 심각한 범죄를 저지르게 된다. 성범죄의 경우 재범률이 매우 높으며, 성범죄는 5대 강력범죄 중 하나로 분류되어 우발적인 범죄를 저질렀다 하더라도 성인이 되어서는 돌이킬 수 없는 문제가 될 수 있다. 따라서 청소년 성범죄에 대한 관심과 프로그램이 시급히 필요한 실정이다.

2) 청소년 가출문제

(1) 가출청소년 현황

가출청소년이란 18세 이하의 어린이나 청소년으로서 부모나 보호자의 동의 없이 집을 나와 최소한 하룻밤을 지낸 청소년을 말한다. 2009년 11월 말

22) 통계청, 『청소년 범죄현황』, 2009.

경찰청에서 발표한 가출청소년의 현황은 다음 표와 같다.

〈표 III-6〉 가출청소년 현황(14~19세)[23]

(2009년 11월 말 기준)

연도	계	성 별		처리내용	
		남	여	보호자 인계	미귀가
2006년	9,390	3,406	5,984	9,021	369
2007년	12,240	4,445	7,795	11,654	586
2008년	15,337	5,034	10,303	14,726	611
2009년 11월	14,144	4,889	9,255	12,393	1,751

2010년 현재 경찰청의 2월 자료에 의하면, 2009년 가출청소년의 수는 총 15,118명이었다. 연도가 갈수록 미귀가하는 학생의 수가 증가하고 있으며, 청소년범죄의 증가현상으로 이어지고 있다.

(2) 가출의 원인

① 일부 청소년은 성적 관심을 충족시키기 위해서 가출을 한다.
② 친구 따라 강남 간다.
③ 가정 내의 문제가 청소년을 집에서 내쫓고 있다.
④ 비교육적 환경, 입시경쟁, 가치관의 갈등 등 사회문화적 요인이 청소년 가출을 부추긴다.

23) 사이버경찰청, 『정보공개창구자료』, 2009.

3) 청소년 학원폭력문제

폭력은 법률이나 사회규범을 위반하여 의도적으로 다른 사람에게 어떤 행동을 강요하거나 상처를 내는 것이라고 일반적으로 정의한다. 이때는 신체적인 것과 함께 언어적 폭력과 같은 정신적인 것도 포함하지만 대부분 신체적인 것을 의미한다. 이러한 행동이 청소년들에 의하여 행하여질 때 그것을 청소년 폭력이라고 하며, 학생들에 의해 행해질 때는 학원폭력인데 대략 10대를 의미하는 경우가 많다. 학원폭력의 유형으로는 가도 성폭행, 싸움, 패싸움, 집단 괴롭힘(왕따) 그리고 금품갈취 등이 있다.

학원폭력의 원인은 부적으로 개인적 원인, 학교 환경적 원인, 가정환경적 원인, 사회환경적 원인으로 나누어 볼 수 있다.

(1) 개인적 원인

① 가해 학생 : 폭력 가해 학생들의 특성 중 가장 두드러진 것은 공격성향을 가지고 있다는 점과 충동조절이 잘되지 않는다는 것이다. 또한 권력과 지배에 대한 강한 욕구가 있고, 남을 지배하고 굴복시키는 것을 즐긴다.

② 폭력피해 학생 : 학원폭력 피해자들의 경우 매우 다양하고, 아무런 이유 없이 폭행을 당하기도 한다. 그래서 학교라는 환경 자체를 신뢰하지 못하게 만들기도 한다.

(2) 학교 환경적 원인

① 학교의 성격과 기능의 변화

② 입시위주의 교육병리

③ 수험체제의 병리

④ 학생 불량서클의 병리

(3) 가정환경적 원인

학생폭력의 원인을 연구한 기존 연구자들은 학생의 폭력, 학교 부적응, 자살, 가출 등의 문제가 피학대 경험에 의해 이루어졌다고 보고함으로써, 학생의 피학대 경험이 폭력행동을 유발하는 직접적인 원인이라고 주장한다. 즉 부모에게 학대받은 학생은 부모의 폭력행동을 모방하거나 학대로 인한 자신의 분노를 풀기 위해 반사회적 행동이나 폭력을 행사하기 때문에 학생의 문제행동은 학대경험의 부정적 영향이라고 설명하였다. 특히 폭력비행이나 폭력범죄 학생들의 대부분은 성장과정에서 학대받은 학생으로 밝혀져 아동학대와 학생폭력과는 높은 인과관계가 있다고 설명하였다.

(4) 사회환경적 원인

① 정신적 빈곤 초래
② 대중매체의 폭력보도
③ 지역사회의 유해환경

4) 청소년의 집단따돌림 문제

집단따돌림이란 두 명 이상이 집단을 이루어 특정인을 그가 속한 집단 속에서 소외시켜 그 집단의 구성원으로서의 역할 수행에 제약을 가하거나 인격적으로 무시하는 언어적·신체적 행위를 이야기한다. 초·중·고교생의 네 명 중 한 명에서 왕따를 경험한 적이 있다고 보고될 정도로 주로 학생층에서 빈번하게 일어나지만 직장 같은 성인들 집단에서도 일어나고 있다. 양상은 따돌리려는 특정인과 대화하기를 거부한다든가 상대방의 약점을 들추어내거나 모함을 한다거나 혹은 은근히 공개적으로 비난하기도 한다. 그 사람이 하려는 일마다 사사건건 시비를 걸고 바보로 만들기도 하고 장난을 빙자하여 괴롭히기도 한다. 심한 경우 그 사람을 고립시키기 위해 그 사람과 가깝게 지내려는 사람에게도 해를 가하고 협박과 폭력을 사용하기도 한다.

(1) 집단따돌림의 발생원인

가. 개인·심리적 요인

우리 사회가 지나치게 경쟁적이어서 힘 있고 우월한 사람만 인정받고 부족한 사람은 패배자로 낙인찍히게 되는 현실이어서 어느 순간에 자신이 패배자가 될지도 모른다는 불안을 가지게 된다. 즉 자신이 피해자가 될지도 모른다는 불안을 극복하기 위해 누군가 약하고 저항하지 못하는 피해자를 만들고 그것도 혼자가 아닌 가해자 집단 내에 존재하면서 자신이 힘 있는 집단 속에 있다고 믿음으로써 불안을 해소하려는 것이다. 반면에 피해자가 되는 경우 이들의 말과 행동이 너무 잘난 척을 하거나 자기중심적이며 자기주장이 강해 다른 사람에게 열등감을 불러일으키는 경우거나 내성적이고 소심하여 부끄러움을 잘 타고 자기주장을 못하거나 가정환경이 좋지 않다거나 신체적 결함이 있어 다른 사람에게 우월감을 제공하는 경우이다.

나. 가정적인 요인

- 가정교육기능의 약화
- 부모의 양육태도 및 방법
- 결손가정
- 빈곤가정

다. 학교적 요인

- 입시위주 시험체제

- 교과서 중심의 교육

라. 사회적 요인

현대사회로 접어들면서 물질주의적 가치관의 만연으로 인간적 가치를 소홀히 하는 풍조가 생겨나고 있다. 특히, 모방이 강한 청소년들에게 TV, 비디오, 잡지 등 지나치게 상업적·선정적·폭력적·향락적인 내용을 경쟁적으로 취재 방영, 보도함으로써 청소년들이 이를 무비판적으로 받아들여 문제성이 제기되고 있다.

5) 청소년 흡연과 약물남용문제

(1) 흡연문제

청소년이 흡연을 하는 이유로는 생리적 욕구라기보다는 심리적 작용에 의해 비롯된다. 즉 청소년들이 담배를 피우는 이유는 성인 모방심리, 친구나 주위 사람들로부터 인정받고 싶은 자기 과시욕, 호기심, 과도한 학업으로 인한 심리적 갈등, 이성문제, 권위에 대한 반항심 등이 복합적으로 작용한다.

(2) 약물남용문제

약물에 중독된 청소년은 자기의 가정, 학교, 직장에서 역할을 수행할 수 없으며 비행과 일탈, 범죄조직과 밀접한 관계를 가지게 되는 것도 흔히 있는 일이다. 약물남용의 유형은 카페인, 알코올, 니코틴 등의 자극제와 진통제, 안정제 등과 같은 진정제, 본드, 휘발유, 페인트, 시너, 가스 등의 흡인 환각제 그리고 마리화나, 필로폰, 마약 등의 환각제가 있다.

약물남용의 원인으로는 쉽게 구할 수 있는 약물환경, 시험 스트레스, 급격한 사회변화 속에서의 규범의 와해, 가정에서의 부적응을 들 수 있다.

4. 청소년범죄문제에 대한 대책방안

청소년폭력의 대책 및 지도는 폭력을 저지르는 청소년과 폭력을 당하는 청소년들로 구분하여 살펴볼 수 있는데, 폭력청소년들을 위해서는 가정의 교육적 기능 회복과 자녀에 대한 부모교육이 선행되어야 하며, 학교 교사의 지속적이고 실질적인 특별지도와 사회의 관용적인 분위기 조성 및 비교육적인 환경정비가 병행되어야 할 것이다. 폭력예방을 위한 지도는 가정이나 학교에서의 생활지도를 통해 언행이나 예의에 대한 특별교육과 폭력이 잦은 지역에 대한 사전주의 그리고 학교주변의 폭력 제거를 위한 지역합동 단속반 구성 및 주기적인 순찰업무의 실시가 요구된다.

특히, 학교교육의 역할이 중요시되어야 하는데, 이는 청소년 폭력문제뿐만 아니라 다른 모든 청소년문제 및 진로문제 등의 상담이 올바르게 이루어져 바람직하고 효과적인 결과를 이끌 수 있도록 하는 것이 요구된다. 이것은 학교 사회사업의 도입으로 해결될 수 있다고 생각한다.

1) 사회에서의 대책

학교와 가정과 사회의 학생지도와 교육을 위한 연계체제가 확립되어야 한다. 학교단위로 가정과 학교를 연결하는 교사와 학부모로 구성되는 학교중심의 학생지도위원회 등의 설치가 필요하며, 지역단위로 전문가와 청소년단체 관계자로 구성된 위와 같은 위원회의 설치를 위한 정부의 적극적인 정책이 필요하다. 또한 사회의 비교육적 환경을 정비해야 한다. 우리의 사회실정은 너무나 비교육적인 환경으로 오염되어 있다. 학교 주변이나 주택가에도 불건전한 시설들이 산재해 있어, 청소년들에게 악영향을 미치기 때문에 이러한 비교육적인 환경을 정비하는 것은 물론, 청소년들에게 부당한 영업행위를 하는 사람들에 대한 처벌이 강화되어야 할 것이다. 그리고 매스컴의 교육적 기능을 강화해야 한다. 비디오나 영화 등을 성인용과 비성인용으로 철저히 구분해서 단속하도록 해야 하며 신문, 잡지의 청소년 선도활동을 강화해서 비교육적, 비윤리적인 기사게재를 제한하고 자극적인 선전, 광고도 규제하는 한편 청소년대상의 각종 독서물을 개발, 보급하고 여러 가지 학술 문예행사 등을 적극적으로 후원해야 한다. 또한 청소년관련 지도자의 양성이 시급하다. 청소년의 제반특성을 이해하고 청소년을 지도할 수 있도록 청소년 관련 지도자가 대학이나 청소년단체를 통해서 양성되고 또 각 단체는 적극적인 활동 등을 통해서 지도자 양성과 자질향상에 힘써야 할 것이다. 마지막으로 청소년을 모든 사회인들이 아끼고 사랑하는 분위기를 조성해야 한다. 청소년들의 부정적인 면만 들추어내어 꾸짖지 말고 사회 전체가 청소년을 감싸고 긍정적인 면을 인정해 주고 모든 성인들이 청소년들을 자기 자녀처럼 아끼고 사랑하는 사회분위기를 조성할 수 있도록 적극적인 정책이 마련되어야겠다.

2) 교정기관에서의 대책

첫째, 사회적응력의 강화를 위하여 교정처우를 보다 확대함과 아울러 교정의 기본질서를 위협하지 않는 범위 내에서 언론매체와의 접촉, 사회와 유사한 환경조성 등에 더 많은 노력을 기울이는 것이 필요하다.

둘째, 사회 내에 존재하고 있는 유용한 인적·물적 자원을 최대한 교정시설 내로 끌어들여 사회와 함께하는 교정이 될 수 있도록 하여야 한다.

셋째, 아직은 기초단계에 있는 보호관찰제도를 보다 유기적이고 생산적으로 운영될 수 있도록 교정시설과 보호기관 간의 연계활동을 강화해야 한다.

넷째, 임의적 갱생보호제도를 유권적 또는 보충적 기능의 갱생보호제도로 개편하거나 보호관찰제도로 통합함으로써 갱생보호의 기능이 활성화되도록 하여야겠다.

다섯째, 아무리 교정시설에서 성공적으로 교정, 교화사업을 수행하였다고 할지라도 사회가 이들을 따뜻이 맞아주지 아니하는 한 재범에의 위험은 그만큼 커지는 것이므로, 그 가족은 물론이거니와 그의 주변, 사회, 국가에서도 이들이 뿌리를 내리고 건전한 삶을 영위할 수 있도록 내실 있는 온정과 지도를 베풀어야 할 것이다.

3) 비행소년의 사후관리

비행소년에 대한 사후관리 형사처분 또는 보호처분을 받고 소년교도소와 소년원 등에서 성행교정에 대한 수용과정을 마치고 사회에 복귀하는 소년들이 사회 환경적 장애로 인하여 재범행에 빠질 것을 우려하여 사회적응 · 자립을 할 수 있도록 도와주는 제도로 우리나라에는 갱생보호제도와 보호관찰제도 및 비행소년을 보호 · 지도해 주는 민간 보호시설을 활성화시켜야 한다.

4) 청소년 복지사업의 활성화

기존의 청소년 복지사업으로 청소년에 대한 갱생보호사업을 실시하였지만 국가에서의 지원미비로 갱생보호의 활성화가 잘 안되고 있고, 현재 청소년들의 기술이 끊임없이 늘어가고 있지만, 거리를 배회하다 붙잡히면 아동상담소에 일시 수용되어 보호자에게 인계되는 것이 고작이고 YMCA에서 실시하는 청소년 쉼터만이 정부의 재정지원을 받고 있는 실정이다. 부모의 이혼이나 가출 등으로 편부모 가정이 늘어나고 있는데, 편부모 가정에 대한 복지사업은 '모자가정'에만 차별적으로 실시되고 '부자가정'에 대한 복지서비스는 거의 없는 실정이다. 이처럼 청소년에 대한 복지대책의 미비로 인한 범죄의 증가는 당연하다고 볼 것이다. 청소년 복지사업은 「청소년 기본법」에 명시하여 강력하게 추진할 필요가 있다고 생각한다.

5. 청소년 폭력의 해결방안

최근 청소년 폭력문제가 심각하다는 사실은 이미 잘 알려졌고 그 원인에 대해서도 어느 정도 분석이 이루어진 것으로 알고 있다. 이제 필요한 것은 조사와 분석을 반복하는 것이 아니라 청소년문제를 막을 수 있는 구체적인 방법과 전략을 개발하는 것이다.

청소년 폭력은 청소년 자신에게 국한된 문제가 아니며, 그 피해는 신체적·금전적인 것에 국한되지 않고 심리적인 측면에 지우기 힘든 커다란 상처를 남기게 된다. 이러한 문제의 심각성을 인식하고, 학부모는 물론 폭력의 피해를 우려하는 많은 시민들이 청소년 폭력을 줄이기 위한 여러 활동에 자발적·적극적으로 참여할 필요가 있다. 그러나 무엇보다도 선행되어야 할 것은 사회 전반적으로 팽배해 있는 폭력미화, 폭력 무감주의를 불식시키기 위한 노력일 것이다. 이러한 것들이 사라지지 않는 한 우리 사회에서 폭력문화는 사라지지 않을 것이며, 가장 큰 피해자는 결국 우리 청소년이 될 것이다.

1) 교육당국의 당면과제

청소년 폭력은 가해자·피해자뿐 아니라 가정·학교·사회가 함께 해결해야 할 과제이지만, 그동안 교육당국의 대처는 극히 실효성이 떨어지는 수준이었다. 정부와 교육당국은 폭력피해 학생 신고상담제를 강화하고 불량서클의 실태를 파악하여 교화 및 해체하며 청소년 폭력 추방대책반을 운영하여 보다 구체적이고 적극적인 대책을 세워야 할 것이다. 또한 교장·교감회의 및 장학사회의 개최 등 학교, 청소년폭력 예방대책을 발표하여 교육 제공자 중심의 일방적인 대책에 불과해 가해 청소년 치료 및 문제가정 교정대책이 전무했던 학교의 인성교육 기능 강화를 위한 실제 투자를 높여야 할 것이다.

그동안 가정과 학교의 왜곡된 환경으로 인한 피해자라는 입장에서 가해 청소년의 왜곡된 심성과 일탈적 행동을 치료해 바로잡는 치료적 접근이 필요함에도, 폭력 가해 청소년을 범죄자로 보는 처벌위주의 접근으로 범죄자를 양성하고 있다. 그러므로 가해학생에 대한 치료대책과 사회적 지원기능을 강화하기 위해 학교·지역사회·학생이 참여하는 지원위원회를 구성하여 운영해야 한다. 또 학교 내 학생복지를 증진하고 지역사회와의 협력을 강화하기 위해 학교사회사업가를 배치하는 등의 노력을 벌여야 한다. 그리고 청소년들에게 나쁜 영향을 끼치는 것은 교사들의 감정적인 체벌이다. 교육과 훈육에 있어서 체벌이 있을 수 있으나, 그것은 매우 조심스럽고 합리적으로 행사했을 때만 효과가 있다. 감정적이고 편파적인 체벌은 폭력만이 모든 문제를 해결할 수 있다는 인상을 학생들에게 심어줄 수 있으므로 매우 비교육적이다. 그러므로 그런 체벌은 의식이 깨인 교육자들과 학부모들에 의하여 경고되고 견제되어야 할 것이다.

2) 우리 모두와 정부의 과제

최근 청소년 폭력을 걱정하는 소수의 의식이 시민운동을 일으키고 있다. 지난해 12월 광주 YMCA가 조직한 '청소년유해환경감시단' 같은 것이다. 그런 운동이 시작되면 우선 청소년 폭행을 입으로만 걱정하고 행동은 하지 않는 사람들로 하여금 자신들의 위선을 깨닫고 이런 운동에 참여하게 하는 눈덩이효과를 거둘 수 있다. 이것은 그 자체로 폭력을 억제하는 사회적 분위기 형성에 도움이 될 뿐 아니라 정부와 공권력으로 하여금 폭력을 자극하는 매체를 규제하도록 하는 압력이 될 수 있다. 그러나 자발적인 시민운동이 적용할 수 있는 가장 효과적인 전략은 폭력을 조장하는 매체들에 대한 간접적인 규제다. 즉 폭력을 자극하는 방송프로를 후원하는 광고상품이나 폭력을 조장하는 신문에 게재되는 광고상품에 대해서 불매운동을 펼치고, 폭력 비디오를 대여하는 비디오가게를 고발하고 반사회적 가게로 낙인찍어 마을에서 발을 붙일 수 없도록 압력을 행사하는 것이다. 이런 노력도 없이 정부가 모든 것을 해결해 주기를 바라는 것은 비현실적이며, 폭력물을 그대로 두고도 청소년 폭력이 감소되거나 없어지기를 바라는 것은 기적을 바라는 환상에 불과하다. 청소년 유해환경 정화 및 감시와 병행해서 이루어져야 할 것은 가해자에 대한 과학적인 교화교육이다. 물론 지금도 소년원 같은 기관이 있지만 처벌의 차원에서가 아니라 교육적인 차원의 청소년 교화사업이 시도되어야 할 것이다. 가해학생과 피해학생의 심리적 특성, 학교의 교육환경뿐 아니라 가정환경과 사회문화적 요인 등이 상호작용하여 발생한 결과이다.

이와 같은 청소년 폭력의 다차원적인 성격을 고려할 때, 예방 및 해결방안에는 반드시 가정과 학교, 지역사회가 모두 참여하여 협조하는 연계체계의 구축이 무엇보다도 중요하다. 또한 비공식적인 청소년 문화공간을 이용하는 빈도가 높을수록 청소년들은 향락적이고 안전하지 못한 유해환경에 노출된다. 현재 청소년들이 즐겨 찾는 문화공간은 청소년을 위해 제공된 공간이기보다는 성인들 중심의 상업주의적인 공간이다. 또 많은 청소년 전용공간의 이용률이 낮은 점을 고려할 때, 현재의 청소년 문화공간은 청소년들의 욕구를 제대로 반영하지 못하고 있음을 알 수 있다. 청소년 전용공간과 이용시설을 대폭 확대해야 하는데, 시설의 양적 확대를 넘어 문화적 환경을 구성해 가까이 즐길 수 있는 기회를 많이 제공해야 한다. 이를 위한 방안은 다음과 같다. 각 지역구별로 청소년 전용공간을 대폭 확대해야 한다. 청소년의 수요와 욕구 등에 대한 분석에 입각해 기본계획을 확정하고 각 구와 협의해 작업에 착수해야 한다. 청소년 전용공간을 확충하는 과정에서 청소년과 문화계 전문가 등 청소년들의 의견을 충분히 반영할 수 있는 사람들로 구별 청소년전용공간이용위원회를 구성해 운영해야 한다. 그리고 청소년 전용공간에 대한 지원을 대폭 강화해 프로그램의 질을 확보할 수 있는 인프라를 확충하고, 이에 기초해 이용자를 늘리기 위한 청소년평가위원회 등을 구성해 지속적인 평가체계를 갖추어야 한다.

2010년 현재 경찰청에서는 명예경찰 소년단을 운영하여 경찰, 학교, 선도단체의 유기적인 협조하에 청소년 스스로가 각종 범죄 및 제반 사고로부터 자신을 보호할 수 있는 능력을 배양하고 봉사활동과 교통질서 등 기초질서 의식을 함양시키기 위해 초등학교 4·5·6학년생 중에서 선발하고 있다.[24)]

3) 사랑이 있는 가정에서의 과제

가정은 기초집단으로 인간의 지능, 성격, 신체, 정서형성의 근간이 된다. 따라서 가정이 본래의 참기능을 잃게 될 때, 자녀들의 가치혼란과 주체성 상실은 크다. 가정교육의 중요성에 대하여 프로이트는 부모와 자녀와의 관계를 1세 때까지 절대 중단하면 안된다고 강조하였고, 3세 이전에 3개월 이상 부모와 격리된 생활에서 얻은 심리적 병리는 일생을 두고 고칠 수 없다고까지 하였다. 가정의 문제로 인하여 학교폭력이 일어날 수 있는 원인은 부모와 자녀의 대화부족, 부모의 부적절한 교육, 부모의 일탈행동 등이 있을 수 있다. 그러므로 첫째로, 자녀에 대한 관심이 무엇보다 중요하다. 자녀의 친구들에게까지도 관심과 이해를 하도록 노력하여 자녀와의 끊임없는 연결고리를 만들어둘 필요가 있는 것이다. 둘째로, 자녀의 이야기를 잘 들어준다. 자녀를 독립된 인격체로 존중하여 가정의 의사결정과정에 참여시켜 자녀 스스로 성숙한 인격체를 기를 수 있도록 도와주는 것이다. 셋째로, 자녀의 일은 자녀 자신이 스스로 할 수 있도록 한다. 이것은 자녀에 대한 과잉보호를 견제하는 것으로써 성숙한 청소년이 된 자녀가 스스로 올바른 판단과 행동을 하도록 지켜본다. 넷째로, 부모는 올바른 생활태도를 영위해 나간다. 민주적이고 자율적인 가정분위기를 조성해서 자녀로 하여금 부모에 대한 불신을 없애도록 노력해야 한다. 다섯째로, 자녀에 대한 지나친 기대를 이야기하지 않는다.

---

24) 사이버경찰청, 『경찰백서』, 2009, p. 65.

제5절 사이버범죄

1. 사이버범죄의 정의

사이버범죄를 정확히 이해하기 위해서 우선 사이버범죄에 대한 개념을 정의해 보면 다음과 같다. 사이버공간에서 일어난 범죄의 종류는 크게 세 가지 유형으로 분류할 수 있다. 그 하나는 사이버공간을 이용한 전통적 범죄군에 속하는 것으로, 예컨대 사이버 도박, 사이버 명예훼손이나 협박, 인터넷을 통한 사기, 매매춘, 음화판매 등이 있다. 다른 하나는 사이버공간을 구성하는 컴퓨터시스템이나 정보통신기반에 대한 침해를 함으로써 사이버공간 자체를 위협하는 크래킹이나 바이러스 유포행위 등이 있다.

끝으로 오직 사이버공간에서만 존재할 수 있는 반사회적 행위유형들도 존재하고 있어(예를 들면, 머드게임의 일종인 '리니지'에서 사용되고 있는 사이버게임용 무기를 사이버공간에서 훔쳐, 자신의 홈페이지에 보관한 경우), 이들 3가지 유형 모두 사이버공간에서 이루어진다는 점에서 소위 '사이버범죄' 라고 정의할 수 있다. 사이버범죄는 기존의 현실 범죄와는 차원이 다른 공간에서 벌어지는 범죄행위로써, 다음과 같은 특성을 바탕으로 범죄가 발생한다.

사이버공간에서 사용자들은 비대면성, 사이버공간에서 익명성을 가지며, 사이버공간은 시·공의 초월성(정보전달의 신속성)을 가지고 있다. 사이버범죄자들은 이로 인해 가상세계에서 잔인한 행위를 하기도 하고(익명성과 비대면성을 바탕으로), 때로는 현실과의 구분을 못함으로 인해 현실에서 범죄를 저지르기도 한다. 또한, 사이버공간에서도 현실과 마찬가지로 사용자들은 사이버 인격성과 사이버 재화 등을 보유할 수도 있다. 결과적으로 사이버 범죄를 저지르는 이들은 대체로 잘못된 익명성을 남용하거나, 현실과 다른 세계에서의 수사의 어려움 등으로 자신의 범죄를 은폐시킬 수 있다고 믿곤 한다.

2. 사이버범죄의 특성

1) 사이버범죄의 영속성과 반복성

사이버범죄는 행위 측면에서 보면 범행이 영속·반복적으로 이루어지는 경우가 많다. 즉 컴퓨터의 부정조직이나 시스템침입 등은 한 번에서 그치는 것이 아니라 빈번하게 반복되는 경우가 훨씬 많다. 이렇게 사이버범죄가 영속·반복적으로 이루어지는 것은 컴퓨터시스템의 진행과정이 매우 규칙적으로 구성되어 있어서 행위자가 일단 방법을 터득하기만 하면 이를 임의로 쉽게 이용할 수 있기 때문이다.

2) 사이버범죄의 자동성과 광역성

프로그램 조작에 의하여 발생하는 컴퓨터 범죄의 경우 행위자가 어떤 다른 행위를 하지 않더라도 일단 불법 변경된 고정자료를 호출하거나 불법한 프로그램을 삽입할 때마다 자동적으로 범죄행위가 유발된다. 또한 오늘날의 컴퓨터는 대부분이 통신기능을 구비하고 있고 원격지에 있는 단말기를 통신회선으로 연결하여 정보의 전달과 처리를 하도록 데이터통신시스템에 접속되어 있기 때문에 범인은 이러한 통신시스템을 이용하여 원격지에서 범행할 수 있게 되어 범죄가 광역화되고 있다.

3) 사이버범죄의 익명성

컴퓨터 조작은 단시간에 처리되는 양이 대단히 많기 때문에 부정조작의 경우 이를 사후에 자세히 검토하여 잘못을 가려낸다는 것은 사실상 어렵거나 경제적으로 막대한 비용이 드는 경우가 많다. 즉 사이버 범인들은 자신들의 존재가 사이버상에 숨겨져 있다는 사실을 악용해서 사이버범죄를 저지르게 되는 것이다.

3. 사이버범죄의 유형 및 실태

1) 사이버 성폭력

사이버 성폭력이란 원치 않는 성적인 언어—외모와 성적 취향, 음담패설 등—나 이미지로 상대방에게 불쾌감 또는 위압감 등의 피해를 주는 행위를 말하며, 나아가 성적인 접근이나 제안을 명시적으로 제시하지 않는다 하더라도 성적인 은유나 암시로 상대방이 불쾌감을 느끼게 되는 경우라고 정의한다. 그러나 여기서 성폭력이라 함은 그것이 남성이건 여성이건 간에 '사이버 공간을 이용하여 개인의 성적 자기결정권을 침해하는 행위'라고 보는 것이 타당하다.

보통 성폭력이라 하면 강간이나 강제추행의 수행에 필요한 물리적 폭력행사를 말하지만, 사이버 성폭력은 언어적 · 무형적 수단이라 볼 수 있는 언어 · 음향 · 사진영상 · 그림 등에 의한 의사표시에 의하여 이루어지는 것을 일컫는다.

2) 해킹

해킹이란 시스템의 관리자가 구축해 놓은 보안망을 어떤 목적에서건 무력화시켰을 경우 이에 따른 모든 행동을 말한다. 하지만 네티즌 간에는 보통 시스템관리자의 권한을 불법적으로 획득한 경우, 또 이를 악용해 다른 사용자에게 피해를 준 경우도 해킹이라고 한다.

해킹의 종류에는 크게 사용자 도용(impersonation), 서비스 거부공격(denial of service attack), E-mail 관련 공격(email vulnerability), 악성프로그램(malicious codes)이 있다. 사용자 도용이란 보통 가장 일반적인 해킹방법으로 sniffer 등을 이용하여 다른 사용자의 ID 및 패스워드를 도용하는 방법이다. 서비스 거부공격이란 시스템이나 네트워크의 정상적인 동작과 서비스를 방해, 정지시키는 공격을 말한다. 이메일 관련 공격이란 전자우편으로 폭탄, 스팸메일로 공격하는 것을 말한다. 악성프로그램이란 바이러스, 웜(Backdoor)프로그램, 트로이목마 등 프로그램을 이용하는 방법이다.

3) 이메일 부정사용

이메일 부정사용이란 여러 가지 유용하게 사용되는 E-mail을 스팸메일, 사이버 명예훼손, 사이버테러(바이러스 전파) 등 각종 범죄의 수단으로 이용하는 것을 말한다.

이메일 부정사용의 대표적 예로 스팸메일을 들 수 있다. 스팸메일이란 광고성 전자우편을 말한다. 그런데 요즘엔 성인사이트의 범람과 함께 성인사이트의 스팸메일이 남녀노소 할 것 없이 아무에게나 마구 뿌려지는 일이 매우 문제가 되고 있다. 이런 성인 스팸메일은 여는 순간 노골적인 누드와 포르노 장면이 뜨고, 그중 하나라도 잘못 클릭하는 순간 마치 지뢰밭을 건드린 것처럼 포르노사이트들이 연쇄적으로 등장하게 된다. 이런 성인스팸메일들의 가장 큰 문제는 청소년이나 어린이들이 무방비로 노출되어 있다는 점이다.

또한 이메일을 통해서 자살사이트로부터 극약매매주문이 이루어지기도 해서 얼마 전에 사회문제가 되기도 했었다. 이메일을 통해서 악성 바이러스를 유포시키기도 한다. 한때 마이크로소프트 윈도즈 운영체계를 대상으로 이메일을 통해 전염되는 '러브바이러스'가 세계 전역의 컴퓨터를 마비시킨 일은 잘 알려진 사실이다.

4) 사이버 머니를 이용한 돈세탁

우선 사이버 머니란 인터넷과 같은 전체 컴퓨터네트워크에서 지급수단으로 인정된 화폐부호라고 할 수 있다. 이러한 화폐부호는 일반적으로 컴퓨터 하드디스크에 저장될 수 있으며, 동시에 특별한 십진법에 의해 생성된, 전통적인 지폐의 시리즈 번호와 유사한 고유번호를 지니게 된다. 이러한 번호는 그 희망된 가치('실제' 화폐)와 결합됨으로써 가치를 상실하게 되며, 그 자체의 가치를 상실한 번호는 물품구매력을 얻게 된다.

이렇게 사이버 머니가 점차적으로 실제의 지급수단으로 사용됨에 따라 그 중요성이 증가하고 있다. 그러나 사이버 머니는 그 효용성과 더불어 여러 가지 문제를 유발시키고 있다. 그중에서도 특히 범죄조직이 불법자금을 합법적인 자금으로 변화시키는 소위 '돈세탁'에 사이버 머니를 이용하고 있다는 것은 이미 세계 각국에서 심각한 문제로 제기되고 있다.

현재 사이버 머니의 인터넷 지급수단은 은행 혹은 은행과는 구별되는 특정기관에 의해 발행되며, 현금 혹은 예금화폐(대체금액)에 대해 대체지급 수단으로 사용되는 선불형식의 전자지급단위인 '네트 화폐'라 할 수 있다. 사이버 머니를 이용한 지급은 마치 현금과 같이 익명으로 이루어지기 때문에 전자지급수단은 은행구좌에 입금할 필요와 어음을 교환할 필요 없이 지급자의 데이터에서 지급상대방의 데이터로 직접 옮겨지게 된다.

5) 사이버 스토킹

현대 정보사회에서 인터넷 마당은 단순한 상거래의 장을 뛰어넘어 마치 현실세계와도 같은 의사소통의 장이다. 또한 인터넷 마당은 보통 불특정 또는 다수인에게 공개되거나 공개될 수 있다는 특성을 지닌다. 이에 이러한 인터넷 환경에 편승하여 특정인을 지속적으로 괴롭히거나 또는 특정인에게 치

근거리는 형태의 신종범죄가 등장하였는데 그것이 사이버 스토킹이다.

일부에서는 사이버 스토킹이 사이버 성폭력에 포함되지 않느냐는 의견이 있기도 한데, 이것은 두 단어의 정확한 정의를 살펴보면 알 수 있다. 사이버 성폭력이라 함은 위에서도 살펴본 것과 같이 '사이버공간에서 타인에게 성적 수치심이나 혐오감 또는 불쾌함을 주거나 줄 수 있는 언어나 그림 등의 의사표시를 하는 행위를 하거나 이로 인하여 상대방에게 성적 수치심이나 혐오감 또는 불쾌함을 유발하는 행위'라고 할 수 있고, 사이버 스토킹이란 '사이버공간에서 타인에게 원하지 않는 접근을 계속적·반복적으로 시도하거나 이로 인하여 상대방에게 공포심이나 두려움 등을 유발하는 행위'라고 할 수 있다.

그런데 우린 여기에서 사이버 스토킹이 현실의 스토킹보다 가벼운 것이라는 오해가 생길 수도 있다. 하지만 그렇지 않다. 미국 법무부장관의 사이버 스토킹 보고서의 내용을 빌리면 이러하다.

"인터넷이 우리의 개인적·직업적 영역에서 매우 중요한 부분을 차지함에 따라, 스토커들도 개인정보에 관한 접근을 많이 할 수 있고 이러한 통신의 편의를 이용할 수 있게 되었다. 또한 인터넷통신의 비대면적·몰개성적·익명성 성질 때문에 이를 이용하는 경우 사이버 스토킹을 억제하는 요소도 그만큼 약화될 수 있다. 잠재적 스토커가 피해자를 직접 혹은 전화상으로 대면하는 것을 꺼리거나 할 수 없다손 치더라도, 피해자를 괴롭히거나 위협하는 전자적 통신을 전송하는 데에는 두려움이 없을 것이기 때문이다. 결국 현실세계의 스토킹과 마찬가지로 온라인상에서의 괴롭힘이나 협박행위는 신체적 폭력을 포함한 보다 심한 행위가 될 수 있다." 이렇게 사이버 스토킹의 비중은 현실의 스토킹에 비해 결코 가볍다고 할 수 없는 것이다.

6) 컴퓨터바이러스 제작 · 유포

컴퓨터바이러스는 프로그래머가 고의적으로 시스템을 파괴하거나 파일을 삭제하는 등 파괴적 작용을 하도록 만든 프로그램이다. 과거에는 바이러스 프로그램제작이 고수준의 컴퓨터 실력을 지닌 프로그래머에 의해 만들어지는 경우가 많았다. 그러나 최근 바이러스 제작 프로그램을 이용하여 손쉽게 만들어진 바이러스가 등장하고 있으며, 이를 유용한 프로그램으로 위장하여 상용 통신망 자료실에 등록하거나, 인터넷을 통한 전자우편 등으로 감염 · 확산시키는 사례가 급증하고 있다.

최근의 바이러스는 PC사용자의 행위와는 전혀 상관없이 스스로 복제되고 전파되기도 하고 전자우편 사용이 일상화된 이상 전자우편을 이용한 바이러스 감염은 계속 증가할 것이며, 일부 국가에서는 향후 전쟁무기 차원에서 관련 기술을 개발하고 있다는 보도도 있었다.

향후에는 해킹기법과 바이러스 기법이 융합된 트로이목마 형태의 새로운 해킹 프로그램을 만들어내고 전파수단도 전자우편을 통해 중간 경유자의 특별한 의식행동 없이도 자동 감염되도록 함으로써 인터넷 공간에서 운용되는 모든 시스템은 그야말로 완전히 노출되어 있게 될 것이다.

7) 인터넷 · PC통신 이용 음란 · 복제물 판매, 사기

PC통신이나 인터넷을 이용한 음란 · 복제물 판매는 최근 몇 년 사이에 CD 복제기 가격이 저렴해지면서 급속히 늘어나는 경향을 보이고 있다. 또한 게시판 기능을 이용하면 불특정 다수인을 상대로 일시에 광고를 할 수 있고 택배나 소포배달 방식으로 이용하면 혼자서도 얼마든지 영업이 가능하며 고수익을 올릴 수 있어 단속이 강화되고 있음에도 계속 늘어나는 추세이다.

또한 게시판 광고에 대한 검색이 강화되자 많은 사람들의 전자우편주소를 수집하여 한꺼번에 수만 명씩을 대상으로 메일을 보내 광고하는 방식까지 생겨나고 있으며, 인터넷 및 PC통신을 이용하는 네티즌의 수가 폭증함에 따라 인터넷을 통한 매매행위도 점차 증가하면서 인터넷 쇼핑몰 등 전자상거래기법을 이용한 전문기업형 음란물판매 사이트 등도 적발된 바 있다.

또한 인터넷의 익명성을 이용하거나 타인 ID, 가공의 인적 사항을 이용한 사기 등의 범죄도 발생하고 있다. 지금까지 통신상의 사기범죄는 많은 사람들에게 소액의 피해를 입히는 형태로 피해자들이 소액의 피해를 입을 경우 수사기관에 신고를 꺼리고 체념하는 점을 악용한 것이다. 앞으로 전자상거래를 통한 물품 매매방식이 활성화되면 전자상거래 사기도 크게 늘어날 것으로 생각된다.

8) 인터넷을 통한 명예훼손 · 사이버 성폭력 행위 등

익명성이 보장되는 인터넷을 통해 여성에 대한 사이버 성폭력, 협박, 스토킹 등의 범죄는 최근 발생한 신종 유형이다. 최근에는 추적을 피하기 위해 외국시스템에 설치된 음란사이트 게시판을 이용한 명예훼손이나 언어폭력행위가 늘어가고 있다. 이런 경우 대개 여성들의 개인정보를 게재하거나 선정적인 문구를 게시함으로써 하루 수백 통씩 남성들의 음란전화를 받게 하여 당사자들에게 큰 정신적 피해를 입히고 있다. 나아가 게시판을 이용한 원조교제 등 음란행위도 나타나고 있다.

인터넷 게시판은 그 전파성이 엄청나게 크기 때문에 이로 인한 피해는 매우 신속히 늘어나며 최근에는 추적을 피하는 기술이 공공연하게 나돌거나 외국의 서버를 이용하는 경우가 많다.

4. 사이버범죄의 문제점

1) 사이버공간의 비대면성으로 인한 문제들

사이버공간의 가장 큰 특징은 우선 비대면성을 들 수 있다. 사람들이 사회생활, 경제생활을 영위하면서 일일이 서로 만나지 않아도 된다는 것이다. 상거래에 있어서도 판매자와 소비자가 서로 만날 필요 없이 물건을 사고팔 수 있게 되었고, 국제 간의 무역거래를 하면서, 은행업무를 하면서, 사람들 간에 서로 대화를 하면서 굳이 만날 필요가 없다. 이러한 비대면성은 편리하고 경제적인 상거래를 가능하게 하지만, 반면 쉽게 범죄에 이용되기도 한다. 인터넷 사기의 많은 경우가 직접 대면하지 않는 데서 오는 책임의식의 결여와 범행 후 도주가 용이하여 쉽게 범죄로 연결되는 것으로 파악되고 있다. 또한 명예훼손이나 협박과 같은 경우도 얼굴을 맞대면 쉽게 할 수 없는 언행도 비대면성으로 인해 과격해지고 대담해지는 경우가 많다.

2) 사이버공간의 익명성으로 인한 문제들

사이버공간은 익명성이 보장된다. 즉 자신의 신분을 노출시키지 않고도 얼마든지 인터넷을 항해할 수 있다. 사이버공간은 인터넷주소(IP Address)를 중심으로 서로 접속하고 필요한 거래를 행하게 된다. 일부 홈페이지나 서비스를 이용할 경우 인증절차를 통해 검증하는 경우가 있기는 하지만, 정확한 인적 사항을 기재할 것을 요구하지 않는 경우가 대부분이다. 또한 다른 사람의 인적 사항이나 ID를 도용하는 경우에도 각 네트워크의 인증시스템에서는 구별하지 못하고 정당한 사용자로 인정하고 입장할 수 있는 권한을 부여해 주는 경우가 대부분이다. 이러한 익명성이 보장되는 환경 때문에 많은 범죄가 발생한다. 해킹, 바이러스 유포, 통신사기, 음란물 판매 등 많은 범죄자들은 인터넷을 이용하면 자신의 신분이 노출되지 않는다고 생각하기 때문에 범죄를 하게 되는 것이며, 최근에는 자신을 숨기기 위한 각종 기술들이 인터넷상에 공개되고 있다. 이러한 환경은 법집행을 어렵게 하는 중요한 요인이 되기도 한다.

3) 시간과 공간의 한계를 넘는 범죄현상

사이버공간은 시간과 공간의 제약을 크게 벗어난다. 인터넷을 통한 거래는 24시간 가능하며 원격접속이 가능해 지구 반대편에서도 실시간으로 같은 공간에서처럼 대화할 수 있는 원격 화상회의도 가능하다. 인터넷 홈페이지는 백화점처럼 문을 열고 닫는 시간이 없으며, 인터넷이 연결된 곳이라면 입국절차 없이 외국 어디라도 즉시 갈 수도 있다. 네티즌들 중에는 밤을 낮 삼아 사이버공간을 누비는 사람도 많다. 범죄를 하는 사람들도 마찬가지다. 하루 24시간 전체가 범행할 수 있는 시간이며 산업스파이 노릇을 위해 남몰래 신분을 위장하고 외국에 갈 필요도 없고 다른 회사에 위장 취업할 필요도 없다. 멀리 지구촌 반대편에서 네트워크를 이용해 얼마든지 가능한 일이다. 수십 개국의 국경선을 넘나들며 범행을 할 수도 있다. 한국정보보호센터 발표에 의하면, 우리나라에서 발생하는 해킹사건의 87% 이상이 외국에서 침입하고 있다고 한다. 따라서 사이버공간에서의 관할 개념은 지금까지와는 완전히 다른 새로운 접근방법을 요구하고 있다.

4) 정보의 집약, 정보전달의 신속성으로 인한 문제들

컴퓨터와 통신이 발달하면서 각종 정보는 집중 관리되고 있으며 신속히 전달된다. 주요 언론사에서 운용하고 있는 홈페이지의 인물정보란을 보면 적어도 사회를 이끌어가는 거의 모든 사람들의 프로필이 입력되어 제공되고 있다. 지난 신문기사를 찾기 위해 신문사 및 도서관을 뒤지며 돌아다닐 필요도 없다. 인터넷이 연결된 곳이면 어느 곳에서든지 데이터베이스로 저장된 신문기사를 쉽게 찾아볼 수 있다. 또한 네티즌이라면 누구라도 인터넷신문을 통해서 기자들이 쓴 기사를 즉각 받아볼 수도 있다. 또한 그 전파력은 굉장히 크다. 최근 어떤 학자들은 이런 사이버공간의 특성 때문에 사이버공간을 '제3의 여론 형성기관'이라 부르기도 한다. 실제로 정부의 각 부처에서 사이버 여론을 정책결정과정에 반영하는 경향이 늘고 있다. 과거 일부 소수계층의 전유물이었던 인터넷이 이제는 국내에서만 천만 명이 넘는 많은 국민이 공유하는 공간이 되었기 때문이다. 그러나 때로는 이 사이버공간이 검증되지 않은 정보의 유통, 유언비어 유포의 진원지가 되기도 한다.

5) 사이버테러와 사이버전쟁의 문제

사이버공간은 국경이 없고, 군과 민간의 구별도 없으며, 범죄자와 선량한 시민과의 구별이나 아군과 적군과의 구별도 없이 모두가 같은 공간에서 공존하고 있다. 또한 사이버공간에는 좋은 정보도 많지만 범죄를 유발하거나 도와주는 쓰레기 정보도 많다. 과거에는 해킹범죄가 상당수준의 컴퓨터 실력이 있어야 가능한 기술적인 범죄로 알려졌으나, 최근에는 해킹을 도와주는 훌륭한(?) 도구들이 사이버공간에 많이 널려 있기 때문에 게임을 할 수 있는 정도의 초등학생들도 쉽게 해킹을 할 수 있는 지경에 이르고 있는 것이다.

5. 사이버범죄의 대처방안

1) 사이버 성폭력(스토킹)에 대한 대처방안

먼저 사이버 성폭력(성희롱)의 경우 게시판이나 쪽지, E-메일 등에서 성적인 언어를 사용하면서 음란한 대화를 건네올 경우 짧고 단호하게 거부해야 하며 '신고하겠다'는 주의 촉구도 필요하다. 쪽지에는 반응을 보이지 말고 바로 대화방에서 나오는 것이 좋다. 이때 화를 내는 등 반응을 보이면 계속 시비를 붙여 오므로 절대 반응을 보이지 말아야 한다. 그래도 계속 성희롱을 요구해 올 경우 신고해야 한다. 신고는 정보통신윤리위원회 사이버성폭력피해신고센터에서 받는데, 신고를 받으면 정보통신윤리위원회는 이 사실을 각 업체에 통보하여 문제를 해결하게 된다. 주의할 점은 신고함에 있어 정확한 증거확보가 필요하다.

사이버 스토킹의 경우 실제 현실생활에서의 스토킹으로 발전할 수 있기 때문에 그 심각성을 인식하고 이 경우 경찰이나 신고센터에 신고한 뒤 지속적 상담을 통해 해결해야 한다. 또한 법적 처벌을 할 수 있는 증거도 확보해야 하므로, 개인적으로 ID를 바꾸고 가정의 유선전화나 무선전화에 발신자확인 기능을 신청하고 녹음기도 달아 위협하는 내용의 증거를 확보해야 한다. 발신자 확인기능은 경찰서로부터 확인을 받아 해당업체에 신청하면 부여받을 수 있다.

2) 해킹과 이메일 부정사용에 대한 대처방안

첫째, 에러가 많이 발생하고 에러 수정작업의 처리가 즉각적으로 이루어지지 않는 시스템은 횡령에 대해 매우 취약하다. 특히 프로그램상의 오류를 이용한 해킹이 있을 수도 있고 사용자가 그 오류를 이용하여 프로그램의 허점을 통하여 횡령행위에 이용할 수도 있으므로 프로그램은 최신버전으로 업그레이드하고 프로그램 관리자에 대한 감시 및 에러발생의 이유를 체계적으로 분석, 보고해야 한다.

둘째, 통계를 차이 없이 조작하고 관계자들이 눈치 채지 못하도록 하기 위해서는 많은 프로그램을 조작해야 하므로 범죄수행에 소요되는 작업량도 많아지게 된다. 이때 범죄자는 프로그램 내용의 일부나 1~2개의 프로그램으로 내용변조 등의 범죄행위를 하게 되므로 전체 프로그램 관리시스템을 형성하여 상호 대조가 가능하게 하고 단순히 1~2개의 프로그램 데이터만으로 보고서를 완결하는 일이 있어서는 안된다. 더구나 내부 업무를 잘 파악하고 나서 컴퓨터범죄를 실행하는 경우가 대다수이므로 범행 이후 일정기간 범죄행위가 은폐될 수도 있다. 이것은 특히 관리자의 태만이나 시스템의 잦은 고장 등으로 업무처리가 지연되는 것을 이용해 행하여지는 것으로 분석된다.

기타 보안대책으로는 파일 다운로드 시 주의-시스템 감시프로그램을 활성화하고 바이러스 체크 프로그램으로 확인해야 한다. 출처나 내용이 분명하지 않거나 낯선 사람에게서 온 메일의 첨부파일을 실행시키지 말아야 한다. 불법 소프트웨어를 사용하지 말고 반드시 정품을 사용해야 한다. 백신소프트웨어는 최신버전으로 업그레이드하고 실시간 감시기를 사용해서 체크에 소홀해서는 안된다. ROMBIOS의 패스워드, 스크린 세이버 작동 시 패스워드 등을 사용하여 PC의 물리적 보안을 강화하고 자리를 비울 때도 타인으로부터 컴퓨터의 임의적 접근을 통제해야 한다. 여기에는 네트워크 모니터링을 통한 침입감시 등이 있다.

3) 사이버 돈세탁에 대한 대처방안

첫째, 은행원을 이용하는 방안이다. 사이버 머니를 이용한 돈세탁이 단계별로 이루어지는 점을 고려하여 각 단계별로 행위자와 행위자의 이익에 대해 간섭하고자 하는 방안으로, 사이버 머니를 담당하는 은행직원에게 일정한 의무를 부과하는 것이다. 즉 불법적인 금전거래로 의심할 수 있는 은행거래를 발견하게 되는 경우 즉시 수사기관에 신고 혹은 통지해야 하는 의무를 부과하는 것이다. 물론 이러한 의무는 창구를 통한 은행거래가 전제되어야 하며, 은행의 지급구조가 상대적으로 집약적이고 감시가 가능한 구조여야 한다. 그러나 일반적으로 사이버 머니를 이용한 자금거래는 창구를 통하지 않는 거래의 형태를 띠고 있다. 따라서 은행원을 통한 대처방안은 점차 그 실효성이 상실되고 있다.

둘째, 국제법의 적용을 제시함으로써 방지하는 방법이다. 그전에 감독기관의 감독을 이용한 방법도 있는데, 이것은 국경을 초월한 사이버 머니의 거래에 대해서는 그 실효성을 인정할 수 없게 된다. 즉 사이버 머니의 발행과 유통을 규제하고 있지 않은 국가를 이용하게 되면 더욱 그 실효성을 인정할 수 없게 된다. 따라서 이러한 유형의 국제적인 거래에 대응하기 위해서 국제법의 적용을 제시하는 방법이 필요한 것이다. 물론 범죄에 대한 국제적인 조정은 각 나라의 전통과 문화가 서로 다르기 때문에 국제법의 적용범위도 다를 수 있다. 그러나 이러한 어려움에도 불구하고 세계 각국은 많은 영역에서 협력관계를 확립하고 있다. 따라서 각국이 사이버 머니를 이용한 돈세탁 역시 심각하게 받아들여 서로 협력관계를 확실히 확립해야 한다.

셋째, 거래에 대한 신고의무를 이용하는 방안이다. 이 방안은 사이버 머니 발행기관에서 사이버 머니를 최초로 구입하고자 하는 자는 사이버 머니의 거래를 반드시 발행기관에 신고하도록 하자는 것이다. 이러한 신고의무는 발행기관의 소프트웨어 프로그램을 이용해야만 사이버 머니에 의한 지급을 가능하도록 한다면 실행되어질 수 있을 것이다. 이러한 프로그램은 사이버 머니를 지급하는 자와 수령하는 자가 자신의 이름 혹은 지급을 위한 고유번호 및 중앙발행기관의 수령번호를 입력해야 실행될 수 있도록 한다. 만약 사용자가 이름이나 번호를 잘못 입력하는 경우 사이버 머니를 이용한 거래를 중지해야 하는 방식으로 운영할 수 있을 것이다.

4) 사이버범죄에 대한 반성, 우리가 가져야 할 의식

이상으로 사이버범죄의 특성과 유형 그리고 각각의 유형에 대한 대처방안을 알아보았다. 이렇게 사이버범죄에 대해 조사함으로써 저자는 많은 것을 느꼈다. 인터넷이 확산 보급됨에 따라 부작용이 이렇게나 많이 작용할 수 있구나 하고 말이다. 여러 가지 정보를 얻을 수 있는 인터넷 마당에서 자칫 악용할 마음을 품게 되면 이렇게 심각한 일들이 일어나겠구나 하는 생각이 문득 들었다. 또한 나 하나쯤이면 어때 하는 생각이 자기 자신이 속한 소수 그룹만의 문제가 아니라 확장되어서 결국은 국제적인 문제가 발생할 수도 있음을 새삼 느꼈다.

또한 사이버범죄에 대한 여러 가지 방안들이 그렇게 강력하지 않은 것 같다. 그리고 한 국가에 국한되어 국제적인 사이버범죄에 대해서는 그에 적합한 대처방안이 없는 것이 아쉬웠다. 따라서 사이버범죄에 대한 인식을 각 국가가 더욱 심각하게 깨닫고 서로 협력하여 사이버범죄에 대처하는 자세가 필요하다고 생각한다. 마지막으로 전 세계인들 또한 인터넷을 악용하지 말고 좀 더 좋은 방향으로 사용해서 온 세계 사람들이 협력하면서 살았으면 하는 바람이다.

6. 사이버범죄에 대한 대책

1) 사이버범죄에 대한 피해의 심각성과 보안의 절실성에 대한 올바른 인식

사이버범죄를 예방하기 위해서는 우선 사이버범죄에 대한 피해의 심각성과 보안의 절실성에 대한 올바른 인식을 해야 한다. 한 예로 2000년 4월 3일 새벽 4시경 한국인터넷데이터센터(KIDC)에 보관 중인 약 30여 개 회사의 전산망이 정체불명의 해커로부터 차례로 해킹을 당하였다. 이 사고로 꾸제닷컴이라는 전자상거래회사는 3개월 동안 모은 약 15만 건의 전산자료를 날려 20여 일이 지난 후에도 정상운영이 어려운 실정이었다. 그러나 KIDC 측은 해킹발생사실조차 모르고 있을 정도로 보안이 허술하였고, 해킹을 침해당한 회사들도 사건을 은폐하려는 기도 때문인지, 사건발생 20여 일이 지나서야 매스컴에 공표되었다. 한국의 사이버범죄수사대가 조사한 바에 따르면, 해킹사고를 당한 사고현장에 가보면, "우리 시스템은 빼나갈 정보도 없고, 해커가 들어와 놀고 가도 문제될 것이 하나도 없다"고 주장한 경우가 적지 않다고 한다. 이런 보안의식은 결과적으로 큰 사고를 유발할 가능성을 던져준다. 즉 2005년 1월에 발생했던 해킹대란도 실은 사소한 시스템관리자의 보안과실로 야기되었다. 그 사건의 시발점인 세계적 검색업체인 야후사이트를 공격하기 전에 먼저 보안이 허술한 몇몇 사이트를 사전에 공격하여 트리노라는 해킹프로그램을 심어놓고, 일정한 시간에 일제히 공격목표인 야후사이트에 엄청난 정보를 범람시켜 시스템을 다운시킨 방법을 사용했다. 따라서 정보관리자의 철저한 정보보안의식이 요청된다 할 것이다.

2) 사이버범죄의 예방활동 강화

다음으로 사이버범죄의 예방활동 강화를 통해 사이버범죄를 줄일 수 있다. 해킹프로그램이나 컴퓨터바이러스의 제조나 유포행위에 대한 규제를 강화한다. 타인의 정보망을 불법적으로 침입하거나 손상하는 방법으로 주로 이용되는 해킹프로그램이나 컴퓨터바이러스의 제조·유포에 대한 규제가 필수적이다. 물론 단순히 호기심에 의해 해킹프로그램이나 컴퓨터바이러스를 제조하는 행위 그 자체는 타인이 간섭할 수 없는 각 개인의 본질적 기본권에 속한다 할 것이다. 그러나 이러한 호기심을 넘어 타인의 전산망을 불법적으로 침해하려는 목적이나 동기로 만들어진 프로그램이나 바이러스는 타인에게 해악을 미칠 수 있는 직접적 수단이기 때문에, 유포를 전제로 한 해킹프로그램이나 컴퓨터바이러스의 제조·유포행위는 적어도 규제할 필요성이 보인다. 둘째, 개별기업이나 개인 또는 국가기관의 전산망에 대해 엄격한 보안조치를 할 필요가 있다. 해커들은 자신의 능력을 과시하기 위하여 타인의 정보자료실에 침입하려 부단히 노력한다. 그 때문에 공공기관이나 기업 또는 개인들조차도 그 자신들의 홈페이지나 축적해 놓은 정보자료에 대한 적절한 보안대책이 절실히 요구된다 할 것이다.

3) 사이버범죄 대응시스템의 구축

끝으로, 사이버범죄의 대응시스템을 잘 구축하면 사이버범죄를 예방할 수 있을 것으로 전망된다. 그 구체적인 방안은 다음과 같다.

첫째, 범죄자 추적 가능성을 완전히 확보함으로써 익명성을 노리는 범죄를 최대한 줄이는 것이다. 한국에서는 PC방이 널리 보급되고 있어, 사용자가 특정되지 않은 공중인터넷서비스가 급격하게 팽창하고 있을 뿐만 아니라, 사이버범죄를 도와주는 해킹프로그램들을 사이버공간에서 쉽게 만날 수 있는 실정이고, 게다가 사이버범죄의 흔적을 없애 추적할 수 없도록 하는 장치들도 인터넷을 통해 확산되고 있다. 이러한 상황에서 제아무리 인터넷에 관한 잘 정비된 법령을 제정해도 처벌의 사각지대는 현실세계보다 훨씬 클 수밖에 없기 때문에, 우리는 이러한 범죄의 사각지대를 가능한 막거나 축소하는 것이 무엇보다 중요하다. 따라서 인터넷의 사용에 있어서 정당한 법집행을 가능하게 하는 것이 인터넷범죄에 있어서 최우선의 과제인 것이다. 그러므로 사이버범죄사건이 발생하여 수사가 필요한 경우에는 그 범죄를 추적 가능한 상태로 사이버공간이 관리될 수 있어야 한다. 사이버이용자의 이용 상황을 확인할 수 있는 가장 좋은 자료는 컴퓨터시스템의 접속기록이다. 따라서 모든 컴퓨터에는 접속기록을 반드시 남겨, 일정한 기간 보관하도록 하는 방안을 고려해 볼 만하다.

둘째, 사이버공간에 관한 법률의 체계적 정비는 필수적으로 요구되고 있으며, 빠르게 사안이 진전되고 있는 것은 아니지만, 이 또한 문제를 해결해 가는 방향으로 나아가고 있다. 사이버공간에서 범해진 범죄에 대해 현행법은 부분적으로 직접적인 규정을 하고 있을 뿐이고, 그것도 여러 곳에 산재되어 있다. 이렇게 산재되어 있는 처벌형식으로는 지극히 일정 부분의 범죄에 대해서만 적용이 가능하며, 또한 그 산재성으로 말미암아 일반 예방적 교육효과도 떨어진다 할 것이다. 그러므로 이제는 사이버공간의 특수성에 걸맞게 '사이버범죄기본법' 같은 입법이 기본적으로 마련되어야 한다. 또한 개별적 사이버범죄의 유형에 따라 처벌하는 형식을 취하면, 사이버범죄 상호 간에 균형성이 무너질 수 있다. 더욱이 사이버범죄는 현실세계에서 야기되는 범죄에 대해 특별한 특수성이 존재하므로, 종래의 사후 징벌차원의 입법형식으로 대응할 때에는 적지 않은 문제점이 생길 수 있다. 그리고 현실세계에서 일어나는 전통적인 범죄와는 범인의 추적가능성과 입증가능성에 있어서 많은 차이점이 있기 때문에 이를 반영할 기본법의 제정이 필요해 보인다.

셋째, 국제적 공조방조체제 구축 완비로 법의 영역을 교묘히 벗어나는 범죄행위를 근절할 수 있을 것이다. 한국에서 발생되고 있는 많은 해킹사고는 주로 해외에서 침입하여 온 것이다. 이를 해결하기 위해서는 사이버범죄에 대한 외국의 수사당국과의 공조체제를 구축하여 공동대응해야 할 것이다.

넷째, 이미 논의되었지만, 형법의 새로운 해석과 예방법학을 통해서도 사이버범죄를 줄일 수 있다. 위에서 볼 수 있는 바와 같이 오늘날 정보통신기술은 한편으로 세계를 동일 시점에서 연결하여, 정보의 공유를 함께하는 길을 터놓고 있지만, 다른 한편 개인의 주체성은 배경으로 물러나고, 익명성과 기계가 인간의 인격을 대신할 수 있는 환경을 만들어놓았다. 그 때문에 정보통신을 이용하여 타인의 명예뿐만 아니라, 재산가치에 대한 돌이킬 수 없는 침해가 더욱 용이하게 되었다. 예를 들어 청소년에 대한 경우 청소년 세계와 성년의 세계를 구분 없이 합일화함으로써 정신적으로 성숙되지 않은 청소년이 접해서는 안되는 성인의 이용영역에 들어오는 기회를 열어놓았다. 즉 오늘날 청소년은 그 어느 때보다 더욱 쉽게 포르노 문화나 원조교제에 빠질 수 있는 위험사회가 된 것이다.

제6절 조직폭력

현대사회가 변화·발전함에 따라 범죄의 양상도 변화하여 종래와 같은 형사정책적 대응만으로는 예방과 교정의 기능을 다할 수 없는 새로운 범죄유형들이 나타나고 있다. 물론 아직도 범죄의 주류를 이루고 있는 것은 절도, 강도, 폭력 등 전형적인 범죄이지만, 약물범죄, 청소년범죄, 교통범죄, 환경범죄, 사이버테러, 조직폭력 등 사회의 변화·발전에 수반하여 범죄의 양상이 크게 달라지고 있고, 이러한 범죄에 대처할 수 있는 새로운 대응방안을 강구하는 것은 이 시점에서 매우 중요한 과제라 하겠다.

특히 조직폭력은 사회구조적인 범죄의 하나로서 집단적 위력을 배경으로 하여 가공할 정도의 사회적 위험성을 갖고 있어 수사기관의 주된 단속대상이 되기에 이르렀다. 그럼에도 불구하고 조직폭력은 면면히 이어져 오고 있으며, 오히려 더욱 기승을 부리고 있어서 많은 사람들이 공포심을 느끼며, 국민생활의 거의 모든 분야에 영향을 미칠 정도로 심화되고 있는 실정이다. 활동영역과 활동형태도 매우 확대되고 다양해지고 있다. 과거에는 유흥업소나 건설업체 등 일부 은밀한 영역에 한정되어 있던 반면, 사회가 다원화됨에 따라 사채업, 폐기물처리업, 러시아-동남아 여성의 윤락알선, 부동산 경매, 장기 밀매, 저작물 불법복제, 음란물 불법유통, 심지어 벤처시장까지 이들의 영업대상이 되고 있다. 최근에는 IT, 출판에도 손을 뻗쳐 과거처럼 단순한 폭력행사차원을 넘어 막대한 자금력동원 등 지능적인 방법을 사용하고 있다.

물론 조직폭력계의 체질이 1990년 '범죄와의 전쟁'과 지난해 있었던 '제2의 범죄와의 전쟁' 이후로 많이 바뀌고 있는 것이 사실이다. 검찰에 따르면 조직폭력계는 예전의 거대집단인 '패밀리' 형식에서 소수정예의 소규모 조직으로 분리되었다고 한다. 그렇지만 폭력조직의 심각성은 아직 수그러들지 않고 있으며, 폭력조직에 대한 법적·정책적 대응을 볼 때, 상당한 한계를 가지고 있어 보다 체계적이고 장기적인 안목을 가지고 뒷받침되는 경우에만 그 성과가 보장될 수 있을 것이다. 따라서 이 책에서는 이러한 문제의식을 가지고 조직폭력의 실태를 분석하고 그 대응방안을 강구해 보고자 한다.

1. 조직의 구성 측면

폭력조직의 수와 그 구성인원이 얼마나 되는가 하는 점은 폭력조직의 전체적 세력의 정도를 알아보는 데 중요한 척도가 된다. 2010년 12일 대검찰청에 따르면 국내 폭력조직에 소속된 조직원 수는 2009년 말 5,450명으로 2001년에 비해 1,297명(31.2%)이나 늘었으며, 폭력조직(계파)의 수도 2001년 199개였던 것이 2009년 223개로 24개(12.1%)가 늘었다고 발표하였다.[25)]

〈표 III-7〉 국내 폭력조직 및 조직원 수 추이[26)]

연도 / 분류	2001	2002	2003	2004	2005	2006	2007	2008	2009
조직원 수	4,153	4,226	4,472	4,601	4,826	5,075	5,269	5,413	5,450
폭력조직 수	199	201	208	207	213	213	222	221	223

최근 조직폭력배들은 경기침체 등 환경변화에 따라 지능화・은밀화・다양화되면서 합법적 분야에 진출을 시도하고 있어 더욱 치밀한 첩보수집 및 철저한 증거수집이 요청되고 있다. 범죄유형을 보면 기존 활동무대였던 유흥업, 사행성 게임장 등 등 전형적인 분야에만 국한되지 않고 건설업・용역업・입찰・채권추심・유사석유 제조 등 다양한 형태로 이권에 개입하고 있으

25) 연합뉴스, 「조직폭력배 8년간 31% 증가, 구속자는 55% 감소」, 2010년 4월 12일자.
26) 연합뉴스, 「조폭 전성시대… 한국판 야쿠자 현실화하나」, 2010년 4월 12일자.

며, 금융불안에 따른 사금융 수요에 편승하여 서민들을 상대로 불법 대부업을 하거나 폭력을 행사해 채권추심에 개입하는 등 서민경제생활을 위협하고 있는 것으로 나타났다.[27]

2. 조직의 유지 · 보호 측면

폭력조직에 있어서의 폭력은 조직이 경제적 이익을 취득하여 조직을 유지 · 보호하는 주된 수단이 된다. 이들의 폭력은 직업성 · 전문성 · 상습성을 띠고 있으며, 사전에 치밀한 계획을 세워놓고 이러한 계획에 따라 일사분란하게 폭력을 행사하고 있다. 이들이 폭력행사 시 사용하는 무기를 보면, 식칼, 생선회칼, 대검 등 도검류와 쇠파이프, 야구방망이, 각목 등으로 사람의 생명 · 신체에 위해를 가할 수 있는 물건이면 제한 없이 사용하고 있다.

폭력조직의 전국적 연대유무 및 해외조직과의 연계상황을 보면, 전남 광주 및 목포, 전북 전주 및 이리 등 지방의 조직들이 서울과 그 주변도시로 진출하면서 대도시와 지방 간에 상호연계가 이루어져 유사시 지방에서 서울로 원정을 오는 사례가 많다. 또한 최근 일부 폭력조직은 해외로 진출하여 미국, 일본 등지의 교민 거주지역에서 폭력조직의 결성을 도모하거나 현지 폭력조직과의 연계를 모색하고 있다.

폭력조직은 그들의 활동이 불법이라는 치명적인 약점을 가지고 있기 때문에 항시 수사기관의 단속에 비상한 관심을 갖게 되고, 또한 평소 수사기관과 접촉하여 긴밀한 유대관계를 형성하고자 부단한 노력을 한다. 뿐만 아니라 이들은 권력이나 정치인 주변에까지 몰려들어 이들에 대한 접대와 향응, 금전을 제공하므로 폭력조직의 활동과 관련된 인 · 허가나 행정단속의 권한이 있는 공무원들의 부패를 예상할 수 있다. 그리고 조직폭력의 수사에 있어서

27) 사이버경찰청, 『경찰백서』, 2009.

큰 장애가 되는 것이 소위 비호세력의 존재이다. 이들은 평소 조직의 자금을 제공하고, 사회적 지위를 이용하여 영향력을 행사하는 등 조직을 측면에서 지원해 주고, 그 대신 자신의 사업에 필요한 경우 조직을 직접 이용한다든지 이들과의 친분을 은연중에 과시함으로써 유・무형의 도움을 받고 있다. 이러한 비호세력의 실태는 정확히 파악되지 않고 있으나, 유흥업, 부동산업, 건설업 등 다방면에서 활동하고 있는 것으로 보인다.

폭력조직이 자금을 전달하고 이를 관리하는 방법을 보면, 통상 두목급인 경우에는 건설업체 갈취 등 큰 이권에 개입하고 있고, 유흥업소나 합법을 가장한 기업체를 직접 경영하기도 한다. 두목 이외의 간부들은 주로 활동구역 내의 나이트클럽 등의 유흥업소에 영업부장, 전무 등으로 취업하면서 업소로부터 정기적 상납금을 받고 있다. 그리고 말단 행동대원들은 유흥업소의 종업원 등으로 일하는 등 조직으로부터 정기적인 보수를 받는 경우는 많지 않다. 따라서 경제적 여유가 없는 이들은 절도나 학생들을 상대로 한 금품갈취 등의 범행을 일삼고 있다.

3. 활동영역의 측면

각종 유흥업소는 전통적으로 폭력조직과 결부되어 왔다. 폭력조직이 유흥업소를 갈취하는 유형을 보면, 업소로부터 '보호비' 등의 명목으로 금전을 갈취하거나, 조직의 구성원을 지배인, 영업부장, 웨이터 등으로 고용할 것을 강요하여 업소의 영업권이나 지분을 갈취하기도 한다. 그 밖에 주류, 안주 등의 공급권을 장악하기도 하고, 업소에 출연하는 가수나 연예인에 대한 갈취를 일삼고 있다. 그리고 도박장 개장도 전통적 형태의 활동유형으로 비밀장소에 '하우스'를 차려놓고 비밀리에 고객을 유인해 도박판을 벌인 다음 '고리' 등의 명목으로 금전을 갈취한다. 그 밖에 호텔 카지노 등의 유기장업소도 갈취의 대상이 되고 있는데, 주로 카지노운영권의 지분을 갈취하여 그 배당금을 착복하는 형태가 많다.

다음으로 약물밀매에 관하여 살펴보면, 최근에는 약물사범의 협조요청에 의하거나 조직의 활동자금조달을 위해 이에 개입하는 사례들이 등장하고, 특히 폭력조직이 해외로의 진출을 시도하고 일본 폭력단과의 연계를 강화함에 따라 부산 등 일부 해안지방을 중심으로 밀수나 약물밀매에 개입하는 폭력조직이 증가하였다.

끝으로, 민사개입폭력과 기업대상폭력에 관하여 살펴보면, 민사개입폭력의 경우 심부름센터 등의 위장간판을 걸어놓고 신문이나 주간지 등에 어려운 일을 상담하고 민원사건을 대행해 준다는 광고를 낸 다음 고객의 요청을 받아 채권관계 등에 개입하기도 하고, 또 대형 유흥업소에 거점을 둔 폭력조직은 브로커를 통해 요청이 들어오면 수단과 방법을 가리지 않고 무자비하게 임무를 수행하고 있다. 또한 기업대상폭력의 경우를 보면, 폭력조직이 특정기업을 상대로 단발적으로 갈취를 하거나 다소 전문성을 띠고 활동하며 그 밖에 건설업계 이권에도 깊숙이 개입하고 있다.

4. 조직폭력의 대응책과 해결방안

어느 시대, 어느 국가를 막론하고 조직폭력범죄의 배후에는 사회계층문제, 빈부격차문제 그리고 국제정치·경제문제 등 다양한 사회문제가 존재하고 있어 그 근원적인 해결이 어렵다. 따라서 수사기관에서 단속만으로는 조직폭력을 근절하기가 어렵고, 강자가 약자를, 다수의 자가 소수의 자를, 가진 자가 가지지 못한 자를, 고학력의 자가 저학력의 자를 차별하지 않는 등의 인간관계를 개선하는 것이 우리 사회로부터 조직폭력을 영구히 추방할 수 있는 지름길이라 생각된다. 조직폭력에 대한 대응책과 해결방안에 대한 몇 가지 사항을 살펴보면,

첫째, 조직폭력을 근절하기 위해서는 국민일반으로부터의 협조가 필요하

다. 폭력조직을 이용하거나 이들의 요구에 못 이겨 조직에 자금을 제공하는 일반시민들이 존재하는 한 그에 대한 단속은 실효를 거두기 어렵다. 요즘 영화계의 주된 소재가 바로 조직폭력에 관한 내용이고 이를 마치 동경의 대상으로 치부시키는 것은 청소년들에게 잘못된 인식을 심어주어 이러한 청소년 문화가 확산될 경우 수많은 청소년들이 폭력조직의 범죄에 이용될 가능성이 크다. 따라서 건전한 청소년문화의 공급이야말로, 폭력조직에 효과적인 인적 대책이 될 수 있을 것이다. 그러한 건전한 문화의 정착을 위해 정부에서는 매스컴 등을 통한 지속적인 국민계몽운동을 전개하여 폭력을 증오하고 거부하는 의식을 확산시켜 나가야 할 것이고, 민간차원에서도 지역별 · 업종별로 폭력조직배제운동을 추진하여 시민 한 사람, 한 사람이 폭력조직을 두려워함이 없이 조직에 협조하거나 이를 이용하지 않도록 하여야 할 것이다. 특히 유흥업, 건설업, 유기장업 등 폭력조직의 주요 자금취득활동이 이루어지고 있는 업종에서는 업종별로 폭력조직배제운동을 추진하여 자체의 부조리를 발견 · 제거하고 폭력조직의 취업이나 금품요구 등을 일체 거부하는 등의 운동을 전개해 나가야 할 것이다.

둘째, 폭력조직과 연계를 맺고 있는 각계각층에서의 비호세력과 관련공무원에 대한 철저한 단속이 요망된다. 수사기관에서는 이러한 자들을 반드시 검거 · 처벌하여야 할 것이며, 특히 공무원이 폭력조직과 결탁하는 사례가 없도록 내부감독을 철저히 하고 비리가 드러나는 경우에는 엄중 처벌하여야 한다.

셋째, 폭력조직의 구성원들을 사회로 복귀시키려는 노력이 필요하다. 이들에 대한 교정처우에서는 출소 후 정상적인 직업을 가질 수 있도록 직업훈련에 중점을 두어야 할 것이고, 사회에서도 이들이 직업을 가지고 정상인으로 생활할 수 있도록 제반 여건을 마련해 주어야 할 것이다. 폭력조직 구성원 한 사람 한 사람에 대하여 이들의 생계를 해결해 줄 수 있는 직업을 마련해 주지 않는 한, 조직폭력을 근절하기 어렵다는 인식을 가지고 유관기관과 민간단체에서는 이들에 대한 직업알선을 위해 제반수단을 강구하여야 한다.

넷째, 자금세정을 범죄화하고 부정수익을 몰수하여야 한다. 폭력조직은 경제적 이익의 취득을 주된 목적으로 하고 있기 때문에, 가장 효율적으로 이를 근절하기 위해서는 범죄로 인해 취득한 이익을 박탈하여 조직에 대해 경제적으로 타격을 가할 필요가 있다. 이는 이 제도를 이미 시행하고 있는 다른 나라에서 조직범죄에 대응하기 위한 아주 효과적인 방법임이 보고되고 있다. 조직범죄의 수익은 엄청난 규모이며, 이러한 수익은 대부분 돈 세탁을 거쳐 합법 또는 불법적 사업에 다시 투자되고 있어 또 다른 새로운 문제를 낳고 있기 때문이다. 이에 우리나라에서도 마약류불법거래방지에 관한 특례법과 범죄일반에 대한 수익을 몰수하도록 규정하는 형법 제48조와 제49조를 두고 있다. 조직폭력의 자금원을 차단하여 조직을 와해시킬 수 있는 또 다른 방안으로 조직의 불법자금을 세탁하지 못하도록 하는 돈 세탁의 규제를 들 수 있다. 대부분의 경우 조직범죄로 얻어진 수익은 합법적 · 비합법적 활동과 영역에 재투자되는데, 이때 자금의 추적을 어렵게 하거나 불가능하게 하고 은폐하기 위하여 자금을 세탁하기 마련이다. 따라서 이러한 자금세탁을 금지하고 처벌한다면 조직범죄에 대한 증거를 확보할 수 있고, 자금원을 고갈시킴으로써 조직범죄에 타격을 줄 수 있는 것이다.

다섯째, 조직폭력을 규제하기 위한 종합적인 규제법규의 제정문제가 검토되어야 한다. 조직폭력을 규제함에 있어서는 폭력조직의 구성원 개개인의 범죄행위에 대하여 처벌하는 것도 중요하지만, 폭력조직 자체에 대한 규제에 중점을 둘 필요가 있다. 또한 과거의 조직폭력은 유흥업소 갈취나 도박장 개장 등 일부 은밀한 영역에 한정되어 있었으나, 최근에는 민사개입폭력과 기업대상폭력이 증가하고 있으며, 이러한 새로운 형태의 유형에 대해서는 기존의 법규만으로는 그 단속이 용이하지 않다. 따라서 정부의 조직폭력 척결의지를 천명하고 하루속히 이러한 법규의 제정문제가 논의되어야 한다.

여섯째, 전담수사요원의 양성과 수사기법의 개선이 필요하다. 조직폭력에 대하여는 지속적인 정보수집과 누적적 정보관리, 수사기관 간의 원활한 정보교환 등 전문적·지속적인 대처가 요구된다는 점에서 수사를 지휘·총괄하고 정보를 수집·전파하는 전담부서의 설치가 검토되어야 하고, 검찰·경찰 등 수사기관에서는 조직폭력 전담수사요원을 양성하여 이들로 하여금 전문적으로 수사토록 할 필요가 있다. 또한 수사기법의 개선이 필요하다. 최근 범죄수법이 고도화, 은밀화되어 가는 조직폭력범죄의 추세 속에서, 수사는 전문화 및 과학화될 것이 요청된다. 또한 외국의 입법례를 비교적으로 검토하여 사생활에 대한 침해를 최대한 억제하면서도 불가피한 경우에는 도청, 함정수사, 정보협력자 활용 등의 수사기법이 활용될 수 있도록 법 이론적인 연구가 필요하다.

그러나 무엇보다도 중요한 것은 사회 내에서 조직폭력범죄가 뿌리내릴 수 있는 배양풍토를 제거해야 한다는 것이다. 소비문화, 물질만능주의, 쾌락주의 등의 사회풍토는 조직폭력범죄가 배양될 여건이라고 할 수 있으며, 이를 뿌리 뽑지 않으면 조직폭력은 여전히 건재할 것이다.

그리고 전통적인 조직폭력범죄는 최근 들어 사회의 민주화 경향, 시민들의 권리의식 성장, 공권력의 자정운동 등의 영향으로 그 활동영역이 그 양적인 면에서는 과거에 비할 바 없고 폭력조직의 내부에서도 조직체제의 영속적인 유지를 위해서 사업을 합법화, 다각화하고 있어 전통적인 폭력을 사용한 전형적 조직폭력범죄는 감소일로에 있지만, 새로이 등장하는 폭력조직의 다양한 범죄양태에 대응하는 새로운 법제도를 정비해야 한다.

제7절 정당방위

1. 정당방위의 정의

상대방의 폭력행위에 대하여 폭력을 행사하였을 때 이 행위가 정당방위에 해당하는 경우엔 죄가 되지 않는다. 그렇다면 어떠한 행위가 정당방위에 해당하느냐가 문제이다. 형법은 제21조 제1항에서 정당방위에 대하여 "자기 또는 타인의 법익에 대한 현재의 부당한 침해를 방위하기 위한 행위는 상당한 이유가 있는 때에는 벌하지 아니한다"고 규정되어 있다.

구체적인 사건이 발생하였을 때 이 규정에서 정하는 요건에 해당하는 경우는 정당방위가 될 것이다.

2. 정당방위의 성립요건

정당방위는 ① 현재의 부당한 침해가 있을 것, ② 자기 또는 타인의 법익을 방위하기 위한 행위일 것, ③ 상당한 이유가 있을 것이라는 세 가지 요건을 구비하여야 성립한다.

1) 현재의 부당한 침해

(1) 침해

침해란 법질서에 의하여 보호되는 법익에 대한 사람에 의한 공격 또는 그 위험을 말한다. 물건이나 동물, 예컨대 개에 의한 침해는 여기에 해당하지 아니한다. 다만, 동물에 의한 침해가 사람에 의하여 사주된 때에는 동물을 도구로 이용한 사람에 의한 침해이므로 정당방위가 가능하다.

(2) 현재의 침해

침해가 현재에 있어야 한다. 따라서 과거의 침해나 장래에 나타날 침해에 대하여는 정당방위가 성립될 수 없다. 그러므로 어젯밤에 도둑을 맞았는데 그 도둑을 길에서 만나 이를 구타한 때에는 정당방위가 성립될 여지가 없다.

(3) 부당한 침해

침해는 부당해야 한다. 여기서 부당이라 함은 위법함을 말한다. 객관적으로 법질서를 침해하는 모든 행위는 위법하다고 할 수 있다. 침해가 반드시 고의 또는 과실에 의하여 일어난 경우뿐만 아니라 단순히 결과적으로 불법인 경우도 포함한다. 술 취한 사람, 정신병자, 유아에 의한 침해행위에 대하여도 정당방위가 가능하다.

2) 자기 또는 타인의 법익을 방위하기 위한 행위

(1) 자기 또는 타인의 법익

법익은 법에 의하여 보호되는 이익으로 생명, 신체, 명예, 재산, 자유, 주거권 등 형법상의 법익은 물론 가족관계, 애정관계와 같은 법익도 포함한다.

(2) 방위하기 위한 행위

방위행위에는 방위의사가 있어야 한다. 즉 그 행위가 방위를 하기 위한 의사로 행하여져야 한다는 말이다.

3) 상당한 이유

상당한 이유라 함은 침해에 대한 방위가 사회상규에 비추어 상당한 정도를 넘지 아니하고 당연시되는 것을 말한다. 예를 들어, 신발을 절취하는 것을 보고 절도범을 사살하는 것은 상당하다고 할 수 없을 것이므로 이는 정당방위가 성립할 여지가 없을 것이다.

3. 싸움에 있어서 정당방위의 문제

정당방위가 되려면 방위행위에 방위의사가 요구된다는 것은 앞서 살펴본 바와 같다. 정당방위라고 주장하는 행위를 한 주된 목적이 방위를 할 의사나 목적으로 한 행위여야 한다는 것이다. 그러나 싸움에 있어서는 공격의사와 방위의사가 교차하는 경우이므로 방위행위가 성립될 여지가 거의 없다. 다만, 싸움의 경우에도 일방이 싸움을 중지하였거나 싸움에서 당연히 예상될 수 있는 범위를 넘는 공격이 있을 때에는 정당방위가 성립될 수도 있다. 예를 들어, 격투를 하는 자 중 한 사람의 공격이 그 격투에서 당연히 예상할 수 있는 정도를 초과하여 살인의 흉기 등을 사용하여 온 경우에는 정당방위가 성립될 수 있다고 본다(대법원 1968. 5. 7. 선고 68도370).

4. 대법원 판례를 통해 본 정당방위

정당방위가 성립하느냐에 대한 법 규정과 그 법 규정에 대한 해석은 앞서 살펴본 바와 같다. 정당방위가 성립하는지에 대하여 단적으로 말할 수는 없고, 각각의 사건마다에 정당방위가 될 것인지에 대한 법률가들의 해석에 달려 있다고 볼 것이다. 대법원의 정당방위에 대한 주요 판례를 살펴보면 정당방위가 어떤 경우에 인정될 수 있는지에 대해 일단의 기준은 정립될 수도 있을 것이다.

1) 강제추행범의 혀를 깨물어 혀 절단상을 입힌 경우
(대법원 1989. 8. 8. 선고 89도358)

갑과 을이 인적이 드문 심야에 혼자 귀가 중인 병녀에게 뒤에서 느닷없이 달려들어 양팔을 붙잡고 어두운 골목길로 끌고 들어가 담벽에 쓰러뜨린 후 갑이 음부를 만지며 반항하는 병녀의 옆구리를 무릎으로 차고 억지로 키스를 하므로 병녀가 정조와 신체를 지키려는 일념에서 엉겁결에 갑의 혀를 깨물어 혀 절단상을 입혔다면 병녀의 범행은 자기의 신체에 대한 현재의 부당한 침해에서 벗어나려고 한 행위로서 그 행위에 이르게 된 경위와 그 목적 및 수단, 행위자의 의사 등 제반사정에 비추어 위법성이 결여된 행위이다. 이러한 경우 대법원은 병녀가 갑에게 혀 절단상이란 중상해를 입히는 범죄행위를 저질렀지만 병녀의 행위는 정당방위로 죄가 되지 않는다고 본 것이다.

2) 정조를 유린한 의붓아버지를 살해한 경우
(대법원 1992. 12. 22. 선고 92도2540)

의붓아버지의 강간행위에 의하여 정조를 유린당한 후 계속적으로 성관계를 강요받아 온 갑녀가 자신의 남자친구인 을남과 공모하여 범행을 준비하고 의붓아버지가 제대로 반항할 수 없는 상태에서 식칼로 심장을 찔러 살해한 행위는 사회통념상 상당성을 결여하여 정당방위가 성립하지 않는다고 보아 살인죄로 처벌된다고 본 것이다.

3) 이혼소송 중인 남편이 찾아와 가위로 폭행하고 변태적인 성행위를 강요하는 데 격분하여 처가 칼로 남편의 복부를 찔러 사망에 이르게 한 행위
(대법원 2001. 5. 15. 선고 2001도1098)

갑녀는 남편인 을남이 평소 낭비와 도박의 습벽이 있고 폭행·협박을 일삼았으며, 변태적인 성행위를 강요하는 등의 사유로 별거하기에 이르렀고,

이혼소송을 제기하여 이혼소송 계속 중에 을남이 자신의 월세방으로 찾아오자, 갑녀는 을남이 칼로 행패를 부릴 것을 염려하여 부엌에 있던 부엌칼 두 자루를 방의 침대 밑에 숨기고 을남에게 문을 열어주었고, 이에 방에 들어온 을남은 갑녀에게 이혼소송을 취하하고 재결합하자고 요구하였으나 갑녀는 이를 거절하면서 밖으로 도망가려 하자, 을남은 갑녀를 방으로 데려온 후 부엌에 있던 가위를 가지고 와 갑녀의 오른쪽 무릎 아랫부분을 긋고, 갑녀의 목에 겨누면서 이혼하면 죽여버리겠다고 협박하고, 계속하여 갑녀의 옷을 강제로 벗기고 자신도 옷을 벗은 다음 갑녀에게 자신의 성기를 빨게 하는 등의 행위를 하게 한 후, 침대에 누워 갑녀에게 성교를 요구하였으나 갑녀가 이에 응하지 않자 손바닥으로 뺨을 2~3회 때리고, 재차 갑녀에게 침대 위로 올라와 성교할 것을 요구하며 "너 말을 듣지 않으면 죽여버린다"고 소리치면서 침대 위에서 상체를 일으키는 순간, 계속되는 을남의 요구와 폭력에 격분한 갑녀가 그 상황에서 벗어나고 싶은 생각에서 침대 밑에 숨겨두었던 칼 한 자루를 꺼내 들고 을남의 복부 명치부분을 1회 힘껏 찔러 복부자창을 가하고, 이로 인하여 을남으로 하여금 사망에 이르게 한 사건에서 대법원은 갑녀가 이와 같이 을남으로부터 먼저 폭행·협박을 당하다가 이를 피하기 위하여 을남을 칼로 찔렀다고 하더라도, 을남의 폭행·협박의 정도에 비추어 갑녀가 을남을 찔러 즉사하게 한 행위는 을남의 폭력으로부터 자신을 보호하기 위한 방위행위로서의 한도를 넘어선 것이라고 하지 않을 수 없고, 따라서 이러한 방위행위는 사회통념상 용인될 수 없는 것이므로 정당방위에 해당하지 않는다고 보았고, 갑녀는 상해치사죄로 처벌받을 수밖에 없다고 본 것이다.

경호실무

Chapter 04

제1절 경호의 기법

1. 우발상황에서의 경호기법

우발상황이란 일반적으로 '예상하지 못한 사태가 일어난 경우'라고 할 수 있으며, 특히 위험요소가 포함된 예상치 못한 사태를 말한다. 이러한 우발상황이라는 개념을 경호상황에도 적용할 수 있는데, 경호에서의 개념은 "피경호인이 있는 주변에 위협요소를 동반하거나 내재한 어떤 일이 예상치 않게 일어나는 상황"이라고 할 수 있다. 그런 경우는 쉽게 상상할 수 있는데, 행사장 주변에서 폭발음이 들린다든지 갑자기 폭행사태가 발생하거나 작게는 소등이 된다든지 하는 경우가 해당된다고 할 수 있다.

우발상황 발생 시 경호원의 행동절차로서 경고(sound off), 방호(cover), 대피(evacuate)를 SCE원리라고도 한다. 이를 알아보면 다음과 같다.[1)]

1) 경고(sound off)

경고란 육성이나 무전으로 전 경호원에게 상황 내용을 간단명료하게 전파하는 것으로(예 : 총이다, 칼이다, 전방물체 등) 우발상황이 발생할 경우 '경

1) 양재열, 「경호의 기본적 이론에 관한 연구」, 연세대학교 대학원 석사학위논문, 1995, p. 63.

고'가 가장 중요하다. 왜냐하면 위해 기도자는 은밀하고 신속히 취약부분으로 공격을 해오기 때문에 그러한 행위를 요소요소에 배치되어 있는 경호요원 전원이 알아채는 경우는 거의 없다. 따라서 처음 상황을 인지하거나 가장 먼저 기회를 포착한 경호원이 '경고'를 함으로써 경호대상자 주변에 있는 근접요원들이 신속히 행동을 취할 수 있도록 하며 위해 기도자가 단독범이 아니고 공범이 있을 경우를 예상하여 또 다른 방향에서 일어날 수 있는 제2의 공격에 대비하는 것이 경고의 목적이다.

2) 방호(cover)

우발상황 발생 시 상황을 처음으로 인지한 자나 목격한 자가 '경고'를 하게 되면 경호대상자 주변에 있는 근접 경호원은 경고와 동시에 신속히 경호대상자를 보호하기 위해 방벽을 형성하는 것을 방호라고 한다.

경호대상자나 대형 그 자체에 대하여 공격이 가해지는 사태가 발생하게 되면 가장 가까운 곳에 있는 경호원이 대응하고, 다른 경호원들은 대응하고 있는 경호원에 의해 발생된 공백을 메우기 위해 비상대형으로 대형을 변경하여 경호대상자를 보호하여야 한다. 또한 경호원들은 위협요소에 대응할 때나 다른 경호원을 지원해 줄 때에도 경호대상자를 보호되지 않은 상태로 남겨 두어서는 안된다. 이때 경호대상자와 남아 있는 경호원들은 경호대상자가 신속히 현장을 이탈할 수 있도록 조치를 취해야 한다. 방어의 대형에는 정적인 상황에서 우발상황이 발생했을 경우의 방어대형과 동적인 상황에서의 방어대형이 있는데, 정적인 상황에서는 경호원들이 자신의 몸으로 경호대상자를 엄호하는 것으로, 이때 경호대상자는 바로 이탈이 가능하도록 대형 내에서 약간 쪼그려 앉는 자세를 취하는 함몰형 대형(cave-in formation)과 함몰형 대형으로 최초의 공격으로부터 경호대상자를 보호한 후 대피를 위하여 경호대상자가 체위를 낮춘 채로 이동할 수 있는 공간만 제공하면서 사방에서 밀착 방호대형을 형성하여 신속히 현장을 이탈시키는 방어적 원형 대형(defensive circle formation)이 있다.[2)]

3) 대피(evacuate)

위해 음모에는 대부분 공범이 있으므로 우발상황 발생 시 비상사태로 발전하여 경호원의 즉각조치가 요구될 때에는 즉시 표적이 되는 경호대상자를 현장에서 이동시켜야 한다.

즉 대피란 경호대상자를 신속히 위험지대에서 안전지대로 이동시키는 행위라고 할 수 있으며, 위협상황에서 경호대상자의 대피가 가장 중요하고, 경호대상자가 우발상황현장에 남아 있게 하는 것은 결코 허용될 수 없다.[3)]

경호대상자가 안전하든 부상을 당했든 신속히 공격의 역방향으로 비상차량이나 안전지역으로 대피시켜야 한다.

이러한 우발상황이 발생하면 경호원은 충분히 준비된 조직적인 행동을 통해서 체계적인 조치를 취해야 하며, 우유부단하거나 부화뇌동해서는 안된다. 피경호인이 위해를 입는 것은 한순간이며 그러한 위해를 막을 수 있는 기회도 한순간일 뿐이다.

우발상황이 발생할 경우 피경호인 가까이 있는 요원들은 신속하게 인간장벽을 형성하고 대피를 한다. 하지만 이러한 조치가 잘 이루어지기 위해서는 충분한 사전훈련이 필요하다.

우발상황 중 특히 무기를 소지하거나 총기에 의한 위해 기도가 발생할 경우 근접자 우선의 원칙[4)]과 신체확장의 원칙[5)]을 적용하여 조건반사적으로 대

---

2) U.S. CID, *Protective Service*, 1978.

3) U.S. CID, *Protective Service*, 1978.

4) 근접자 우선의 원칙이란 위해기도자가 범행 시 경호요원 전부가 이에 대응하여 제압하는 것이 아니라 범인과 가장 가까이에 위치한 경호원만이 대응하고 나머지는 피경호인을 대피시키거나 제2의 공격에 대비하는 이론이다.

5) 신체확장의 원칙이란 상황 발생 시 경호원 자신의 몸을 은폐, 엄폐하는 것이 아니라 최대한

응해야 하므로 부단한 신체적 · 정신적 훈련이 필요하다.

이와 같은 우발상황은 다양하게 전개될 수 있으며 이에 대한 대응을 위한 노력은 경호원으로서 꾸준히 수련하고 단련하여야 한다.

제2절 경호 위기관리

1. 위기의 개념

위기(crisis)란 사전상의 정의에 따르면 심각한 결과를 초래할지도 모르는 치명적인 위험 또는 문제에 당면한 시기를 말하며, 즉각적인 조치를 요하는 예상하지 못했던 갑작스런 상황을 뜻하는 비상사태(emergency)와도 통하는 개념이다.[6)]

또 위기라는 용어는 비상사태(emergency), 재난(disaster), 위험(hazard), 위난(danger), 위협(threat), 참사(catastrophe), 우발사건(contingency) 등의 유사개념을 가진다. 예를 들어, 국제적 위기관리에 역점을 둔 학자들은 갈등(conflict)을 위기와 유사한 개념으로 사용하고 있으며, 또한 위기관리를 단계론적 모형으로 보는 학자들은 위기의 개념을 비상사태로 보고 'Emergency Management'로서 위기를 논하고 있다. 또한 위기관리의 연계성에 중점을 둔 학자인 D'Aveni & MacMillan(1990)은 "조직의 생존을 위협하는 사건이나 상태"[7)]로 정의하고 있으며, 한국의 김형렬(1990)은 『정책학』에서 위기를 "체계에 위험

확장 노출시켜 피경호인에 대한 방호효과를 극대화하면서 공격방향으로 대응하는 원리이다.

6) 이윤임, 「기업의 위기관리PR에 관한 연구」, 연세대학교 대학원 석사학위논문, 1991, p. 11.

7) D'Aveni, Richard A. & MacMillan, IanC, 「Crisis and the Content of Managerial Communications : A Study of the Focus of Attention of Top Managers in Surviving and Failing Firms」, *Admistrative Science Quartly*, 35, 1990, pp. 634-657.

과 손실을 주어 체계의 목표달성을 어렵게 만드는 상태"[8])로 정의한다.

이처럼 위기에 대한 개념은 다양한 해석이 가능할 뿐 아니라 국내에서는 위기에 대한 연구가 시작된 지 오래되었지만, 아직 그에 대한 정확한 개념이 정립되지 않은 것은 위기를 보는 시각이나 시대 및 지역에 따라서도 다르게 해석할 수 있기 때문이다. 위기가 고정된 것이 아니라 모든 분야에 걸쳐 존재하는 개념으로 상호의존적이며 위기를 둘러싼 환경과의 상호관계가 중요하기 때문이다.[9])

2. 위기의 유형

1) 위기의 수준 및 대응가능 여부의 기준

위기의 진행상황과 대처할 시간적 여유에 따라 Linke(1989)는 위기를 4가지로 분류하였다.[10])

첫째, 폭발적 위기(exploding crisis)로서 화재와 같아 현저히 비정상적이고, 즉각적인 영향을 끼치는 사태이다. 둘째, 즉각적 위기(immediate crisis)로 이 역시 조직의 운영권자들은 당황하게 만들지만 어느 정도 대처할 시간적 여유가 있으며, 이는 환경오염문제, 청문회 출석, 고발성 내용의 언론보도와 같은 경우이다. 셋째, 잠재적 위기(build crisis)로서 노사갈등과 같이 예측 가능한 위기들을 말하며 넷째는 만성적 위기(continuing crisis)로 이는 만성적인 문제가 시간이 흐른 후 겉으로 드러나는 경우인데, 대체로 복잡하게 얽혀 있고 쉽게 사라지지 않는다.

---

8) 김형렬, 『정책학』, 법문사, 1990, p. 576.

9) 이재진, 「국가위기관리를 위한 요인경호시스템에 관한 연구」, 성균관대학교 경영대학원 석사학위논문, 2002.

10) Linke, Curtis G., *Crisis–Deading with the Unexpected*, New York : Longman, 1989, p. 67.

〈표 IV-1〉 위기의 정도 및 대응가능여부 기준

상황분류	구체적 사례	특 징
폭발적 위기상황	지진, 화재, 산불, 비행기추락, 테러행위 등	위기예방 곤란, 위기발생 후 빠른 대처가 중요
즉각적 위기상황	언론의 고발성 보도, 환경오염사고 발생, 이해관계자의 사실폭로 등	위기예방 가능
만성적 위기상황	나쁜 소문, 가십성 언론 보도, 종업원의 잇단 부정행위 등	위기예방 가능. 지속적인 언론모니터링과 위기관계 수집 필요
잠재적 위기상황	노동쟁의, 파업, 법정 소송, 경쟁기업 및 시민단체와의 갈등, 환율불안, 무역관계 국제불안 등	위기예방 가능. 위기대처를 위한 협력 네트워크를 통해 위기발생 시 빠른 대처 필요

3. 위기관리의 일반유형

1) 위기관리의 영역

위기관리(crisis management)란 협의의 개념으로는 위기상황 발생 후의 대응조치로 위기의 가능성을 지닌 문제들을 재빠르게 인식하여 정책 또는 경영방침에 반영하는 예방조치인 쟁점관리(issue management)와 구별되는 개념이다.

2) 위기관리의 일반적 유형

국가나 조직의 위기란 다양한 형태로 발생하므로 모든 사례에 적용하는 어떠한 원칙을 정하는 데는 한계가 있다. 그러나 일반적인 정책집행과정을 위기관리과정으로 전환시켜 설명한 Petak(1985)의 단계론적 위기관리모형을 살펴보면 다음과 같다.[11)]

Petak(1985)은 위기관리를 예방(mitigation), 준비(preparedness), 대응(response), 회복(recovery)의 4단계로 구분하였다.

제1단계 예방단계	위기발생 전 촉발요인을 제거하거나 위기요인이 가급적 표출되지 않도록 억제 또는 완화하는 과정
제2단계 준비단계	위기발생 전 비상계획, 경고체계 및 기타 방지수단 마련 과정. 위기상황 당면 시 필요한 정보를 즉시 쓸 수 있도록 철저한 준비와 보강이 필요
제3단계 대응단계	실제 위기 발생 시 이를 해결하기 위한 조직원들의 활동과정. 협의의 개념에서 위기관리 자체
제4단계 회복단계	위기 후에 원상복구 과정. 대응단계의 연장으로서 후유증의 최소화에 주력

[그림 IV-1] Petak의 위기관리 예방 4단계 모형

제3절 비서, 예절의 일반개념

1. 비서의 개념

비서라는 용어는 영어의 'secretary'가 라틴어의 'secretarius', 즉 서기, 보증인에서 나온 것으로 '비밀과 관계있는 사람'을 의미하며,[12] 여기서 비서는 중요한 직무를 취급하는 경영자나 관리자의 곁에서 기밀사무를 취급하는 자를

11) Petak, Willam J. *Emergency Management : A Challenge for Public Administration,* Public Administration Review, 45, Special Issue, 1985, p. 3.

12) 박금철, 『비서학개론』, 형설출판사, 1991, p. 22.

가리킨다.13) 해를 거듭할수록 치열해지는 국제경쟁 속에서 관리자의 역할이 고도로 복잡하게 됨으로써, 장기적인 안목과 정확하고 신속한 판단력이 필요하게 되었다. 따라서 관리자가 올바르고 적절한 의사결정을 할 수 있도록 하기 위해서는 다방면에 걸친 전문적인 지식과 충분한 정보를 제공할 수 있는 사람이 절대적으로 필요하다. 이에 따라 비서직의 경우도 지금까지 내려오던 상사의 개인적인 공적, 사적 업무 보조의 위치에서 벗어나 관리자의 기본 업무수행에 보조적 역할을 담당하는 전문직으로서의 중요성이 증대되고 있다.14)

비서의 역할은 보좌하는 업무의 내용과 수준에 따라 달라진다. 또한 비서의 특수성은 secret(비밀)에 관련된 정보나 문서를 다루는 데 있으므로, 상사는 비서에게 모든 비밀사항을 맡길 수 있어야 하며, 비서 또한 업무나 조직에 관련된 사항에 있어서는 기밀을 절대적으로 유지할 수 있어야 서로 신뢰적인 업무관계를 유지할 수 있다.15)

따라서 비서에 대한 정의를 내리자면, “비서란 경영자 또는 중요 직책을 맡고 있는 사람들이 그들의 위치에서 최대한 조직에 공헌할 수 있도록 전반적인 세부사항을 미리 준비하고 점검하며 뒷받침해 주는 역할을 담당하는 사람”이라 할 수 있다.16)

비서에 관한 정의는 이러한 사전적 의미뿐만 아니라 국가에 따라서도 다양하다. 비서학이 발달한 미국의 현직 비서들의 모임인 미국 전문비서협회(IAAP : International Association of Administrative)에서는 “비서란 숙달된 사무기술을 보유하고, 직접적 감독 없이도 책임을 맡는 능력을 발휘하며, 창의력과 판단력으로 주어진 권한 내에서 의사결정을 내리는 간부적 보조자”라고

13) 김기옥, 『비서학개론』, 비봉출판사, 1990, p. 13.
14) 고창섭 외 2명, 『비서학원론』, 학문사, 1998, p. 15.
15) 유연숙 · 최애경, 『비서학개론』, 서울 : 법문사, 1996.
16) 고창섭 외 2명, 『비서학원론』, 1998, p. 15.

정의함으로써 비서에 관한 개념에 대하여 전문적 비서상을 제시하였다.[17)]

'비서란 무엇인가'라고 할 때 국가, 집무, 상황, 역사적 배경, 역할과 기능을 어떻게 보느냐에 따라 그 정의도 달라질 수 있다. 그러나 현대와 같이 기술혁신이 눈부시고 사무환경이 급격하게 변하는 시대에서는 높은 수준의 전문경영자를 요구하는 것 못지않게 탁월한 문장능력, 문서관리, 정보수집 및 조사활동능력, 능숙한 외국어의 구사, 원활한 인간관계 등 고도의 사무기술을 가지고 각종 사무를 처리할 수 있는 전문비서에 대한 요구는 시급하며, 비서의 본질을 올바로 파악하고 보편적인 비서 개념을 확립해야 함은 다르지 않다.[18)]

1) 비서직과 직업윤리

(1) 전문비서직과 직업윤리

가. 전문직 윤리

윤리(ethics)란 본래 종교나 철학에서 유래되어 도덕성의 본질이나 기반과 관련된 것이다. 이러한 윤리의 개념이 직업에 접목된 직업윤리란 생계유지를 위해 보수를 얻기 위한 계속적인 활동에서 인간이 지켜야 할 행위규범이라 정의할 수 있다.

전문직 개념이 고도산업사회의 구조 속에서 계속 분화되고 있으며 그럴수록 전문직의 직업윤리정립이 요구된다.

Bayles(1981)은 전문직업 종사자들의 활동이 사회에 영향을 주므로 높은 직업윤리의식을 갖고 사회에 봉사하는 전문직업인으로서 긍지와 직업관을 확립하여야 한다고 주장하였다.

---

17) 오영균 외 2명, 『비서학원론』, 학문사, 1998, p. 17.

18) 조계숙 · 최애경, 『현대 비서학』, 대영문화사, 1996, p. 18.

최애경(1993)은 전문직 윤리를 확립하기 위해서는 전문직 종사자 개인 측면에서 다음과 같은 요건이 갖추어져야 하는데, 첫째, 전문직 종사자들은 자신의 직업에 대한 긍지와 사명감을 가져야 하며, 둘째, 그들은 각자가 자율적으로 윤리의 기준을 설정하고 실천하여야 하며, 셋째, 전문직은 그 직업의 특성상 사회에 대한 봉사 및 공공에 대한 서비스 정신을 잊지 말아야 한다고 하였다.

노상윤(1995)도 이에 대해 몇 가지 조건을 제시했는데, 첫째, 공공사회의 여러 문제들에 대해 높은 사회적 의식을 가져야 하며, 둘째, 시민으로서의 사회적 책임감과 의무감을 더욱 많이 소유하고, 셋째, 사회적 이익추구에 대해서 배타적인 자세를 취하지 말고, 넷째, 사회봉사에의 강한 책임감을 지녀야 한다고 하였다.

이러한 전문직의 직업윤리에 대한 여러 조건들을 정리하면, 전문직 종사자들은 무엇보다도 사회에 대한 서비스 정신을 갖고 공공이익을 우선으로 하는 책임을 바탕으로 개인적 이익을 추구해야 하며, 전문직업인으로서 자신의 책무에서 발생되는 문제에 대해 엄격한 책임과 특권이 존재하며 지역사회로부터 이러한 활동은 공식적 승인을 받아야 한다는 것이다.

나. 전문직의 특성

오늘날 산업화, 도시화, 교육기회의 확대 등이 급속도로 확산되어 직업이 세분화되고 이러한 직업분화는 점차 높은 지식과 기술을 요구하는 전문직의 수를 증가시켜 전문직의 직업적 활동은 사회의 모든 부문에 걸쳐 영향을 미치고 있다. 서비스산업 비중이 높아지고 정보화가 빠르게 진행되면서 전문지식을 요구하는 전문직의 비중이 점차 증가하는 것이다.

후기 산업사회 이후 계속되는 전문직의 수적인 증가는 직업구조와 가치관에도 상당한 변화를 가져오게 되었으며, 이로 인해 전문직에 대한 특성들이 다양하게 나타나게 되었다. 그러나 전문직 특성을 현실적으로 완벽하게 충족시키는 직업은 엄격히 말하자면 거의 드물다고 할 수 있다. 따라서 전문직이 갖는 특성을 얼마만큼 갖추고 있는가에 따라 전문화의 진행 정도를 평가해야 하고, 전문직의 외면적 특성뿐 아니라 그 직업 종사자 개개인이 직업윤리의식 및 가치관과 같은 인성적·태도적 특성을 갖추지 않으면 진정한 전문직이라고 할 수 없을 것이다.

이제까지 여러 학자들이 주장한 전문직 특성들을 정리하면 <표 IV-2>와 같다.[19)]

〈표 IV-2〉 학자별 전문직 특성

학자	전문직 특성
Greenwood(1957)	조직적인 이론체계, 전문적인 권위부여, 지역사회로부터 인정, 윤리강령, 전문직업적 문화
Pumphrey(1959)	사회의 공동선을 위해 독자적 서비스를 할 수 있다는 확신, 전문직 종사자들의 행위에 관련된 일종의 규범
Moore(1970)	고도의 지적 훈련과 일정한 자격, 공공에 대한 봉사, 기술과 지식의 유용한 활용, 금전적 획득을 직업상의 성공과 무관한 것으로 생각하는 가치관, 직무수행에 있어 자율적 책임
Hall(1975)	전임직업, 교육기관, 공공서비스, 전문단체, 자기규제, 윤리강령, 자율성, 소명의식, 권위 및 위계, 분업화, 규칙 및 절차, 일반화, 기술능력
Lambeth(1986)	상근직, 전문직에 충실, 공식적인 조직에 의한 통제, 정규교육과 특정지식 습득, 사회에 봉사, 고도의 자치권
김덕준(1975)	확고한 철학, 체계적 지식과 기술, 일정한 행동규범, 윤리성, 전문적 단체조직, 일반 국민의 승인

19) 김성은, 「비서의 직업윤리의식과 그 영향요인에 관한 연구」, 이화여자대학교 대학원 석사학위논문, 1998, pp. 5-6.

2. 예절의 개념

1) 예절의 정의

인간은 사회적 동물이기 때문에 인간답고 올바르게 살아가기 위해서는 원만한 인간관계를 형성해야 한다. 이는 혼자 노력해서 되는 일이 아니며, 사회의 모든 구성원이 공통된 예절을 지킬 때 가능하다. 여기서 예절이란 사람이 사람답게 이 세상을 살아가는 데 꼭 필요한 도리요 질서이며, 사회구성원끼리의 약속이다.[20]

예절의 사전적 의미는 예의에 관한 범절·의절이다. 예절은 동양적인 의의와 서구적인 의의로 구분할 수 있을 것이다.

(1) 동양적 예절

동양적인 예절의 의의는 인간이 태어나 한정된 규범 속에 생활하게 마련인데, 그 규범을 가리켜 사회정의·질서·법도·인도·윤리·강령이라고 말하는 것이다. 이와 같은 규범은 인간이 한정된 사회의 틀 속에서 살아가기 위해 만들어진 것이다.

예절의 기본은 스스로 사람다워지려는 자기 관리와 남과 함께 사는 대인관계이다. 이러한 예절은 저절로 배워지는 것이 아니고 끊임없이 노력을 기울여야 한다. 현대사회와 같이 번잡한 시대에 도덕적 질서인 예절이 없다면 개인·가정·사회·국가·세계는 유지될 수 없을 것이다. 공자는 이러한 예절을 '지선'이라 하며 그의 범주를 仁(어짊), 孝(효도), 友(우애), 信(믿음), 恭(공손), 敬(섬김), 慈(자)라고 하였다. 이는 가정과 사회에서의 관계에 있어 인간이 처하고 행하여야 할 가장 올바른 윤리적인 범주로서 '지선'의 대강령이

---

20) 성균관출판부, 『생활예절(청소년을 위한)』, 성균관대학교출판부, 1993, p. 17.

며, 궁극적 덕목이다. 이러한 것들은 인위적으로 설정된 것이 아니라, 자연적이고 선천적으로 타고난 인간 본연의 지선인 예의범절에서 나온 자연적 지향으로서의 도리라고 보는 것이 유교에서 말하는 동양적 예절의 의미이다.

(2) 서양적 예절

서구적인 시각에서의 예절의 의미는 넓은 측면에서 볼 때 사물을 다루어 이룩하는 법칙을 의미한다. 인간이 살아가는 데 있어서 사람과 사람의 연결 수단인 언어와 행위의 법칙을 말하는 것으로 '에티켓(etiquette)'이라고 한다. 이의 어원은 서양의 궁중예의란 말에서 나왔다. 이는 궁중을 방문하는 자들의 행동을 지시하는 '통용찰'이라는 말에서 사용되었으며, 궁중생활의 엄격한 지식과 법도가 일반시민들의 생활규범과 행동규제에까지 전파된 것으로 보인다.[21)]

---

21) 김인곤, 『예절 · 도의』, 문우사, 1985, p. 17.

경호무도

Chapter 05

제1절 경호무도의 정의

경호무도란 경호대상자에게 발생하는 직·간접적 다양한 위해요소로부터 절대적인 신변의 안전을 유지하기 위한 경호활동의 기초적 제반교육을 말한다.

경호무도의 생성기원은 약육강식의 생태계 속에서 본능적으로 자기 종족을 보존하려는 원칙에 의하여 자연적으로 발생되었을 것이다. 인류는 처음이 지상에서 뿌리를 내릴 때부터 수렵과 채집생활을 해왔었다. 인간은 호랑이보다 용맹스럽지 못하고, 매보다 빠르지 못하며, 곰보다 기운이 세지 못했다. 따라서 이런 사나운 짐승들의 습격으로부터 방어하고, 때려잡기 위한 공격법을 개발해야 했으며 생계수단으로서의 역할을 다하기 위하여 수련이 필요했던 것이다. 인지가 발달하면서 연장이나 무기를 다루는 법도 고안되었겠지만, 본래는 맨손으로 번성하면서 강한 국가 등의 외부로부터 침입을 방어하기 위해서 체계적으로 연구하여 개발되고 파생되었다.

경호무도라는 용어가 나타내는 내용은 역사적으로 보아 대단히 넓은 영역을 갖는다. 부족의 형성에서 족장의 안전을 지키기 시작하면서부터 왕국의 형성에서 왕의 호위, 국가의 형성에서 대통령의 호위 등 무(武)에서 기술적 성격이나 도(道)로서의 종교적·사상적 성격 등 시대에 따라 사람에 따라 다양한 개념을 가지며 그 전통은 경호무도를 정신성 혹은 도전적 성격이 강한 문화로 이해하는 것에 있다. 지금까지 경호무도의 개념을 놓고 여러 가지 입장과 다양한 각도에서 검토하였지만 그 개념이나 내용이 확실하게 정착된 것은 아니다.

경호무도의 수련은 주로 정신력과 집중력, 판단력, 담력과 용기를 기르는 것을 중시 여긴다. 그러나 이러한 정신단련들은 궁극적으로 신체수련의 내면에서 적용되고 있으며, 정신을 통해서 신체를 단련하고 신체를 통해서 정신을 단련하는 것으로 궁극적으로는 몸의 수련이 되는 것이다. 따라서 경호무도의 수련은 정신적 의식과 신체의 동시작용을 요하는 형태로 나타나는 것이 특징이라고 할 수 있다.

정신집중은 호흡과 몸의 동작의 일치를 만들고 나아가 의식과의 일화를 이루게 하는 것이라고 할 수 있다. 이것은 신체적으로 반사적인 힘과 순발력을 강화하며 육체적인 단련을 하는 동안 몸에 익숙해지게 된다.

신체의 움직임과 호흡의 일치가 모든 동작과 운동효율을 극대화하기 때문에 반복적인 준비동작의 수련은 결국 호흡과 몸의 일치를 위한 단련을 만들게 된다.

경호무도수련의 내적 대상으로는 호흡을 통한 정신수련과 신체수련을 들 수 있으며, 또한 경호환경을 대상으로 한 수련이 필요하다. 이러한 경우 심상훈련이라든가, 모의훈련의 수련방법에 대한 필요성이 내포되어 있는 것이다. 이러한 심상훈련과 모의훈련은 경호환경 변화에 대한 총체적 대응방법을 몸에 강화하면서 동시에 의식작용을 강화하는 수단으로 이루어지는 수련방법이라고 볼 수 있다. 신체적 훈련의 구체적 방법들은 주로 단련과 기술의 훈련으로 이루어져 있다.

위와 같은 내용 등으로 미루어 볼 때, "경호무도란 경호대상자에 대한 부당한 물리적인 공격으로부터 손, 발 등 신체의 일부 또는 전부, 도구 등의 인체 역학적인 원리에 의한 사용뿐만 아니라 기세, 언어 등을 이용한 무형의 수단까지 동원하여 신체를 안전하게 보호할 수 있는 기술"을 말한다.

〈표 V-1〉 위해자에 대한 제압수단

경호대상자에 대한 공격 — 경호무도 및 경호장비 사용 (유형의 수단) / 기세, 언어 등의 수단 사용 (무형의 수단) — 위해자에 대한 제압

유형의 수단이란 경호무도수련을 통한 기술습득과 경호장비의 활용기술습득을 기반으로 하여 위해자를 제압하는 수단을 말한다.

무형의 수단이란 집중력, 관찰력 등의 정신적 강화와 기세, 언어 등의 함축적 행동으로 인하여 위해자의 위해행동을 수축시키는 수단을 말한다.

제2절 경호무도의 정신

우리는 앞에서 언급한 것처럼 경호원과 경호무도는 깊은 상관관계를 유지해 오고 있는 것을 알 수 있다. 이와 같은 관점을 토대로 하여 인격수련과 정신연마에 그 중심사상을 둔 경호무도의 정신에 대하여 살펴보자.

경호무도의 정신은 크게 외적 정신과 내적 정신으로 나눌 수 있다. 이는 경호직무상의 특성에 따라 구분한 것이다.

1. 경호무도의 외적 정신

먼저 외적 정신이란 경호원이 경호조직과 더불어 직무를 수행함으로써 조직 내적으로 단결함을 말한다. 이러한 정신에 속하는 것이 충성과 신의다. 충성은 경호대상자의 안전을 위해 희생하는 정신으로 이해할 수 있다. 또한 충

성은 경호대상자와의 종적 믿음 관계이기도 하다. 한편, 신의는 경호조직이 단합하여 뜻을 모으게 하며 그러한 힘을 바탕으로 충성을 뒷받침하는 횡적 지지대 역할을 한다. 마지막으로 예의는 경호의전예절을 중시하는 경호원들의 필수요건으로서 경호무도의 기본정신이다.

1) 충성(忠誠)

충성은 경호무도의 정신 중에 가장 중요하다고 할 수 있다. 이는 경호대상자에 대한 충성으로서 경호무도의 수련을 통해 경호원의 단일적 주인의식을 양성할 수 있기 때문이다.

충성은 외양이나 행동을 통해 나타나기도 하지만 그와 함께 중요한 것이 성실한 마음 자세이다. 그러기에 그 의미에 대하여 알아보면, 충성할 충(忠)에 사람의 마음(心)이 포함되어 있으며 성(誠)은 경호무도인의 도를 지성으로 갈고 닦아야 한다는 것을 의미한다.

또한 충성은 꾸준한 수련에 의해 쌓인 기를 바탕으로 표출되는 경호무도인으로서의 힘과 기백을 의미하고, 더 나아가 그 힘과 기백을 바탕으로 한 경호무도로 자신의 가족과 민족이 속해 있는 국가라는 집단의 안녕과 질서를 유지하려고 노력하는 그 자체를 의미한다. 이것은 과거 무도의 기원과 밀접한 관련이 있다. 무도는 자기방어를 목적으로 시작되었다. 말하자면 종족 보전을 위하여 시작되었다는 것이다. 그리고 현대적 의미의 무도의 시작은 인간이 사회를 이루고 무리를 지어 살면서부터 시작되었다고 보는 것이 보다 올바른 견해라 할 수 있다. 이러한 상황에서 나를 깨우치고 자신의 몸과 가족을 보호하며 자신이 속한 무리에 평화와 안녕을 지키고 이를 유지하는 기능이 요구되었고, 그것이 충성의 외적인 요소로 자리잡은 것이다. 여기서 더욱 발전된 충성의 의미는 나를 지키는 것이 아니라 남을 보호하는 경호무도인의 정신자세가 되는 것이다. 따라서 경호무도인은 남다른 무도정신을 토대로 하여 심신을 단련하며 경호대상자의 안전을 위해서 꾸준한 수련을 통하여 어떤 위해자도 능히 제압할 수 있는 육체적인 힘과 기백을 기르는 것이 충성의 길임을 항상 명심해야 할 것이다.

2) 신의(信義)

경호무도인에게 있어 충성이 수직적인 개념이라면 신의는 수평적인 즉 횡적으로 연결되는 개념이다. 우리 민족성에 있어서 커다란 일면을 차지하고 있을 뿐 아니라 무도인에게 있어서 특별히 강조되어 오던 정신이다. 그 대표적인 예로 '교우이신(交友以信)'이란 덕목이 강조되었으며, 조선시대에 이르러서는 유교의 대대적인 전파로 인해 신의의 개념이 민족정신으로까지 확대되어 있었다.

신의는 경호원 간의 관계, 즉 경호원과 경호원을 믿음이라는 수단으로 연결시킨다. 경호대상자를 자신처럼 여길 수 있는 믿음으로 연결된 조직은 서로 탁월한 힘을 발휘하게 된다. 경호상황에 있어서 경호원 간에 서로에 대한 확신만 있다면 자신이 맡은 책임을 성실히 수행할 수 있기 때문이다.

3) 예의(禮儀)

예의란 경호무도 수련을 통해 경험함으로써 지켜야 할 규칙을 준수하는 행위를 말한다. "무도는 예(禮)로 시작해서 예(禮)로써 끝난다"라는 말과 같이 경호무도도 예의범절, 수련의 질서, 규칙, 인내, 관용, 인격존중 등 여러 가지 태도를 수련하여야 하며, 또한 경호무도는 의전 예절이 중요하므로 경호원들의 경호무도 수련 시 예법교육이 중요하다.

2. 경호무도의 내적 정신

다음으로 내적 정신이란 경호원 개개인이 지녀야 할 무도정신으로서 용기와 인내로 나눌 수 있다. 용기라는 것은 절제된 행동과 여건 속에서 표출되는 힘의 발산이며, 이러한 것은 인내의 과정에서 형성되는 결정체이다. 따라서 용기와 인내는 별개의 것이 아니며 상호 보완하여 경호원으로서 갖추어야 될 하나의 정신으로 완성된다. 이와 같이 경호무도 정신이란 무도를 통하여 내적 소양과 함께 외적 대응능력을 실질적으로 배양하고 유지하는 데 있어 꼭 지녀야 할 필수불가결한 것이라 하겠다.

1) 용기(勇氣)

용기는 어떤 개인이 특정한 결과를 낳기 위하여 요구되는 반응을 성공적으로 해낼 수 있으리라는 확신의 강도라고 하였다. 이러한 용기의 개념을 바탕으로 하여 경호무도 수련을 통한 상대방에 대한 두려움을 극복해 나가는 용기로써 조작되어 정의를 구성하였다.

용기의 기대에 영향을 미치는 정보의 출처는 수행성취가 심리적인 변화의 가장 강력한 매개체이고 이러한 정보는 인지적인 평가를 통해서만 유익하게 된다. 사람들은 자기능력과 자신감에 관한 다양한 출처의 정보를 처리하며 비교하고 통합하여 이에 따라 행동을 선택하여 노력의 양을 조절한다.

용기수준을 최상으로 유지시키는 것도 일종의 기술이며 최상의 경호무도 수련수행을 하고 있는 경호원들은 어떠한 활동, 사고, 사상 등 그들의 용기수준을 경호원 본인이 잘 인식하고 있다. 신체적인 재능과 기술수준을 지니고 있으면서도 만약 상대에 대한 자신의 용기를 잃는다면 경호업무수행은 치명적인 영향을 받을 것이다. 다음은 자신의 용기수준이 낮을 때 향상시키는 전략방법이다.

① 근력과 지구력을 기르고, 경호무도기술훈련을 숙련시킨다.

② 자신에 대한 긍정적인 확신을 갖고, 정신적 기능을 증진시키기 위해 노력한다.

③ 긍정적 · 현실적인 목표를 설정하고 열의를 북돋운다.

* 용기는 경호무도 수련과정에서 얻어진 힘(기술)과 정신력이 합쳐져야만 확립할 수 있는 기반이 된다. 그러므로 훌륭한 경호원이 되기 위해서는 선배 경호원들이나 무도인의 정신철학과 경험의 사례 연구를 토대로 하여 경호무도 수련정신에서 용기를 접목시킬 수 있다.

2) 인내

인내는 제2의 용기이다. 인내란 보통 '참는다'는 말과 함께 사용되는데, 참는다는 것은 그만큼 큰 용기를 필요로 한다는 뜻이다. 그렇다면 인내란 주로 고통이나 자기 마음에 솟구치는 울화를 참는 것을 의미한다고 할 수 있겠지만, 때로는 자기에게 닥친 즐거운 일 등의 기쁨의 표현을 억제하는 것일 수도 있고, 때로는 자기 자신의 자유를 스스로 억제하는 것일 수도 있다. 말하자면 인내는 자신의 육체와 마음, 감정을 스스로 통제하는 능력이라 하겠다. 참을 인(忍)은 칼 도(刀)에 마음 심(心)으로 이루어져 있는데, 이것은 마음을 칼로 자른다는 것을 의미하며 바로 감정을 통제한다는 것을 뜻한다. 이렇듯 경호무도인에게 있어 인내는 의미를 좀 달리한다. 경호무도의 정신은 경호업무수행 시 경호원의 자질 중에 가장 중요한 요소라고 할 수 있다. 이러한 정신은 경호무도수련을 통해 얻을 수 있다.

제3절 경호무도의 가치

1. 사회적 가치

경호는 행사의 특성마다 다르지만 대부분의 경호조직으로부터 시작된다.

인간은 사회적 동물이다. 그러므로 경호원 개인의 독단적 행동은 그 경호 행사의 실패를 초래할 수 있으며 나아가 경호대상자의 안전을 보장할 수 없다. 경호원 개개인의 특성을 경호조직에 잘 맞춰야만 경호행사를 잘 운용할 수 있다.

그런데 위해자의 위해농도가 높아지면서 현대경호는 경호원이 적응하는 데 과거보다 더욱 어렵게 변해가고 있다.

이와 같은 사회성의 발달은 경호무도 참여를 통해서 잘 이루어질 수 있는데, 경호무도 참여의 장면에는 집단적인 활동형태가 많이 나타난다. 이러한 집단적 행동은 집단으로서의 전체적 행동 가운데 개인적 행동이 부분적으로 작용함으로써 성립하는 것이므로 여기서는 개인 단독적인 행동은 허용되지 않는다.

집단 내에서의 활동은 다른 구성원과 협력, 협동하는 가운데 이루어지며, 이때 친화적인 관계를 밀접하게 함으로써 개인의 사회성 발달에 크게 기여할 수 있다. 특히 집단경호기법 활동의 경우에는 집단 내의 협력체제가 더욱 더 강하게 요구되므로 각 성원이 모든 활동에 열성적으로 봉사하는 체험을 통해서 바람직한 사회성의 발달을 도모하게 된다.

레흐버그(Rehberg)와 코헨(Cohen)은 다양한 스포츠사회화의 과정을 경험한 운동선수집단이 일반 학생에 비하여 사회변화에 대해 보수적이며, 정치권위나 사회현상, 그리고 시민의무에 대한 태도가 보다 긍정적이라고 하였다. 또한 레오나르드(Leonard)는 스포츠활동에 참여함으로써 민주적 시민정신, 도덕적 인격, 기존 권위에 대한 존중심 등과 같은 태도, 가치 및 행동이 형성, 발달된다고 하였다.

한편, 사회성 발달을 위한 사회화(socialization)란 사회에서 기대하는 여러 가지 행동을 배워나가는 과정, 집단의 규범이나 문화를 내면화하는 과정이다. 경호무도에서의 사회화는 개인이 경호무도 활동에 참여함으로써 사회집단에 잘 적응하여, 특정 사회가 지니고 있는 문화를 체득하고 그 자신의 개성적인 특징을 발휘할 수 있도록 하는 과정을 말한다.

특히 경호무도를 통한 사회화에 있어서 일차적으로 경호무도 활동의 참여가 문제가 된다. 그것은 경호무도 참여의 경험이 누구에게나 일정한 것이 아니고, 개인에 따라 특수한 상황하에서 참여가 이루어지는 까닭이다. 즉 경호무도에서의 사회화는 경호무도 참여를 전제로 하며 경호무도로의 사회화라고 한다.

이와 같이 경호무도로서 사회화가 이루어진 연후에 비로소 이의 경험을 통한 사회화가 일어나는데 이를 경호무도를 통한 사회화라고 한다. 이는 경호무도 참여를 통해 민주정신 함양, 규율, 수양, 적응 등 사회성이 함양된다는 것을 의미하기도 한다.

사회화는 개인과 개인 혹은 개인 사이의 상호작용을 통하여 일어나므로 경호무도는 참여하는 이들로 하여금 개인별로 또는 집단 간의 접촉으로 긍정적인 사회성을 길러주고 바람직한 사회화과정을 체험하게 해준다.

경호무도는 경쟁과 협조의 기회를 주어 그 속에서 복잡한 인간관계를 갖도록 하고 공동목표를 위해 노력하면서 각자의 책임과 의무를 다할 수 있도록 하여 인간관계를 더욱 두텁게 하는 의도적 행위라고 할 수 있다. 특히 경호무도 중에서 경호기법에 의한 경호무도 수련 시의 단체활동에서는 역할 분담의 기회를 주며, 공동목표에 대한 자기의 역할을 수행할 수 있는 상황이 많다. 경호무도에 있어서의 수련경쟁은 단순한 대결이 아니라 합의된 선의의 경쟁이며, 협력적인 대결이다. 따라서 상대적인 입장이 아니라 더불어 활동하는 관계를 유지하되 경쟁을 할 때에는 당당히 자기의 능력을 최대한 발휘하여야 한다.

이와 같이 경호무도 활동을 통하여 협동심, 책임감, 예의 등을 몸에 익히고, 규칙의 존중, 약속의 이행 등과 같은 덕성을 함양시키고 인내력, 집중력, 절제심 등을 기를 수 있다는 것 또한 경호무도의 사회적 가치라고 할 수 있다.

2. 정신적 가치

레빈은 인간의 행동이 개인과 개인을 둘러싸고 있는 환경과의 역동적 상호관계를 이루며 일어난다고 하여 이 관계를 B=F(P・E)라는 공식으로 설명하고 있다.

여기에서 B는 행동(behavior), P는 개인(person), E는 환경(environment)이고 F는 이들 간의 함수관계를 나타낸다. 즉 행동은 개인과 환경과의 함수관계에 있음을 뜻한다. 따라서 경호원은 그 자신의 요인(습관, 과거의 경험, 성격적 특성, 심리적・생리적 요구상태)과 그를 둘러싸고 있는 환경요인에 따라 행동을 달리한다.

인간의 심리적 욕구는 욕망, 야심, 흥미, 정서, 감정, 태도 그리고 신념 등에 관련되어 있다. 즉 인간은 자기가 하고 있는 것에 대하여 남이 알아주기를 원하고, 자기 자신이 중요하고 성공적인 인간이라는 것과 소속감을 느끼고 창조적이며 자기표현에 대한 기회를 갖고자 하는 욕구가 있다. 스포츠 참여는 바로 신체활동의 욕구, 자기표현의 욕구, 자기과시의 욕구, 집단참여의 욕구 등과 같은 인간의 욕구를 발산시킬 수 있는 수단인 것이다.

인간의 이와 같은 욕구가 충족되지 못하거나 억제되면 욕구불만을 유발하여 짜증, 비관, 자해원인, 불평, 흥분과 분노, 초조, 발작과 공격, 책임회피 등 반사회적 행동을 야기시킨다.

경호무도수련 속에서 이루어지는 여러 가지 기술과 접촉은 정서를 조정하는 기회를 갖게 하며, 기술적 발전과 노력과 인내로써 이룬 성취감 등 정신적인 면은 물론 적극적이며 동적인 생활의 원동력을 갖게 한다.

특히 경호무도의 정신적 가치는 경호무도수련이 심적 변화에 대한 스트레스 해결에 매우 효과적이라는 것이다. 스트레스는 인간이 신체 및 심리적 적응에 긍정적인 영향보다는 부정적인 영향을 더 많이 주는 것으로 알려져 있다. 이 부정적 효과에는 심장질환을 비롯한 정신, 신체질환과 충격, 적대감, 불안, 우울 등의 정신적 부적응이 포함된다. 대부분의 정신적 적응과 스트레스에 관한 연구에서는 우울증세가 스트레스에 대한 가장 보편적인 반응이라는 데 의견을 같이하고 있다.

우울증세는 그 정도에 있어서 단순한 슬픔이나 우울한 기분에서부터 지속적인 상실감이나 무력감, 나아가서는 자살 등을 포함하는 정신병적 상태에 이르기까지 매우 다양하며 인간의 정신건강이나 적응에 매우 중요한 지표로 간주되고 있다.

경호무도수련은 신체운동의 중요한 생리적인 효과를 거둘 수 있으며, 아울러 정신적인 만족감까지도 제공하기 때문이다.

이러한 측면에서 경호무도는 체력증진뿐만 아니라 생활주변의 스트레스, 정신력, 협동심, 인격형성, 승리감, 질서 등 다시 말해 개인 및 직무 등에서 일어나는 정신적인 스트레스를 이들 영역에서 해소하게 하는 큰 효과를 지닌다.

3. 신체적 가치

복잡한 사회생활을 하다 보면 인간은 스트레스가 쌓이게 마련이고 긴장과 불안을 가져오기도 한다. 이런 것이 누적되면 자신의 심신장애를 가져오거나 비행의 원인이 되기도 하며, 나아가서는 반사회 반국가적인 행동을 유발하게 된다.

경호무도의 효과는 체력증진과 더불어 인체기관계의 발달 및 변화를 수반한다. 특히 경호무도는 경호활동에 필요한 적정량의 신체활동의 장을 제공함으로써 활동적으로 직무를 수행할 수 있도록 도와준다. 즉 강인한 체력유지를 위한 신체적 기능으로 근력, 지구력, 순발력, 유연성, 조정력, 민첩성 등의 복합적 단련과 집중력, 판단력, 정신력의 향상을 위해 경호무도를 수련하고, 이를 통한 신체상의 건강과 정신을 맑게 하는 데 있다.

일반적으로 기본적인 신체활동에 소홀하게 되면 온 몸이 굳어지며 유연성이 떨어져 어떠한 위기상황에 닥쳤을 때 민첩한 행동을 취하지 못하며 상대방으로부터 큰 상처를 입을 수 있다.

따라서 각 무도의 특징에 의한 전신의 움직임을 통하여 근력, 순발력, 민첩성, 유연성, 평형성, 조정력 등과 관절을 강화시켜 항상 넘치는 힘을 지닐 수 있고, 건강을 유지할 수 있다.

특히 경호대상자의 신변보호를 위하여 위해자를 일격에 제압하기 위해서는 강인한 신체와 투철한 정신이 필요하며, 이 모든 것을 경호무도의 수련으로 강화시킬 수 있다.

경호무도는 난폭한 행동을 엄한 규칙과 경호원의 임무지침 아래 자신의 수양과 인내로 극복해 나아가 모든 불안, 초조, 공포로부터 해소시키고 스트레스에서 벗어나게 해주는 데 많은 도움이 된다. 또한 격한 신체 접촉을 통해 상대방의 동작과 마음을 관찰하고 행동함으로써 상대방을 존중하는 마음이 생겨나고 예의가 바르게 된다.

따라서 정신적 발달에 있어서 주의력, 결단력, 책임감, 자주성 등과 할 수 있다는 자신감을 키울 수 있고, 상대를 존중하는 마음과 건강과 안전을 소중히 여기는 태도를 기를 수 있다.

또한 위기상황 발생 시 범인을 효율적으로 제압할 수 있는 기능적 향상을 도모할 수 있다.

따라서 보다 효과적인 경호무도수련을 위해서는 연령, 체력을 고려하여 올바로 수련하며, 이로 인하여 신체적 건강을 유지할 수 있다.

제4절 경호무도의 특성

1. 경호무도의 특성

경호무도와 일반무도가 상대를 제압하는 방법적인 측면에서는 유사하다고 볼 수 있으나 그 상황과 목적에 따라서 상이한 차이점을 찾아볼 수 있다. 경호무도는 경호업무 수행 시 위해자로부터 경호대상자의 신변을 보호하는 데 중점을 두고 있으며, 일반무도는 스포츠화된 것으로 경기력 향상과 자신의 건강증진에 목적이 있다. 이에 경호무도와 일반무도의 특성을 살펴보면 다음과 같다.

첫째, 일반무도는 규칙에 맞춰 대련을 하지만, 경호무도는 규칙이 정해져 있지 않다.

둘째, 일반무도에서는 상대가 명확하게 정해져 있지만, 경호무도에서는 그 대상이 명확히 정해져 있지 않다.

셋째, 일반무도는 화려하고 연속적인 공격이 이루어질 수 있으나, 경호무도에서는 신속하고 빠른 판단력에 의한 단 한 번의 공격으로 상대를 제압하여야 한다. 즉 위해자로부터 제2의 공격을 허용하지 말아야 한다.

넷째, 일반무도는 1 : 1 대련을 전제로 하고 있으나, 경호무도에서는 1 : 다수의 상황이 될 수 있다.

다섯째, 일반무도에서는 상대가 신체의 일부나 규정된 장비(무기)를 일정한 규칙하에 사용하고 있으나, 경호무도에서는 상황에 따라 상대가 불법무기를 소지하고 공격할 수도 있다.

여섯째, 일반무도에서는 수련목표가 경기의 자아실현에 두고 있으나, 경호무도에서는 경호대상자에 대한 공격의 방어와 위해자의 제압에 있다.

〈표 V-2〉 경호무도와 일반무도의 특성

일반무도	구분	경호무도
있다.	규칙	없다.
알 수 있다.	공격대상	알 수 없다.
연속공격 가능	대응방법	한번(제2공격 불허)
1인	공격자의 수	1인 또는 다수
규정된 무기	무기사용 여부	불법무기
자아실현	수련목표	방어 및 제압

또한 다음은 경호무도의 신속성 4단계 과정으로 위해상황 시 경호원이 취할 수 있는 과정으로서 <표 V-3>과 같이 구분할 수 있다. 이러한 과정은 경호원이 위해상황부터 경호대상자 신변안전의 확보까지의 전 과정을 말하며 이 과정은 하나의 연속선상에 놓여 있어야 한다.

〈표 V-3〉 경호무도의 신속성 4단계 과정

단계	과정
1단계	신속한 판단
2단계	신속한 방어
3단계	신속한 제압
4단계	신속한 대피 및 사주경계

경호무도의 신속성 4단계 중 1단계는 위해자의 공격에 대하여 신속하게 판단하고, 2단계로 경호대상자에 대한 공격을 신속하게 방어하여야 하며, 3단계는 위해자를 신속하게 제압하여야 하고, 마지막으로 또 다른 위해자의 공격에 대비하여 신속한 대피 및 사주경계가 필요하다.

이러한 경호무도의 신속성 4단계 과정은 때로 시간적 · 공간적으로 제한을 받을 수 있기 때문에 상황의 판단이 중요하다 하겠다.

제5절 경호무도의 유형별 특성

1. 무도개념

무도는 신체 각 부위를 사용하여 상대방의 공격을 피하고, 막고, 상대방의 힘을 이용하면서 신체의 유용한 부위를 적절히 사용하여 공격자를 반격하는 기술로서 심신을 연마하여 인간다운 길을 걷게 하는 운동이다.[1] 즉 무도란 기술과 마음이 하나가 되는 것이다. 기술을 떠난 도(道)란 있을 수 없다. 기술을 연마하는 과정에서 마음을 닦고 이러한 과정이 이어지면서 도(道)에 이르는 것이다. 도(道)란 인간이 마땅히 지켜야 할 규범 및 인간윤리의 도덕으로서 인간 삶의 지표가 되는 것을 의미한다.[2]

무도를 살펴보면, 무도(武道)란 내용적으로 완성도의 닫혀진 개념이 아니라 미완성의 열려진 개념으로 보고, 종래의 무도에 대한 철학적 접근이 보여주었던 피상적이고도 평면적이었던 노장철학의 적용이나 선불교적 언어의 적용이 아니라, 동양철학 전체에 흐르고 있는 세계관과 인성 그리고 교육관의 체육적 해석을 통해서 지금부터 형성해 가야 할 개념으로 보아야 할 것이다.[3]

특히 무도는 그 나라의 환경과 특성에 따라 역사 속에서 변화 발전하였으며, 무도의 근원상실 및 교육의 수단으로 현대사회가 지향하는 평화주의에 입각한 투쟁의 의미보다는 자기수련을 통한 자아를 실현시키는 수양적 · 교육적 의미를 중시하게 되었다. 따라서 무도수련은 현대사회에서 다양한 형태

1) 문교부, 『태권도』, 체육교육자료총서 40권, 1976, p. 11.

2) 김의영, 「청소년의 무도수련 참가가 가치관 형성에 미치는 영향」, 명지대학교 대학원 박사학위논문, 2001, p. 37.

3) 양진방, 「해방이후 한국태권도의 발전과정과 그 역사적 의미」, 서울대학교 대학원 석사학위논문, 1986, p. 215.

로 현대인의 생활에 깊숙이 뿌리내리고 있다.

무도의 수행과정은 守(지킬 수), 破(깨뜨릴 파), 離(떼놓을 리)의 3단계로 나누어진다. 수(守)는 전승되는 '形(모양형)'을 반복해서 습득하는 것이다. 일점일획이라도 소홀히 하지 않는다. 잘 익혀서 자의(恣意 : 방자한 생각)를 허락하지 않는다. 형(形)을 철저히 함으로써 올바른 개성이 육성되는 것이다. 그리고 자연스럽게 개성이 형(形)을 깨고 밖으로 나타나는 것이 다음의 파(破)의 단계이다. 정신이 태만하지 않을 때 최후의 이(離)단계가 도래한다.[4)]

2. 유도의 특성

유도는 일본의 가노지고로가 전통적인 무술의 하나인 유술을 새로운 원리에 근본을 두어 집대성하여 창시한 것이다. 그 목적은 공격과 방어의 연습을 통해 신체를 단련하고 정신을 수양하고 유도의 본질을 몸으로 익히는 것에 있고, 그것을 통해 자기를 완성하고 국가와 사회에 유용한 인간을 양성하는 것에 있다고 한다. 이처럼 초창기의 유도를 생각하는 방법은 오늘로 계승되어 왔고, 학교 유도에서 배경적인 특성으로 고려할 필요가 있다. 이처럼 특성을 받아들이는 방법은 체육의 목표와 유도의 목적과 내용과의 결속을 생각하는 태도가 유용한 역할을 한다. 그러나 유도는 심신발달이나 운동에 대한 효과가 다른 운동종목과 공통점이 많으므로 특별히 수련의 방법을 정하기에는 곤란한 점이 많다. 또 효과의 면에서도 학습지도와 구체적인 연관을 지어 생각하기에 불충분하다. 유도의 또 하나의 특징은 유도가 스포츠 특성을 지탱하는 것으로 받아들이는 입장에 있다는 것이다.

스포츠는 본래 활동 자체를 목적으로 하는 운동에 있고, 이것을 포함하는 운동에는 고유의 운동기능과 법칙이 있으며, 또 행하여지는 방법으로 행동의

4) 김정행 · 김상철 · 김창룡, 『무도론』, 대한미디어, 1997, pp. 155-156.

방법이 있고 활동에는 즐기는 것과 기쁨이 어느 정도 있다. 스포츠에 포함된 운동의 기술적 특징에 착안하여 개인적 스포츠, 대인적 스포츠, 집단적 스포츠로 나눌 수 있다. 대인적 스포츠에는 테니스, 탁구, 배드민턴처럼 경기를 목적으로 하는 것과 유도, 검도, 씨름처럼 격투기 형식이 있다.

유도는 대인적 스포츠 가운데서도 격투기 형식의 스포츠로서의 특성을 가지고 있다고 볼 수 있다. 이런 특성을 가지고 있는 유도는 고유무술의 하나로서 발생했고 발달된 특성을 가지고 있기 때문에 특성과 특징을 고려해서 학습지도 요령이 격투기 형식의 운동종목으로 정해져 있다. 유도의 기능적 특성은 상대와의 직접적인 격투기를 과제로 하는 대인적 기능을 중심으로 하는 것이다. 상대를 제압하기 위해서는 자기의 최고능력을 발휘할 필요가 있으며, 자기만으로 성립되지 않는 기능이 있는 반면에 상대와 격투기로서 대응하는 가운데서 성립하는 대인기능도 있다. 특히 상대 공격과 방어의 움직임을 눈여겨보면서 상대를 제압할 수 있도록 하는 개인적인 대인기능이 있는 기본적인 특징이 있다.

유도는 격투하는 상대가 있으므로 처음부터 성립하는 운동이며, 격투기이기 때문에 일정한 룰에 따라 서로 대인적 기능을 경쟁으로 할 필요가 있으며, 승패에 너무 집착하면 규칙이나 행동의 방법을 바르게 하는 것을 빠뜨리기 쉽다. 따라서 서로 격렬한 투지를 적절하게 억제하면서 상대를 존중하고 공정한 태도로 승패를 다투는 행동이 요구된다. 이것은 단지 기능의 경쟁에 관한 승리의 기쁨을 느끼게 하는 것만이 아니고 기술의 능숙함이나 대응방법에 적응하는 느낌을 가져야 한다. 인간 행동방법의 본질에 접촉되는 경험을 맞게 되는 것이 필요함을 뜻한다.[5)]

유도의 기술은 메치기, 굳히기, 되치기, 급소지르기로 분류할 수 있고, 이러한 유도의 기술을 분류하면 메치기 기술은 '손기술, 허리기술, 발기술'이고,

---

5) 대한체육과학대학교 유도학과 교수 공저, 『유도지도법』, 한일, 1992, p. 44.

굳히기 기술은 '누르기, 조르기, 꺾기'이고, 되치기는 '1교, 2교, 3교' 등으로 나누어지며, 급소지르기는 예전에는 시행되다 현재 시합에서는 사용하지 않고 있다. 메치기는 유도를 처음 시작할 때는 메치기와 굳히기를 중심으로 연습을 하고 차차 그 수련도가 높아짐에 따라 급소지르기 기술을 연습하는 것이 일반적인 수련의 순서이다. 굳히기는 상대를 반듯하게 누르는 누르기, 상대의 목을 조르는 조르기와 관절을 돌리거나 뒤트는 꺾기로 나누어진다. 급소지르기는 상대의 급소를 주먹, 손가락, 수도, 팔꿈치, 무릎, 발, 뒤꿈치 등으로 지르거나 치는 기술을 말한다. 되치기 기술은 정확지 못한 공격을 시도하였을 경우 그것을 되받아 메치는 기술이다. 따라서 받기가 첫 번째 정확한 기술을 시도하고, 두 번째 받기가 부정확한 공격을 시도하는 것을 잡기가 되받아 메치게 된다.6)

3. 태권도의 특성

태권도는 단순한 격투술이 아니라, 예술로서의 무예라고 할 수 있다. 그 이유는, 태권도가 단순한 격투술이 아니라 수련생들에게 격투 이상의 품세 수련과 동시에 예술적 즐거움을 부여하기 때문이다. 즉 격투에 대한 관심을 예술로 승화시켜 준다는 점에서, 단순한 공격과 방어만의 단순한 격투술과 다른 품세 수련의 끝없는 반복 연습은 오히려 무용과도 관련이 있을 것이다.

태권도는 싸우는 방법을 효과적으로 가르쳐주는 수단이 되는데, 거기에 태권도가 주는 효과와 예술적 측면을 다 같이 고찰할 수 있다. 그것은 특별한 능력이나 경비를 들이지 않고도 수련을 쌓을 수 있으며, 또한 문화전통을 체득할 수 있기 때문이다. 그것은 간단히 말해서 태권도의 독특한 기술이나 이

6) 정선용, 「애틀란타 올림픽여자유도 체급별 사용기술에 관한 연구」, 국민대학교 대학원 석사학위논문, 1997, p. 15.

념을 습득하는 것이 싸우는 방법을 체득하기에 가장 효과적이기 때문이다.

태권도 수행자들이 추구하는 목표는 무아의 경지에 있다. 즉 일종의 자각을 간파할 수 있고 처리할 수 있으며 행동반경 내에 있는 어떤 움직임도 의식적 생각 없이 반사적으로 감지하여 상대방을 물리칠 수 있게 되므로, 무아의 경지를 추구하게 되는데, 이런 상태에 도달하기 위해서 조직적 · 체계적인 수련이 필요한 것이다. 즉 기술이나 품세를 끊임없이 반복시키는 이유는, 다음 동작을 하지 않고 거의 반사적 · 무의식적으로 주저 없는 연속동작을 하도록 하는 데 있으며, 이런 경지에 도달하기 위해서는 오랜 수련이 요구되는 것이다.[7)]

태권도의 기술동작은 수련내용에 따라 기본동작, 품새, 겨루기, 격파, 호신술 등으로 구분되며, 동작의 형태에 따라 서기, 막기, 지르기, 찌르기, 치기, 차기, 피하기 등으로 구분된다. 그러나 경기에서의 태권도 기술은 크게 손기술과 발기술로 나눈다. 손기술은 막기와 지르기, 치기가 있으나 득점으로 인정되는 것은 주먹지르기이다. 그러나 공격에 있어서 손기술 동작보다 발기술 동작이 먼 거리에서 사용하기에 유효적절하고 파괴력에서도 손기술 동작보다 강한 힘을 발휘할 수 있기 때문에 경기에서는 주먹공격보다는 발차기 공격이 주종을 이루고 있으며, 발차기 기술과 공격방법도 매우 다양하게 사용되고 있다. 발차기에는 앞차기, 돌려차기, 옆차기, 뒤차기, 뒤후리기, 내려차기, 나래차기, 돌개차기, 밀어차기 등이 있다.[8)]

손기술은 손과 팔을 이용하여 이루어지는 기술로 경기에서는 바른 주먹을 이용한 공격만을 허용하고 주먹으로 얼굴을 가격하는 행위는 금지되어 있어 '몸통 주먹지르기'와 '막기'에만 사용된다. 발기술은 크게 '차기'와 '발놀림'으로 구성되며 태권도 경기에서 '발놀림'에 의존한 차기에 의해서 대부분이

---

7) 김광성 · 김경지, 『한국태권도사』, 경운출판사, 1998, p. 22.
8) 국기원, 『태권도 3급 사범지도자연수교재』, 국기원, 2000, p. 202.

이루어지고 발기술, 즉 차기는 복숭아뼈 이하의 발 부위를 이용한 공격만을 경기에서 허용하고 있다.

4. 합기도의 특성

합기도는 서로 간의 사랑과 화합의 마음자세로 다툼 즉 시합이 없이 기술을 주고받는 반복수련 형식을 취하며 수련방식에서 알 수 있듯이 받기(공격자 역할)와 걸기(방어자 역할)가 정해져 있을 뿐 규칙에 맞춰 시합을 하는 스포츠와는 다른 현대적 의미의 순수 무도로 남아 있다고 볼 수 있겠다. 합기도의 특징에 대해서는 일반적으로 "합기도란 맨손을 상대의 받기(공격자 역할)에 대해서 일정한 기술(型)을 반복하는 수련운동"이라고 할 수 있다. 따라서 합기도는 그 수련 목적인 화합과 사랑의 인간완성(人間完成)에 적합해야 한다.

합기도 기술은 합기도만이 가지고 있는 특별하고 독특한 특징이 있다. 합기도는 270가지 종류의 술기와 10,000수 이상의 변형 술기로 구성되어 있다.

3,864술기의 공격과 방어의 술기, 반대 술기와 복합 술기는 수를 헤아리지 못할 만큼 많은 술기를 만든다. 또한 어떻게 사람으로서 10,000가지의 술기를 배우고 숙달할 수 있는지 의아해 하기도 하지만, 합기도는 그렇게 어려운 무도는 아니다. 일단 기본 술기가 숙달되면 이에 따르는 변형된 술기를 익히고 배우는 것은 매우 흥미롭고 또한 쉽게 익힐 수가 있다. 공격 술기와 방어 술기로 나누어지며 관절 술기와 타신 술기로 나누어진다. 관절 술기로는 꺾기, 던지기, 누르기, 조르기 등의 술기가 포함되어 있으며, 타신 술기로는 차기, 때리기, 치기, 후리기, 찌르기의 술기가 있다. 무기를 사용하는 술기로는 단검술, 장검술, 봉술, 포박술, 투석술 등이 있으며, 공격이나 방어를 위한 여러 종류의 무기 사용 시 각각의 자세가 있는데, 즉 서서, 앉아서, 누워서 등의 술기로 행하여진다.[9)]

5. 검도의 특성

검도는 어떤 사람들은 검도가 단순히 스포츠가 아니라 고차원의 정신적 요소가 가미되어 있다고 간주한다. 검도의 특질에 대해서는 일반적으로 간결하게 말해 "검도란 죽도라는 용구를 손에 가지고 상대를 치는 것을 통해 기(技)를 경쟁하는 운동종목이고, 이것은 대인경기인 동시에 투쟁적 경기"라고 서술할 수 있을 것이다. 그리고 검도는 체육의 한 교재로써 체육의 목표인 심신의 건전한 발달, 고도의 기술추구와 그 생활화, 사회적 성격의 육성에 적합해야 한다.

검도는 서로 마주선 두 사람이 죽도를 올바르게 맞추는 데서부터 시작한다. 검의 도(道)에서 발전한 현대의 검도는 검의 도리나 이치에 맞는 것이 아니면 안된다. 이 이치로서 죽도로 누르거나 후려치기도 하며, 상대방의 기가 꺾인 순간에 입장이 바뀐다. 스피드 감이 있으면 멋진 스릴, 그중에서도 확실하게 타격이 이루어지는 경우, 그 상쾌감은 각별하다.

그러나 극단적으로 말해 자신이 죽도를 쥐지 않으면 전혀 재미가 없는 것이 검도다. 격투기의 스틸링한 맛도 그렇고, 직접 자신이 해보지 않으면 미묘한 술수나 한순간에 타격이 먹혀드는 것을 실감하지 못하는 것이다. 또한 개인적인 투기로 무를 중요시여기고 도리를 지키면서 연령이나 성별에 관계없이 접할 수 있으며, 연습을 거듭할수록 심오한 깊이를 느껴 더 숙달하고 싶다는 생각을 하게 되는 무도다.[10]

9) 명광식, 『합기도특수호신술』, 서림, 1993, p. 26.
10) 신종호, 『최신검도법』, 서림, 1993, p. 7.

제6절 경호무도의 구성과 원리

1. 경호무도의 구성

경호무도의 일반적인 원칙은 수련 내용에 있어 상호 간에 밀접한 연관을 지으면서 초보적 기능에서 전문적 기능의 수련에 이르기까지 단계별로 제공하는 것이다. 예전부터 무술을 수련한 사람들은 신체의 단련과 숙련을 정신의 문제와 분리할 수 없다고 보고 있다. 몸의 단련이라는 것이 신체만을 단련하는 것이 아니라 신체와 정신을 동시에 단련한다고 보고 있다.

경호무도의 수련에 있어서는 자만하지 않고 꾸준히 규칙적으로 노력하는 성의와 인내력이 필요하고, 요령과 방식을 정확히 파악하여 실시해야 하며, 자신의 기술수준의 정도와 부합하는 단련의 단계를 밟아야 한다. 이러한 경호무도에서의 단련은 기술위주의 기량습득에 맞추는 것이 아니라 육체를 단련하고 이를 통한 정신과 자세를 단련시키는 것을 말하는 것으로 기술습득을 위한 연습보다는 정신의 집중과 몸의 단련이 주된 방법이 된다고 볼 수 있다.

경호무도를 경호대상자에게 발생하는 직·간접적 다양한 위해요소로부터 절대적인 신변의 안전을 유지하기 위한 경호활동의 기초적 제반교육이라 말하고 여기에서는 경호무도의 기술적 면인 대인성과 틀의 반복성으로 나누고, 정신적인 면에서는 정신수양성과 신체일치성에 대한 문제에 대하여 알아보기로 한다.

1) 경호무도의 대인성

경호무도의 기술은 겨루는 대인무술이다. 대인무술의 기술은 개인 대 개인, 개인 대 다수인이 하는 것이다.

경호무도의 대인기술은 상대를 치고 차며 던지는 과제 해결을 위한 손을 쓰는 기술과 몸을 쓰는 기술, 발을 쓰는 기술로 예를 들면 자세, 준비동작, 몸놀림 등이 있다. 한편, 서로의 변화 가운데 틈을 보고 틈을 만들거나 상대의 기술을 비키며 상대를 치거나 던지는 제압으로서의 기술도 있다. 이 같은 기술들이 따로 떨어지지 않고 체계화되어 경호무도의 기술은 성립된다. 그러므로 기술을 걸 때에는 상대와의 움직임 속에서 순간적으로 판단하고, 원칙에 따라 유효하게 움직이지 않으면 안된다.

이렇듯이 공격형태의 중력과 저항을 이길 정도의 힘을 가하지 않으면 기술은 일어나지 않는다.

일반무도에서는 자기의 능력을 최대한 발휘하면 되지만 경호무도의 경우에는 상대의 변화는 나의 변화를 결정하고 요구한다. 더구나 그 변화는 형태적으로도 움직임이 복잡하고 다양하며, 상대와의 시간적·공간적 관계의 미묘한 틀림에 따라 무한한 폭을 갖는다.

여기에 경호무도의 기술을 배울 때 정신적·심리적인 면을 강조하는 하나의 요인이 있다. 옛 무도에서 사리일체(事理一體)나 심기력일치(心氣力一致)라고 하는 것처럼 구체적으로 나타난 기술과 이 기술을 실현시킨 心·理를 일원적으로 표현하였다. 상대의 움직임에 순간적으로 변화하는 경호무도는 정신적으로도 신체적으로 불안정성과 긴장이 있으며 거기에 정신의 집중, 마음의 안정, 자기통제 등 마음의 능력이 요구된다.

그리고 경호무도의 무술형태의 원형은 투기술이므로 일종의 한계상황의 체험과 이 체험으로부터 성립된 기술을 실현하기 위해서는 내면적인 충실이 필수가 되며 한계상황을 극복하고 초월하는 경지가 강조된다.

2) 경호무도 기술의 반복성

기술의 반복성이라 함은 동일 수준의 경호무도수련계획 내용에 대한 반복적 수련을 뜻한다. 어떤 수련계획의 내용이든 그것이 경호원의 몸에 정착되기 위해서는 끊임없이 계속적 반복이 이루어져야 한다.

이와 같은 계속적인 반복수련이 없으면 경호무도수준 향상이 더디게 이루어지기 때문에 동일한 경호무도의 내용을 얼마 동안 반복적으로 제공하여야 하는지는 무도기술 및 수준에 따라 다르겠지만, 전반적으로 다음단계의 수련에 참여하기 위한 최소의 수준에 도달하였거나, 경호원이 제공되는 수련계획에 대하여 흥미를 잃지 않을 때까지가 적당하다.

경호무도는 우발상황 시 이에 맞는 대응기술이 공격형태 및 공간에 따라 신체의 위치가 변하는 것이며, 즉 기술이 바로 구체적인 연습의 내용이었던 것이다. 경호무도 기술이란 각각의 무도기술의 전승형태로, 그 기술의 방법과 양식을 꾸밈없이 압축한 것으로 오랜 세월의 체험이나 수련으로부터 나온 정해진 기술이다. 그래서 구체적인 기술의 습득은 이 경호무도 기술을 바르게 흉내 내는 것으로부터 시작된다.

경호무도의 수련은 크게는 경호무도의 개념과 사상, 정신 또는 경호무도의 기술(동작) 등을 포괄적으로 포함하는 철학적 표현이고, 작게는 경호무도의 특성이 잘 나타나 경호원이 스스로 반복 수련함으로써 경호무도 기술의 이론, 원리, 응용법 등이 몸 안에 스며들어 기본을 튼튼히 하며 실천성이 부여되도록 하는 정신과 행동표현(동작표현)의 효과를 보기 위함이다.

따라서 경호무도에서 수련되는 기술의 형태는 외관상으로는 방어와 공격의 형태로서 구성되어 있으나, 동작과 동작 사이에는 원리의 이론에 따른 보이지 않는 흐름과 기법이 들어 있어 이를 통하여 정신적 바탕을 수련하며, 다양한 경호동작과 경호무도의 기술이 몸에 숙지되며 변화와 응용을 나타낼 수 있는 것이며, 각 단계마다 변화와 난이도에 차이가 있다.

무도기술의 수련에서는 틀을 존중하고 틀에 따르는 것이 엄격하게 요구되었다.

현대의 일반무도는 기술을 스포츠화함으로써 종래의 무도로부터 자유롭게 기술을 시도하지만, 경호무도에서는 정해진 기술을 떠난 사법은 생각할 수도 없으며, 이 정해진 경호무도 기술은 중요한 위치를 차지하고 있다.

경호무도 기술을 정형화하고, 그것을 흉내 내게 하는 것은 현대의 일반무도나 스포츠의 입장에서는 비판될 수도 있을 것이다.

그러나 경호무도 기술의 정형화는 기술의 오랜 수련과 고심한 노력으로 습득되어 나온 것으로 기능적으로나 형태적으로도 극히 단순화되고 세련화된 것이다. 이 경호무도 기술을 자기 것으로 하는 것은 하나의 심적 경지로서 마치 깨달음과 같은 것이다. 경호무도 기술에 몰입하여 반복 수련하고 기술이 몸에 배었을 때 개성적·창조적인 기술을 실현할 수가 있다. 경호무도에서 기술은 언제나 마음과 일체의 것으로 파악되어 기술의 습득, 발전이 마음의 세계와 불가분의 관계에 있다고 본다.

이 같은 경호무도의 기술적 특성으로부터 경호무도의 기술관을 요약하면 다음과 같다.

① 경호무도에서 기술에 관해 명료한 기술개념이 없어 현재도 그것들을 일반무도와 혼동하여 사용하는 예가 많다. 경호무도를 어떤 형태로 분석하거나 객관적으로 전달 가능한 기술로 전달하는 것이 아니라 한 번에 정리된 기술에 자기 몸을 각인시켜 가는 방법으로 수련한다.

② 경호무도의 기술에서는 공식화된 기술로 분석하려 해도 분석되지 않는 감각적인 것을 기술의 중점에 두는데, 이것들은 대인운동으로서 대단히 중요한 '공격'과 '방어'와 밀접한 관계가 있다. 이것들은 경호무도 기술을 수련하는 가운데 저절로 몸에 익히게 된다.

③ 경호무도의 기술은 분석적으로 취급하거나 논리적 사고로 추상화해서는 획득될 수 없다. 기술을 수련하는 중에 몸 전체로 '체득', '체인' 된다.

④ 경호무도의 기술을 수련하는 과정 중 꾸준한 수련에 의해 기술이 익

숙해지면 쓸데없는 힘이나 동작이 없어지고 간명한 기술을 나타나는데 이것을 기술의 간결화라 한다.

3) 경호무도의 정신수양성

경호무도의 수련은 자신의 정신 혹은 인격의 향상과 발전을 목적으로 하는 실천적 훈련을 의미한다. 무도에서는 몸과 마음의 수행은 일치되어 거침이 없어야 된다고 믿는다. 소위 형을 배우는 것이 마음을 배우는 것이며 무도의 극의는 마음과 형, 사(事)와 이(理), 신체와 정신을 일체불가분의 것으로 보아, 대개는 무(武)적 성격을 갖는 것이라 한다. 이렇듯 경호무도 수련은 신체의 단련을 통해 정신의 단련이나 인격의 향상을 목적으로 하는 실천이라 할 수 있다.

수련에 가까운 말로 연습 혹은 트레이닝이란 것이 있으나 동일개념으로 볼 수 없는 것이 있다. 연습이나 트레이닝에는 어떤 목표를 정하고 이것에 도달하기 위해 동작을 반복하고, 이 반복에 의해 동작이 진보되는데, 이것의 진보는 대개 양적으로 나타내는 경우가 많다. 한편, 경호무도의 수련은 마음가짐이라 하여 기술의 수련이나 반복연습 이전의 내용, 그리고 수행한 이후의 인간의 삶까지도 포함되는 개념을 갖는다.

다시 말하면, 경호무도의 수행은 정해진 기술을 반복하는 것과 함께 일상생활에서의 실천적 규율로서의 마음가짐을 자율적으로 지키며, 그 과정에서 인간 그 자체의 내면적인 방향을 지향하는 실천이라 하겠다.

경호무도에서 수련의 마음가짐을 요약하면 다음과 같다.

가. 집중

"수련은 강하게 하되 인정을 두지 마라." 즉 위해상황으로부터 경호대상자의 안전을 책임지는 경호원의 몸가짐에 관해 말한다. 무예전서에도 같은 주장이 많이 보이는데, 모두가 완고함이나 경쟁심을 버리고 소박하고도 순수한 마음으로 도에 전념 집중할 것을 논하고 있다.

이 전념 집중해야 할 도는 수련할 때뿐만 아니라 모든 생활을 하나에 집중하는 것으로 경호임무 시, 밥 먹고 차 마시는 일상생활에서도 항상 전념, 집중해야 한다. 이렇게 경호무도를 통하여 오직 하나의 도를 행함으로써 그 도를 채득한다면 역설적으로 모든 도에 통하게 된다. 미야모도 무사시가 그의 오륜서에서 "병법의 이치에 따라 여러 가지 예능의 도를 행한다면 만사에서 나의 스승은 없다"고 한 것은 이것을 표현한 것이다.

나. 자득

경호무도의 정해진 형을 충실하게 반복하여 수련하는 것은 중요한 의미를 갖는다. 경호무도를 수련하는 사람에게 중요한 것은 하루를 반성하고 매일 겸허하게 자신을 보아 고치는 태도를 가지는 것이다.

경호무도의 기술을 수련하고 단련하며 몸에 익지 않은 것은 의문을 제기하여 반복 수련하고 납득될 수 있도록 함으로써 조금이라도 마음에 의심이 없도록 해야 한다. 이 같은 마음가짐으로 경호무도를 단련하면 결국은 자기 자신이 스스로 배우고 깨달으며 독창적 기술을 획득할 수 있다.

다. 무사(無私), 몰아(沒我)

도원선사는 도를 배우는 사람의 마음가짐으로 명예와 이익을 떠나는 것을 강조하였지만, 무도의 전서 등에도 자아, 고집, 이기심, 완고 등을 경계하고 나를 버리는 무사성의 추구가 강조된다. 자아를 엄격하게 억제함으로써 올바른 기술을 수련하고 무사한 마음으로 전심전력으로 몰입하고 수행을 쌓으면 기술은 저절로 습득된다. 이에 도는 자기와 하나가 되며 진정한 의미의 개성적 자기가 확립되는 것이다.

이와 같이 수행은 경호무도 기술의 정해진 행위의 사사로운 마음을 전부 버리고 겸허하게 반성하면서 반복하여 익히기를 함으로써, 배움을 떠나 사(事)와 이(理), 형과 마음, 몸과 마음이 일체라는 것을 스스로 체득하는 것이다. 이렇게 해야만 진정한 개성, 창조적인 예가 확립되는 것이다. 다시 말하면, 정해진 경호무도의 기술을 반복함으로써 자유롭고도 창조적인 기술이 배움을 떠나 정신적 안정을 확립한다는 것이다.

4) 경호무도의 신체일치성

경호무도 기술의 특성과 그 수련으로서의 수행에 관해 고찰하였는데, 여기에서는 경호무도 수련 시 신체에 관해 논하기로 한다. 동양사상에서 신체와 마음의 문제는 본래 일체불가분으로 되어 있다.

경호무도에서 기술의 수행은 단지 일정한 기술을 학습하는 것뿐만 아니라 이 학습을 통하여 자신의 인격을 향상시키려 하는 의미를 갖는다. 무도에서의 수행사상—몰입, 자득, 단련, 사리일체 등—은 수행의 체험을 통해 자기 마음의 경지를 높여가는 다시 말하면 일종의 깨달음과 같은 것이라고 생각된다. 그리고 이것 모두는 신체에 흡수되고 신체와 일체가 된 것이라 파악된다. 진정한 예술이란 머릿속에서 관념적으로 이해해서는 알 수 없는 것을 몸으로 기억하는 것이다. 오랜 기간의 엄격한 수련이 쌓이고 쌓여야만 체득되는 것이다.

수행은 신체를 경호무도 기술에 맞추는 것에서부터 자기 마음먹은 바대로 바르게 가는 순서를 취한다. 다시 말하면, 자기 몸을 일정한 경호무도 기술에 맞추어 가는 훈련이며 그것에 의해 기술이 몸에 붙어 자기 것이 되는 것이다. 신체에 집어넣어 기억시키는 것이라 할 수 있다. 『무도전서』에도 기술은 기로부터 생기지만 처음에는 기술로부터 기가 차게 되고, 점차 수행을 쌓으면 기와 기술이 하나가 된다. '분골쇄신(몸이 부서지고 뼈가 부러지는 노력 없이는 성공할 수 없다)'이라고 하여 밤낮으로 홀로 마음에 연습하고 신체 사지로 수행한다. 신체를 먼저 수행하지 않으면, 경호무도의 본질적인 기술은 획득되어질 수 없다.

경호무도의 기술을 학습하여 자기 것으로 하는 수련은 말로 바꾸면 마음의 작용과 신체의 움직임을 일치시켜 나가는 것이다. 이때 우리들은 마음으로는 이렇게 하고 싶고 그러면 될 것도 같은데 신체의 움직임이 생각대로 되지 않는 경우를 체험하였을 것이다. 생각대로 되지 않는 신체는 마음에 대립되는 것으로, 이런 의미에서 신체는 주체로서의 마음에 대해 객체성을 나타낸다. 경호무도의 수련으로 마음과 신체를 일치시켜 가는 것은 이 주체, 객체의 대립을 실천적으로 극복하고 신체를 주체화시켜 나가는 것을 의미한다. "몸으로 기억하라"는 말이 바로 이것이다. 의식하지 않더라도 저절로 틀에 맞는 신체의 동작이 된다. 그야말로 신체가 자각하는 신심일체의 실천적인 이해가 된다.

경호무도 기술의 습득이나 수행으로부터 이해되는 심신문제에 관한 고찰은 불교 등 일본의 전통적인 사상을 배경으로 이루어진 것인데, 우리 문화로서의 무도는 더욱 폭넓고 깊은 검토가 필요하다. 기술이 신체의 수행을 통해 저절로 체득되는 것이며 이 체득을 통해서만 예도의 마음이 정말로 자기 것이 되기 때문이었다.

2. 경호무도의 원리

힘은 한 물체가 다른 물체를 의도하는 방향으로 당기거나 미는 것으로 정의할 수 있다. 경호무도의 수련은 자신의 신체발달과 정신적 수양이 결합된 생리적이고 역학적인 무도라고 할 수 있다. 경호무도의 기술(힘)은 무거운 것을 들 수 있는 근력이나 먼 거리를 달릴 수 있는 지구력을 말하지는 않는다.

경호무도의 기술(힘)은 순간적으로 충격적인 힘을 발산하는 것을 말하며,

심리적 안정을 취할 수 있는 것도 효과적인 수련을 하기 위한 한 가지 방법이다. 경호무도를 수련하는 과정에서 무조건 단련하고 수련하는 것보다는 체계적·이론적이고 역학적인 원리에 입각한 연구를 함으로써 효과적인 힘과 기의 사용법을 통해 기술의 생성과정과 효과를 얻는 방법을 알 수 있다고 본다. 경호무도 수련에 필요한 힘의 근원에 대하여 이해함으로써 실제 경호무도를 할 때 이러한 법칙을 응용해야 한다.

여기서는 이러한 기술의 법칙에 대해서 알아보기로 한다.

1) 경호무도의 힘의 방향

힘은 기술의 목표방향에 따라 증가할 수도 있고 감소할 수도 있다. 힘은 크기와 방향을 가지기 때문에 같은 방향으로 힘을 더하는 경우에는 힘의 크기가 증가하지만, 다른 방향으로 힘을 더하게 되면 전체적인 힘의 크기는 감소한다. 따라서 원하는 기술방향이 힘의 방향과 일치할 때에는 같은 방향으로 힘을 더하고, 그 반대일 때에는 반대방향으로 힘을 주어야 한다.

이와 같이 경호무도 수련 시 신체의 움직임에 의해 생긴 힘을 이용하여 기술을 걸거나 손과 발로 가격하고 몸을 이동시키는 것은 인체에서 발생한 운동량을 일정한 방향으로 옮기는 것과 같은 원리라고 할 수 있다.

이것은 경호무도 수련 시에 지르거나 차거나 하는 기술동작에서 그 기술동작(운동)이 되는 방향으로 움직이고 있는 부분은 계속 그 방향으로 움직인다는 원리로서 멈추려 해도 정지하기가 어려운 것은 관성의 법칙이 적용되듯이, 경호상황에서 예를 들면, 위해자가 흉기로 위해 시 공격방향의 진행하는 방향에서 빗겨 던지거나 꺾을 때에는 위해자의 힘에 방향을 정지시키지 않고 방향을 바꿔주는 관성의 법칙과 주먹, 발 등으로 위해(危害) 시 막는 동작에서 상대의 공격방향을 정지시키는 것은 관성의 좋은 예이다.

결국, 모든 기술의 형태는 관성을 갖고 있으므로 물체의 속도를 바꾸는 데에는 힘을 필요로 한다. 기술적 형태의 속도를 바꾸는 데 필요한 힘의 양은 그 기술적 형태의 무게에 비례하고, 움직이는 무게의 관성은 그 무게의 운동량에 비례한다.

2) 경호무도의 충격 강화 및 완화

물체에 힘이 가해지면 속도가 변화함에 따라 운동을 하게 되는데, 이때 충격량을 운동하는 물체의 질량과 속도의 곱으로 나타낼 수 있다. 만약 어떤 물체가 갑자기 서로 충돌했을 때 양쪽이 받는 힘은 같다. 또한 물체에 충격이 가해지면 그 물체는 속도와 운동량이 변화하게 된다. 왜냐하면 두 물체가 받는 충격량은 작용-반작용의 법칙에 의해 크기가 같고 방향이 정반대이기 때문이다. 이것은 힘의 충격량이 배로 강화작용을 하거나 그 힘의 절반으로 줄이는 완화작용을 하는 것이다.

경호무도의 기술에서 충격의 강화작용이 되는 것은 상대방이 달려올 때 약간의 힘을 가해도 상대방의 큰 힘과 자기의 적은 힘이 합치게 되어 그 충격은 더욱 크게 되는 것이다. 이것이 상대방으로부터 오는 반동력인 것이다. 이것은 위해자의 공격을 인지하고 상대를 손으로 치거나 발로 차고, 누르기나 조르기 시 자신의 무게에 해당하는 만큼의 힘을 상대에게 가하게 된다.

이는 자신의 무게와 상대의 무게를 지면에 가하게 되며, 반대로 지면은 이 사람을 같은 크기의 힘으로 떠받치게 되는데, 이와 같이 인체가 지면에 가하는 힘에 대한 반작용을 지면반력이라 하고, 이것은 작용과 반작용법칙의 일부분이라 할 수 있다.

다음은 경호무도의 기술에서 충격의 완화작용이 되는 것으로 넓은 면적으로 충격을 받아 충격력을 분산시켜야 하는 유도의 기술에서 낙법의 원리가 그 대표적인 예이다. 이것은 같은 충격력이라도 받는 면적을 넓게 하면 각 부위가 받은 충격력이 작아져 몸을 보호할 수 있는 원리이다. 운동을 할 때에는 운동상해의 위험이 항상 존재하기 때문에 항상 충격을 줄일 수 있는 방법을 생각해야 한다.

즉 저항력으로서의 마찰은 최소화하고, 추진력으로서의 마찰은 극대화시키는 것이 경호무도를 효과적으로 하는 데 도움이 된다.

3) 경호무도 힘의 최대화

긴장의 타이밍을 잘 맞추어서 최소의 에너지로 최대의 효과를 얻도록 하는 원리로 동작에 계속 힘을 주면 에너지만 소모되며 효과는 적어지는 것이다. 힘은 아주 적절한 순간에 효과적으로 주어져야 한다. 이때 발생하는 가속도는 가해지는 힘에 비례하고, 힘의 방향과 일치한다. 또 물체는 관성을 가지고 있으므로 힘을 가해서 운동속도에 변화를 주는 정도는 물체의 질량에 반비례한다.

예를 들면, 주먹을 지를 때나 발차기를 할 때 자신의 체중과 빠른 순발력의 동작은 큰 힘을 실어주어 상대를 공격할 때 효과적인 힘을 발산할 수 있다는 것이다.

즉 반복수련을 통하여 경호무도에서의 적절한 기술을 결정하는 것은 지니고 있는 힘의 양보다는 그 힘을 발휘하기 위한 근육의 반응시간이나 수축시간이며, 많은 훈련을 함으로써 반응시간을 빨리 하여 큰 힘을 내게 하는 것은 경호무도 기술의 원리를 훈련에 응용한 좋은 예이다. 인체에서 발생되는 힘은 모두 근육의 수축에 의해서 생긴다. 즉 근력은 근육이 수축할 때 동원되는 근섬유의 크기와 수에 비례한다.

4) 경호무도의 중심자세와 타격점

중심의 높이는 해부학적 자세에서의 높이로, 사람이나 자세에 따라 중심의 높이가 변할 수 있다. 일반적으로 신체에서 하체의 비율이 큰 사람의 중심은 높은 곳에 있다.

신체의 중심에서 중력의 방향으로 수직선이 통과하는 선을 중심선이라 하고, 이 중심선을 지면과 관련시켜 운동현상을 설명할 때 운동과 안정성의 관계를 훨씬 쉽게 알 수 있다.

힘을 내는 기본조건은 사람의 자세의 형태에 따라 달라진다. 자세가 안정되어 있는 상태에서는 공격을 빨리 할 수 없으나 방어에는 매우 유리하다고 할 수 있다. 반면 불안정한 상태는 방어에는 불리하나 공격에는 빠른 속도를 가할 수 있는 장점이 있다. 그러므로 중심의 위치와 지지면에 따라 상호관계를 유지하게 된다.

타격점은 수련 시 힘이 작용하는 방향으로 가상의 상대의 급소점이 만나는 곳이다. 신체의 동작은 그 신체의 일부가 아니라 전신이 함께 움직여야만 동작에 있어서 최대의 위력을 낼 수 있는 원리이다. 즉 기술의 틀 속에서 상대를 제압하기 위하여 가상의 가격점을 만들고 이를 반복적 수련을 통하여 기술의 정확성을 기르기 위함이며, 가격부위의 부착면 중앙을 힘의 작용점으로 정한다.

5) 경호무도의 호흡조절 및 정신집중

호흡은 감성의 변화와 직결되어 있다. 근심하면 호흡은 얕아지고, 노하면 호흡은 거칠어지면서 멈춰지며, 놀라면 흡기(吸氣)에 힘이 들어가고 마음이 이완되면 호기가 길어진다. 즉 호흡을 조절한다는 것은 궁극적으로는 의식과 신체의 조절을 의미한다. 호흡조절은 끈기를 증강할 뿐만 아니라 상대방의 강한 공격도 그 힘을 약화시킬 수 있으며 공격력을 증강할 수도 있다.

경호무도 수련 시 공격할 때에는 기합을 넣어 호흡을 뱉고, 호흡을 중지하면서 아랫배에 힘을 주어야 타격에 효과적이다. 호흡을 내뱉는 것은 내 저항을 줄이고 몸을 부드럽게 할 수 있으며 타격순간의 호흡을 중지하는 것은 힘을 집중할 수 있는 것이다. 작은 목표에 타격을 줄 때 힘은 집중되므로 효과가 크다. 이것이 호흡조절이다. 경호무도 수련 시 기합을 넣는다는 것은 가슴(허파) 속의 바람을 빼고 정신집중을 하기 위한 것이다.

경호무도의 타격력은 손과 발에 집중되는데, 특히 중요한 것은 상대의 움직임에 대한 집중력이 목표에 닫는 순간 최대의 힘을 집중하므로 큰 충격을 줄 수 있다.

그런데 한 덩이의 근육 속에는 이러한 단위가 많이 있고 이 단위가 동시에 움직이지 않으면 제대로의 힘을 낼 수가 없게 된다. 정신집중은 이런 운동단위가 동시에 움직이게 하는 데 중요한 효과를 가져온다.

정신집중은 직접 목표물에 대한 주의를 목표에 두는 원리로 정신의 일치를 말한다. 다시 말해서 집중시간이 짧을수록 타격이 크다.

6) 기합

기합이라 함은 그 뜻이 깊어서 처음부터 이해한다는 것은 어려운 일이다. 경호무도 수련을 쌓아 기술이 발전함에 따라 점차로 그 참뜻을 이해할 수 있게 되는 것이다.

간단히 설명하면 기력(氣)을 전신에 충만시켜 상대에게 조금이라도 틈이나 허술한 점이 생길 때에는 공격할 수 있도록 기(氣), 심(心), 체(體)가 하나의 상태로 되어 이것의 힘을 일점에 집중시켜 위력을 발하는 것이다. 기합의 필요성은 다음과 같이 정리할 수 있다.

① 상대의 기선을 제압한다.

② 자기 자신의 기를 돋우어 공격의 세를 가한다.

③ 상대에게 위력을 느끼게 한다.

기합은 심신의 통일된 힘을 낼 때 발하는 것이므로 자연히 동작에 적응한 힘찬 기합을 넣어야 하며 필요 이상의 큰소리를 내는 것은 무익하다.

각국의 경호제도

Chapter 06

제1절 미 국

1. 임무

미국은 오늘날 세계 유일의 초강대국으로서 국가원수인 대통령의 경호를 담당하는 기관은 비밀경호대(The United States Secret Service)로 세계 최고의 경호기관으로서 명실상부한 위치에 있으며 약칭 S.S로 통한다.

오늘날 전 세계에서 가장 뛰어난 전문성과 대규모 경호전력을 보유하고 있으며 현재 미국 워싱턴을 중심으로 43개 지부(출장소 · 연락사무소 포함 150개)를 가졌고, 런던 · 파리 · 로마 · 방콕 · 홍콩 · 오타와 · 몬트리올 · 밴쿠버 · 마닐라 · 보고타 등 12개 해외 연락사무소를 운용하고 있다. 경호 및 수사요원(Special Agent) 3,200명, 제복직원(Uniform Division) 1,300명, 일반직 2,000명의 직원으로 구성되어 있다.[1)]

S.S의 연혁 및 약사를 보면 미국은 독립 후 연방정부의 지방정부에 대한 간섭을 최소화하기 위해 일체의 연방경찰제도를 배제하고 철저한 자치경찰제도를 도입하였다. 그러나 남북전쟁[2)]을 거치면서 급속하게 만연된 '위조지

1) http://www.secretservice.gov/faq.shtml#faq9(2010년 3월 30일 검색).

2) 남북전쟁 : 1861~1865, 시민전쟁 혹은 'The War Between The State.'

폐의 대량유통'[3])은 연방정부의 존립위기로 대두되었으며, 이러한 국가적 어려움을 극복하기 위하여 당시 재무장관이던 'Hugh McCulloch'의 제안과 당시 대통령이던 'Abraham Lincoln'의 재가에 의해 1865년 7월 5일 '미국 내 위조지폐의 유통을 억제'하기 위하여 재무성 산하에 연방수사기관으로 창설되었다.

창설 당시 과단위 규모였으며, 창설목적은 대통령 경호임무가 아닌 위조지폐단속을 위한 수사였으나, 오늘날 S.S가 세계 최강의 경호기관으로 성장한 것은 특이하다고 할 만하다. 아마도 위조지폐 단속이 갱단이나 조직과의 연관성 때문에 그들을 능가할 만한 능력과 기술을 연마하기 위한 피나는 노력이 있었기 때문일 것이다.

이후 S.S의 창설을 승인한 'Abraham Lincoln 대통령' 암살사건(1865년)과 'James A. Garfield 대통령'의 암살사건(1881년) 이후 미 의회는 대통령 경호문제를 심각하게 숙고하였으나 특별한 결론을 내리지 못하였다.

그러다 1894년에 취임한 'Grover Cleveland' 대통령이 신변안전에 불안을 느껴 S.S에 여름휴가 등 특별한 경우에만 제한적으로 경호임무를 수행할 것을 명령하여, 최초로 S.S가 비록 비공식적으로 파트타임이지만 미국 대통령에 대한 경호활동을 개시하게 되었다. 그 후 1901년 'McKinly' 대통령이 세 번째로 암살되자, 美 의회는 S.S에 전면적인 경호임무를 수행할 것을 요청하였으나, 대통령의 사병화 방지를 위한 논란 끝에 1906년에야 「대통령경호법안(Sundry Civil Expenses Act)」이 의회를 통과함에 따라 S.S는 공식적인 권한을 가지고 대통령 경호임무를 수행하게 되었다.

'McKinly' 대통령의 암살사건은 비록 비공식이기는 하나 S.S의 경호 아래 발

3) 미국의 통화는 1863년 연방정부에 의하여 오늘날의 달러화인 Green Bucks가 발행되기 전까지 독립성이 강한 주정부는 각각 자기 주의 지폐를 약 1,600여 개의 민간은행을 통하여 발행함으로써 그 양식과 도안이 상이하였음은 물론 대량의 위조지폐가 등장하여 최고 절반 이상의 위폐로써 통화의 신용이 현저하게 저하되어 국가적 위기로까지 가게 되었다(*The Secret Service Moments in History*, 1990, p. 4).

생된 사건으로 美 S.S 역사상 중대한 전환점으로 작용하였다. 동 사건을 역사의 기록을 통하여 분석하면 가장 중대한 문제점으로서 대통령이 정치적인 이유로 인하여 경호원의 위치 등에 관련된 경호작전의 관여에 있다고 볼 수 있다.

'McKinly' 대통령이 리시빙라인에 섰을 때 대통령의 오른쪽에 S.S 경호요원 'Ireland'가 위치하고 있었으나 범 미주박람회 회장인 'John G. Milburn'은 자신의 과시를 위하여 대통령에게 경호원을 물리치고 그 자리에 서 있을 수 있도록 요구함에 따라 그 요원은 그 자리에서 물러났고, 이후 수 분 만에 권총을 어설프게 손수건으로 감싸고 접근한 범인에게 저격당하였던 것이다. 이로 인하여 경호원은 언제나 대통령과 최근접을 유지해야 한다는 필요성이 강력히 대두되었으며, 현대 근접경호이론의 기초인 경호낭이론(Protective Envelope Method)[4]이 개발되었다.

이와 같이 지속되어 온 미국 대통령의 암살과 역사 속에서 공식적으로 경호임무의 법적 권한과 책임하의 국가경호기관으로 거듭 탄생한 S.S의 Full-Time 경호를 제공받은 최초의 대통령은 'Theodore Roosevelt'였으며, 그는 1902년 9월 3일 매사추세츠 레눅스에서 무개차를 타고 주행 중 차량이 전복되는 사고를 당하였는데, 차량에 동승하였던 S.S의 수행경호원 'William Craig'의 헌신적인 보호로 대통령은 무사하였으나 경호원은 사망하여 S.S 최초의 경호임무 중 희생자가 되었다.

이후 S.S의 권한과 임무는 지속 확대되었다. 1913년 의회는 대통령 당선자에 대한 경호권한을 부여하였으며, 1922년에는 'Warren G. Harding' 대통령의

4) Protective Envelope Method는 경호요원들이 대통령을 안전하게 둘러싸서 일정한 안전지대를 형성하여 경호하는 기법으로 현대 근접경호이론의 기본이 되고 있다. 경호는 승패를 가르는 전투에서와 같이 공격자에 대한 대적방어의 개념이 아니라 반대인 'Cover and Evacuate (방호와 대피)'를 강조함으로써 경호원의 희생을 전제로 하고 있다. 근접경호의 형태는 Pair Work(2인), Wedge Style(3인), Diamond Style(4인) 등의 형태가 있다. 이러한 경호대형은 경호환경 · 행사성격 등에 따라 달라지며, 우발사태 발생 시에는 Cave-in Style(함몰형)의 대형을 형성함으로써 피경호원을 보호할 수 있다.

요구에 의하여 의회는 오늘날의 'The US Secret Service Uniformed Division'[5]의 전신인 'The White House Police Force'의 설치를 경비임무로 국한하여 승인하였다.

이상과 같이 S.S에 대한 지속적인 임무와 권한의 확대 및 기구의 확장 등 대통령 경호를 강화하는 적극적인 조치에도 불구하고 미국의 건국 이래 최대의 비극적인 사건으로 기록되는 암살사건이 발생하였다. 1963년 11월 22일 Dallas를 방문한 'John F. Kennedy' 대통령이 무개차를 타고 주행 중 원거리 저격에 의하여 암살된 것이다.

동 사건을 계기로 대통령에 취임한 'Johnson' 대통령은 대통령 직속의 조사위원회(The Warren Commission)를 구성하였으며, 동 위원회는 암살사건에 대한 조사 내용과 함께 방지대책에 관한 방대한 보고서를 제출하였는바, 그 대책에 대한 내용을 살펴보면 "① S.S의 편제를 재무성 산하의 '과'단위에서 '국'단위의 외청 형태로 확대 개편한다. ② 대통령 경호요원을 대폭 확충하고 교육기관을 창설, 엄격한 교육을 실시한다. ③ 정보기능을 강화하며 이를 위하여 기타 연방 공안기구의 지원과 협조를 의무화한다. ④ 새로운 경호장비를 개발하고 통신장비를 개선한다." 등이다.

결국 Kennedy 대통령의 암살사건은 S.S의 대변혁과 엄청난 발전을 가져오는 계기가 되었다. 이후 John F. Kennedy 대통령이 암살된 지 5년 만에 S.S에 대통령후보 경호임무가 추가되는 계기가 되었던 당시 민주당 대통령후보였던 Robert F. Kennedy 상원의원에 대한 암살사건이 발생하였다. 동 사건을 계

5) 오늘날 S.S의 정복경호과는 대통령, 부통령의 숙소 및 사무실 등에 대한 경비업무를 담당하는 'White House Branch'와 Washington D.C.에 소재하는 주요 외교공관에 대한 경비업무를 담당하는 'The Foreign Missions Branch' 및 부서관리, 교육 및 대통령 경호와 관련 특수작전 임무를 담당하는 'Administration and Program Support Branch'로 편제되어 있다. 대통령경호 특수작전 지원요소로는 대저격팀(Counter-Sniper Team), 금속탐지기 운용팀(Magnetometers), 비상대기팀(Emergency Response Team), 자전거순찰팀(Bike Patrol Team) 등이 있다(US S.S Internet homepage, http://www.trea/gov/usss).

기로 당시 대통령이던 'Lyndon B. Johnson'은 즉각 대통령 후보에 대한 경호를 S.S가 담당토록 하는 법안을 의회에 제출하여 여 · 야 만장일치로 법안이 통과됨으로써 S.S는 선거일 기준 120일 전부터 공식적인 대통령후보 경호를 하게 되었다. 또한 美 의회는 미 · 소 냉전체제가 심화되던 1971년 미국을 방문하는 외국의 국가수반에 대하여 경호를 할 수 있도록 하여 '국빈경호과'를 신설하였다.

이와 같이 S.S는 비극적인 역사적 사건을 계기로 지속 발전되어 왔음을 알 수 있으며, 가장 큰 특징은 어떠한 경우에도 민주주의의 근간인 법치를 대원칙으로 한다는 것이다.

2. 운용

S.S는 1인국장과 부국장, 참모장, 변호인과 행정처, 정부 및 공공업무처, 수사처, 경호처, 경호연구처, 인사교육처, 감사처로 구성되어 있다.

비밀경호대의 조직은 [그림 VI-1]과 같다.

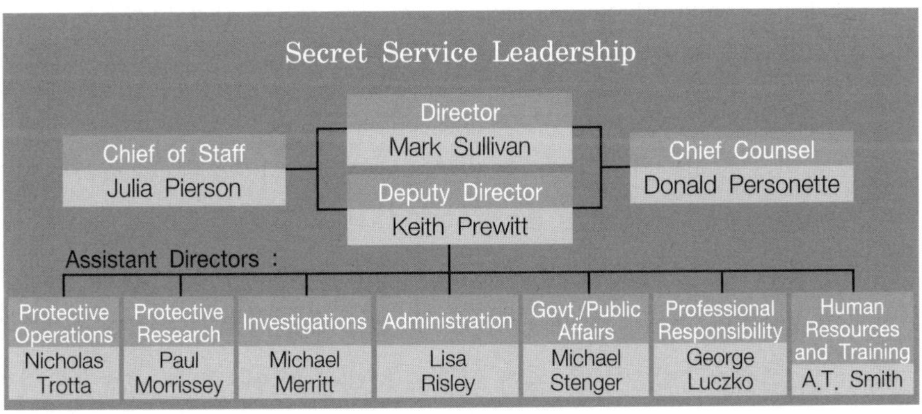

[그림 VI-1] 미국 비밀경호대(S.S)조직(2009년 미 경호실 내부자료)[6)]

6) http://www.secretservice.gov/FY2008_AnnualReport_WM.pdf

S.S의 각 기능별·부서별 임무를 알아보면 심의위원회(Chief Counsel)는 S.S의 조직 내 직제의 조정이나 정책의 평가 및 심의, 각종 경호 및 수사체제 연구를 담당하며, 장기적으로 경호 및 수사장비의 발전계획을 수립·시행한다.

그 다음 정부기관 및 대외업무 연락처(Office of Government Liaison and Public Affairs)는 연방수사기관이나 국회 등 대외 공공기관에 연락관을 운용하고 필요시 대(對)언론창구 역할을 담당하고 있다. 감찰실(Office of Inspection)은 조직 내 각종 직무감찰과 회계감사를 실시하며, 직원들의 비리도 조사한다.

S.S 조직 내 제일 중요한 경호처(Office of Protective Operation)는 정복경비부, 경호부, 후보자 및 당선자 경호부, 요인 경호부로 나뉘며, 대통령 경호부는 경호·교육·지원·수행·가족·기동과로 분리되어 있다. 세부부서로는 저격팀, 폭발물 탐지견팀, 비상대치팀, 범죄현장 조사팀, 특수기동대 등이 있으며, 주요 임무로는 백악관 내에 있는 대통령과 부통령, 그리고 가족의 경호 및 경비를 담당하고 있다. 경호부는 대한민국의 경호처 임무와 비슷하여, 선발 및 근접경호업무 수행, 전직 대통령 경호업무, 각종 경호작전과 관련한 경호유관기관의 긴밀한 협조와 지휘를 통합 운영한다. 후보자·당선자 경호부(Candidate·Nominee Protection Division)는 평시 소수요원과 행정요원으로 구성되어 있으며, 필요시 타 연방기관이 요원을 배속받아 임무를 수행한다. 요인경호부(Dignitary Protective Division)는 평시 수행 리더와 한 단계 아래 직급의 요원이 근무하다가 필요시 각 지부에서 지원받아 임무를 수행하도록 되어 있다.

안전처(Office of Protective Research)는 경호·수사정보의 수집과 전파, 검측·화생방 탐지 및 행사 시 안전업무를 담당하며 평시 신원정보 자료관리 및 존안, 데이터베이스 구축 등의 업무를 수행한다. 안전처는 경호처와 긴밀한 관계를 유지하며, 미 경호실의 중추신경과 같은 역할을 하고 있으며, 이곳에서는 자체, 혹은 지방, 각 주와 연방기관에서 입수된 주요 정보를 수집·분석·배포하는 임무를 수행하며 S.S의 감시를 요하는 40,000여 명의 미국 시민에 관한 파일을 관리하며, 정치지도자를 위협하는 사람과 그들의 수법 등에 관한 자료를 갖고 있으며, 이 중 400여 명은 중요 감시대상자로 분류하여 별도로 관리하고 있다. 수사처(Office of Investigation)는 경호위해사범 수사와 위조지폐 수사, 수표 및 신용카드 위·변조사범 수사, 그리고 지부를 관장하고 있다.

행정처(Office of Administration)는 인사·경리·조달·관리·행정 등의 행정업무를 총괄하고 있다. 교육처(Office of Training)는 신임직원·정규직원·정복근무자에 대한 각종 교육문제를 관장하고 있다. 직원 선발 시 약물복용에 관해서 심도 있게 검사한다는 점이 특이하다.

3. 교육훈련

오늘날 세계 최강의 경호역량을 가지고 있는 S.S의 경호작전체계는 그 역량의 크기만큼이나 오랜 전통과 뼈아픈 암살의 역사 속에서 발전되어 왔다. 이러한 S.S의 경호작전체계는 많은 부분에 있어서 표준화되어 대부분의 선진국가에서 적용되고 있으며, 이미 언급한 바와 같이 우리나라의 대통령경호처도 조직의 창설과 경호작전 운영에 있어서 미국의 제도를 참고해 왔다고 볼 수 있다.

일반적으로 미국에 있어서 경호작전체계의 연구는 피경호인의 자유로운 활동을 보장하면서 각종의 공격·재난 및 테러 등에 대비하기 위한 노력의 일환으로 발전되어 왔으며, 또한 경호작전의 시행에 있어서 반드시 필요한 대민통제와 기타 국가기관과 협조 등에 있어서 인권침해와 월권적 행위가 발생되지 않도록 인권침해를 규율하기 위한 법리적인 연구를 동시에 해왔다고 볼 수 있다.

S.S는 경호기법 면에서 위해사건을 사전에 예방하기 위한 정보수집·조사 및 수사 등에 있어서 과학적인 접근을 통한 합리적인 예방경호활동에도 많

은 노력을 하고 있으나, 그 어느 예방활동도 경호대상자의 안전을 완벽히 보장할 수 없음을 인식하고, 철저한 근접경호우선원칙을 발전시켜 왔다.

S.S는 근접경호기법에서 공격자를 공격으로 퇴치하는 '대적방어(Counter-Offen)' 반대개념인 '방호 및 대피(Cover and Evacuation)'를 강조하는 경호상(Protective Envelope Philosophy)을 강조해 왔다. 그러나 경호상은 피경호인이 위치한 환경에 따라 그 크기가 달라진다고 볼 수 있다.

이와 같은 근접경호이론은 이미 언급한 바와 같이 1901년 9월 6일 'McKinly' 대통령의 암살에서부터 발전되어 왔으며, 근접경호이론이 실제에 적용되어 경호에 실패한 사례와 성공사례를 논거하면 다음과 같다.

'존 F. 케네디' 대통령이 암살되기 4일 전인 1963년 11월 18일 플로리다 '템파시'를 방문할 때 S.S요원들은 무개차인 대통령 리무진의 '러닝 보드'[7]에 매달려 적절한 근접경호를 시행하였으나, 이와 같은 형태의 근접경호를 불편하게 생각한 '케네디 대통령'은 경호책임자에게 그렇게 하지 말 것을 부탁하였고, 책임자는 S.S요원들에게 동일한 지시를 하였는바 다음 행사지역인 '댈러스' 시(市)에서 경호원들이 러닝보드에서 근무하지 않았으며 경호요원들이 러닝보드에서 근무하고 있었다면 원거리 저격이 불가능했음이 탄도의 조사결과 확인된 바 있다.[8][9]

7) 보통 미국의 대통령은 취임식·선거유세 등에서 대규모 퍼레이드행사를 하게 되는데, 이때 무개화(Opened Roof)된 차량을 대통령 리무진으로 사용하며, 이와 같은 대통령 리무진 혹은 경호차량의 좌·우측 및 후미에 경호원들이 올라설 수 있도록 만들어 놓은 발판이다.

8) 일반적으로 피경호인(protectee)은 경호수용의 행태분석에 따라 대략 세 가지의 유형으로 분류되는데, 그 내용을 살펴보면 경호조치를 적극 수용하며, 경호원들과 친분관계의 유지를 원하면서 신변보호의 강화를 요구하는 '경호적극수용형', 그리고 경호의 필요성을 인정하지 않고 오히려 경호원들에 의한 사생활 침해, 선거유세 시 경호원들로 인한 부정적 이미지 확산 등에 대한 우려 등을 이유로 경호를 거부하는 '경호사절형' 그리고 경호행위에 전혀 무관심한 '경호무관심형'으로 분류되는바, 'John F. Kennedy' 대통령은 두 번째 유형으로 분류될 수 있다.

9) 정동활, 「각국 경호제도 비교분석과 21세기형 선진경호제도 연구」, 연세대학교 행정대학원 석사학위논문, 2004, pp. 40-48.

1) 특수 경호요원의 교육훈련(Special Agents)

신규 임용된 연수생들은 처음으로 Georgia주 Glynco에 있는 연방 법집행 훈련센터(The Federal Law Enforcement Training Center's : FLETC)에서 10주간의 범죄수사관 훈련 프로그램(The Criminal Investigator Training Program; CITP)을 교육받게 된다.[10] 새로운 연방 감독관을 훈련하기 위한 10주간의 프로그램에서는 형법, 취조(조사)기술과 같은 직무에 대한 일반적인 기초지식을 제공하고 있다.[11]

CITP를 성공적으로 마친 특수요원 연수생들은 다음으로 워싱턴 D.C. 외곽에 위치한 비밀기관(the Secret Service Training Academy)에서 17주간의 기본적인 특수요원 훈련 아카데미에 참여하게 된다.[12] 이 과정은 경호실 직무에 관한 정책 및 절차와 함께 수사와 보호에 대한 책임을 집중적으로 교육하게 된다. 또한 기본적인 지식과 함께 위조수사, 사기, 재정적 범죄행위의 방법, 정보수사, 물리적 경호기술, 응용경호, 응급처치와 같은 응용훈련을 받게 된다. 교육과정의 핵심은 사격술, 통제전술, 수중생존기술 및 신체 건강 등의 광범위한 훈련에 있다.

경호요원들은 근무하는 동안 지속적으로 훈련을 받는다. 이 훈련은 화기조작에 대한 검증과 응급처치에 대한 재교육으로 구성되어 있다.

요원들은 경호에 대한 임무를 맡게 되며, 또한 실제상황과 같은 다양한 시나리오를 통해 훈련에 참가하게 된다. 이 훈련은 다양한 비상상황을 통해 경호요원들에게 즉각적인 피드백을 제공한다.

---

10) http://www.cevretservice.gov/opportunities_agent.shtml(2010년 3월 24일 검색).

11) http://www.secretservice.gov/faq.shtml#faq23(2010년 3월 24일 검색).

12) http://www.cevretservice.gov/opportunities_agent.shtml(2010년 3월 24일 검색).

직무에 배치된 요원들은 그들의 영역 안에서 발전된 범죄수사관 훈련을 받을 수 있는 기회를 갖는다. 또한 다른 법 집행기관에서 지원하는 훈련과정에 참여할 수 있다.

모든 경호요원들은 경영・관리기법과 경호원 개개인의 발전을 위해 폭넓고 다양한 훈련에 참여한다. 윤리성, 다양성, 대인관계, 실질적 리더십, 관리감독에 대한 소개 등은 최근 경호실의 모든 요원들에게 제공되는 주제들 가운데 하나이다.[13)]

2) 제복 경호요원의 교육훈련

제복 경호요원은 Georgia주 Glynco에 있는 연방 법 집행훈련센터에서 12주간 지속적으로 받게 되고 이후 워싱턴 D.C. 외곽에 위치한 James J. Rowley Training Center에서 13주간의 전문적인 훈련을 성공적으로 마쳐야 한다.[14)] 트레이닝에 포함된 내용으로는 경찰직무절차, 화기, 체력, 심리학, 경찰지역사회관계, 형법, 응급처치, 체포, 수색과 압류, 물리적 방어기법, 외교면책특권, 국제조약 및 방법 등이 포함된다.[15)]

13) http://www.secretservice.gov/faq.shtml#faq9(2010년 3월 30일 검색).

14) http://www.secretservice.gov/opportunities_ud.shtml(2010년 4월 1일 검색).

15) http://www.secretservice.gov/faq.shtml(2010년 4월 13일 검색).

4. 국가안보회의(NSC)의 조직과 기능 개편

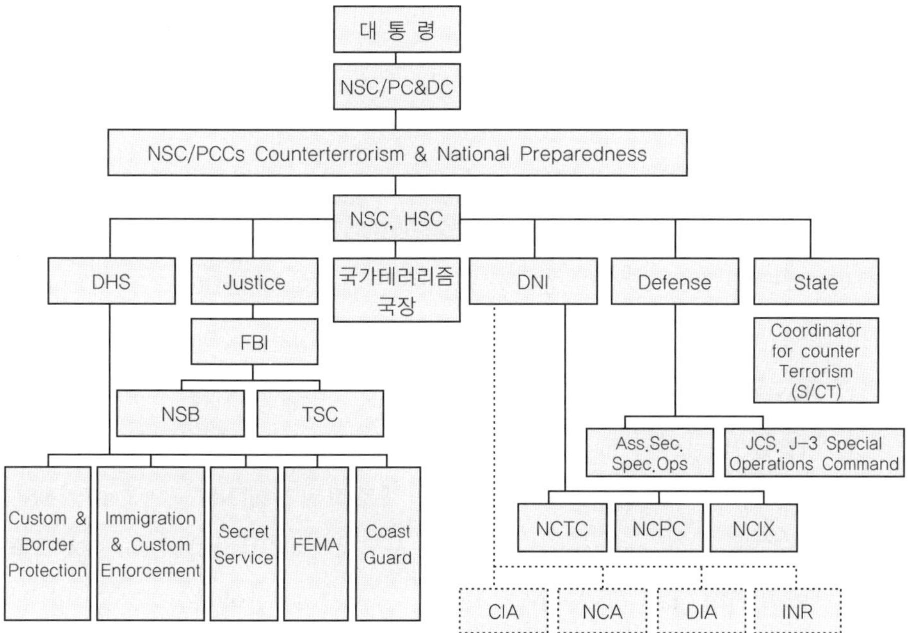

[그림 VI-2] 미국의 대테러리즘 조직도

미국의 '국가안보회의(NSC : National Security Council)' 체제는 1947년 '국가안보법(National Security Act)'에 근거하여 미국의 국가안보와 관련한 대통령의 자문기구로 설치되었고, 외교, 국방, 국내정책의 부처 간 통합 및 대통령 보좌기능을 담당하고 있다. 미국의 '위기대비 책임 부여'에 관한 대통령시행령 12656호에 의하면 국가 위기상황에는 자연적 재해, 군사적 공격, 기술적 재난을 포함하여 미국의 국가안전을 심각하게 저해하거나 위협하는 모든 사건들이 포함된다고 규정하고 있다. 이러한 위기상황에 대처하기 위한 위기관리체계는 국가안보의 총괄 정책과 위기관리를 담당하는 NSC를 중심으로 운용되고 있다.

부시행정부는 출범 직후인 2001년 2월 13일 '국가안보 대통령지시서 1호'를 발표하여 NSC조직을 개편하였다. NSC 협의조직은 국가안보회의 본회의, 각료급 위원회, 차관급 위원회, 정책조정위원회의 4단계로 편성되어 운영된다. 국가안보회의 본회의(NSC)는 대통령이 의장이고, 부통령, 국무장관, 국방장관, 재무장관, 안보보좌관이 참석하고, CIA국장과 합참의장 등이 배석한다. 각료급 위원회(NSC/PC : NSC Principals Committee)는 안보보좌관이 의장이고 국무장관, 국방장관, 재무장관, 대통령비서실장 등이 참석하며, 본회의에 앞서 주무부처 각료들 간의 의견을 조율한다. 차석급위원회(NSC/DC : NSC Deputies Committee)는 안보 부보좌관이 의장이고 국무부 부장관, 국방부 부장관, 재무부 부장관, 검찰 부총장, 예산관리 부실장, CIA 부국장, 합참부의장, 부통령 안보보좌관 등이 참석하며, 각료급 위원회 지원 및 신속한 위기관리를 위한 위원회를 요청하는 기능을 수행한다. 정책조정위원회(NSC PCCs : NSC Policy Coordination Committee)는 각 부처 실무자들이 참석하며, 6개 지역별 정책조정위원회(유럽과 유라시아 / 서반구 / 동아시아 / 남아시아 / 근동 및 북아프리카 / 아프리카)와 11개 기능별 정책조정위원회(민주, 인권 및 국제활동 / 국제개발 및 인도주의적 지원 / 지구환경 / 국제파이넌스 / 초국가적 경제문제 / 대테러리즘 및 국가대비 / 국방전략, 군구조와 기획 / 군비통제 / 확산, 비확산 및 국토방위 / 정보와 방첩 / 기록접근 및 정보안보)가 운영된다. 참모조직은 NSC 협의조직의 정책조정과 통합기능을 지원하고 대통령을 보좌하는 역할을 수행하는 조직으로 안보보좌관과 2인의 안보부보좌관의 지휘를 받아 대통령 지시사안에 대한 정책검토 및 부처 간 정책의 사전조정기능을 담당한다. 참모조직의 법률상 대표는 사무처장이나 실질적으로 안보보좌관이 조직을 지휘, 통솔하고, 기능국과 지역국으로 구성되며, 사무처장하에 2인의 사무차장, 상황실, 시스템 기술실, 문서기록실 등이 있다. 부시행정부 초기에 클린턴 행정부 당시 150여 명의 정책실무자를 대폭 감축하여 70여 명을 유지하였다.

한편 9·11테러 직후인 2001년 10월 8일 부시행정부는 비대칭, 비재래식 위협에 효과적으로 대처하기 위해 백악관 내에 테러업무를 총괄하는 '국토안보국(Office of Homeland Security)'을 창설하고, 대통령산하 대테러리즘 정책의 강화를 위해 2개의 직책을 신설하였다. 2001년 10월 9일 '국가 대테러리즘' 국장에 웨인 다우닝 장군과 사이버 안보담당 특별보좌관에 리처드 클라크를 임명하였다. 아울러 10월 29일 '국토안보 대통령지시서 1호'에 의거하여 '국토안보회의(HSC : Homeland Security Council)'를 설치하여 부처 안보정책과 관련한 협의기반을 강화하였다.

5. 국토안보부(DHS) 창설 : 조직과 기능

2001년 10월 26일 승인된 '애국법(USA Patriot Act, 반테러법)'에 의해 테러리즘에 대응한 국내 안보 강화, 감시절차 강화, 국제 돈세탁 방지 및 법 집행기관 권한 강화 등 대책을 마련하였다. 2002년 10월에는 국방부에 '북부사령부(Northern Command)'를 창설하며 본토에 대한 테러 공격 시 민간지원 등을 전담하게 하였다. 이후 대테러 및 보안, 재해재난, 국경 및 출입국 등 모든 국가안전관리기능과 연관된 연방주지방 정부에 소속된 기존의 87,000개 관할권을 핵심적으로 연결하고 효과적으로 통합하기 위해 2002년 11월 25일 승인된 '국토안보법'에 근거하여 2003년 1월 24일 '국토안보부'를 신설하였다. 이에 따라 DHS는 22개 행정부처와 유관기관에 분산되어 있던 본토방어 및 대테러업무 관련조직과 연방비산관리처(FEMA) 등을 흡수, 통합하여 창설되었다. 흡수, 통합된 연방기관 22개 부서를 주요 5대 기능영역으로 구분하면 다음과 같다. 첫째, 국경 및 교통안전(Border and Transportation) 부문은 7개로 관세국(US Customs Service), 이민귀화청(INS), 공공시설 안전관리국(FPS : Federal Protective Service), 교통안전청(TSA), 연방법무교육원(FLETC), 동식물검진국(APHIS), 법무부의 국내안전대비실(Office for Domestic Preparedness)이다. 둘째, 비상대비 및 대응(Emergency Preparedness and Response) 부문은 5개로 연방비상관리처(FEMA), 보건부의 국가 전략비축 및 재난 의료지원체제(Strategic National Stockpile and the National Disaster Medical System), 핵사고 대응팀(NITR), 법무부의 국내비상지원팀(DEST), FBI의 국내안전대비실(NDPO)이다. 셋째, 과학, 기술(Science and Technology) 부문은 4개로 화생방 대응체제(CBRN Countermeasures Programs), 환경평가연구소(EML), 국립생물무기 방어분석원(National BW Defense Analysis Center), 플럼 아일랜드 동물질병관리센터(Plum Island Animal Disease Center)이다. 넷째, 정보분석 및 기반시설 보호(Information Analysis and Infrastructure Protection) 부문은 4개로 연방 컴퓨터사고 대비센터(FCIRC), 국방부의 국립통신보호국(NCS), FBI의 국가기반시설보호센터(NIPC), 에너지 안전 및 보증체제(ESAP)이다. 다섯째, 비밀경호대(Secret Service)와 해안경비대(Coast Guard) 2개이다.

DHS의 임무는 미국을 보호하기 위한 국가적 노력의 통합을 선도하며 테러리스트의 공격을 예방, 억제하고 위협과 위험으로부터 국가를 보호 및 대응하며, 국경안전의 보장, 합법적인 이민자 및 방문자 환영 및 자유무역 촉진 등이다. 이러한 임무를 수행하기 위한 전략목표로 인지, 예방, 보호, 대응 복구 및 서비스를 설정하고 있다. DHS는 장관 아래 부장관, 차관(5개 국장) 및 기타 18개 참모부서 등 총 18만여 명으로 워싱턴 본부에 1,200여 명이 근무하며, 예산은 약 400억 달러(약 40조 원)이다. 이는 연방부처 중 인원수로 국방부, 보훈부 다음 세 번째로 큰 조직이다.

9·11테러 이후 대테러 대응체계에 획기적인 변화를 가져와 2001년 10월 25일 「미 애국법(USA PATRIOT)」이 제정되어 5년간 한시적인 효과를 갖는 반테러법의 주요내용은 <표 VI-1>과 같다.

〈표 VI-1〉 반테러법의 주요내용

◎ 테러 혐의자가 사용하는 모든 전화에 대해 감청 허가(제216조)
※ 과거에는 대상자가 사용하는 전화기에 대해 각각 감청 허가
◎ 수색영장 발급 시 미국 전역에 걸쳐 수색할 수 있도록 발급요건 완화(제219조)
◎ 테러사건 수사 시 인터넷 및 전자메일에 대한 전국적 수색영장 발급(제220조)
◎ 테러 자금에 대해 자금세탁법 적용(제301, 303조)
◎ 테러혐의 외국인을 법무부장관의 결정만으로 구금(제412조)
◎ 대중교통체계에 대한 테러행위를 연방범죄로 규정(제801조)

자료 : The Homeland Security Presidential Directive-1, October 29, 2001.

또한, 2002년 11월 25일 성립된 국토안보법은 테러리즘을 정의하는 한편, 각 부처가 담당하고 있는 국토 안전보장 업무를 총괄하는 국토안보부를 창설하고 정부기술을 유효하게 활용하여 사이버 공격이나 물리적 공격으로부터 국가를 방호하기 위한 조항들을 근간으로 총 17장으로 구성되어 있으며, 주요임무는 <표 VI-2>와 같이 제시하고 있다. 이외에도 사이버 공격에 대한 효율적인 정보수집과 법 집행기관의 정보수집능력을 강화하기 위하여 2002년 11월 「사이버보안 강화법」이 제정되었다.

〈표 VI-2〉 미국 국토안보부의 임무

◎ 미국 내에서의 테러리스트 공격 억지
◎ 테러리즘에 대한 미국의 취약성 감소
◎ 미국 내에서 발생한 테러리스트의 공격으로부터 손상을 최소화하고 복구를 지원
◎ 자연적, 인위적 위기와 비상계획에 관하여 중심으로의 활동을 포함하여 국토안보부로 이관한 실체들의 모든 직무를 수행
◎ 국토안보에 직접적으로 관련되지 않는 국토안보부 내 기관 및 산하부서의 직무가 명시적인 특정 명령에 의하여 축소되거나 예외로 간과되지 않도록 보충
◎ 국토안보를 목적으로 한 노력 활동 및 프로그램에 의하여 미국 전체의 경제안보가 축소되지 않도록 보충
◎ 불법 마약거래와 테러리즘 간의 연계를 감시하고, 당해 연계를 단절시키기 위한 노력을 조정하며 기타 불법마약거래를 금지하기 위한 노력에 기여

자료 : The Homeland Security Presidential Directive-1, October 29, 2001.

또한, 국가 대테러시스템 골격을 개편하여 국토안보회의(Homeland Security Council)를 대통령 명령 제1호16)에 의거 2001년 10월 29일 설립하였다. 아울러 지금까지 미국에서는 테러대책과 관련해서 국무부, FBI, CIA, 국방부, 연방 긴급사태 관리처 등이 독자적으로 활동해 왔으나, 9·11테러와 같이 미국 본토에서 대규모 테러사건이 발생한 경우에는 모든 관계부처가 연대하여 활동할 필요성이 제기되어 부시 대통령은 2001년 10월 8일 대통령 명령 13228호를 발표하여 국토안보국을 발족시켰으며, 2002년 6월 6일 테러대책을 총괄하는 새로운 부서로서 국토안보부(Department of Homeland Security; DHS)를 창설하였다. 국토안보부는 2005년 반테러정책을 보다 효율적으로 수행하기 위해 작성한 15대 재앙 시나리오를 <표 VI-3>과 같이 공개하였다.

〈표 VI-3〉 미국 국토안보부 발표 '15대 재앙과 피해규모'

15대 재앙	피 해 규 모
① 10kt 핵폭탄 테러	상황 : 차량에 핵폭탄을 싣고 주요도시 중심가로 돌진, 폭발 피해 : 광범위(수천억 달러)
② 액화탄저균 살포	상황 : 3개 도시에 밴을 탄 채 탄저균을 분무, 곧바로 2개 도시 추가공격 피해 : 1만 3,000명 사망(수십억 달러)
③ 유행성 독감	상황 : 중국 남부에서 독감 발발, 수개월 내 미 4개 대도시 확산 피해 : 8만 7,000명 사망, 30만 명 입원(700~1,600억 달러)
④ 전염성 폐렴균 살포	상황 : 전염균을 주요 도시공항, 역 등 공공시설에 살포, 확산 피해 : 2,500명 사망, 7,000명 부상(수백만 달러)
⑤ 발포제 살포	상황 : 소형비행기로 관중 밀집한 대학축구 경기장 상공서 살포 피해 : 150명 사망, 7만 명 입원(5억 달러)
⑥ 유독산업용 화학제 폭파	상황 : 수류탄, 폭탄으로 정유시설을 공격하거나 화물선 폭파 피해 : 350명 사망, 1,000명 입원(수십억 달러)

16) *The Homeland Security Presidential Directive-1*, October 29, 2001.

15대 재앙	피 해 규 모
⑦ 사린가스 살포	상황 : 주요도시 대형빌딩 3곳 환기구에 살포 피해 : 6,000명 사망, 350명 부상(3억 달러)
⑧ 염소탱크 폭파	상황 : 산업 저장시설 폭파로 염소 대규모 유출 피해 : 1만 7,500명 사망, 1만 명 중상, 10만 명 입원(수백만 달러)
⑨ 대지진	상황 : 리히터 규모 7.2, 6개 카운티 주민 1,000만 명 영향 피해 : 1,400명 사망, 10만 명 입원(수억 달러)
⑩ 대형 허리케인	상황 : 시속 256km의 강풍을 동반한 허리케인이 주요 도시 강타 피해 : 1,000명 사망, 5,000명 입원(수백만 달러)
⑪ 더러운 폭탄	상황 : 방사능물질(세슘137)로 만든 '더러운 폭탄' 도시공격 피해 : 180명 사망, 270명 부상, 2만 명 오염(수십억 달러)
⑫ 수제 개량폭탄	상황 : 수제폭탄 이용해 경기장, 병원응급실 자폭테러 피해 : 100명 사망, 450명 입원
⑬ 음식물 오염	상황 : 액상 탄저균을 공급되는 육류나 오렌지 주스에 살포 피해 : 300명 사망, 400명 입원(수백만 달러)
⑭ 구제역	상황 : 몇몇 농장의 동물들에 구제역 살포, 각지로 전파 피해 : 가축 대량피해(수억 달러)
⑮ 사이버 테러	상황 : 수주 간에 걸쳐 금융 전산망 여러 곳에 사이버 공격 피해 : (수백만 달러)

자료 : The Homeland Security Presidential Directive-1, October 29, 2001.

현재 미국은 국방부, 중앙정보국, 국무부, 법무부 등을 통해 다양한 형태의 대테러부대(Counter-Terrorist Forces)를 운용하고 있다. 미 국방부는 지난 1970년대 후반부터 예상되는 테러에 대처하기 위해 육, 해, 공군, 해병대 소속 정예요원으로 구성된 특수부대를 가동하고 있다. 그중 가장 대표적인 것이 합참의장 직속인 '연합특수전사령부(JSOC)'로서, JSOC 산하에는 직접 작전에 투입되는 육군의 '델타포스(Delta Force)', 미군 해군 특수전사령부 산하의 Seal, 레인저대대, 그린베레, 해병 원정부대가 있고, 이들을 전 세계 어디라도 24시간 이내 비밀리에 수송할 수 있는 육군의 제160특수항공연대가 있다. 이밖에도 경찰 및 기타 인질 대응부대인 L.A. 자치제 경찰 내 조직으로 특별무기 전술기동대(SWAT), 마약, 알코올, 불법무기, 폭약류에 관련한 사건을 위한 수사기관인 ATF(Bureau of Alcohol Tobacco and Firearms), 미국연방수사국(FBI) 직할부대로 인질구출을 주 임무로 편성된 HRT(Hostage Rescue Team) 등이 있다.

미국의 대테러체계는 크게 대테러 정보, 수사기관과 본토 안전을 위한 국토안보부로 구분할 수 있다. 이 중 정보, 공작을 통한 '적극적 대테러활동'은 정보공동체의 영역으로서 NCTC를 주축으로 CIA, FBI 등이 수행한다. 국가대테러센터(NCTC)는 기존 CIA '테러위협통합센터(TTIC)'를 모체로 국가정보장실 산하에 '정보개혁 및 테러방지법(2004.12.8)과 '대통령행정명령' 제13354호(2004.8.27)를 근거로 설립되어 테러 관련 정보의 통합, 분석, 배포 기능뿐만 아니라 테러 분자 신상정보 관리 및 유관기관 대테러 활동기획, 조정권 보유를 겸한다.

제2절 영 국

1. 영국의 경호조직

2000년 영국의 경찰조직은 종래 수도경찰의 특수성을 고려하여 내무성 직속의 국가경찰로 운영되어 오던 수도경찰청을 자치경찰로 전환, 광역단위로 지방경찰청을 설치하여 독립된 지방경찰위원회의 관리에 두어 통일된 자치경찰제도를 만들어 가면서, 관리, 통제를 위해 중앙통제를 강화해 나가고 있다.[17)]

17) 주영학, 「자치경찰제도의 정립 방안에 관한 연구」, 청주대학교 대학원 석사학위논문, 2009, p. 28.

영국경찰의 조직은 크게 내무부 산하 중앙경찰, 수도경찰청, 지방경찰청으로 나눌 수 있는데, 중앙경찰청에서는 수도경찰청, 과학수사연구소, 경찰대학, 경찰정보센터를 두어 각종 범죄와 경찰간부들을 양성, 교육하고 있는 실정이다.18)

영국의 경찰경호제도를 보자면 각각의 지방경찰청에서 치안을 담당하는 시스템으로는 각각의 특수성과 체계가 너무나도 다른 양상을 보이기 때문에 조직적이고 체계적인 수도경찰청(MPS)의 조직체계를 살펴보고자 한다.

2. 수도경찰청(MPS)의 조직

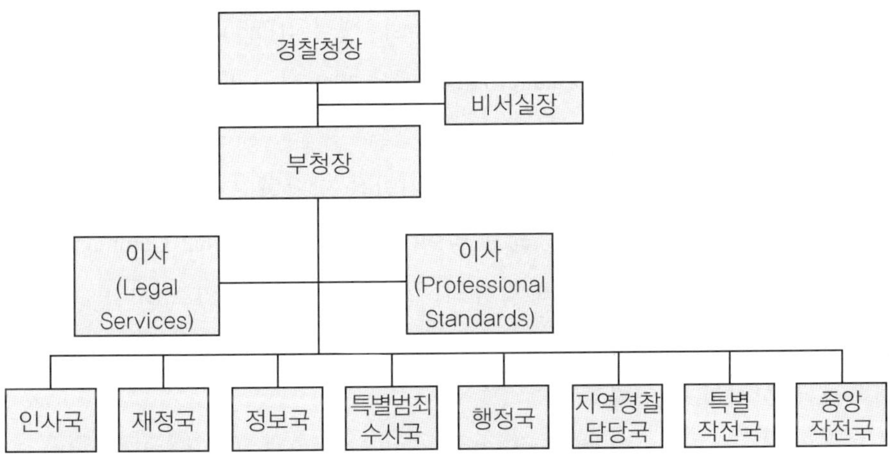

자료 : http://www.met.police.uk/

[그림 VI-3] 런던수도경찰청(MPS)의 조직

수도경찰청(The Metropolitan Police Service; MPS)은 전 세계 경찰치안의 역사에서 가장 유명하고 독보적인 위치를 차지하고 있으며(런던 경찰과 영국

18) 이영우, 「우리나라 경찰기관 개선론 연구」, 청주대학교 대학원 박사학위논문, 2009, p. 47.

교통경찰 포함), 런던에서 가장 큰 경찰 서비스를 제공하는 기관이다.

오늘날 수도경찰청은 620평방마일의 지역에 720만 인구의 치안을 담당하고 있으며, 33,000명의 직원과 14,200명의 경찰 직원, 270명의 교통감시관, 2,500명 이상의 특별수도경찰대(The Metropolitan Special Constabulary; MSC)와 고용지원경찰대(The Employer Supported Policing; ESP) 또한 지원되어 근무하고 있다.[19)]

수도경찰청의 조직은 경찰청장(Commissioner)과 부청장(Deputy Commissioner), 그리고 분야, 계급별로 치안감급(Assistant Commissioner)부서인 지역경찰담당국(Territorial Policing), 특별범죄수사국(Specialist Crime Directorate), 특별작전국(Specialist Operations), 중앙작전국(Central Operations), 이사급(Director)부서인 인사국(Human Resources), 재정국(Resources), 행정국(Public Affairs and Internal Communication), 정보국(Information)으로 매우 다양하고 광범위하며 복잡한 구조를 가지고 있다.[20)]

지역경찰 담당국은 런던 지역의 영토 치안을 담당하고 있으며, 런던의 치안 대부분은 33개 각각의 자치구 작전 명령(Borough Operational Command Units; BOCUs)에 따라 이루어진다.[21)] 각각의 독립적인 치안 서비스를 실시하기 때문에 수도경찰청에서는 직접적인 명령보다는 자치구들의 정보를 연결하는 서비스를 실시하고 있다.

특별범죄수사국은 런던거리의 치안(심각하고 전문적인 범죄)을 전담하고 있는 부서이다. 특히 지역사회와의 협력을 증진하고 담당자치구, 기관들의 범죄에 대해 효율적인 방안을 제공하며, 런던과 런던을 방문하는 사람들에게 전문적인 서비스를 하고 있다.[22)]

19) http://www.met.police.uk/about/(2010년 4월 4일 검색).

20) http://www.met.police.uk/about/leadership.htm(2010년 4월 4일 검색).

21) http://www.met.police.uk/about/organisation.htm(2010년 4월 4일 검색).

22) http://www.met.police.uk/about/organisation.htm(2010년 4월 4일 검색).

특별작전국은 국가의 중요한 역할을 담당하는 경호부서로 테러, 폭력범죄, 인종, 특정범죄, 관내 경호, 왕족, 정치인의 보호와 같은 서비스를 각각의 전문적인 팀을 통하여 치안서비스를 실시한다.[23]

중앙작전국은 수도경찰 서비스의 최전선에서 활약하며, 각종 치안서비스 기능을 담당하는 광범위한 전문기관으로 이루어져 있다. 주요 기능으로는 치안서비스의 효과적인 통합, 공동작업 및 지역사회 서비스 등이 있다.[24]

이러한 수도경찰청의 조직은 경찰을 포함한 민간인, 단체들이 기반이 되어 관리 및 운영되며, 채용, 교육, 인사관리, 정보기술제공, 홍보 및 통신 또한 수도경찰청의 임무에 포함된다고 볼 수 있다. 수도경찰청은 차량유지 관리 및 정보기술 및 통신과 같은 일부 기능의 서비스를 민간부분과 계약하여 운영하고 있다.

제3절 한 국

1. 현행 경호 관련 법률상 분석

1) 경호 관련법

(1) 경호 관련법의 의의

경호 관련법이란 대통령 등 경호대상자의 신변안전을 보호하기 위해 경호와 직·간접적으로 관련된 모든 법령규칙을 말한다.[25] 경호 관련법은 경호조

23) http://www.met.police.uk/about/organisation.htm(2010년 4월 4일 검색).
24) http://www.met.police.uk/about/organisation.htm(2010년 4월 4일 검색).
25) 김두현, 『경호경비법』, 와이제이, 1996.

직을 규정하고 이들의 경호작용에 대한 제반사항을 규정함으로써 책임과 의무를 가져 경호작전의 방향과 조직 및 조직원의 제반사항에 일관성을 가지게 하므로 모든 업무의 잣대라 할 수 있다.

우리나라의 경호 관련법으로는 대통령경호처의 대통령 등 경호에 관한 법률, 경찰청의 경찰관직무집행법, 청원경찰법, 경비업법 및 전직 대통령을 위한 전직 대통령예우에 관한 법률 등이 있다.

(2) 경호 관련법의 변천과정

해방 후 1948년 대한민국 정부가 수립된 후 경무대(현 청와대) 내에 경무대경찰서가 신설되자 내무부훈령 제25조에 의거 경호규정이 제정되어 오다 1953년 이 규정을 근거로 법률로 정한 경찰관직무집행법이 법률 제298호로 제정되어 몇 차례의 개정 등으로 운용되어 왔다.

그러나 5 · 16 후 박정희 장군의 신변경호를 위해 소수군인으로 편성된 국가최고회의장 경호대가 임시로 편성되어 운용되다 동년 중앙정보부의 창설과 동시에 중앙정보부 내훈 제2조로 경호규정이 제정되어 시행되다 11월 14일에 중앙정보부령 제25호 경호대 설치령이 제정되어 중앙정보부경호대로 발족하게 되었다.

이 경호대는 국가원수, 최고회의의장, 부의장, 내각수반, 국빈의 신변보호, 기타 경호대장이 지명하는 주요인사의 신변보호 등의 의무를 수행하였다.

그 이후 박정희 장군이 대통령으로 취임함에 따라 정식 출범한 제3공화국은 1963년 12월 14일 법률 제1507호로 대통령경호실법과 16일 대통령경호실법시행령을 각각 제정 · 공포한 12월 17일 대통령경호실을 정식으로 출범시켜 몇 차례의 개정을 거쳐 오늘날에 이르고 있다.

2. 대통령 등의 경호에 관한 법률

1) 법적 지위

대통령경호처는 대통령비서실, 국가정보원, 국가안전보장회의, 기획위원회, 여성특별위원회, 중소기업특별위원회, 감사원, 국가과학기술자문위원회 등과 같이 대통령 직속기관에 해당되며, 대통령의 경호를 담당하기 위하여 설치된 특별기관이다.

2) 조직의 특성

경호의 조직과 작용에 관한 법인 경호관계법은 여러 가지 법으로 성립되어 있으나 그 전체를 특징짓는 공통의 지도원리와 타법에 비하여 강하게 나타나는 특성을 볼 수 있다. 이러한 경호관계법의 특수성은 경호법 전체의 이해와 경호법의 해석・적용의 실제에 방향을 제시해 주는 것이다. 이런 의미에서의 경호관계법의 특성으로는 경호주체의 권력성, 경호업무의 우선성, 경호적용의 획일강행성, 경호규정의 기술성 등이 있다.[26] 경호관계법의 포괄적인 특성을 정의하여 설명하면 대통령경호처는 일반조직과 비교하여 보았을 때 유사한 것도 있지만 상이한 점도 발견할 수가 있다. 경호조직은 현대사회의 변화, 세계화 등에 따라 지상, 해상, 공중 경호를 위한 장비의 현대화 및 과학화에 맞추기 위한 기동성을 가지고 있으며, 여러 경호기능을 조종・통제하는 기능과 전체구조는 피라미드형을 구성하지만 그 속에서도 상하의 계층을 이루고 운용되므로 통합성과 계층성, 세계의 경호기관이 그러하듯 폐쇄성을 가진다. 테러행위의 지능화가 발달되므로 요원과 조직의 전문성이 요구되며 과거와는 달리 환경, 정치체계, 사건내용의 지능화 그리고 인간의 자기생

26) 김두현, 『경호경비법』, 와이제이, 1996, p. 50.

활수준 향상을 위해 대규모화를 유발하게 되었다.[27]

3) 경호대상

가. 대통령 등의 경호에 관한 법률 제4조(임무)

① 경호처의 경호대상은 다음과 같다.

1. 대통령과 그 가족
2. 대통령당선인과 그 가족
3. 본인의 의사에 반하지 아니하는 경우에 한하여 퇴임 후 10년 이내의 전직 대통령과 그의 배우자 및 자녀. 다만, 대통령이 임기만료 전에 퇴임한 경우와 재직 중 사망한 경우의 경호기간은 그로부터 5년으로 하고, 퇴임 후 사망한 경우의 경호기간은 퇴임 일부터 기산하여 10년을 넘지 아니하는 범위에서 사망 후 5년으로 한다.
4. 대통령권한대행과 그 배우자
5. 방한하는 외국의 국가원수 또는 행정수반과 그 배우자
6. 그 밖에 처장이 경호가 필요하다고 인정하는 국내외 요인

② 제1항 제1호 또는 제2호의 규정에 따른 가족의 범위는 대통령령으로 정한다.

「대통령 등의 경호에 관한 법률」에 의하면 경호대상에 대해서 외국의 기관과 차이점을 발견할 수 있는데 6항의 "대통령경호처장이 특히 호위가 필요하다고 인정하는 '국내외 요인'에 대한 호위" 부분이다. '국내외 요인'의 범위를 어떻게 볼 것인가에 관하여는 광·협의의 2가지로 나뉜다.

즉 이의 범위를 넓게 보려는 광의설에서는 대통령 등의 경호에 관한 법률

27) 이상은·김두현의 『경호경비법』에서 「경호조직의 특성」을 요약.

제4조 제1항 제1호 내지 제3호의 유추해석상 여기서의 국내외 요인은 대통령 또는 그와 유사한 정도의 신변의 보호가 필요한 자를 의미하는 것으로 보아야 한다는 것이다.

생각건대 법률상 '국내외 요인'으로 규정되어 있으므로 경호처장이 특히 호위의 필요성을 인정하기만 하면 누구든지 대통령경호처의 호위대상이 된다고 볼 수는 없다. 왜냐하면 만약 위와 같은 광의설을 따르게 되면 대통령경호처의 호위대상의 한계가 모호해질 우려가 있을 뿐 아니라 그 임무범위가 무한정 확대될 위험성이 있기 때문이다. 또한 경찰관 직무집행법 제2조 제2호에서 경찰관의 직무로도 '경비 또는 요인경호'가 규정되어 있으므로, 대통령경호처는 대통령 또는 그와 유사한 정도의 특별한 신변보호가 필요한 '국내외 요인'[28)]에 대한 경호임무를 수행하고 기타 호위가 필요한 국내외요인은 경찰이 경호임무를 수행함이 타당하다고 본다.[29)]

2010년 현재 3월 12일에 6차 개정된 「대통령 등의 경호에 관한 법률」에서는 이 같은 부분이 확대되어 대통령권한대행과 그 배우자, 방한하는 외국의 국가원수 또는 행정수반과 그 배우자가 추가되었지만 경호조직이 전문적으로 확고히 정착되고 있고 경호기법이 전문화된 시스템으로 정착되어 있느냐 하는 것은 그 나라에 민주주의가 되어 있는지, 얼마나 안정된 체제를 유지하는지와 깊은 함수관계를 갖고 있다. 대개 정치적으로 불안정하고 쿠데타가 잦은 국가는 군대가 경호를 하고, 대통령제로 국가를 운용하는 국가는 독립된 경호실이, 내각제 국가는 경찰이 경호를 담당하고 있다. 다원화되고 민주화된 국가일수록 경호시스템이 고도로 전문화되어 있고 경호기법도 이론적으로 체계화되어 있으며 경호원은 직업공직자로 되어 있다.[30)]

---

28) 외빈의 경우에 있어서도 대통령 또는 이와 같은 정도의 지위를 가진 요인을 의미한다.

29) 김두현, 『경호경비법』, 와이제이, 1996, pp. 75-76.

30) 이영래, 「요인테러의 실태분석에 의한 경호적 대응방안에 관한 연구」, 연세대학교 대학원 석사학위논문, 1998, p. 68.

우리는 여기서 눈여겨봐야 할 부분이 대통령과 유사한 정도의 신분에 속한 '국내외 요인'에 대한 정의다. 대통령경호처장이 정의하는 '국내외 요인'이라고 하는 것은 우리나라의 대통령과 비슷한 신분의 요인이라고 했는데, 이는 외국의 경우 대통령제에서는 대통령과 부통령 또는 총리를, 내각제하에서는 왕과 수상 또는 수상을 대신할 수 있는 각료를 말하는데 국가원수가 임무 수행의 불가능 시 그 임무를 수행할 법적 수행자는 국가원수의 경호기관이 담당하는 것이 보편타당하게 법적으로 되어 있는데, 이것이 우리와의 경우와 상이하게 나타난다.

나. 경찰관 직무집행법

경찰관의 직무수행에 필요한 사항을 규정하기 위해 1981년 4월 13일 법률 제3427호 제정·공포되어 2006년까지 6차례의 개정된 법으로 동법 제2조 제2호 경찰관의 직무범위에서 경비·요인경호 및 대간첩작전 수행을 규정하여, 요인경호를 포괄적으로 경찰관의 직무로 규정하고 있다.

따라서 경찰청 단독으로도 국내의 요인경호를 시행하고 있으며, 외빈의 경우도 "연도, 행사장 내·외곽, 공중 등에 대한 경호·경비는 대통령실경호처, 국방부, 경찰청이 소관별로 분담한다"[31]라고 언급하였으며 B급 총리[32]에 대해서 경찰청 단독으로 경호를 담당하고 있다.

---

31) 행정안전부, 『정부의전편람』, 2008, p. 163.

32) 행정안전부의 『정부의전편람』 2008년 자료에 의하면 통상 의원내각제 국가의 수상 등 행정수반을 맡고 있는 총리는 A급 총리, 대통령제 국가의 총리 등 행정수반을 맡지 않고 있는 총리는 B급 총리로 구분한다.

3. 대통령경호처의 연혁 및 현황

1) 제1, 2공화국 시절[33)]

제1공화국에 있어 경호는 1956년 8월 15일 제3대 이승만 대통령 취임 이후 4·19혁명 발발로 제1공화국이 붕괴될 당시까지 부통령 경호는 서울시경에서 담당했다. 그러나 1960년 제3차 개헌을 통해 대통령 중심제에서 내각책임제로 전환되면서 동년 6월 29일 '청와대 경찰관파견대(서울시경 소속 경찰관)'가 설치되었다.

이후 박정희 소장이 주도한 군사혁명은 경찰 경호를 마감시켰다. '국가재건최고회의 의장경호대'는 경호를 담당하였으며, 당시 청와대의 경비담당은 서울시경 소속 '청와대 경찰관파견대'가 맡았다. 1961년 6월 1일 창설된 중앙정보부는 「경호대서치령」을 제정하여 1961년 11월 18일 '중앙정보부 경호대'가 발족되었으며, 이를 통해 '군경호대'를 흡수했다. 즉 행정과·사전기획과·경호과·정보과·기동경호과 등 5개 과, 37명으로 편재된 경호대가 출범하였다. 이후 1962년 3월 24일 박정희 국가재건최고회의의장이 대통령 권한대행을 맡게 됨에 따라 1962년 9월 29일 경호대를 '경호실'로 개칭하였다. 이로써 특별전문 경호기관이 정착되었다.

2) 제3공화국에서 현대까지 대통령경호실

대통령경호실은 제3공화국 출범과 함께 탄생했다. 1963년 12월 14일 「대통령경호실법(법률 제1507호)」이 제정되어 대통령의 경호를 담당하는 전문기구로 경호실이 설치되었다.[34)] 이틀 후 「대통령경호실법시행령」이 공포되고,

---

33) http://www.pss.go.kr/warp/kr/data/old_security(2010년 4월 2일 검색).

34) 그에 대한 사전작업으로, 박 의장이 5대 대통령에 취임하기 사흘 전인 1963년 12월 14일 「대통령경호실법」이 공포되었다. 이틀 후 「대통령경호실법시행령」이 공포되고 다음날(12월

다음날(12월 17일) 박정희 대통령 취임과 동시에 대통령경호실이 발족했다.

대통령경호실이 창설된 후, 대통령이나 VIP의 경호에 있어서 측근경호는 경호실이 전담하게 되었고, 경찰은 외곽(2선 및 3선) 경호를 담당하는 역할분담이 이루어졌다.

2008년 행정안전부 통계연보에 의하면 대통령경호처 소속 공무원은 정무직 10명, 특정직 373명(전문경호공무원), 일반직 314명, 기능직 283명으로 총 980명에 이른다.[35)]

〈표 VI-4〉 대통령경호처 연혁

제3공화국	
1963	• 대통령경호실 창설(12.17) – 대통령경호실법 제정 · 공포(12.14)
1968	• 무장공비 청와대 습격 미수 사건(1.21사태)
1971	• 청와대 폭파기도 미수사건(중앙정보부 부산지부 검거)
제4공화국	
1974	• 청와대 폭파기도 미수사건(재일교포 2인 검거) • 박정희 대통령 시해 미수사건(육영수 여사 저격사건) – 대통령경호 · 경비안전대책위원회 설치(9 · 11)
1979	• 박정희 대통령 서거(10.26사건)
제5공화국	
1981	• 대통령경호실법 개정(1.29) – '대통령당선 확정자와 가족의 호위' – '전직 대통령과 배우자, 자녀의 호위'를 임무에 추가
1983	• 미얀마 아웅산 묘소 폭파사건
1987	• 대통령 당선자 경호임무 수행(노태우 대통령)

17일) 박정희 대통령 취임과 동시에 대통령경호실이 발족했다. 미국에서는 국토안보국 산하 비밀수사국(Security Service, 약칭 S.S)이 대통령 경호를 맡고 있다. 우리는 이를 본떠서, S.S 앞에 대통령을 뜻하는 P(Presidential)를 붙여 대통령경호실의 영어 약칭을 PSS로 정했다.

35) 행정안전부, 『통계연보』, 2008, p. 90.

제6공화국	
1988	• 전직 대통령 경호임무 수행(전두환 대통령) • 대통령 경호업무 협조체제 강화를 위한 기본 지침마련
1990	• 대통령 관저 준공(10.25)
1991	• 청와대 본관 준공(9.4), 경호임무 수행체제 변환
문민정부	
1993	• 청와대 앞길 및 인왕산 개방 등 경호체제 변환 • 경호유관시설 개방 및 무궁화동산 조성
1995	• 전두환 전직 대통령 경호임무 해제(경찰청으로 이관)
국민의 정부	
1999	• 교육훈련 강화를 위한 '경호종합훈련장' 개설
2000	• 대통령경호실법 개정 정치적 중립 및 신분보장 강화 – 경호직 공무원 신분을 별정직에서 특정직으로 전환 · 남북정상회담 개최에 따른 평양방문 경호임무 수행 · 제3차 아시아 유럽정상회의(ASEM) 경호임무 수행
참여정부	
2003	• 대통령휴양시설 청남대 반환, 경비 전담부대임무 해제
2004	• 대통령 탄핵에 따른 대통령 권한대행 경호임무 수행
2005	• 부산 APEC 경호안전임무 수행 • 대통령경호실법 제4차 개정(3.10) – 경호구역 지정 및 경호안전활동 근거 신설
이명박 정부	
2008	• 대통령경호처로 전환 – '대통령경호실법' 개정 → '대통령 등의 경호에 관한 법률'로 변경

자료 : http://www.pss.go.kr/pss/introduce/history.jsp(2010년 4월 2일 검색).

4. 대통령경호처의 임무 및 조직기능

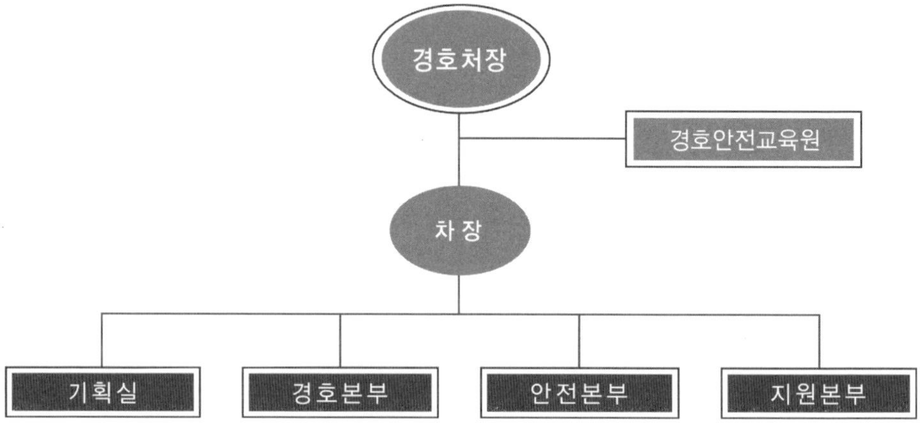

자료 : http://www.pss.go.kr/pss/introduce/organization.jsp(2010년 4월 2일 검색).

[그림 VI-4] 경호처 조직도

경호처의 조직은 경호처장, 차장, 기획실, 경호본부, 안전본부, 지원본부로 편성되며 경호전문교육기관을 위한 소속기관으로 경호안전교육원을 두고 있다. 각 부처에서 행하는 기능은 다음 <표 VI-5>와 같다.[36]

〈표 VI-5〉 경호처 부서별 업무표

부서	업무
기획실	• 국회, 예산 공보 등 대외업무 • 인사, 조직, 정원관리, 행정법무 업무 • 국가지도통신망 운용 및 청와대 정보통신업무
경호본부	• 대통령 및 가족에 대한 경호업무 • 방한하는 외국정상 · 행정수반 등 요인에 대한 경호
안전본부	• 국내 · 외 경호 관련 정보수집 및 보안업무 • 행사장 안전대책 강구 및 청와대 주변 대테러 업무 및 전직 대통령에 대한 경호

36) http://www.pss.go.kr/pss/introduce/organization.jsp(2010년 4월 2일 검색).

지원본부	• 행정업무, 시설관리, 경호차량 운행 등 경호행사 지원업무
경호안전교육원	• 경호안전관리와 관련되는 학술연구 및 장비개발 • 경호안전 관련 단체에 종사하는 자에 대한 수탁교육

자료 : http://www.pss.go.kr/pss/introduce/organization.jsp(2010년 4월 2일 검색).

경호처의 임무는 「대통령 등의 경호에 대한 법률」 제4조에 명시되어 있으며, 그 임무 내용은 대통령과 그 가족, 대통령 당선인과 그 가족, 대통령권한대행과 그 배우자, 본인의 의사에 반하지 아니하는 경우에 한하여 퇴임 후 7년 이내의 전직 대통령과 그 배우자 및 자녀, 방한하는 외국의 국가원수 또는 행정수반과 그 배우자, 그 밖에 경호처장이 경호가 필요하다고 인정하는 국내·외 요인이 경호의 대상이 된다.

교육과정의 발전방안

Chapter 07

제1절 경호관련학과 교육과정 발전방안의 결정요인

1. 현행교육과정이 교육목표와 타 학과 간의 차이요인의 관계

〈표 VII-1〉 현행교육 목표가 구체적으로 제시되어 있는가에 대한 결과

	평균 ± 오차	F	자유도	유의확률	다중비교
공경호 (37)	3.1351±0.1783	2.725	(2, 112)	0.070*	
민간경호 (48)	2.6458±0.1245				
교수 (30)	2.7667±0.1837				
합계 (115)	2.8348±0.09237				

주) * : $p<0.10$

<표 VII-1>에 의하면, 현행교육 목표가 구체적으로 제시되어 있는가에 대한 결과에 대한 분산분석(ANOVA) 검정결과 유의수준 0.05 이하에서 직업 간에 평균의 차이는 없었다. 각 직업에 종사하는 사람들이 비슷한 인식(그저 그렇다)을 가지고 있음을 보여주고 있다.

〈표 VII-2〉 현행교육 내용이 타 학과의 교육내용과 차이가 있는가에 대한 결과

	평균±오차	F	자유도	유의확률	다중비교
공경호 (38)	3.5000±0.1544	0.841	(2, 111)	0.434	
민간경호 (46)	3.2174±0.1316				
교수 (30)	3.3667±0.2170				
합계 (114)	3.3509±0.09323				

<표 VII-2>에 의하면, 현행교육 내용이 타 학과의 교육내용과 차이가 있는가에 대한 결과가 분산분석(ANOVA) 검정 결과 유의수준 0.05 이하에서 직업 간 인식의 차이는 없었다. 전체 평균값 95% 신뢰구간을 살펴보면 3.1662~3.5356으로 약하지만 타 계열의 교육내용과 차이가 있다고 보고 있다.

2. 현행 경호관련 이론분야 교육과정의 각 내용에 따라 공경호, 민간경호, 교수요원들의 차이점의 관계

〈표 VII-3〉 경호학의 직업 간의 차이점

	평균±오차	F	자유도	유의확률	다중비교
공경호 (39)	4.0256±0.1349	9.174	(2, 114)	0.0001***	교수>민간경호 교수>공경호
민간경호 (48)	3.8333±0.1240				
교수 (30)	4.6667±0.1541				
합계 (117)	4.1111±0.08391				

주) *** : $p<0.01$

<표 VII-3>에 의하면 경호학 관련과목의 필요성에 대한 질문의 직업 간 분산분석 결과 모두 필요하다고 대답을 하고 있으나 각 직업 간의 인식도는 크게 차이가 나고 있다. 민간경호 요원과 공경호 요원의 평균값의 95% 신뢰구간은 대략 3.58~4.30을 차지하고 있으나 교수의 평균값은 4.35~5.00으로 상당히 높은 것을 볼 수 있다.

실제로 던컨[1]의 다중비교 결과에 의하면 교수들이 인식하고 있는 필요성은 민간경호 요원보다 높고 공경호 요원보다도 높은 것으로 나타났다. 그러나 민간경호 요원과 공경호 요원 간에는 필요성에 대한 인식에서 특이한 차이가 나타나지 않았다.

〈표 VII-4〉 경호원리의 차이점

	평균±오차	F	자유도	유의확률	다중비교
공경호 (40)	3.97500±0.1409	0.096	(2, 115)	0.096*	
민간경호 (48)	4.0417±0.1330				
교수 (30)	4.4333±0.1774				
합계 (118)	4.1186±0.0861				

주) * : $p<0.10$

<표 VII-4>에 의하면, 경호원리 관련과목의 필요성에 대한 질문의 직업 간 분산분석(ANOVA) 결과 모두 필요하다고 대답을 하고 있으며, 각 직업 간의 인식도는 차이가 없었다. 전체 평균을 살펴본 결과 95% 신뢰구간이 대략 3.94~4.29 사이에 있어 직업에 관계없이 필요하다고 인식함을 알 수 있다.

1) Duncan, A, J. 「Quality control and industrial statistics」, Richard D. Irwin, Inc., Homewood, Illinois, 1974.

〈표 VII-5〉 위기대처 관련과목의 필요성

	평균±오차	F	자유도	유의확률	다중비교
공경호 (40)	4.2500±0.1328	0.859	(2, 115)	0.426	
민간경호 (48)	4.2917±0.1363				
교수 (30)	4.0333±0.1477				
합계 (118)	4.2119±0.08061				

<표 VII-5>에 의하면, 위기대처 관련과목의 필요성에 대한 질문의 직업 간 분산분석(ANOVA) 결과 모두 필요하다고 대답을 하고 있지만 각 직업 간의 인식도는 차이가 없었다. 전체 평균을 살펴본 결과 95% 신뢰구간이 대략 4.10~4.30 사이에 있어 직업에 관계없이 필요하다고 인식함을 알 수 있다.

〈표 VII-6〉 시설경비 관련과목의 필요성

	평균±오차	F	자유도	유의확률	다중비교
공경호 (40)	2.9000±0.1423	1.637	(2, 115)	0.199	
민간경호 (48)	3.1458±0.1428				
교수 (30)	3.3000±0.1671				
합계 (118)	3.1017±0.08712				

<표 VII-6>에 의하면, 시설경비 관련과목의 필요성에 대한 질문의 직업 간 분산분석(ANOVA) 결과 모두 필요하다고 대답하고 있으며 각 직업 간의 인

식도는 차이가 없었다. 전체 평균을 살펴본 결과 95% 신뢰구간이 대략 3.00~3.20 사이에 있어 직업에 관계없이 필요하다고 인식함을 알 수 있다.

〈표 VII-7〉 안전학

	평균±오차	F	자유도	유의확률	다중비교
공경호 (40)	3.2500±0.1279	1.378	(2, 115)	0.256	
민간경호 (48)	3.5625±0.1456				
교수 (30)	3.5333±0.1777				
합계 (118)	3.4492±0.08646				

<표 VII-7>에 의하면, 안전학 관련과목의 필요성에 대한 질문의 직업 간 분산분석(ANOVA) 결과 모두 필요하다고 대답하고 있으며 각 직업 간의 인식도는 차이가 없었다. 전체 평균을 살펴본 결과 95% 신뢰구간이 대략 3.40~3.60 사이에 있어 직업에 관계없이 필요하다고 인식함을 알 수 있다.

〈표 VII-8〉 교통안전 관련과목의 필요성

	평균±오차	F	자유도	유의확률	다중비교
공경호 (40)	3.1500±0.1738	4.158	(2, 115)	0.018**	공경호>교수 민간경호>교수
민간경호 (48)	3.1667±0.1407				
교수 (30)	2.5333±0.1840				
합계 (118)	3.0000±0.09704				

주) ** : $p<0.05$

<표 VII-8>에 의하면, 교통안전 관련과목의 필요성에 대한 질문의 직업 간 분산분석(ANOVA) 결과 교수요원들은 필요성이 약한 반면 공경호 요원, 민간경호 요원은 필요하다고 대답하고 있으므로 각 직업 간의 인식도는 차이가 나고 있다. 민간경호 요원과 공경호 요원의 평균값의 95% 신뢰구간은 대략 3.00~3.35를 차지하고 있으나 교수의 평균값은 2.33~2.72로 낮은 것을 볼 수 있다.

실제로 던컨(Duncan, 1974)의 다중비교 결과에 의하면, 교수들이 인식하고 있는 필요성은 민간경호 요원보다 낮고 공경호 요원보다도 낮은 것으로 나타났다. 그러나 민간경호 요원과 공경호 요원 간에는 필요성에 대한 인식에서 특이한 차이가 나타나지 않았다.

〈표 VII-9〉 소방학

	평균±오차	F	자유도	유의확률	다중비교
공경호 (40)	3.2250±0.1660	5.604	(2, 115)	0.005***	공경호>교수 민간경호>교수
민간경호 (48)	2.9375±0.1242				
교수 (30)	2.4000±0.2228				
합계 (118)	2.8983±0.09807				

주) *** : $p<0.01$

<표 VII-9>에 의하면, 소방학 관련과목의 필요성에 대한 질문의 직업 간 분산분석(ANOVA) 결과 교수요원들은 필요성이 약한 반면 공경호 요원, 민간경호 요원은 필요하다고 대답을 하고 있으므로 각 직업 간의 인식도는 차이가 나고 있다. 민간경호 요원과 공경호 요원의 평균값의 95% 신뢰구간은

대략 2.80～3.40을 차지하고 있으나 교수의 평균값은 2.10～2.62로 낮은 것을 볼 수 있다.

실제로 던컨(Duncan, 1974)의 다중비교 결과에 의하면 교수들이 인식하고 있는 필요성은 민간경호 요원보다 낮고 공경호 요원보다도 낮은 것으로 나타났다. 그러나 민간경호 요원과 공경호 요원 간에는 필요성에 대한 인식에서 특이한 차이가 나타나지 않았다.

〈표 VII-10〉 의전비서학

	평균±오차	F	자유도	유의확률	다중비교
공경호 (40)	3.1000±0.1511	18.098	(2, 114)	0.000***	교수>공경호 민간경호>공경호
민간경호 (47)	4.2766±0.1205				
교수 (30)	3.9667±0.1887				
합계 (117)	3.7949±009752				

주) *** : p<0.01

<표 VII-10>에 의하면, 의전비서학 관련과목의 필요성에 대한 질문의 직업 간 분산분석(ANOVA) 결과 교수요원들과 민간경호 요원들은 필요하다고 한 반면, 공경호 요원은 상대적으로는 필요성에 대한 인식이 약한 것으로 나타났다. 따라서 각 직업 간의 인식도는 차이가 나고 있다. 민간경호 요원과 교수요원의 평균값의 95% 신뢰구간은 대략 3.80~4.40을 차지하고 있으나 공경호 요원의 평균값은 대략 3.00~3.2로 낮은 것을 볼 수 있다.

실제로 던컨(Ducan, 1974)의 다중비교 결과에 의하면, 교수들이 인식하고 있는 필요성은 공경호 요원보다 높고 민간경호 요원보다는 낮은 것으로 나타났다. 그리고 민간경호 요원이 공경호 요원보다는 필요성에 대한 인식에서

상당히 높은 것으로 나타났다.

〈표 VII-11〉 산업안전 관련과목의 필요성

	평균±오차	F	자유도	유의확률	다중비교
공경호 (40)	2.7750±0.1315	1.105	(2, 115)	0.335	
민간경호 (48)	2.8333±0.1002				
교수 (30)	2.5667±0.1567				
합계 (118)	2.7458±0.07240				

<표 VII-11>에 의하면, 산업안전 관련과목의 필요성에 대한 질문의 직업 간 분산분석(ANOVA) 결과 어느 정도는 필요하다고 대답을 하고 있지만 각 직업 간의 인식도는 차이가 없었다.

전체 평균을 살펴본 결과 95% 신뢰구간이 대략 2.81~2.81 사이에 있는 것으로 보아 직업에 관계없이 어느 정도는 필요하다고 인식하고 있다.

〈표 VII-12〉 행정학

	평균±오차	F	자유도	유의확률	다중비교
공경호 (40)	2.8500±0.1662	8.078	(2, 115)	0.001***	교수>공경호 교수>민간경호
민간경호 (48)	3.1458±0.1297				
교수 (30)	3.7667±0.1639				
합계 (118)	3.2034±0.09289				

주) *** : p<0.01

<표 VII-12>에 의하면, 행정학 관련과목의 필요성에 대한 질문의 직업 간 분산분석(ANOVA) 결과 교수요원들이 민간경호 요원들과 공경호 요원들보다 상대적으로는 필요성에 대한 인식이 강하게 나타났다. 따라서 각 직업 간의 인식도는 차이가 나고 있다. 교수요원의 평균값의 95% 신뢰구간은 대략 3.60~3.90을 차지하고 있으나 민간경호 요원과 공경호 요원의 평균값은 대략 2.69~3.26으로 교수들보다 낮은 것을 볼 수 있다. 실제로 던컨(Ducan, 1974)의 다중비교 결과에 의하면 교수들이 인식하고 있는 필요성은 공경호 요원과 민간경호 요원보다는 높은 것으로 나타났다. 그리고 민간경호 요원과 공경호 요원들 간에는 필요성에 대한 인식에서 그다지 큰 차이가 나지 않는 것으로 나타났다.

〈표 VII-13〉 경찰학

	평균±오차	F	자유도	유의확률	다중비교
공경호 (40)	3.0500±0.1559	2.487	(2, 115)	0.088*	
민간경호 (48)	3.4375±0.1425				
교수 (30)	3.5000±0.1572				
합계 (118)	3.3220±0.08916				

주) * : $p<0.10$

<표 VII-13>에 의하면, 경찰학 관련과목의 필요성에 대한 질문의 직업 간 분산분석(ANOVA) 결과 어느 정도는 필요하다고 대답을 하고 있지만, 각 직업 간의 인식도는 차이가 없었다. 전체 평균을 살펴본 결과 95% 신뢰구간이 대략 3.24~3.40 사이에 있어 직업에 관계없이 어느 정도는 필요하다고 인식함을 알 수 있다.

〈표 VII-14〉 심리학

	평균±오차	F	자유도	유의확률	다중비교
공경호 (40)	3.2750±0.1717	5.272	(2, 115)	0.006***	교수>공경호 민간경호>공경호
민간경호 (48)	4.0000±0.1459				
교수 (30)	3.7667±0.1958				
합계 (118)	3.6949±0.003				

주) *** : $p<0.01$

<표 VII-14>에 의하면, 심리학 관련과목의 필요성에 대한 질문의 직업 간 분산분석(ANOVA) 결과 교수요원들과 민간경호 요원들이 필요성에 대한 인식에 강하고 교수요원이 민간경호 요원들의 인식보다는 약한 반면 공경호 요원들의 필요성의 인식은 민간경호 요원, 교수요원들의 필요성의 인식보다는 상대적으로는 필요성에 대한 인식이 약하다고 나타났다. 따라서 각 직업 간의 인식도는 차이가 나고 있다. 민간경호 요원과 교수요원의 평균값의 95% 신뢰구간은 대략 3.57~4.14를 차지하고 있으나 공경호 요원의 평균값은 대략 3.10~3.44로 상대적으로 낮은 것을 볼 수 있다. 실제로 던컨(Ducan, 1974)의 다중비교 결과에 의하면 교수들이 인식하고 있는 필요성은 공경호 요원보다 높고 민간경호 요원보다는 낮은 것으로 나타났다. 그리고 민간경호 요원이 공경호 요원보다는 필요성에 대한 인식에서 상당히 높은 것으로 나타났다.

〈표 VII-15〉 스포츠교육학

	평균±오차	F	자유도	유의확률	다중비교
공경호 (40)	3.3500±0.1979	4.554	(2, 115)	0.012**	교수>공경호 교수>민간경호
민간경호 (48)	3.3542±0.1503				
교수 (30)	4.0333±0.1477				
합계 (118)	3.5254±0.1012				

주) ** : p<0.05

<표 VII-15>에 의하면, 스포츠교육학 관련과목의 필요성에 대한 질문의 직업 간 분산분석(ANOVA) 결과 교수요원들은 필요하다고 한 반면 민간경호 요원, 공경호 요원들은 상대적으로는 필요성에 대한 인식이 약하다고 나타났다.

따라서 각 직업 간의 인식도는 차이가 나고 있다. 교수요원의 평균값의 95% 신뢰구간은 대략 3.89~4.17을 차지하고 있으나 민간경호 요원, 공경호 요원의 평균값은 대략 3.15~3.54로 나타났다. 실제로 던컨(Ducan, 1974)의 다중비교 결과에 의하면 교수들이 인식하고 있는 필요성은 공경호 요원, 민간경호 요원보다는 높은 것으로 나타났다. 그리고 민간경호 요원과 공경호 요원은 필요성에 대한 인식에서 차이가 없는 것으로 나타났다.

〈표 VII-16〉 운동생리 관련과목의 필요성

	평균±오차	F	자유도	유의확률	다중비교
공경호 (40)	2.9000±0.1819	3.987	(2, 115)	0.021*	교수>공경호 교수>민간경호
민간경호 (48)	3.2292±0.1496				
교수 (30)	3.6333±0.1887				
합계 (118)	3.2203±0.1015				

주) * : $p<0.10$

<표 VII-16>에 의하면, 운동생리 관련과목의 필요성에 대한 질문의 직업 간 분산분석(ANOVA) 결과 교수요원들은 필요하다고 한 반면 공경호 요원, 민간경호 요원은 상대적으로 필요성에 대한 인식이 약하다고 나타났다. 따라서 각 직업 간의 인식도는 차이가 나고 있다. 교수요원의 평균값의 95% 신뢰구간은 대략 3.45~3.81을 차지하고 있으나 공경호 요원, 민간경호 요원의 평균값은 대략 2.72~3.36으로 나타났다. 실제로 던컨(Ducan, 1974)의 다중비교 결과에 의하면 교수들이 인식하고 있는 필요성은 공경호 요원, 민간경호 요원보다 높은 것으로 나타났다. 그리고 민간경호 요원과 공경호 요원이 필요성에 대한 인식에서 차이가 없는 것으로 나타났다.

〈표 VII-17〉 사회학

	평균±오차	F	자유도	유의확률	다중비교
공경호 (40)	3.2750±0.1790	1.575	(2, 115)	0.211	
민간경호 (48)	3.1042±0.1236				
교수 (30)	3.5000±0.1572				
합계 (118)	3.2627±00888				

<표 VII-17>에 의하면, 사회학 관련과목의 필요성에 대한 질문의 직업 간 분산분석(ANOVA) 결과 필요하다고 대답을 하고 있지만 각 직업 간의 인식도는 차이가 없었다. 전체 평균을 살펴본 결과 95% 신뢰구간이 대략 3.16~3.34 사이에 있어 직업에 관계없이 어느 정도는 필요하다고 인식함을 알 수 있다.

〈표 VII-18〉 스포츠의학

	평균±오차	F	자유도	유의확률	다중비교
공경호 (40)	2.8000±0.1349	0.465	(2, 115)	0.629	
민간경호 (48)	2.7917±0.1152				
교수 (30)	2.9667±0.1625				
합계 (118)	2.839±0.07704				

<표 VII-18>에 의하면, 스포츠의학 관련과목의 필요성에 대한 질문의 직업 간 분산분석(ANOVA) 결과 어느 정도는 필요하다고 대답을 하고 있지만 각 직업 간의 인식도는 차이가 없었다. 전체 평균을 살펴본 결과 95% 신뢰구간이 대략 2.76~2.90 사이에 있어 직업에 관계없이 어느 정도는 필요하다고 인식함을 알 수 있다.

〈표 VII-19〉 법률학

	평균±오차	F	자유도	유의확률	다중비교
공경호 (40)	2.9000±0.1747	16.324	(2, 115)	0.0001***	교수〉공경호 민간경호〉공경호
민간경호 (48)	3.9792±0.1532				
교수 (30)	4.2000±0.1819				
합계 (118)	3.6695±0.1097				

주) *** : p<0.01

<표 VII-19>에 의하면, 법률학 관련과목의 필요성에 대한 질문의 직업 간 분산분석(ANOVA) 결과 교수요원들과 민간경호 요원들은 필요하다고 한 반면, 공경호 요원은 상대적으로는 필요성에 대한 인식이 약하다고 나타났다. 따라서 각 직업 간의 인식도는 차이가 나고 있다. 교수요원들과 민간경호 요원의 평균값의 95% 신뢰구간은 대략 3.82~4.38을 차지하고 있으나 공경호 요원의 평균값은 대략 2.72~3.07로 나타났다.

실제로 던컨(Ducan, 1974)의 다중비교 결과에 의하면 교수요원들과, 민간경호 요원들이 인식하고 있는 필요성은 공경호 요원보다 높은 것으로 나타났다. 그리고 민간경호 요원과 공경호 요원의 필요성에 대한 인식에서 민간경호 요원이 공경호 요원들보다 필요성에 대한 인식이 높은 것으로 나타났다.

〈표 VII-20〉 테러학

	평균±오차	F	자유도	유의확률	다중비교
공경호 (40)	3.7750±0.1660	0.723	(2, 115)	0.488	
민간경호 (48)	3.8542±0.1603				
교수 (30)	4.0667±0.1511				
합계 (118)	3.8814±0.09413				

<표 VII-20>에 의하면, 테러학 관련과목의 필요성에 대한 질문의 직업 간 분산분석(ANOVA) 결과 필요성에 대한 인식이 필요하다고 대답을 하고 있지만 각 직업 간의 인식도는 차이가 없었다. 전체 평균을 살펴본 결과 95% 신뢰구간이 대략 3.79~4.00 사이에 있어 직업에 관계없이 필요하다고 인식함을 알 수 있다.

〈표 VII-21〉 실무외국어 관련과목의 필요성

	평균±오차	F	자유도	유의확률	다중비교
공경호 (40)	4.2000±0.1609	2.727	(2, 112)	0.070*	
민간경호 (45)	4.0889±0.1304				
교수 (30)	4.6000±0.1768				
합계 (115)	4.2609±0.08999				

주) * : $p<0.10$

<표 VII-21>에 의하면, 실무외국어 관련과목의 필요성에 대한 질문의 직업 간 분산분석(ANOVA) 결과 필요성에 대한 인식이 상당히 필요하다고 대답을 하고 있지만, 다들 높은 수치로 필요하다고 했으므로 직업 간의 인식도는 차이가 없었다. 전체 평균을 살펴본 결과 95% 신뢰구간이 대략 4.16~4.34 사이에 있어 직업에 관계없이 상당히 필요하다고 인식함을 알 수 있다.

〈표 VII-22〉 무도학

	평균±오차	F	자유도	유의확률	다중비교
공경호 (40)	3.6250±0.1589	1.865	(2, 112)	0.160	
민간경호 (45)	3.4222±0.1123				
교수 (30)	3.8333±0.1799				
합계 (115)	3.6000±0.08539				

<표 VII-22>에 의하면, 무도학 관련과목의 필요성에 대한 질문의 직업 간 분산분석(ANOVA) 결과 필요성에 대한 인식이 필요하다고 대답을 하고 있지만 직업 간의 인식도는 차이가 없었다. 전체 평균을 살펴본 결과 95% 신뢰구간이 대략 3.52~3.68 사이에 있어 직업에 관계없이 필요하다고 인식함을 알 수 있다.

〈표 VII-23〉 철학 관련학

	평균±오차	F	자유도	유의확률	다중비교
공경호 (40)	2.5250±0.1432	14.174	(2, 112)	0.0001***	교수>공경호 교수>민간경호
민간경호 (45)	2.4000±0.1206				
교수 (30)	3.5000±0.2020				
합계 (115)	2.7304±0.09593				

주) *** : $p<0.01$

<표 VII-23>에 의하면, 철학 관련학 관련과목의 필요성에 대한 질문의 직업 간 분산분석(ANONA) 결과 교수요원들은 필요하다고 한 반면 공경호 요원, 민간경호 요원들은 상대적으로는 필요성에 대한 인식이 약한 것으로 나타났다. 따라서 각 직업 간의 인식도는 차이가 나고 있다. 교수요원들의 평균값의 95% 신뢰구간은 대략 3.30~3.70을 차지하고 있으나 공경호 요원, 민간경호 요원의 평균값은 대략 2.28~2.66으로 낮은 것을 볼 수 있다. 실제로 던컨(Ducan, 1974)의 다중비교 결과에 의하면 교수들이 인식하고 있는 필요성은 공경호 요원, 민간경호 요원보다 높은 것으로 나타났다. 그리고 민간경호 요원과 공경호 요원들의 필요성에 대한 인식에서는 차이가 없는 것으로 나타났다.

제2절 논 의

본 연구는 경호 관련학과의 교육과정 발전방안을 각 경호분야의 교육과정 중요도의 관계를 심층적으로 규명하고 이 연구결과를 바탕으로 교육과정의 발전방향을 미래지향적이고 독창적인 경호 관련학과를 발전시키기 위해서 논의하고자 한다.

1. 현행 교육목표와 타 학과의 교육내용 차이의 관계

분석결과에서 현행 교육목표는 직업 간의 차이는 없었지만 경호관련 교육과정의 현행 교육내용에는 공통적으로 "그저 그렇다"로 나타나고 있음을 보여주고 있다. 즉 세 집단을 충분히 충족시켜 주지 못하는 것을 나타내고 있다.

대부분 체육학습에서 보면 체육교육목표의 일차적인 책임은 체육지도자(교사)를 통해서 학업성취를 얻게 하는 데 있다고 주장하였다.[2)]

이와 같이 경호 관련학과의 현행 교육목표에 접근하기 위해서는 경호 관련분야의 지도자 및 교수요원들의 역할이 중요하겠다. 또한 현행 경호 관련학과의 교육내용이 타 학과의 교육내용과 차이는 없었다.

신뢰값(reliability-value)은 적지만 타 계열의 교육내용과는 차이가 있다고 보고 있다. Ennis(1996),[3)] Sanders & Graham(1995)은 체육교사가 학생 특성에 맞게 교수법 및 과제를 공평하게 개발할 기회가 제공되어야 한다고 주장하고 있다. 이와 같이 경호 관련학과도 타 학과와 차이점을 주기 위해서는 체육

---

2) Clark, C. M. & Peterson, 「P. L. Teachers thought processes」, In M. C. Wittrock(Ed.) *Handbook of Research on Teaching,* New York : Macmillan, 1986, pp. 255-296.
J. & Good, T. L. 「Teacher behavior and student achievement」, In M. C. Wittrock(Ed.), *Handbook of Research on Teaching,* New York : Macmillan, 1986, pp. 328-375.

3) Ennis, C., *Students' experiences in sport-based physical education : Apologies are necessary,* Quest, 1996, pp. 48, 453-456.

학과와 마찬가지로 교수의 과제의 개발과 독창적인 경호 관련학과의 교수법을 연구하여야 한다.

2. 현행 경호관련 이론분야 교과과정의 공경호, 민간경호, 교수요원 차이의 관계

현행 교육과정의 이론분야는 각 집단 간 경호이론의 중요성이 다르게 나타났다.

각 집단 간의 합계로 볼 때 평균점이 높은 것으로는 실무외국어, 위기대처론, 경호원리, 경호학, 테러학, 의전비서학, 심리학, 법률학, 무도학, 스포츠교육학, 경비학, 안전학, 경찰학 순으로 중요도가 나타났다.

위에서 본 것과 같이 경호이론분야는 여러 분야에 광범위하게 접근하는 것으로 나타나고 있다.

이범제(1992)[4]는 체육계열 학과의 교육과정 이론분야에 해당하는 교과목과는 전체적으로 다른 맥락으로 나타났다. 즉 체육학 분야와는 달리 경호이론분야는 경호학, 의전비서, 경비, 법률, 경찰 등 구체적으로 경호학 이론분야 자체적·독창적으로 연구가 정립되어야 한다.

공경호, 민간경호, 교수요원들 간에 약간의 차이가 있는 것으로 나타났다.

공경호에서는 위기대치론, 외국어, 경호학, 심리학, 테러학 등에 중요성을 두고 있으며, 질적 연구방법의 비공개 심층면담결과 공경호에서는 국가원수를 위해서 투철한 사명감과 책임감, 도덕성을 강조하는 심리적 측면의 교육과정이 중요한 것으로 나타났다.

민간경호에서는 의전비서, 경호원리, 위기대치론, 법률학 등에 중요성을 두고 있다.

---

4) 이범제, 「체육계 학과의 교육과정 비교 연구」, 국민대학교 대학원 박사학위논문, 1992.

질적 연구방법의 결과로는 양적 연구와 달리 전산이론, 통신이론에 관한 교육과정이 중요하다고 강조하였다.

교수요원에서는 경호학, 경호원리, 경비학, 테러학, 외국어, 체육학의 중요도로 나타났다.

질적 연구방법의 결과는 경호학의 전반적인 이론과 체육학 이론으로의 접근이 비중 있게 설명되고 있다.

이와 같이 본 연구에서는 공경호, 민간경호, 교수요원 간에 어느 정도 차이가 있게 나타났다. 이 연구결과를 바탕으로 구체적이고 체계적인 경호이론 교육과정의 개발이 필요하겠다.

3. 경호관련 무도분야 교육과정의 공경호, 민간경호, 교수요원 차이의 관계

각 집단 간에 경호무도분야 교육과정이 차이가 나타났다. 각 집단 간의 공경호와 교수요원들은 경호무도의 중요성을 강조하고 민간경호는 호신술을 강조했다.

현재 체육계열 교육과정에 관련 연구동향은 여러 분야별로 발전되어 왔다.

사회체육학과 교육과정 연구분야에서는 김경숙(1994), 노희덕 · 김방출(1991), 장연인(1991)이, 체육교육과정 연구에서는 최의창(1996), 노일환(1995), 강신복 · 조미혜 · 교육부(1997), 조순묵(1994)이, 학교체육교육과정 연구에서는 교육개혁위원회(1995), 김영환(1997), 조연순(1997), 김만의(1996), 정성태(1997), 김용옥 · 안양옥(1994), 이충환 · 원충희(1993)가, 국제 간의 체육교육과정 연구에서는 엄기진(1983), 이광재(1990)가 각각 관련 분야에서 연구하고 있다.[5]

---

5) 김경숙, 「사회체육학과 교육과정 방향탐색에 관한 연구」, 한국체육학회지, 33(2), 1994, pp. 254-267.
노희덕 · 김방출, 「한국 대학의 체육계 학과 전문교육과정의 변천에 관한 연구」, 서울대 체

이와 같이 체육분야 교육과정은 전체적으로 연구되어 왔으나, 경호학 분야에서는 경호 관련학과 교육과정 연구의 모형 개발이 아직까지 이루어지지 않고 있다.

이러한 결과는 경호학 교육과정 연구의 동기부여 기회가 될 것으로 사료되어 의의 있는 결과로 여겨진다.

질적 연구방법인 심층면담 결과에서도 공경호의 무도관련 교육과정에는 특공무술(경호무도)의 우발 시(상황)에 일어나는 차량경호, 도보 시, 행사장 경호무도가 특수성에 따라 경험과 수련이 필요하다고 나타났다.

민간경호에서도 각종 상황에서 일어나는 건물, 주거에 있는 위해자로부터의 방어와 제압을 하는 도수법(호신술) 교육과정이 필요하다고 강조한다.

교수요원에서는 공경호와 마찬가지로 피경호인을 공격보다는 방어의 개념에 바탕을 둔 경호무도의 강조성을 비중 있게 답변하고 있다.

이와 같이 현재 우리나라의 IMF체제에서 범죄와 생활 테러, 스토킹, 폭력 등의 시대적 흐름에 따라 민간경호의 시장은 날로 확대되어 있고 특히 신변보호, 재산보호, 건물관리 등을 위한 경호관련 무도의 연구는 경호분야, 체육학, 민생치안 등에 커다란 효과가 있을 것으로 사료된다.

육연구소 논문집, 제12권 1호, 1991, pp. 19–28.
장영인, 「대학 사회체육학과의 교육과정에 관한 연구」, 순천대학논문집(인문사회과학), 제10집, 1991, pp. 111–124.
최의창(편), 『체육교육과정탐구』, 서울 : 태근문화사, 1996.
노일환, 「한 · 일 체육교육과정 비교분석 II; 중등학교 제6차 개정안을 중심으로」, 공주대교육연구, 제10집, 1995, pp. 43–66.
조미혜, 「제7차 체육과 교육과정 개정에 따른 체육교육과정 변천의 탐색」, 한국 스포츠교육학회지, 4(1), 1997, p. 3.
교육개혁위원회, 「세계화 · 정보화시대를 주도하는 신교육체제 수립을 위한 교육개혁방안」, 1995.
김용옥, 「현행국민학교 체육교육과정의 운영실태 분석 및 그 개선방안 연구」, 한국체육학회지, 33(1), 1994, pp. 49–64.
엄기진, 「한 · 일 체육과 교육과정 변천 비교 연구」, 강원대학교 인문학연구, 제18집, 1983, pp. 153–180.

4. 경호관련 체육실기, 레저분야 교육과정의 공경호, 민간경호, 교수요원 인식 차이의 관계

공경호, 민간경호, 교수요원 집단 간에 체육실기, 레저실기 영역에서 차이가 나타나지 않았다.

집단 간 공통적으로 스포츠 마사지 교과목이 높게 나타났다.

이와 같은 결과는 이범제(1992)의 연구에서 육상, 체조, 수영 교육과정이 높게 나타난 것과는 다르다.

부분적 맥락에서는 경호관련 학과의 교육과정과 체육계열 교육과정, 실기 교과목이 일치하지만, 전체적으로 체육계열이 경호관련 업종의 특수성을 바탕으로 경호관련 학과 체육 · 레저 실기교육과정의 개발이 수행되어야 할 것이다.

경호상황에 따라 체육 · 레저 실기분야의 중요성, 각 집단의 평균값과 인식은 낮게 나타났다.

즉 다른 독립변인 이론, 무도실기, 경호실습 영역과 달리 체육, 레저 실기의 중요도 인식이 낮게 나타나 앞으로의 경호관련 교육과정을 설계하는 데 기본적인 자료가 될 것으로 사료된다.

현재 체육계열(체육교육, 사회체육, 체육학과)과 무도계열(태권도, 유도, 합기도, 검도…) 학과의 경우 자격증과 졸업 후 취업이 보장되어 있는 실정이다.

그러므로 경호관련 학과도 경호무도 자격증을 취득할 수 있는 교육과정과 조직적이고 체계적, 총체적인 교육과정의 정립이 필요하다.

5. 경호관련 실무분야 교과과정의 각 내용에 대한 공경호, 민간경호, 교수요원 차이의 관계

세 집단 간에 7개 항목 즉 사격, 경호실무실습, 구급법, 극기훈련, 기계경비, 문서작성법, 독도법은 공경호와 민간경호에 어느 정도는 일치하지만 교수요원의 인식도는 다르게 나타났다.

집단별로 살펴보면 공경호는 사격, 구급법, 경호실무실습 순으로 높게 나타났고 민간경호에서는 경호실무실습, 사격, 구급법 순으로 비중 있게 나타난 반면, 교수요원에서는 경호실무, 구급법, 기계경비 순으로 나타났다.

질적 연구방법에서는 공경호에서 현장 경호 실무실습 상황에 따른 의전수행실습과 사격실습의 교육과정이 필요한 것으로 나타났고, 민간경호에서는 양적 방법과 달리 경호운전, 기계경비실습, 컴퓨터실습이 중요한 것으로 나타났다.

교수요원에서는 공경호, 민간경호(경비업체)의 실습과 기계정비실습, 문서작성과 의전비서실습도 중요하다고 제시하고 있다.

이와 같은 논의 결과로 볼 때 경호실습분야 교육과정에 대한 변인들은 다른 변인, 즉 이론, 체육・레저 실기와 다르게 평균값이 전체적으로 높게 나타났다.

이러한 결과 앞으로 경호관련 학과 교육과정의 모형정립을 할 때 비중 있게 논의되어야 할 것이다.

또한 경호실무분야의 교육과정에서 공경호는 법적인 지휘보장이 있는데 민간경호가 없기 때문에 대학에서는 교육과정에서 법률적으로 고려하여 경호실습분야를 연구하고 경찰과 민간단체가 협조할 수 있는 교육과정의 방안을 다양하게 마련해야 한다.

제3절 결론 및 제언

1. 결론

본 연구는 현행 경호관련 학과의 가설을 바탕으로 하여 교육과정을 분석하고 경호관련 분야, 즉 공경호 요원, 민간경호 요원, 교수요원의 각 집단 간 교육과정의 차이점과 중요성을 규명하며 미래지향적인 경호관련 학과 발전 방향 정립을 그 목적으로 한다. 이를 위하여 본 연구는 현행 교육과정을 토대로 4개의 독립변인을 두어 변인 간 결과와 각 변인들의 특성을 분석하였다.

이와 같은 연구목적에 도달하기 위하여 본 연구 표집을 세 부류로 분류하여 응답을 조사하였다. 즉 공경호 요원, 민간경호 요원, 교수요원에 근무하고 있는 집단을 표본추출방법 중의 하나인 자기기입적 설문지를 이용하여 총 121명을 표집하였다.

정확한 자료수집을 위하여 설문지기법(양적 방법)과 심층면담기법(질적 방법)을 같이 사용하여 신뢰도를 검사한 후 설문지를 작성하도록 하였고 이에 따른 결과에 대한 자료분석은 one way ANOVA분석과 빈도분석을 통해서 이루어졌다. 그 결과를 바탕으로 하여 본 연구에서는 다음과 같은 결론을 제시할 수 있다.

첫째, 현행 교육과정 내용에 대한 각 집단 간(공경호 요원, 민간경호 요원, 교수요원)의 견해 차이는 없지만 경호관련 학과 내용 전체에 대한 인식은 부정적임을 알 수 있었다. 따라서 현행 교육과정이 독창성 있게 개선·발전되어야 한다.

둘째, 현행 경호관련 학과의 이론 영역 중 경호학, 교통안전, 소방학, 의전비서학, 행정학, 심리학, 스포츠교육학, 운동생리학, 법률학, 철학의 교육과정에 대한 인식도에 있어서 집단 간의 차이가 유의한 수준이어서 다중비교를 통한 집단 간 차이점을 알 수 있었다. 하지만 나머지 교육과정에 대해서는 세 집단 간의 평균값에 약간의 차이가 있었으나 유의수준 정도로 차이는 없었다.

본 연구결과를 통해서 현행의 이론분야들 및 체계에서는 민간경호를 활성화시킬 수 있는 교육과정이 미비한 실정임을 알 수 있었다. 왜냐하면 경호시장에서 민간경호시장이 장차 증대할 것이라고 예측되며 미래지향적 관점에서 이에 대비할 필요가 있기 때문이다.

이에 따라 민간경호에 관한 이론적 교과목의 확충이 절실하겠다. 즉 기계경비이론, 통신이론, 컴퓨터이론 등의 교육과정 모델이 정립되어야 할 것이다. 또한, 민간경호활동은 법적 제도에 의해서 충분히 그 지위를 보장받지 못하고 있다. 하지만 한편으로 민간경호활동은 민생치안의 경찰활동과 관련이 있기 때문에 법률학이나 경찰학의 교육과정이 부가적으로 연구되어야 한다.

셋째, 현행 경호관련 현황과 무도분야 영역에서는 태권도, 합기도, 호신술 교육과정의 유의확률이 충분히 높게 나타났으며, 이에 따라 다중비교에서 집단 간의 차이점을 알 수 있었다. 이에 반해 나머지 4개의 변인 즉 경호무도, 체포연행술, 유도, 검도 집단 간의 차이는 거의 없는 것으로 나타났다. 논의에서 언급한 바와 같이 공경호, 민간경호에서 가장 중요한 우발상황 시 방어하기 위한 기법을 중심으로 경호무도가 개발되어야 할 것이다.

앞으로 경호무도연구는 세계화, 국제화될 전망인데 이러한 관점에서 볼 때 경호활동에 적합한 경호무도를 창안하기 위한 연구는 미비한 실정이다. 다른 무도종목인 태권도, 유도, 합기도에 비해 경호무도의 세분화 즉 경호상황, 경호원칙, 경호환경에 따른 경호무도를 정립한 교육모델이 필요하겠다.

넷째, 현행 경호관련 체육, 레저 실기교육과정 11개 변인에서 수영, 골프, 야외교육, 승마 등의 4개 변인만 집단 간 유의한 차이가 나타났다. 나머지 7개 변인 교육과정에서는 차이가 없었다. 체육 · 레저 실기분야는 전체적으로 볼 때 조사에 참여한 세 집단 모두로부터 경호관련 학과 내의 다른 과정에 비해서 낮은 평균값을 얻었다. 이유는 그 교육과정들이 경호실무나 경호업무에 밀접한 관계가 없고 그래서 이에 직접적인 영향을 주지 않는다는 인식 때문이다. 그러므로 위에서 언급한 바와 같이 앞으로 경호관련 과목으로서의 체육·레저분야의 실기교육과정은 재고해 볼 필요가 있겠다.

다섯째, 현행 경호관련 경호 실무영역에서의 교육과정 인식에 대한 조사 및 다중분석에서 총 7개의 변인 중 경호실무, 기계경비, 독도법 3개 변인만 각 집단 간의 유의확률이 유의한 차이를 나타내었다. 나머지 4개의 변인 즉 사격, 구급법, 극기훈련, 문서작성법에 대해서는 집단 간 유의한 차이는 없었다.

앞으로 공경호를 위한 경호실무의 현장실습과 민간경호교육, 경호운전과 컴퓨터, 기계경비실습의 교육과정도 추가적으로 반영되어야 하겠다.

2. 학문적 정립을 위한 제언

본 연구에서 밝혀진 연구결과와 논의를 바탕으로 현행 경호관련 교육과정이 발전하기 위해서는 구체적인 문제점과 후속 연구의 과제를 제시하고 미래지향적인 방향을 제언하겠다.

첫째, 현재의 경호·경비산업 안전시장의 수요와 공급의 차원에서 볼 때 현행 경호·경비관련 학과의 교육과정으로는 아주 부족하다. 전국의 경호·경비관련 학과가 약 24개 대학에 개설되어 있는데, 교육과정이 세분화되어 있지 않은 실정이다. 예를 들어 경비, 안전, 경호, 법률, 산업공학, 호텔, 공항, 테러, 최첨단 정보(IT산업)의 현 실정에 맞게 교육과정이 개설되어 있지 않다. 그러므로 학문적 영역으로 세분화·다양화하는 새로운 교육과정의 모델링이 연구되어야 할 것이다.

둘째, 선진국 경호·경비분야의 유형은 다양하다. 세계적으로 일반 대중들의 범죄 예방 및 민간산업 서비스를 중심으로 급진적으로 변화하고 있는 시점에서, 국내에서도 경호·경비관련학과의 다양성이 필요하다.

즉 최첨단 기계경비 시스템의 분야, 인터넷 정보화, 재산을 보호할 수 있는 신변경호분야 등이 연구되어야 한다.

특히, 교육과정 교수요원들이 전공 위주 교육과정을 정립할 때 경호관련 학생들의 취업과 경호학의 학문 발전을 위한 방향에서 양적 · 질적 방법 모두 연구되어야 한다.

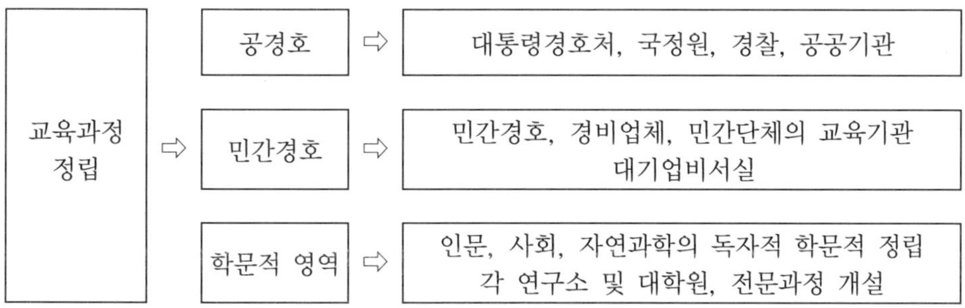

[그림 VII-1] 교육과정의 정립발전 모형

셋째, 위의 [그림 VII-1]과 같이 교육과정의 정립화와 발전을 통해서 공경호 영역, 민간경호 영역, 학문적 영역의 세 분야로 확대됨과 동시에 국민 모두에게 유익하도록 하는 경호관련 학과의 개선이 필요하다.

〈표 VII-24〉 경호 · 경비학의 학문적 영역 분류체계

내용영역	전공영역	세부 전공영역
이 론	인문사회	철학, 역사, 교육학, 행정학, 법학
	사회과학	사회학, 심리학, 경영학
	자연과학	생리, 역학, 보건학, 측정평가
실 습	경호실무실습	경호 · 경비업체 현장 실습, 사격, 경호운전, 극기훈련, 응급 · 구급법, 의전비서, 경호무도
	기계경비실습	방범기기 및 감지기 작동, 설비, 보수, 공공기관 시설경비, 도청, 위폐

내용영역	전공영역	세부 전공영역
실 습	최첨단 IT (인터넷실습)	사이버 테러, 정보수집, 인터넷 서비스, 해킹, 컴퓨터 바이러스
	산업안전실습	소방안전, 금속탐지, 건축, 토목, 학교안전
기 타	기 타	스포츠 레저, 운동처방, 보험, 교정, 의학, 공항, 철도, 호텔, 경찰 관련학, 서비스 분야 등

위의 <표 VII-24>와 같이 경호학의 학문적 정립을 위해서는 경호·경비 업체뿐만 아니라 서비스의 전문기관이 연구하는 것이 아니라 경호관련 학과의 대학에서 이러한 분야에 대한 경호·경비학의 학문적 정립이 필요하다고 사료된다.

넷째, 현재 절실히 필요한 것은 현행 경호관련 학과 자격증제도를 학력이나 전문적 분야로 세분화하여 차등을 둠으로써 자격증제도를 확립하고 이를 위한 법적 제도가 경찰청과 행정안전부 및 교육과학기술부와 경비업체 간에 상호 협조하여 실시하고, 현실 타당한 각 분야별 전문가를 양성하여 경호·경비분야의 활동을 원활히 뒷받침하도록 모색되어야 할 것이다.

다섯째, 경호·경비 용어의 정립이 필요하다. 현재 Security Service, Protection, Bodyguard, Security, Total Service, Safety, Guard 등 여러 용어로 사용되고 있다. 그리고 한국어로는 경호, 경호경비, 경호비서, 경호안전, 경호행정, 안전관리 등으로 이용되고 있다. 일반인들은 경비의 용어보다는 경호의 용어를 더 선호한다. 그리고 경호관련 학과를 지원하는 전공자들도 경호용어를 선호하고 있는 실정이다. 그런데 현재 선진국의 학문적 용어로 볼 때 경비 안에 경호의 개념이 포함되어 있다. 그래서 한국의 실정에 맞는 경호경비용어의 개념이 체계적·조직적으로 분류되어, 경호·경비 관련학과들도 위에서 살펴본 바와 같이 학문적 체계가 정립되어 광범위하게 교육과정을 개설하여 연구하기보다는 세분화하여, 전공분야별로 경호·경비학의 정립이 필요할 것으로 사료된다.

해외진출기업의 테러 및 경호 대응방안

Chapter 08

제1절 서론

테러는 21세기 새로운 국가안보 위협요인으로 급격히 떠오르고 있다. 세계 유일의 초강대국 미국의 심장부를 강타한 9·11테러는 인류문명에 지울 수 없는 상처를 남긴 미증유의 비인도적 공격이었다. 이 한 번의 공격으로 3천 명에 가까운 무고한 민간인들이 희생되었으며 세계질서는 탈-탈냉전(Post Post-Cold War)시대에 돌입하게 되었다. 21세기의 테러는 그 대상과 범위, 수단을 가리지 않는다. 그래서 많은 전문가들은 21세기의 테러를 '뉴테러리즘'이라 부르는 데 주저하지 않는다.[1)]

뉴테러리즘은 핵, 화학, 생물학, 방사능물질을 이용한 대규모 폭력성의 슈퍼테러리즘에서 사이버공간을 이용한 사이버 테러리즘과 극단적 자살테러라는 새로운 유형을 보여주고 있으며, 최소한의 도덕적 정당성마저도 포기하고 있다.

최근 알카에다의 제2인자 '알 자와히리'가 우리나라를 테러 공격하겠다고 공언한 바 있고, 이슬람 과격단체들도 인터넷을 통해 국내외 우리나라 시설물을 공격하겠다고 협박하는 등 테러 위협이 날로 높아지고 있다. 테러는 이제 남의 나라 일이 아니라 우리 앞에 닥친 현실적인 문제로 대두되고

---

1) 세종연구소, 「테러와 한국의 국가안보」, 세종 정책토론 보고서, 2004.

있다.[2)]

현 사회에서는 정보화, 세계화시대의 흐름에 따라 테러, 사이버테러, 화생방테러, 국내외적 범죄와 자연적, 물리적, 환경적 재난 재해 등으로 국가의 안보와 국민의 안전을 위협하는 새로운 위해요소들이 증가하고 있다.

지난 9 · 11테러 이후 주체별 손익계산서는 다음과 같다.[3)]

〈표 VIII-1〉 9 · 11테러 이후 주체별 손익계산서

손 실	주 체	이 익
• 피해액 15억 달러 • 인프라 복구 37억 달러 • 테러 직후 경기 악화 (서서히 회복 중)	뉴욕	• 테러 이후 뉴요커 85만 명 증가 • 보안강화로 치안 확보
• 영국 런던 등 전 세계 20여 개국 테러 발생	지구촌	• 9 · 11테러 이후 미국 본토에서는 테러가 발생하지 않음
• 오사마 빈 라덴 세력 약화 • 전 세계 여론의 비난 대상이 됨 • 알카에다 지원 탈레반 정권 붕괴	이슬람 테러집단	• 테러조직 세력 확산 • 자신들의 존재를 세계에 알림
• 저항세력의 테러로 치안 불안 • 경제상황 악화	이라크	• 사담 후세인 독재정권 붕괴 • 총선 등 민주주의 경험

정치적, 경제적, 사회적인 면에서 국가안보와 경제적인 부분에서 많은 손실이 있다는 것을 위 표에서 알 수 있다. 특히 경제적인 파급효과가 크다는 것을 알 수 있다.

특히 현 정부에서는 에너지(천연자원)의 확보를 위해 테러위협국가로 진출하고 있는 실정이다. 따라서 국내기업들이 자원개발을 위해 테러위협국가로 진출할 때 발생되는 테러의 위협에 대해 테러와 범죄 예방책, 보호방안을

2) 국가정보원, 『테러로부터 안전한 해외생활』, 2004.

3) 동아일보, 「테러 후유증과 대변화」, 2005. 9. 10.

조금 더 치밀하게 대비·대응해야 할 것이다.

지난 베이징올림픽 개막을 불과 나흘 앞두고 대규모 폭탄테러가 발생하면서 중국 현지에 진출한 국내기업들이 테러위협에 대비하여 안전관리를 강화했던 사례가 있었다.

대형백화점과 여행사, 대기업(자동차, IT) 및 중소기업 등의 다양한 분야에서 중국으로 진출하고 있다. 비록 올림픽 기간에 테러로 인한 큰 피해는 없었지만, 국내기업은 테러에 대한 비상체제를 가동하여 사태에 대비한 안전관리를 강화했다는 것을 알 수 있다.4)

D건설회사의 경우 나이지리아 9개 공사현장(총 수주액 17억 달러)에 141명의 인력이 파견되어 있으며, 해외 매출의 60%를 차지하고 있다. 이와 같이 기업들은 테러위협국가로 진출하고 있다는 것을 알 수 있다. 앞으로도 여러 기업들이 테러위협국가로 진출하려는 계획이 있는데, 기업발전의 저해요인 중 하나가 테러의 위협 및 피랍사건이라 할 수 있다.

지난 1월 D건설회사 임직원의 납치사건 이후에 정부합동점검단을 파견했지만 실질적인 안전대책으로 연결되지 못했다. 따라서 정부 차원의 안전대책 마련이 시급하다고 사료된다.

국가정보원은 해외진출기업의 테러 피해를 예방하는 차원에서 2008년 2월 외교통상부·국토해양부와 공동으로 아프리카, 중동의 우리 기업체들을 대상으로 안전관리실태를 점검한 결과, 일부 사업장이 테러대비에 문제점이 있었다고 밝혔다.

심지어 일부 사업장은 울타리·CCTV 등 기본적인 안전장치조차 갖추지 않았고 일부 근로자, 교민들은 테러위험에 대한 경각심이 부족한데다 유사시 행동요령도 잘 숙지하지 못하고 있었다고 국정원은 지적했다.5)

4) 아시아경제, 「中 진출 국내기업, 폭탄테러로 비상」, 2008.

5) 연합뉴스, 「작년부터 테러피해 우려 부각」, 2007.

위 사례와 같이 해외진출기업들의 테러위협국가로의 진출에 있어 여러 장애요인이 있다는 것을 알 수 있었다. 따라서 해외진출기업이 증가하고 있는 시점에서 테러의 위협에 대한 요소 및 실태를 분석하여 해외진출기업의 대응 및 보호방안을 효율적으로 접근하고자 한다.

본서는 2009년 해외진출기업의 현황과 뉴테러리즘의 동향, 기업의 피해분석을 통하여 해외진출기업의 대응방안과 보호방안에 대해 연구하였다. 본 연구는 테러관련 학위논문 612건, 학술지 2,350건의 선행자료(2008. 11. 7)를 검색한 결과 해외진출기업의 테러위협 및 보호방안에 관련된 선행자료가 부족하므로 인용자료에 대한 접근은 학문적 영역에서 제한점이 있었다. 각 분야의 전문가들(기업체 담당자, 국가기관 담당자, 학계, 언론, 보안업체 등)과의 직접 상담을 통하여 해외진출기업의 보호방안에 대해 조사하였고, 정부기관의 자료를 토대로 하여, 특히 국정원과 군·경찰 및 보안 분야 등의 자료를 연구 주제에 맞게 적용하였다.

제2절 해외기업 테러피해 분석

우리 기업·근로자를 대상으로 한 테러피해 분석자료를 보면 1970년대 테러발생건수는 8건, 1980년대 6건, 1990년대 16건, 2000년 이후 68건으로 나타났다. 지역별 테러발생현황으로는 중동이 40%, 아·태 24%, 아프리카 20%, 유럽 13%, 미주 3%로 나타났고, 테러 유형별로는 무장공격 41%, 납치 34%, 폭파 22%, 기타 3%로 나타났다.[6]

국정원은 해외 위험지역에 진출한 우리 기업의 테러방지를 위해 2007년 10월 지식경제부·국토안보부·외교통상부와 합동으로 '해외진출기업 안전지원단'을 발족, 범정부 차원의 안전지원업무를 수행하고 있다.

6) 국가정보원, 『2007년 테러정세』, 2007.

조직체계는 테러정보통합센터 산하에 정부합동 해외진출기업 안전지원단 기구로 조직되어 있으며, 협조체제로 외교통상부, 지식경제부, 국토해양부와의 협조를 수행하고 있다. 임무와 기능으로는 해외진출기업에 대한 범정부차원의 대테러·안전대책지원, 정부 내 유관기관의 해외진출기업 안전대책 협의·조정과 해외 위험지역 진출기업 안전활동실태 점검 및 위험도평가 지원, 위험지역 진출기업에 사전 테러·안전 정보 제공 및 교육지원, 기타 기업체 테러예방활동 관련 대테러·안전 컨설팅의 기능을 가지고 있다.

해외진출기업 안전지원단에 의한 해외사업장 점검결과(14개국 28개 업체), 자체 경비 또는 주재국의 경비지원을 받고 있으나 일부는 주재국 공권력이 미치지 않는 오지에 위치, 테러위협에 노출되어 있는 실정이라는 것을 알 수 있다. 따라서 해외기업 테러피해 점검결과에 따른 해외진출기업의 문제점은 다음과 같이 볼 수 있다.

첫째, 테러정보가 부족하고, 테러피해에 대한 위기의식이 희박하다.

둘째, CCTV, 울타리 등 대테러 장비·시설투자가 부족하다.

셋째, 자체 대비계획도 상황별 대처요령 등이 형식적으로 수립되어 있다.

또한, 중동진출업체의 테러대비 설문조사 내용 및 분석은 12개국 진출 36개 업체, 58개 사업장에서 E-mail을 통한 설문조사를 실시하였다.

그 결과, 국가별 진출현황(58개)으로는 UAE 17개, 카타르 7개, 이란 7개, 사우디 7개, 리비아 5개, 쿠웨이트 4개, 이집트·이스라엘·이라크·요르단·오만 2개, 바레인 1개 기업으로 나타났다. 유형별로는 건설 67%, 무역 24%, 제조 9%로 나타났다.

설문결과 항목별 분석으로 폭탄차량 장애물(바리케이드, 차단기, 방지턱, 기타)에 대한 결과는 미비 52%, 불량 29%, 보통 12%, 양호 7%로 나타났다. 사무실 안전시설(대피로, 방범창, 철판문 등)로는 미비 16%, 불량 38%, 보통 32%, 양호 14%로 나타났다.[7]

7) 국가정보원, 『테러로부터 안전한 해외생활』, 2004.

안전요원 및 보유장비(무전기, 가스총 등)로는 미비 16%, 불량 43%, 보통 29%, 양호 12%로 나타났다. 내·외곽 경비시설(CCTV 등 감시장비, 외곽 울타리)로는 미비 27%, 불량 60%, 보통 9%, 양호 4%로 나타났다. 출입통제 여부(출입증 발급, 검색 실시)로는 미비 34%, 불량 10%, 보통 4%, 양호 52%로 나타났다.[8)]

위에서 살펴본 바와 같이 해외진출기업들은 대테러 장비, 시설이 부족하고, 사무실의 안정성이 부족하다고 나타났다.

테러위협 정도 및 체감도 평가에서 항목별 분석으로 볼 때 테러위험요소가 없음 38%, 보통 31%, 낮음 28%, 높음 3%로 나타났으며, 체감도 분석결과는 없음 83%, 낮음 9%, 높음 5%, 보통 3% 순으로 나타났다.

해외진출기업들은 테러의 위험요소와 체감도가 낮고, 정보부족과 테러의 가능성을 심각하게 인식하지 못하고 있다는 것으로 나타난 것을 알 수 있다.

국가기관에서 해외진출기업의 테러대응에 대한 설문조사에서 나타난 바와 같이, 단기적인 수익에만 집중되어 있어서 장기적인 기업의 이미지와 지역간의 상호 협력을 통한 테러대응의 직·간접적인 대응은 부족하다고 할 수 있다.

제3절 해외진출기업 테러대응 및 보호방안

1. 해외진출기업에서의 테러보호 기본시설 확충

해외진출기업 안전지원단의 해외사업장 점검결과에 의하면 CCTV, 울타리 등 대테러 장비, 신변보호 장비 및 시설이 부족하고, 기본적인 시설이 구비되

8) 국가정보원, 『테러로부터 안전한 해외생활』, 2004.

어 있지 않다는 것이 지적된 바와 같이 자체 대테러 장비의 구비가 극히 저조하다고 평가할 수 있겠다. 이에 따라 해외진출기업에 대한 대테러 장비를 갖춘 시설을 임대하도록 권유하고, 자체적으로 기본시설, 장비를 구비하도록 지속적인 지원과 확보가 필요하다고 할 수 있겠다.

구체적으로 CCTV 및 각종 전자보안시스템을 설치, 감시, 감지하는 시스템을 구축해야 할 것이다. 또한 조명시설, 보안요원의 배치, 강화문, 방탄소재로 된 창문, 철망으로 된 문과 창문, 주거지 · 사무실 주변의 각종 감지장치, 방탄차량, 전기충격기, 순찰 · 보안요원들의 안전장비 착용이 구축되어야 한다.

따라서 국정원과 지식경제부, 국토해양부와 협조하고 KOTRA, 대한상공회의소, 무역협회, 대사관 등과 긴밀히 협조하여 해외진출기업에 대한 테러보호와 시설확충이 단계적으로 실시되어야 할 것이라고 사료된다.

2. 최고경영자(CEO)의 인식전환 필요

테러에 대한 대책마련에 있어서 가장 중요한 사항은 기업의 테러대응에 대한 인식전환이다. 특히 최고경영자의 대테러보안 대책강구 필요성에 대한 인식이 매우 중요하다.[9] 기업의 경영자들은 테러의 위험성에 대해서 인지하고는 있지만 막상 테러에 대한 투자에 관해서는 부정적으로 생각하고 있다. 왜냐하면 막대한 예산에 대한 부담을 갖고 있기 때문이다.

기업의 이미지 제고를 위해서는 고객들의 심리적 안정과 장기적인 투자로 대비할 때 실제적인 투자라고 할 수 있겠다.

지난 9 · 11테러사건의 직접적인 경제손실의 비용은 총액이 196.3억 달러로 나타났다. 세부사항으로 초기 대응비용이 25.5억 달러, 손실보상비용으로 48.1억 달러, 하구구조 재건 및 개선비용 55.7억 달러, 경제활성화 비용 55.4억

9) Aviv, Juval, *Staying Safe,* New York : HarperResource, 2004.

달러, 미집행 비용 11.6억 달러로 나타났다. 또한 테러사건에 의한 간접적 · 경제적 피해 및 손실비용은 총액이 684.5억 달러로 나타났으며, 세부사항으로는 세계 항공산업 손실비용 150억 달러, 뉴욕시 손실비용 34.5억 달러, 세계보험산업 손실비용 500억 달러로 나타났고, 실직자 20만 명이 발생된 것으로 나타났다.[10)] 이와 같이 테러의 직 · 간접적인 피해로 인한 비용은 천문학적이라고 할 수 있겠다. 무엇보다도 테러에 대한 예방이 중요하다는 사례로 볼 수 있다.

단기간의 기업 투자이익을 생각하는 것이 아니라 장기적인 기업의 이익을 생각하여 테러대응을 위한 투자와 시간이 절실히 요구된다.

즉, 기업 경영자들의 테러대응 인식을 전환하여 대테러 전문가의 채용과 신임 직무교육의 의무화 등 구체적인 실무경영으로 반영해야 할 것이다.

3. 기업의 대테러대책 시스템 제도화

안전지원단은 해외진출기업 테러예방활동을 체계적으로 수행하기 위해 삼성 · LG 등 13개 기업과 KOTRA 등 5개 기관이 참여한 '해외진출기업 대테러 협의체'를 발족(11.22)하여 민 · 관 협력 네트워크를 구축한 데 이어 삼성 · 포스코 등의 요청으로 테러대응 매뉴얼 및 안전환경진단을 지원(4회)하고, '해외건설협회' 홈페이지에 테러 · 안전정보를 지속 게재하였으며, 이라크 등 위험지역 진출업체 현지파견자 대상 대테러교육(15회)을 실시, 신변보호활동을 강화하였다.[11)]

대테러활동은 테러관련 정보의 수집, 테러혐의자의 관리, 테러에 이용될 수 있는 위험물질의 안전관리, 시설 · 장비의 보호, 국제행사 안전 확보, 테러

10) 세종연구소, 「테러와 한국의 국가안보」, 세종 정책토론 보고서, 2004.
11) 국가정보원, 『2007년 테러정세』, 2007.

위협에의 대응 및 무력진압 등 테러예방과 대응에 관한 제반활동이라고 말할 수 있다.

테러에 대응하는 데 가장 중요한 것은 테러대응책을 구축하는 것이다. 따라서 실무적·총괄적으로 수행할 수 있는 조정기관이 필요하다. 현재 국회에 상정되고 있는 법안에 대테러센터가 그 기능을 맡고 있는데, 세부기능으로 테러관련 국내외 정보의 수집·분석·작성 및 배포, 테러에 대한 대응대책 강구, 테러징후의 탐지 및 경보, 대책회의·상임위원회의 회의 및 운영에 필요한 사무의 처리, 외국 정보기관과의 테러관련 정보협력, 그 밖에 대책회의·상임위원회에서 심의·의결한 사항 등을 명시하고 있다. 추가적으로 해외기업의 테러위협에 대한 업무의 대비·대응에 대한 내용이 세부적으로 시스템을 법제화하여 제도화할 필요가 있겠다.

따라서 해외기업에 진출하고자 하는 기업들은 법적으로 명시된 사항을 충족했을 때 해외에 진출할 수 있도록 법적인 의무화가 절실히 필요하다. 기존의 대테러센터 내의 해외진출기업 안전지원단의 기능과 영역을 확대하여 대테러시스템을 구축할 필요가 있겠다.

4. 국제적 협약 공조 및 국가기관과의 상호협조

테러리즘이 국제화됨에 따라, 대테러리즘 협력이 국가 간 국제협력체제로 대응해야 함은 당연하다. 따라서 국제적인 협력에도 일정한 조건이 필요하게 되었다. 테러리즘에 대응함에 있어서 국가 간의 공동이해가 존재한다는 전제하의 협력의 목표는 이해의 조화를 창출하는 것이 아니라 각국이 타국으로부터 기대하는 최소한의 행위수준에 대한 동의에 있다. 협력은 한 국가가 타국을 이롭게 하기 위해 때로는 자국의 정책을 기꺼이 변경해야 함을 의미한다. 어떤 주제에 대한 국가 간의 합의는 통상 그 분야의 국제법 발전에 선행한다. 국제법은 엄격한 국제질서를 만들어내지는 못한다. 따라서 각종 국제협약은 약속이며, 제도보다 규범적인 성격이 강하며 언제든 자국의 이익에 따라 지킬 수도 파기할 수도 있는 것이다.12)

즉, 국제 테러리즘을 예방하거나 대응하기 위해서는 국제사회의 협력이 기반이 되어야 한다는 것은 말할 것도 없이 중요한 사항이다. 이런 이유로 국제사회는 테러리즘을 막기 위해 법적 · 정책적으로 노력해 오고 있다.13) 이와 같이 우리나라는 국제적 공조체제를 더욱 긴밀히 할 필요가 있다. 미국, 일본, 중국, 러시아 특히 중동 · 아프리카 지역 테러 취약 국가와 상호 테러관련 정보 · 연구를 교류하고 합동 대테러훈련을 실시, 특수장비 연구개발 등 협력을 단계적으로 강화하는 한편 국내 유관기관 담당요원, 외국 대테러 전담요원, 민간 대테러 전문가 등이 참가하는 '대테러 세미나'를 정기적으로 개최하여 국내외 유관기관 간의 정보협력을 강화할 필요가 있을 것이다.

따라서 현재 각 나라의 테러담당기관과 정부기관의 협조를 받고, 수사기관과의 공조체계가 필요하다고 사료된다. KOTRA의 조사에 의하면 정부지원 요망사항 상위 5개는 투자정보 제공, 금융지원, 기진출 에로사항 전달, 상설 투자자문센터 운영, 바이어 정보제공으로 정보제공과 관련된 요망사항이 다수로 나타났다.14)

각 나라별 외자유치정책과 국제협약의 내용을 사전에 조사하여 지식경제부와 KOTRA, 대한상공회의소, 중소기업청, 외교통상부, 국토해양부 등의 정부기관과의 공조 · 협약을 통해서 우리 기업들이 보다 개방적이고 효율적으로 해외진출사업을 추진할 수 있도록 정보가 제공되어야 할 것이다.

정부가 제공하는 정보의 질적 측면도 고려해야 한다. 미국에서도 우리 기업의 독자적인 능력으로 진출하는 것보다는 현지 유력기업과의 전략적 제휴

---

12) 문광건 외 공저, 『뉴테러리즘의 오늘과 내일』, 서울 : KIDA출판부, 2003.

13) 이강일, 「테러리즘에 대한 국제 사회적 대응 방안과 그 문제점」, 한국테러리즘연구소, 2002, p. 1.

14) KOTRA, 『06 중국투자기업 그랜드서베이』, 2007.

가 필요하다.[15)]

이와 같이 국내기업이 해외에 진출하기 위해서는 무엇보다도 국가기관의 상호협조가 필요하다. 더구나 테러위협국가로의 진출을 위해서는 국제적 공조협약 및 국가정보기관 간의 상호교류가 우선적으로 확립되어야 한다고 생각한다.

5. 학계 및 민간보안업체의 상호협력

미국의 국토안보부(Department of Homeland Security)는 최근 연방지원금 1,200만 달러를 투자하여 메릴랜드대학(University of Maryland)에 '테러연구센터'를 설립한다고 발표하였다. 동 연구센터는 국제테러의 근원적 발생원인 규명, 테러리스트 단체들의 내부조직 및 운영형태 파악, 테러 사전 차단방법 등을 집중적으로 연구할 예정이다. 현재 국토안보부는 남가주대학(University of Southern California), 미네소타대학(University of Minnesota), 텍사스A&M대학(Texas A&M University) 등도 '테러관련 연구센터'를 운영 중에 있다.[16)]

미시간대학(University of Michigan)은 현재 5년 동안 천만 달러의 자금을 미국 국토안보부와 미국 환경보호기관으로부터 지원받아 생물학적인 테러위험에 대한 연구를 하고 있다. 이곳의 주요 목표는 첫째, 기술적인 임무로서 이는 계획적인 생물학적 힘의 사용을 제거할 수 있는 정보와 도구, 모델을 계발하는 것이다. 둘째, 지식관리임무로서 이는 생물학적인 위험 사정에 관하여 대학, 전문가, 지역사회 사이에 정보네트워크를 구축하는 것이다.[17)]

또한 국내의 국가기관과 민간보안업체의 상호협력사례로는 서울 삼성동

15) 박승찬, 「한・중 FTA 추진관련 중국 정부조달시장 및 진출전략 연구」, 외교통상부 연구보고서, 2007.

16) 경찰청외사관리실, 『국제범죄』, 2005. 3, p. 8.

17) http://www.dhs.gor

코엑스 무역센터의 민간보안업체를 예로 들 수 있다. 삼성동 코엑스 무역센터는 하루 평균 15만 명의 유동인구가 왕래하는 국내 최대 시설물 중 하나이다. 이곳에서는 민간보안업체와 경찰의 공조체제로 운영하여 효율적으로 범죄테러 발생을 사전에 차단하는 효과를 얻고 있다.[18)]

이와 같은 사례로 볼 때 국가기관과 학계, 보안업체 간의 교류를 통하여 국가에서는 테러에 대한 정보를 공급받고, 학계에서는 연구의 비용을 지원받으며, 보안업체와 상호보완적인 테러보호대책을 수립해 나가야 할 것이다. 특히 현재 해외진출기업에서도 민간보안업체와의 상호협력을 통하여 보다 효율적으로 범죄와 테러대응을 하기 위해 아웃소싱과 컨설팅을 통하여 협력을 모색해야 할 필요가 있을 것이다.

또한 학계에서도 해외진출기업의 테러대응에 관한 연구는 대테러 분야의 국가기관과의 상호협력을 통하여 인질납치, 폭탄공격, 대량살상무기, 생화학무기, 테러리스트 동향에 대한 연구를 활성화시켜 나가야 한다고 생각한다.

산·학·관이 보다 효율적으로 테러에 대응하기 위해서는 우선적으로 대테러연구소, 대테러협회, 학회, 표준화된 교재, 분야별 테러대응 매뉴얼 개발 등이 시급히 이루어져야 한다고 생각한다.

6. 대테러법 제정 필요

1997년 1월 1일에 개정된 대통령훈령 47호가 개정되어 지금까지 한국의 대테러업무 수행의 근간이 되고 있는 실정이다. 국가 대테러활동지침은 정부기관의 각 부처 및 유관기관의 임무수행 간에 협조·확인·지원해야 할 역할분담을 명시한 행정지침에 불과한 것으로 법적인 구속력이나, 테러리스트에 대한 직접적인 구속력이나, 테러리즘에 대한 명확한 범위와 규제에 대한

18) 내일신문, 2008년 3월 5일.

강제조항이 없다. 이러한 기준법의 부재는 각종 테러정보의 분석이나 공유, 관리 등의 중요한 기능을 소홀하게 만들고, 관련기관과의 명확한 역할분담이나 책임소재의 규명이 모호하여 테러업무에 대해 미온적이고 수동적인 자세를 보일 수 있으며, 테러리즘에 대한 전문인력 양성이나 기관과의 협력에도 지장을 주고, 도시화된 환경 속에서 각종 테러리즘에 적합한 환경이 무분별하게 만들어지고, 총기류의 무단유통이나 기타 테러형 범죄에 대한 처벌규정을 기존 법률에서 찾지 못할 수도 있다. 더구나, 국내에서도 일정한 법률을 만들지 못하면서 국제 테러리즘에 대응할 수 있는 국제협약에 가입하고 국제 테러리즘에 대하여 공동조사나 공동대응을 한다는 것은 상당히 혼란스러울 수 있다.

테러예방, 대비가 대응, 사후처리보다 중요하다는 것이다. 그런데 대통령 훈령이 상위법보다 법적 조직체계가 아니므로, 테러방지법은 꼭 필요하다고 사료된다. 총괄조정할 부서가 사전예방정보를 가지고 세부사항을 협조, 지원하는 체제가 아닌 합동기구로서 기능할 수 있는 제도가 필요하다고 할 수 있다.

훈령에서의 각 정부기능은 각각 힘의 분산, 조정임무기능 충돌 등의 여러 분야로 나뉘어 있어 획일성과 통합기능이 부족하다. 또한 민간분야 영역(기업, 시설)에 대한 내용이 없다는 것을 알 수 있다. 특히 다중이용시설, 민간관련분야는 국민 재산과 안전에 꼭 필요한 부분이라 할 수 있다.

21세기 안보환경과 정보활동의 방향에서의 국가정보는 국가안보의 목표달성을 위한 하나의 수단이다. 목표를 충실히 달성하기 위해 국가정보체계는 안보위협과 환경의 변화에 신축성 있게 대응해야 할 것이다.

훈령보다 법령으로 제정되어 권력남용이 아닌 법률적 조치, 처벌을 통한 테러대응, 대비 및 예방 차원에서 고려할 필요가 있겠다. 또한 생물, 생화학, 대량살상무기의 대응체계에 대해서도 종합 국가 행정기구에서 단계적(단기, 중기, 장기) 계획에 의한 점검의 상태가 아닌 의무화시킴으로써 국민의 재산과 안녕을 보장해 주면서 국가의 이익을 모색할 필요가 있다고 사료된다.

뉴테러리즘의 시대에 테러의 예방은 국익과 국민의 안전을 위해 반드시 필요하며 해외시장에 대한 국내기업의 진출은 우리나라의 국제영향력 강화와 위상을 높이고, 선진국으로 발돋움할 수 있는 중요한 기회로써 자국의 정치적 · 경제적 · 사회적 안정을 도모하면서 국외적으로 자국기업과 해외 거주자와 기업들을 보호하는 차원에서 법령으로 제정하면 세계적인 강국으로 도약할 수 있는 계기가 될 것이다.

7. 테러대응을 위한 학문적 정립과 전문가 양성 및 배치

기업테러를 방지하기 위해서는 총체적으로 테러에 관련된 학문적 영역이 구축되어야 하며, 세분화된 전문 자격증과 전문가의 양성도 절실히 필요하다.

미국에서는 다양한 학문을 협력 지원하여 미래 대테러 요원의 양성을 위한 인재를 구축하고 있다. 최근 National Security Language Initiativer를 통해 외국어 교육을 유소년기부터 정식학교와 직장인에게까지 확장시키는 것을 지원하고, 나아가 전 세계 협력자들과의 학술적, 비정부적 포럼을 통해 대테러 임무에 있어서 중요쟁점들을 토의하고 지식을 확장할 것이라고 한다. 연방, 주 · 지역정부에서부터 지역공동체와 시민 개개인에 이르는 민간부분에 이르기까지 국가의 모든 요소가 준비성의 문화(Culture of Preparedness)를 창조하고 공유할 것이며 모든 재난과 재해에 적용되는 '준비성의 문화'는 자연스럽게 형성되었든, 인위적으로 형성되었든 4가지 원칙에 의거한다. 첫째, 미래에 재앙이 다가올 것이며 그것에 준비된 국가를 만드는 것은 지속적인 도전이라는 공동의 인식, 둘째, 사회 전 계층의 책임감과 동기부여의 중요성, 셋째, 시민과 공동체의 준비성의 역할, 넷째, 정부와 민간부분 각 단계의 역할공조체계, 공동의 목표, 그리고 책임의 분배라는 기초에 의해 만들어지는 준비성의 문화는 자국을 수호하기 위한 광범위한 노력이 가장 중요하고 지속적인 변화가 될 것이라는 것이다.[19)]

우리나라에서도 효율적인 학문적 영역의 구축과 전문가 양성에 대한 내용을 다음과 같이 설명하고자 한다.

첫째, 테러학의 학문적 영역이 구축되어야 한다. 테러학의 내용영역에서는 이론, 실습, 기타 관련 학문영역으로 구분되어야 하고 전공영역에서는 인문사회, 사회과학, 자연과학으로 나누어져야 하며 세부 전공영역으로는 테러역사, 철학, 정치학, 교육학, 행정학, 법학, 사회학, 심리학, 경영학, 역학, 측정, 자료 분석, 생리 의학 등으로 세분화하며 학문적 이론영역과 실기영역을 구축할 필요가 있다.

둘째는 대테러 전문가 양성이 필요하다. 전문가 양성을 위해서는 대테러 전문관련 전공자를 양성하는 것이 중요하다고 사료된다. 그에 따른 해결방법으로는 테러관련 전공분야와 관련자를 중심으로 인력을 양성해야 하며 전문가를 양성하기 위하여 필요한 전문영역의 교육훈련은 다음과 같다.

테러 전공자들의 주요 과목으로는 테러의 기원, 테러학개론, 국제테러조직론, 테러위해분석론, 대테러전략전술론, 대테러정보수집론, 종교철학, 지역조사, 언어학, 테러정보분석론, 범죄학, 사이버테러론, 대테러장비운용론, 대테러경호경비론, 대테러현장실무, 대테러정책론, 정치학, 대테러안전관리 이론 및 실제, 대테러법, 생물·생화학테러, 대테러경영론, 대테러 실무사례 세미나 등이 있다. 위와 같은 교과목을 개설해 대테러 전공자를 대학 또는 대학원에서 체계적으로 양성해야 될 것이다.

셋째는 대테러 전문가 자격증제도를 도입해야 한다. 테러의 종류로는 육상테러, 해상테러, 공중테러로 크게 나누지만 세분화하면 수단, 주체, 대상에 따라 다양하게 테러가 일어나고 있다. 그에 따른 대테러의 전문 자격증제도로는 등급별로 차등을 두어 선진국의 민간안전산업에서 전문 자격증이 있는

19) U.S Department of State, *National Stategy for Combation Terrorism*(Washington : DoS, September 2006), p. 21.

것과 같이 테러전문 자격증도 통합적으로 운영될 필요가 있을 것 같다.[20)]

기업테러안전의 전문가를 양성하기 위해서는 현재 대한상공회의소에서 실시하는 국가기술자격검정에서 국가기술자격, 국가자격, 국가공인민간자격, 민간자격 등의 여러 분야를 실시하고 있는데 여기에 해외기업테러안전전문가의 자격을 도입하는 것도 고려해 볼 필요가 있을 것이다. 왜냐하면 해외기업진출에 관련된 국내기업의 협조기관 중 대한상공회의소에서 관련자격증을 발급하고 있기 때문에 큰 차원에서는 국가정보원 및 국가기관에서 주도하여 민간자격까지 확대하기 위해서는 기존 자격증주무부처의 대한상공회의소의 자격증도 확대할 필요가 있고 국가기관과 상호 협조하여 자격제도를 도입하는 것도 필요하다고 사료된다. 전문가가 양성되면 대테러 전문가의 활용 차원에서 테러위협국가의 대사관이나 영사관에 테러안전 전문가를 추가로 배치할 필요가 있겠다. 왜냐하면 테러리스트들의 동향을 관찰하고, 테러대응조직을 체계적으로 관리하고, 정보를 수집·분석하여 기업규모에 따라 지속적으로 자체 경비원을 배치시키고, 근로자와 상주인과의 정보를 항시 유지토록 할 수 있기 때문이다. 또한 정보수집과 분석에서 핫라인을 구축하여 보다 신속하게 대비·대응·복구할 수 있기 때문에 테러안전 전문가를 배치하는 것이 시급한 과제이며 해외기업들의 테러발생에 대해서도 효율적으로 대응할 수 있을 것이기 때문이다.

8. 문화, 스포츠, 교육의 상호교류 및 방문

국내기업과 정부기관에서는 단기간의 투자 이익에만 국한할 것이 아니라 장기적으로 문화와 스포츠, 교육 등에서 상호교류 및 친선교류 방문이 필요

20) 박준석, 「경호학의 학문적 정립을 위한 발전방안」, 제7회 한국경호경비학회 학술세미나, 2001, pp. 33-36.

하다고 사료된다. 57개국 15억 이슬람 인구를 가진 거대시장인 중동지역과 아프리카를 비롯한 전 세계에 이슬람의 인구가 분포되어 있는데 특히 우리나라와 문화차이가 많다. 그것을 극복하기 위해서는 현지 나라의 지도자, 족장·가족 및 영향력 있는 인사들과의 유대관계가 중요하다고 사료된다. 특히 현지 기업들은 이러한 중요인사들, NGO, 진출업체, 현지 유력인사들의 각종 단체를 우리나라에의 방문과 상호 교류를 통해서 친밀관계를 유지하는 프로그램(현지 주민대상 기술, 취업교육, 고용확대, 봉사활동 강화)을 다양화·체계화하여 우리나라의 문화와 정신을 이해시키는 데 노력하고 권장하여야 한다.

그 예로 중동지방과 아시아 및 아프리카 지역에서 우리나라의 중동문화권을 연계하기 위하여 KOICA의 활동영역을 더욱 확대하고 KOTRA, 중소기업청, 무역협회, 대한상공회의소에서도 봉사, 교류 및 참여를 통한 적극적인 자세로 접근할 필요가 있겠다. 또한 국내의 중동문화원과 연계하여 외국인 거주시설 마련과 중동 전문 레저, 스포츠 및 관광전문가 교육을 비롯하여 해외홍보원 내 중동부서 설치 및 전문가를 유치하여야 하며, 일시적인 체계가 아니라 중동권 외국인에 대한 지속적인 교육, 한국문화 및 언어 교육들이 필수적으로 이루어져야 할 것이다.

제4절 결론

해외진출기업의 테러위협 및 보호방안으로는 해외진출기업에서의 테러보호 기본시설 확충, 최고경영자(CEO)의 인식전환 필요, 기업의 대테러대책 시스템 제도화, 국제적 협약 공조 및 국가기관과의 상호협조, 학계 및 민간보안업체의 상호협력, 대테러법 제정 필요, 테러대응을 위한 학문적 정립과 전문가 양성 및 배치, 문화, 스포츠, 교육의 상호교류 및 방문에 대한 내용을 살펴보았다. 여기서 무엇보다도 중요한 것은, 17대 국회에서 테러 법안이 폐기되었는데, 이번 18대에는 이 법안이 통과되어야 할 것이다. 왜냐하면, 개괄적인 의미에서 대테러 법안이 제정될 때 각론에서 해외진출기업의 보호와 테러대응의 방안이 체계적이고 구체적이며, 명확하게 이루어질 수 있기 때문이다. 지금의 대통령훈령 제47호 '국가대테러활동지침'에서는 법적 효력이 하위법에 의해서는 국가기관별 책임과 임무를 명확하게 확립하기 위해서라도 상위법인 대테러법이 제정되어야 한다. 현재의 훈령은 해외진출기업에 대한 법적 효력의 설명이 부족하다.

현 시점에서 세부적으로 해외진출기업을 위한 테러위협에 대한 보호방안인 국가정보원(대테러통합센터)이 중심이 되어 유관기관인 KOTRA, 대한상공회의소, 무역협회, 국제교류협력단 및 대사관·영사관, 군·경찰 등과의 통합관리시스템을 지금보다 좀 더 확대하여, 체계적이고 조직적으로 대응해야 할 것이다.

또 다른 보호방안으로 현재 중동이나 아프리카 등 테러위협국가들을 중심으로 테러·보안전문가들을 상시 근무하게 하여, 테러의 예방과 대응 및 복구를 위해 전문가들을 양성·배치해야 할 것이다.

이에 따라, 대테러연구소와 협회, 학회를 만들어 학문적 영역을 구축하여 자격증과 민간전문가를 양성하는 것도 시급한 과제이며, 또한 민간보안업체와 상호 협력하여 효율적인 해외진출기업의 테러 보호방안을 모색할 수 있을 것이다. 또한 테러위협국가들과의 문화교류를 확대하여 우리 문화에 대한 이해와 교육의 교류를 통해서 친근감을 확대시키고 이를 위해 국가기관과 기업의 부단한 노력 또한 필요하다.

경호테러 대응을 위한 산·학·관·연 상호협력방안

Chapter 09

제1절 서론

본 연구의 테러에 대한 학문적 영역의 구축과 전문가 양성을 위한 질적 연구가 국내외의 정서에 맞게 국제적, 정치적, 종교적, 문화적, 사회적으로 적용할 시점이라 사료된다. 따라서 정부주도형에서 학계와 민간부분과 상호협력방안을 위한 현실적 연구의 필요로 인해 접근하였다. 학문적 영역과 학문적 범위는 참으로 광범위하다. 과거에는 정치학적 접근의 연구가 많았지만 이제는 테러의 정치적 수단보다는 다양한 변화와 환경적 요인을 포함한 다변화된 분야에서 연구되고 있는 것이 현실이다. 이제 우리나라에서도 학문적 연구가 세분화되어 과학적 접근방법과 수단, 목적, 대상에 따라 분류하여 국가기관에서의 정보를 학계와 공유하여 국민들에게 안전을 도모할 수 있는 방향을 다각적으로 제시하고 국익에 도움이 될 수 있는 대응책이 절실히 필요하다고 할 수 있겠다.

테러리즘에 대한 명확한 정의는 없지만 다양한 학문분야에서 접근하고 있는 실정이다. 미국 CIA는 테러의 수단, 목적, 대상, 주체에 따라 4가지로 설명하고 있다. ① 테러의 수단은 충동적인 것이 아니라 사전에 의도된 위협적인 행위이다. ② 테러의 목적은 경제적인 것이 아니라 현존하는 정치질서의 변화를 가져오기 위한 정치적인 것에 있다. ③ 테러의 대상은 군대시설이나 군부대가 아니라 무고한 시민이다. ④ 테러의 주체는 군대가 아니라 군사훈련을 한 준국가단체에 의하여 수행된다.

이러한 테러에 대한 정의를 종합하자면, 테러는 정치적, 종교적, 민족적 목적을 달성하기 위하여 개인, 단체, 국가에 대하여 무차별적인 폭력을 사용하여 일반인들의 공포심을 조성하고 이를 매개로 하여 테러집단의 목적을 달성하려는 비인간적, 반문명적인 폭력행위라고 정의할 수 있다.

Jekins는 테러리즘이라는 용어가 담화에는 유용하게 사용될 수 있지만 과학적인 사용에는 한계가 있다고 하였다. 즉, 테러리즘이라는 용어는 범죄라는 용어와 그다지 다른 의미로 사용되지 않는다는 것이다. 일각에서는 범죄와 테러리즘의 분명한 차이점은 테러분자들이 범죄보다도 한 차원 높은 고도의 명분을 위해 움직이는 것이라고 말한다.

이와 같이 테러의 정의는 다양하게 해석할 수 있을 것이며, 따라서 테러의 정의를 내리기는 어렵다.

그 예로 2007년 7월 19일 아프가니스탄의 피랍사건에서 탈레반의 23명의 납치사건은 테러사례로 잘 적용되고 있다. 그리고 2007년 1월 10일 나이지리아 바이엘사 남부해안 오구 소재 대우건설 가스파이프라인 공사현장의 근로자 숙소에 과거 MEND의 무기공급조직책이었던 '조슈아 마카베'라는 인물이 이끄는 신생무장단체가 다이너마이트를 터뜨리며 침입, 우리 근로자 9명과 현지인 1명이 피랍되었다가 무장단체와 주정부 간 협상 타결로 1월 13일 전원 풀려난 바 있었다.[1] 또한 2007년 3월 22일 이라크 바그다드 총리 본관에서 반기문 유엔 사무총장과 말리키 총리의 공동회견 중 본관으로부터 50m 떨어진 지점에서 로켓포 공격사건의 테러가 발생되었다.[2]

이처럼 우리나라도 이러한 테러의 위협으로부터 더 이상 안전한 지역이 아니다. 따라서 우리나라도 국제적으로 일어나는 테러에 대한 대처방안의 마

1) 국가정보원, 『월간테러정세』, 2007년 2월.

2) 국가정보원, 『월간테러정세』, 2007년 4월.

련이 시급하다. 특히 대테러 법안이 통과되기 위해서는 국가주도형인 대응전략을 민간상호협력방안, 대테러 방지를 위해 통제기구 설치, 국제사회의 협력 등이 필요하며, 이러한 구체적인 법안을 통과하기 위해서는 민간안전분야와의 상호협력이 중요하다고 사료된다. 즉, 국가정보원이나 경찰의 국가안보를 위한 테러방지도 중요하지만 전 세계적 동향을 볼 때, 테러는 국가기관의 안전과 안보에서 국민의 안전을 위한 방향으로 전환하는 모색도 시기적으로 필요하다. 왜냐하면 기업체, 다중이용시설(공항, 지하철, 백화점, 극장, 연구소 등)의 국민안전 시설도 국가주도형에서 민간주도형으로 전환 및 상호협력이 각론적으로 서로 연구되어야 하기 때문이다. 즉 한국민간 시큐리티 관련 업체만 약 2,600개, 시큐리티 종사자(특수경비원, 민간경비원) 약 12만 명 이상이다. 경비원들에 대한 테러의 전반적인 이해를 할 수 있는 테러교재나 교육내용, 시설에 대한 이해가 부족하다. 왜냐하면 경비원들이 국민의 눈앞에서 가장 밀접하게 종사하고 있기 때문이다.

이러한 국가기관의 선진국형 모델을 기초로 하여 통합적인 대테러 법안 제정 및 새로운 통합센터를 설립하고 대테러 안전기구를 세분화하여 대테러 국제협력 강화 및 국민들의 이해와 정부기관과 산·학·연이 협력하여 빠른 시일 내에 국가 대테러·국민안전 시스템에 매뉴얼화가 만들어져야 할 것이라고 생각한다.

따라서 산·학·연의 협력방안에서 특히 민간안전분야 업체의 역할이 제시되고 그에 따른 국가기관의 역할을 민영화하여 좀 더 체계적인 접근과 발전방안을 논의하고자 한다.

이 연구의 목적은 대테러 대응책에서 안전, 보안, 경호, 경비시스템을 정부주도형에서 민영화로 전환할 수 있는 구축방안을 제시하는 데 있다.

또한 우리나라의 대테러 현황과 선진국과의 비교를 통한 민간안전분야의 발전방안 중 대테러 전문가 양성을 위한 자격제도 및 전반적인 발전방안에 대해서 연구하였다.

테러의 각종 국내외 연구문헌과 대테러기관의 보고서 및 자료를 분석하고 질적 연구의 접근을 하였다. 국내외 선행자료, 논문, 관련서적, 인터넷 검색, 간행물, 저널, 언론매체의 보도자료, 보고서 등의 자료를 연구하였다.

제2절 경호테러 대응에 대한 산·학·관·연의 상호협력방안

위에서 살펴본 바와 같이 9·11테러 이후 테러리즘의 양상은 최첨단화된 대량살상무기와 과학화된 테러기법이 종교, 문화, 정치적으로 사회적 일탈의 방향으로 다양화, 복잡화되고 있다는 것을 우리는 인지하고 있다. 그에 따라 국가기관이 할 수 있는 능력은 한계가 있다고 사료된다. 그 이유는 국가중요기관이 통제하지 않는 국제적 대기업 시설과 인적 자원에 대한 테러의 대응시스템은 국가에서 경호경비를 해주기에는 능력의 한계가 있기 때문이다. 구체적으로 생물, 생화학, 원자력 등의 최첨단화된 뉴테러리즘의 수단에 대해 민영화된 경호경비 관련분야와 상호 연계하여 시급히 체계적인 전략을 수립하여 단계적으로 발전시켜야 할 것이다. 대테러활동에서도 민간부분시설, 다중시설 등이 좋은 예라고 할 수 있겠다. 또한 어떤 분야에서는 공공기관의 시설보다는 민영화된 시설분야가 더욱더 과학적이고 체계적으로 되어 있다는 것은 누구나 다 알 수 있을 것이다. 그 예로 2002년 한·일 월드컵 당시 일본은 대부분 경기장의 대테러대응에 민간안전분야에서 주도적인 역할을 했다는 것이다.[3] 다음 표와 같이 경기장의 시설물 출입관리, 수하물 및 반입물품 검사, 긴급상황 대응, 차량검문 및 차량 유도, 기타 안전과 관계된 제반 안전분야활동 등을 책임지게 하였다.[4]

---

3) 이윤근, 「범죄예방을 위한 공경비 섹터의 민영화 방안에 관한 연구」, 한국민간경비학회 국제학술세미나, 2003, p. 111.

〈표 IX-1〉 2002년 한 · 일 월드컵대회의 일본지역 경기장 민간안전분야활동 현황

(단위 : 명)

경기장	경비원 수	정리원 수	소 계	자원봉사자	합계
삿 포 로	870	251	1,121	696	1,817
미 야 기	851	175	1,026	474	1,500
이바라기	902	156	1,058	531	1,589
사이마타	1,031	191	1,222	834	2,056
요코하마	1,397	264	1,661	829	2,490
니 가 타	869	78	947	606	1,553
시즈오카	829	270	1,099	650	1,749
오 사 카	926	225	1,051	586	1,637
고 베	925	174	1,099	449	1,548
오 이 타	883	118	1,001	504	1,505
합 계	9,486	1,902	11,285	6,159	17,444

자료 : 일본전국경비협회, Security Times, 2002년 10월호, Vol. 274, p. 12.

선진국의 형태로 볼 때 일본 외에도 미국, 영국, 호주, 독일 등 여러 나라에서도 각각의 중요행사 및 회의, 국가주도의 행사에도 민영화된 경호경비시스템을 도입하고 있는 추세다.

미국이나 일본의 경우 민간안전분야에 대한 연구지원으로 LEAA(The Law Enforcement Assistance Administration)가 「환경 설계에 의한 범죄예방대책(CPTED : Crime Prevention Through Environmental Design)」을 국가차원에서 연구 및 지원하고 있어 학문적인 발전뿐만 아니라 범죄예방의 실질적인 분야에 이르기까지 민간안전분야의 역할을 수행하고 있는 한 예라고 볼 수 있다. 우리나라도 국가중요시설에서는 특수경비원제도를 두어 민영화에 대한 역할을 수행하고 있지만 위에서 살펴본 바와 같이 다양화, 복잡화, 과학화되고 있는 테러

4) 일본전국경비협회, *Security Times*, 2002년 10월호, Vol. 274, p. 12.

의 기법에서 대상, 범위, 수단, 주체 등의 여러 복합적인 요소에 대응하기에는 여러모로 개선·보완해야 할 점이 있다. 국가안전에 미치는 시설규모에 따라 가, 나, 다급으로 분류하여 경호경비는 군, 경찰, 청원경찰, 특수경비원이 분담하고 있다. 그러나 인적, 물적, 환경적 요인에 대해서는 위에서 설명한 바와 같이 테러에 대응하기는 어렵다고 생각한다. 구체적 대테러 대응방안의 내용은 다음과 같다.

첫째, 테러학의 학문적 영역이 구축되어야 한다. 테러학의 내용 영역에서는 이론, 실습, 기타 관련학문 영역으로 구분되어야 하고 전공영역에서는 인문사회, 사회과학, 자연과학으로 나누어져야 하며 세부전공영역으로는 테러역사, 철학, 교육학, 행정학, 법학, 사회학, 심리학, 경영학, 역학, 측정, 자료분석, 생리의학 등으로 세분화하며 학문적 이론영역을 구축할 필요가 있는 것으로 사료된다.

둘째, 대테러 전문가 양성이 필요하다. 전문가를 양성하기 위해서는 대테러 전문 관련전공자의 양성이 중요하다고 사료된다. 그에 따른 해결방법으로는 테러관련 전공분야와 경찰·경호·경비관련자를 중심으로 한 인력 양성이 필요하다. 대테러관련 분야 및 경찰경호·경비의 업무가 곧 테러의 대응전략과도 밀접한 관련이 있을 것이다. 전문가를 양성하기 위하여 다음과 같은 전문영역으로 전문가를 교육해야 할 것이다.

테러 전공자들의 주요 과목으로는 테러의 기원, 테러학개론, 국제테러조직론, 테러위해분석론, 대테러전략전술론, 대테러정보분석론, 사이버테러론, 대테러장비운용론, 대테러경호경비론, 대테러현장실무, 대테러정책론, 대테러안전관리이론 및 실제, 대테러법, 생물·생화학테러, 대테러경영론, 대테러실무사례 세미나 등이 있다. 위와 같은 교과목을 개설하여 대테러 전공자를 대학 또는 대학원에서 체계적으로 양성해야 될 것이다.

따라서 테러학 전공과정을 대학이나 경찰·경호관련 학과에서 세분화한 테러학의 접근이 필요할 것이다. 그에 따른 대테러 전문과정과 전문대학원 과정을 신설하여 경찰·경호·경비 산업을 보다 효율적으로 만들고 상호 협력하여 대테러 전문가를 체계적으로 육성해야 될 것이다.

셋째는 대테러 전문가 자격증제도를 도입해야 한다. 우리나라 자격증의 법적 근거는 자격기본법(법률 제 5733호 199년 1월 29일 일부 개정)과 자격기본법시행령(대통령령 제1711호)에 있다. 또한 자격제도는 세 가지로 분류된다. 국가가 관리하는 국가의 검정 불가한 자격인 국가자격증과, 민간자격을 국가가 공인하여 국가자격과 같은 혜택을 받을 수 있도록 한 국가공인자격증, 법인체나 사회단체가 교육·훈련시켜 그 자격을 인정하여 자격증을 부여하는 민간자격증 등이다.

테러의 종류로는 육상 테러, 해상 테러, 공중 테러로 크게 나누지만 세분화하면 수단, 주체, 대상에 따라 다양하게 테러가 일어나고 있다. 그에 따른 대테러의 전문 자격증제도로는 등급별로 차등을 두어 선진국에서 민간안전산업에서 전문 자격증이 있는 것과 같이 테러전문 자격증도 통합적으로 운영될 필요가 있을 것 같다. 우선적으로 우리나라의 민간안전분야 자격증인 경비지도사 자격증 종류도 다양화해야 할 필요가 있을 것이다. 그 예로 각 시설별 민간경비자격증, 교통, 방범, 컴퓨터, 호송경비, 검색 등으로 세분화할 필요가 있을 것이다.[5] 이에 따라 대테러 전문자격증도 단계별로 1급, 2급, 3급 자격증으로 구분할 필요가 있을 것 같다.[6]

5) 박준석, 「경호학의 학문적 정립을 위한 발전방안」, 제7회 한국경호경비학회 학술세미나, 2001, pp. 33-36.

6) 박준석·박대우, 「한국 민간경호경비 관련 자격제도 도입방안」, 제7회 한국경호경비학회 학술세미나, 2004, p. 202.

1. 직무개요 및 자격관리

〈표 IX-2〉 대테러 전문가 직무개요 및 자격관리

자격종목	한글 : 대테러 전문가(생물, 생화학, 사이버, 해상, 항공, 폭파 등) 영문 : Terrorism Specialist	
직무내용	고용주나 시설주가 원하는 장소의 테러방지 및 억제업무 담당 대테러경비안전계획 수립과 지도감독	
등급	차등등급제(1, 2, 3급)	
자격취득요건	일반	만 20세 이상 자격기본법 제18조의 결격사유가 없는 자
	자격 부여	2년제 혹은 4년제 대학의 관련분야 학과 졸업자 및 관련자격증 소지자
검정시기	매년 4월(연 1회)	
검정방법	1차 서류전형 및 면접, 신체검사 2차 지정연수원 교육 후 필기, 실기고사 실시	
연수교육시간	표준교육과정 총 220시간	
최종합격요건	출석률 80% 이상 출석과 과제물 제출, 자체필기고사 합격(70점)	

2. 연수내용 및 교육과정

〈표 IX-3〉 대테러 전문가 연수내용 및 교육과정표

구분	순위	교과명	시간	교과내용	비고
필수	1	범죄대책론 민간경비론 (대테러관련 법규)	30	범죄학 범죄대책론 민간경비기초이론 민간경비 발전사 대테러법 대테러 관련법 정보수집, 분석론	

구분	순위	교과명	시간	교과내용	비고
필수	2	테러학	50	테러학개론 국제정세분석 국제테러이론 대테러정책론 테러정보분석론 테러의 기원(운용론)	
	3	소방학	14	소방안전 방화관리 위험물취급	
	4	헌법 및 형사법	20	경비업법, 대테러법	
	5	경호무도	14	경호무도, 호신술, 체포술	실기
	6	대테러 현장실무실습	18	대테러현장실무 현장실무사례 연구	실기
	7	산업, 안보보안	10	정보보호, 보안업무	
	8	응급처치 및 구급법	6	응급처치원칙 응급을 요하는 증상 기본 인명구조법	실기
	9	대테러 장비교육	18	대테러장비운용법, 무기조작	실기
	10	대테러 안전교육	10	안전교육방법 안전관리매트릭스작성법	
	11	전문영어	10	전문영어	이론 및 실기
	12	컴퓨터관련	20	산업보안 관련과목, IT관련과목	이론 및 실기
계		12개 과목	220		

위의 <표 IX-3>에 기재된 교과목은 한국민간경비학회 정기세미나에서 발표된 자료[7]를 재구성하여 작성하였다.

7) 박준석, 「뉴테러리즘의 국가적 대응전략과 민간경호경비 연계성과 발전방안」, 2005년 제7회 한국민간경비학회 정기학술세미나 논문집, 2005, p. 58.

3. 대테러 전문가 자격대상 요건

〈표 IX-4〉 대테러 전문가 자격대상 요건

구 분	자 격
1급	대테러 관련분야 전공 대학원 이상 졸업자 2급 취득 후 현장경험 5년 이상 경력자
2급	대테러 관련 전공대학 이상 졸업자, 3급취득 후 현장경험 3년 이상인 자
3급	고졸 이상 대테러 관련업체 5년 이상인 자, 전문대학 졸업(예정자로) 자격검정 과목 이수자

4. 자격검정 시험과목

〈표 IX-5〉 자격검정 시험과목

구 분	1급	2급	3급
필 수	전문영어, 컴퓨터	범죄학, 영어, 국제테러이론, 대테러정책론, 대테러법, 관련이론	범죄학, 영어, 테러학개론, 경호경비관련 이론, 대테러법관련 이론
전공 이론	현장실무사례연구, 대테러경영기법, 테러와 관련된 국제정치이론	테러의 기원, 테러정보분석론, 테러위해분석론, 테러와 관련된 국제정치이론	대테러장비운용론, 대테러현장실무, 대테러안전관리론
전공 실기	종합적 매뉴얼의 분석능력 평가	각 전공별 테러상황에 따른 보고서 작성 및 실행능력 평가	대테러장비운용능력평가

위에서 살펴본 바와 같이 우수한 대테러 전문가를 양성 및 확보하기 위해서는 실기와 이론을 겸비한 전문가가 필요하다. 실기를 평가한 후 합격한 자로서 단계별 이론교육을 한 다음 자격시험을 통과하는 기준을 명확히 설정하여 전문가로 양성해야 할 것이다.

5. 자격취득방법

〈표 IX-6〉 자격취득방법

구분	검정절차	합격기준	공통사항
1급	실기, 면접	- 필기시험 100점 만점으로 하며, 과목당 60점 이상 - 면접시험 100점 만점에 60점 이상	선발예정인원의 범위 안에서 60점 이상을 득점한 자 중에서 고득점 순으로 합격자를 결정한다. 이 경우 동점자로 인하여 선발예정 인원이 초과되는 때에는 동점자 모두를 합격자로 한다.
2급	필기 및 실기, 면접		
3급	필기 및 실기, 면접		

결론적으로 대테러 전문가의 자격은 분야별로 즉 폭탄테러, 항공테러, 각 분야별 시설테러, 해상테러, 사이버테러, 생물·생화학 테러 등의 자격증을 세분화해야 할 것이다.

즉 전문성을 가진 사람이 대테러 전문가로서 정보수집, 분석뿐만 아니라 대응체제에 신속히 대처할 수 있어야 한다.

셋째는 민영화된 대테러 연구소가 필요하다. 미국의 국토안보국은 연방지원금 1,200만 달러를 투자하여 메릴랜드대학, 남가주대학, 미네소타대학, 텍사스A&M대 등의 4개 대학에 대테러연구센터를 설치운영하고 있다. 이 대테러연구센터는 국제테러의 근원적인 발생원인 규명, 테러리스트단체들의 내부조직 및 운영형태의 파악, 테러사전차단방법 등을 집중적으로 연구하고 있다. 또한 국토안보국은 테러범들이 미국 본토를 공격할 수 있는 방법을 정리한 국가기획시나리오를 작성하였는데 이 시나리오는 각종 테러가 실행될 경우에 대비하여 인명피해규모와 경제적 손실의 추정치를 상세하게 분석하고 있다.[8)]

8) 장석현, 「국가중요시설의 대테러방안에 관한 연구」, 2005년 제7회 한국민간경비학회 정기학술세미나 논문집, 2005, pp. 8-9.

우리나라 또한 민간안전산업의 전반적인 발전방향을 제시하고 테러가 일어나는 세분화된 대응전략에 대해서 방향과 개발을 제시해야 할 것이다.

특히 대테러 매뉴얼화를 위한 국가기관의 연구소를 활성화하여 상호협조체제를 갖춘 대테러연구소가 필요하다. 국민들이 테러에 대해 이해·홍보할 수 있는 자료를 만들고 학계가 중심이 되어 지역, 직장, 가정에 이르기까지의 대테러 안전대책에 대한 매뉴얼을 만들고 긴급대피 준비상황, 비상용품, 신고요령 등의 대규모 국민적 홍보방법에 대한 연구가 필요하다. 이번 부산 APEC 정상회담과 같이 일부에서는 민간 경호경비업체의 첨단 시스템장비 및 시스템을 활용하여 테러에 대응하는 것을 볼 수 있었다. 이와 같이 민·학·관·연의 협력체제와 종합적인 사회안전 시스템의 발전은 공적 업무를 담당하는 정부기관에서 대테러 네트워크 구축과 안전 시스템을 효율적으로 활용할 수 있을 것이다.

정보 수집, 정보 분석 측면도 공공기관의 주도적인 역할에서 벗어나 전문가 집단을 토대로 한 민간 연구소에서 과학적 검증에 의한 정보분석기법을 개발하여 테러리스트들의 동향, 조직, 형태, 자금의 이동 경로를 파악한다. 또한 테러리스트의 감시 시스템을 개발하여 국민들의 계몽과 홍보, 신고를 전략적으로 강화해야 한다. 테러경보체제를 전 국민들이 단계별로 구분하여 대응할 수 있도록 국민들에게 공감대를 형성하고 테러경보 도입 시 국민들의 불안심리를 고조시키지 않고 일상생활 속에서 쉽게 접근할 수 있는 환경적, 인적, 물적 요인에 대해 여러 방법을 통한(즉 공청회, 전문가 면담 조사, 설문지 등) 다양한 방법을 동원하여 대테러 연구소에서 전략적인 매뉴얼을 개발하여야 할 것이다.

넷째는 대테러방지법 제정을 위한 민영화 역할의 중요성이다. 위에서 살펴본 바와 같이 우리나라의 테러대응업무는 20개 정부 부처가 각기 수행하고 있어 국가차원에서 총괄적으로 기획, 조정할 수 있는 위기관리체제 구축 및 전담조직이 필요하다. 즉, 주무부서의 명확한 역할이 중요하다. 각 부처의 대테러업무를 책임질 상설기구가 없고 예방보다는 사후처리에 치중되어 있다는 점과 현재로서는 자금추적, 여행규제, 입국통제, 강제출국, 동향관찰, 감청 등의 활동이 국내법상 거의 불가능한 문제가 있기 때문이다.

국내외적으로 대테러정책 강화욕구를 충족하기 위해서라도 법적으로 뒷받침할 수 있는 근거는 정당하다고 본다. 선진국에서는 9·11테러 이후 테러방지관련법이 강화되고 있다는 것은 널리 알려져 있다. 현재 우리도 여야의원들이 국회에 발의하여 국회정보위원회에 계류 중이지만 좀 더 보강된 대테러방지법의 제정이 필요하겠다. 예를 들면 자격제도, 대테러 전문가 양성, 시설, 전문 교육훈련, 행정적인 기구를 대폭 확대하는 내용으로 추가되어야 할 것이다. 여러 시민단체에서 인권침해의 논란이 있어서 대테러법 제정이 통과되는 데 논란이 있지만 이러한 역할을 산·학이나 민영화된 연구소 및 센터에서 국민들에게 적극적인 계몽활동을 확대한다면 지금보다는 우선적으로 상호 신뢰할 수 있는 제도적 방안에 접근하고 국민 공감대를 구축하는 데 도움이 될 것이다.

제3절 결론

따라서 위 내용의 결론을 정리하면 다음과 같다. 첫째, 국가적 대응전략에서는 선진국과 같은 통합적인 대테러센터를 설립해야 한다. 둘째, 미국의 대통령 직속기구로 통합된 국토안보부와 같은 (가칭 : 대테러안전부) 기구를 만들어야 한다. 셋째, 대테러법에 대한 제정이다. 넷째, 국민과 상호신뢰 회복할 수 있는 대테러업무 민영화에 따른 협력체제를 만들어야 한다. 다섯째, 테러경보체제가 필요하다. 여섯째, 주무부서의 총괄화가 필요하다. 일곱째, 국민안전을 보장할 수 있는 통합적 테러안전시스템의 구축이 필요하다.

그에 따른 민간안전분야의 상호연계성과 발전방안으로는 첫째, 대테러 전문가를 양성해야 한다. 둘째, 대테러 전문가 자격증제도를 도입시켜야 한다. 셋째, 민영화된 대테러연구소가 필요하다. 넷째, 대테러 방지법 제정을 위한 민영화 역할의 중요성이다.

이상에서 살펴본 바와 같이 우리나라의 대테러 전문가 양성을 위한 민간안전분야의 역할증대방안에서 본 연구자는 무엇보다도 국가주도형에서 민간안전관련 분야와 상호 협력하는 체제 또한 학계와 관련하여 상호 보완하는 산·학·관·연의 협력체제를 구축해 나가는 것이 절실히 필요하다고 본다. 위에서 제시한 바와 같이 총론적 접근보다는 대테러의 각론적 연구가 시급히 요구되는 것이 현실이다. 그러기 위해서는 테러학의 학문적 정립도 뒷받침되어야 할 것이다.

또한 산·학·관·연의 협력에서 민간안전산업의 전문화, 세분화를 위해서라도 대학이나 민간안전관련 학회 및 협회에서 연구소를 설치해야 한다. 다양한 대테러 전문가를 양성하고 안전분야관련 종사자들의 의식전환과 대테러 교육 기자재 및 교육내용을 구축해서 특정단체의 권한이 아니고 인권침해를 최소화할 수 있는 다각적 검토 연구가 계속해서 이루어져야 할 것이라 사료된다.

테러학의 학문적 영역의 구축이 필요하다. 테러학의 학문적 범위 연구가 설정되어서 대테러 전문가 양성에 대한 체계적 연구가 필요하다.

국가기관의 주도형보다는 민간주도형으로 과감하게 학계와 적극적인 상호 협력방안을 통해 정치적, 종교적, 문화적, 사회적, 국제화 등의 차원으로 접근해야 할 것이다. 또 후속적인 연구에서는 범죄와 전쟁과 테러의 상호관련에 관한 학문적 연구를 심층적으로 깊이 있게 분야별로 연구되어야 한다. 범죄예방을 위한 민간안전분야의 역할이 중요하다 생각하고 이에 따른 대테러 대응책의 역할에서의 보안, 경호, 경비분야의 상호 협력방안도 요인별로 과학적 접근을 통해 연구해야 할 것이다.

부록

대통령 등의 경호에 관한 법률
대통령 등의 경호에 관한 법률 시행령
경찰법
경찰관직무집행법
경찰관직무집행법시행령

대통령 등의 경호에 관한 법률

일부개정/2010. 3.12. 법률 제10060호

제1조(목적) 이 법은 대통령 등에 대한 경호를 효율적으로 수행하기 위하여 경호의 조직·직무범위와 그 밖에 필요한 사항을 규정함을 목적으로 한다.
〈개정 2008.2.29〉
[전문개정 2005.3.10]

제2조(정의) 이 법에서 사용하는 용어의 정의는 다음과 같다. 〈개정 2008.2.29〉

1. "경호"라 함은 경호대상자의 생명과 재산을 보호하기 위하여 신체에 가하여지는 위해를 방지 또는 제거하고, 특정한 지역을 경계·순찰 및 방비하는 등의 모든 안전활동을 말한다.
2. "경호구역"이라 함은 제3조에 따른 경호처소속 공무원이 경호활동을 하는 구역을 말한다.
3. "소속공무원"이라 함은 경호처 직원과 경호처에 파견된 자를 말한다.

[전문개정 2005.3.10]

제3조(경호처의 설치) ①「정부조직법」제14조의 규정에 의한 대통령 등의 경호에 관한 사무를 분장하기 위하여 대통령실장(이하 "실장"이라 한다) 소속으로 경호처를 둔다.
②경호처에 경호처장(이하 "처장"이라 한다)을 두되, 정무직으로 보한다.
③처장은 경호에 관한 사무를 통할하고 소속 공무원을 지휘·감독한다.
④경호처에 차장 1인을 두되, 차장은 1급의 경호공무원 또는 고위공무원단에

속하는 별정직국가공무원으로 보한다.

⑤차장은 처장을 보좌하며, 처장이 부득이한 사유로 직무를 수행할 수 없을 때에는 그 직무를 대행한다.

⑥경호처의 조직과 공무원의 정원 그 밖에 필요한 사항은 대통령령으로 정한다.

[본조신설 2008.2.29]

[종전 제3조는 제4조로 이동 〈2008.2.29〉]

제4조(임무) ①경호처의 경호대상은 다음과 같다. 〈개정 2008.2.29, 2010.3.12〉

1. 대통령과 그 가족
2. 대통령당선인과 그 가족
3. 본인의 의사에 반하지 아니하는 경우에 한하여 퇴임 후 10년 이내의 전직대통령과 그의 배우자 및 자녀. 다만, 대통령이 임기만료 전에 퇴임한 경우와 재직 중 사망한 경우의 경호기간은 그로부터 5년으로 하고, 퇴임 후 사망한 경우의 경호기간은 퇴임일부터 기산하여 10년을 넘지 아니하는 범위에서 사망 후 5년으로 한다.
4. 대통령권한대행과 그 배우자
5. 방한하는 외국의 국가원수 또는 행정수반과 그 배우자
6. 그 밖에 처장이 경호가 필요하다고 인정하는 국내외 요인

②제1항제1호 또는 제2호의 규정에 따른 가족의 범위는 대통령령으로 정한다.

[전문개정 2005.3.10]

[제3조에서 이동, 종전의 제4조는 제5조로 이동 〈2008.2.29〉]

제5조(경호구역의 지정 등) ①처장은 경호업무의 수행에 필요하다고 판단되는 경우 실장의 승인을 받아 경호구역을 지정할 수 있다. 다만, 처장은 경호목적상 필요하다고 인정되는 상당한 이유가 있을 때에는 먼저 경호구역을 지정한 후 이를 실장에게 보고할 수 있다. 〈개정 2008.2.29〉

②제1항에 따른 경호구역의 지정은 경호목적 달성을 위한 최소한의 범위로 한정되어야 한다. 〈신설 2008.2.29〉

③소속공무원은 경호목적상 불가피하다고 인정되는 상당한 이유가 있는 경우

에 한하여 경호구역 안에서 질서유지, 교통관리, 검문·검색, 출입통제, 위험물의 탐지 및 안전조치 등 위해방지에 필요한 안전활동을 할 수 있다.
〈개정 2008.2.29〉
[본조신설 2005.3.10]
[제4조에서 이동, 종전의 제5조는 삭제 〈2008.2.29〉]

제5조의2
[제7조로 이동 〈2005.3.10〉]

제5조의3
[제8조로 이동 〈2005.3.10〉]

제5조의4
[제9조로 이동 〈2005.3.10〉]

제5조의5
[제10조로 이동 〈2005.3.10〉]

제5조의6
[제11조로 이동 〈2005.3.10〉]

제5조의7
[제12조로 이동 〈2005.3.10〉]

제5조의8
[제13조로 이동 〈2005.3.10〉]

제5조의9
[제14조로 이동 〈2005.3.10〉]

제6조(직원) ①경호처에 특정직국가공무원인 1급 내지 9급의 경호공무원과 기능직국가공무원을 둔다. 다만, 필요하다고 인정할 때에는 경호공무원의 정원중 일부를 일반직국가공무원 또는 별정직국가공무원으로 보할 수 있다.
〈개정 2005.3.10, 2008.2.29〉
②경호공무원의 각 계급의 직무의 종류별 명칭은 대통령령으로 정한다.
[전문개정 1999.12.31]
[제5조에서 이동, 종전 제6조는 제15조로 이동 〈2005.3.10〉]

제7조(임용권자) ①5급이상 경호공무원 및 5급상당이상 별정직국가공무원은 처장의 추천을 받아 실장의 제청으로 대통령이 임용한다. 다만, 전보·휴직·겸임·파견·직위해제·정직 및 복직에 관하여는 실장이 이를 행한다.
〈개정 2005.3.10, 2008.2.29〉
②실장은 경호공무원 및 별정직국가공무원에 대하여 제1항외의 일체의 임용권을 가진다. 〈개정 2005.3.10〉
③ 실장은 대통령령으로 정하는 바에 따라 제1항 및 제2항의 임용권을 처장에게 위임할 수 있다. 〈신설 2008.2.29〉
④고위공무원단에 속하는 별정직공무원의 신규채용에 관하여는 국가공무원법 제28조의6제3항의 규정을 준용한다. 〈개정 2008.2.29〉
[본조신설 1999.12.31]
[제5조의2에서 이동, 종전 제7조는 제17조로 이동 〈2005.3.10〉]

제8조(직원의 임용자격 및 결격사유) ①경호처 직원은 신체 및 사상이 건전하고 품행이 방정한 자 중에서 임용한다. 〈개정 2008.2.29〉
②다음 각호의 어느 하나에 해당하는 자는 직원으로 임용될 수 없다.
1. 대한민국의 국적을 가지지 아니한 자
2. 국가공무원법 제33조 각호의 어느 하나에 해당하는 자
③직원이 제2항 각호(「국가공무원법」 제33조제1항제5호를 제외한다)의 어느 하나에 해당하는 때에는 당연히 퇴직된다. 〈개정 2008.2.29〉
[전문개정 2005.3.10]

[제5조의3에서 이동, 종전 제8조는 제18조로 이동 〈2005.3.10〉]

제9조(비밀의 엄수) ①소속공무원(퇴직한 자 및 원소속기관에 복귀한 자를 포함한다. 이하 이 조에서 같다)은 직무상 알게 된 비밀을 누설하여서는 아니된다.
②소속공무원이 경호처의 직무와 관련된 사항을 발간 기타의 방법으로 공표하고자 하는 때에는 미리 처장의 허가를 받아야 한다. 〈개정 2008.2.29〉
[본조신설 1999.12.31]
[제5조의4에서 이동, 종전 제9조는 제19조로 이동 〈2005.3.10〉]

제10조(직권면직) ①직원(별정직국가공무원은 제외한다. 이하 이 조에서 같다)이 다음 각호의 1에 해당되는 때에는 임용권자는 직권에 의하여 면직시킬 수 있다.
1. 신체·정신상의 이상으로 인하여 6월 이상 직무를 감당하지 못할만한 지장이 있는 때
2. 직무수행능력이 현저하게 부족하거나 근무태도가 극히 불량하여 직원으로서 부적합하다고 인정되는 때
3. 직제와 정원의 개폐 또는 예산의 감소 등에 의하여 폐직 또는 과원이 된 때
4. 휴직기간의 만료 또는 휴직사유가 소멸된 후에도 정당한 이유없이 직무에 복귀하지 아니하거나 직무를 감당할 수 없는 때
5. 직무수행능력이 부족하거나 근무성적이 극히 불량하여 대통령령이 정하는 바에 따라 대기명령을 받은 자가 그 기간 중 능력 또는 근무성적의 향상을 기대하기 어렵다고 인정되는 때
6. 당해직급에서 직무를 수행하는데 필요한 자격증의 효력이 상실되거나 면허가 취소되어 담당직무를 수행할 수 없게 된 때

②제1항제2호·제5호의 규정에 의하여 면직시키는 경우에는 대통령령이 정하는 바에 따라 징계위원회의 동의를 얻어야 한다.
③제1항제3호의 규정에 의하여 면직시키는 경우에는 임용형태·업무실적·직무수행능력·징계처분사실 등을 고려하여 면직기준을 정하여야 한다.
④제3항의 면직기준을 정하거나 제1항제3호의 규정에 의하여 면직대상자를

결정함에 있어서는 대통령령이 정하는 바에 따라 인사위원회의 심의·의결을 거쳐야 한다. 〈개정 2005.3.10〉

⑤제1항제3호의 규정에 의하여 면직된 직원은 결원이 생긴 때에는 우선하여 재임용할 수 있다.

[본조신설 1999.12.31]

[제5조의5에서 이동, 종전 제10조는 제20조로 이동 〈2005.3.10〉]

제11조(정년) ①경호공무원의 정년은 다음과 같다. 〈개정 2005.3.10〉

1. 연령정년

   5급 이상 55세

   6급 이하 50세

2. 계급정년

   1급 5년(다만, 2급의 경호공무원으로서의 근무경력과 합하여 6년을 초과할 수 없다)

   2급 6년

   3급 8년

   4급 10년

   5급 14년

②경호공무원이 강임된 경우에 제1항제2호의 규정에 의한 계급정년의 경력산정에 있어서 강임되기 전의 상위계급에서의 근무경력은 강임된 계급에서의 근무경력에 이를 포함한다.

③경호공무원은 그 정년에 달한 날이 1월부터 6월 사이에 있는 경우에는 6월 30일에, 7월부터 12월 사이에 있는 경우에는 12월 31일에 각각 당연히 퇴직된다.

[본조신설 1999.12.31]

[제5조의6에서 이동, 종전 제11조는 제21조로 이동 〈2005.3.10〉]

제12조(징계) ①직원의 징계사건을 심사·의결하기 위하여 대통령실에 고등징계위원회와 보통징계위원회를 둔다. 〈개정 2008.2.29〉

②각 징계위원회는 위원장 1인과 4인이상 6인이하의 위원으로 구성한다.

③직원의 징계는 징계위원회의 의결을 거쳐 실장이 행한다. 다만, 5급이상 직원에 대한 파면 및 해임은 징계위원회의 의결을 거쳐 실장의 제청으로 대통령이 행한다.
④징계위원회의 구성 및 운영 등에 관하여 필요한 사항은 대통령령으로 정한다.
[제5조의7에서 이동 〈2005.3.10〉]

제13조(보상) 직원으로서 제4조제1항 각호에 규정된 임무수행 또는 그와 관련하여 상이를 입고 퇴직한 자와 그 가족 및 사망(상이로 인하여 사망한 경우를 포함한다)한 자의 유족에 대하여는 대통령령이 정하는 바에 따라 국가유공자등예우및지원에관한법률에 의한 보상을 실시한다. 〈개정 2008.2.29〉
[본조신설 1999.12.31]
[제5조의8에서 이동 〈2005.3.10〉]

제14조(국가공무원법과의 관계 등) ①직원의 신규채용, 시험의 실시, 승진, 근무성적평정, 보수 및 교육훈련에 관한 사항은 대통령령으로 정한다.
②직원에 대하여는 이 법에 특별한 규정이 있는 경우를 제외하고는 국가공무원법을 준용한다.
③직원에 대하여는 국가공무원법 제17조 및 제18조의 규정을 적용하지 아니한다.
[본조신설 1999.12.31]
[제5조의9에서 이동 〈2005.3.10〉]

제15조(국가기관 등에 대한 협조요청) 처장은 직무상 필요하다고 인정할 때에는 실장의 명을 받아 국가기관·지방자치단체 기타 공공단체의 장에게 그 공무원 또는 직원의 파견 기타 필요한 협조를 요청할 수 있다. 다만, 처장은 경호목적상 필요하다고 인정되는 상당한 이유가 있을 때에는 먼저 국가기관 등에 대해 필요한 협조요청을 한 후 이를 실장에게 보고할 수 있다.
〈개정 1999.12.31, 2008.2.29〉
[제6조에서 이동 〈2005.3.10〉]

제16조(대통령경호안전대책위원회) ①대통령 등 제4조제1항의 규정에 따른 경호대상에 대한 경호업무를 수행함에 있어 관계부처의 책임을 명확하게 하고, 협조를 원활하게 하기 위하여 경호처에 대통령경호안전대책위원회(이하 "위원회"라 한다)를 둔다. 〈개정 2008.2.29〉

②위원회는 위원장과 부위원장 각 1인을 포함한 20인 이내의 위원으로 구성한다.

③위원장은 처장이 되고, 부위원장은 차장이 되며, 위원은 대통령령이 정하는 관계부처의 공무원이 된다. 〈개정 2008.2.29〉

④위원회는 다음 각호의 사항을 관장한다. 〈개정 2008.2.29〉

1. 대통령에 대한 경호에 필요한 안전대책과 관련된 업무의 협의
2. 대통령에 대한 경호와 관련된 첩보 및 정보의 교환과 분석
3. 그 밖에 대통령 등 제4조제1항의 규정에 따른 경호대상에 대한 경호상 필요하다고 인정되는 업무

⑤위원회의 구성 및 운영에 관하여 필요한 사항은 대통령령으로 정한다.

[본조신설 2005.3.10]

제17조(경호공무원의 사법경찰권) ①처장의 제청에 의하여 서울중앙지방검찰청 검사장이 지명한 경호공무원은 제4조의 직무수행중 인지하는 그 소관에 속하는 범죄에 관하여 직무상 또는 수사상 긴급을 요하는 한도내에서 사법경찰관리의 직무를 행할 수 있다. 〈개정 1999.12.31, 2008.2.29〉

②제1항에 있어서 7급 이상 경호공무원은 사법경찰관, 8급 이하 경호공무원은 사법경찰리의 직무를 행한다. 〈개정 1981.1.29, 1999.12.31〉

[제7조에서 이동 〈2005.3.10〉]

제18조(직권남용금지 등) ①소속공무원은 직권을 남용하여서는 아니된다. 〈개정 1999.12.31〉

②경호처에 파견된 경찰공무원은 이 법에 규정된 임무 이외의 경찰행위를 할 수 없다. 〈개정 2008.2.29〉

[전문개정 1981.1.29]

[제8조에서 이동 〈2005.3.10〉]

제19조(무기의 휴대 및 사용) ①처장은 직무를 수행하기 위하여 필요하다고 인정할 때에는 소속공무원에게 무기를 휴대시킬 수 있다.
〈개정 1999.12.31, 2008.2.29〉

②제1항에 의하여 무기를 휴대하는 자는 그 직무를 수행함에 있어서 필요하다고 인정하는 상당한 이유가 있을 경우 그 사태에 응하여 부득이하다고 판단되는 한도내에서 무기를 사용할 수 있다. 다만, 형법에 규정한 정당방위와 긴급피난에 해당하는 때 또는 다음 각호의 1에 해당하는 때를 제외하고는 사람에게 위해를 주어서는 아니된다. 〈개정 1981.1.29, 1999.12.31, 2008.2.29〉

1. 제4조의 직무진행중 인지하는 소관에 속하는 범죄에 관하여 사형·무기 또는 장기 3년이상의 징역 또는 금고에 해당하는 죄를 범하고 또는 범하였다고 의심할 만한 충분한 이유가 있는 자가 소속공무원의 직무집행에 대하여 항거하거나 도피하려고 할 때 또는 제3자가 그를 도피시키려고 소속공무원에게 항거할 때에 이를 방지 또는 체포하기 위하여 무기를 사용하지 아니하고는 다른 수단이 없다고 인정되는 상당한 이유가 있을 때
2. 야간이나 또는 집단을 이루거나 흉기 기타 위험한 물건을 휴대하여 경호업무를 방해하기 위하여 소속공무원에 항거할 때 이를 방지 또는 체포하기 위하여 무기를 사용하지 아니하고는 다른 수단이 없다고 인정되는 상당한 이유가 있을 때

[제9조에서 이동 〈2005.3.10〉]

제20조(위임규정) 이 법 시행에 필요한 사항은 대통령령으로 정한다.
〈개정 2008.2.29〉
[제10조에서 이동 〈2005.3.10〉]

제21조(벌칙) ①제9조제1항, 제18조 또는 제19조제2항에 위반한 자는 5년 이하의 징역이나 금고 또는 1천만원 이하의 벌금에 처한다.
〈개정 1981.1.29, 1999.12.31, 2008.2.29〉

②제9조제2항에 위반한 자는 2년 이하의 징역·금고 또는 500만원 이하의 벌금에 처한다. 〈신설 1999.12.31, 2008.2.29〉

[제11조에서 이동 〈2005.3.10〉]

부칙 〈제1507호,1963.12.14〉

이 법은 1963년 12월 17일부터 시행한다.

부칙 〈제3358호,1981.1.29〉

이 법은 공포한 날로부터 시행한다.

부칙 〈제6087호,1999.12.31〉

①(시행일) 이 법은 2000년1월1일부터 시행한다.
②(재직 중인 공무원의 임용의제) 이 법 시행당시 재직 중인 2급상당 내지 9급상당의 경호원은 2급 내지 9급의 경호공무원으로 각각 임용된 것으로 본다.
③(계급정년의 기산에 관한 경과조치) 이 법 시행당시 재직중인 경호원의 경호공무원으로서의 계급정년은 각각 종전의 상당 계급의 경호원으로 임용된 날부터 기산한다.
④(다른 법률의 개정) 공직자윤리법중 다음과 같이 개정한다.
제3조제1항제4호중 "4급이상의 외무공무원 및 국가정보원의 직원"을 "4급이상의 외무공무원·국가정보원의 직원 및 대통령경호실의 경호공무원"으로 한다.

부칙 〈제7388호,2005.3.10〉

이 법은 공포한 날부터 시행한다.

부칙 〈제8857호,2008.2.29〉 (국가공무원법)

제1조(시행일) 이 법은 공포한 날부터 시행한다.

제2조(다른 법률의 개정) ① 부터 ⑥ 까지 생략

⑦ 대통령경호실법 일부를 다음과 같이 개정한다.

제7조제3항 중 "1급 내지 3급의 경호공무원 또는 이에 상당하는 별정직국가공무원의"를 "고위공무원단에 속하는 별정직공무원의"로, "국가공무원법 제7조제3항제3호 · 제4항 및 제5항의"를 "국가공무원법 제28조의6제3항의"로 한다.

⑧ 및 ⑨ 생략

제3조부터 제5조까지 생략

부칙 〈제8872호,2008.2.29〉

제1조(시행일) 이 법은 공포한 날부터 시행한다.

제2조(기관 변경에 따른 공무원에 대한 경과조치) 이 법 시행 당시 대통령경호실 소속공무원은 이 법에 의한 경호처소속공무원으로 본다.

제3조(다른 법률의 개정) ①경비업법 일부를 다음과 같이 개정한다.

제5조제4호 중 "대통령경호실법"을 "「대통령 등의 경호에 관한 법률」"로 한다.

②공직자 등의 병역사항 신고 및 공개에 관한 법률 일부를 다음과 같이 개정한다.

제2조제4호 및 제8조의2제1항제3호 중 "대통령경호실"을 각각 "대통령실"로 한다.

③ 공직자윤리법 일부를 다음과 같이 개정한다.

제3조제1항제4호 중 "대통령경호실"을 "대통령실"로 한다.

④위험직무 관련 순직공무원의 보상에 관한 법률 일부를 다음과 같이 개정한다.

제2조제1호바목 중 "대통령경호실"을 "경호처"로, "「대통령경호실법」"을 "「대통령 등의 경호에 관한 법률」"로 한다.

제4조(다른 법령과의 관계) 이 법 시행 당시 다른 법령에서 종전의 법률 또는 그 규정을 인용하고 있는 경우 이 법 중 그에 해당하는 규정이 있는 때에는 종전의 규정에 갈음하여 이 법 또는 이 법의 해당 조항을 각각 인용한 것으로 본다.

부칙 〈제10060호,2010.3.12〉

이 법은 공포한 날부터 시행한다.

대통령 등의 경호에 관한 법률 시행령

타법개정/2009. 3.18. 대통령령 제21351호

제1조(목적) 이 영은 「대통령 등의 경호에 관한 법률」(이하 "법"이라 한다) 제3조에 따른 경호처 직원의 임용, 그 밖에 이 법의 시행에 필요한 사항을 규정함을 목적으로 한다.
[전문개정 2008.2.29]

제2조(가족의 범위 등) ①법 제4조제1항제1호 및 제2호에 따른 "가족"이란 대통령 및 대통령당선인의 배우자와 직계존비속을 말한다.
〈개정 2005.6.30, 2008.2.29〉
②법 제4조제1항제3호에 따라 경호처가 경호하는 전직대통령의 배우자와 자녀는 다음 각 호의 어느 하나에 해당되지 아니하는 자로 한다.
〈개정 2005.6.30, 2006.11.15, 2008.2.29〉
1. 전직대통령과 동거하지 아니하는 자. 다만, 전직대통령이 사망한 경우에는 그 배우자(배우자가 사망한 경우에는 사실상의 세대주)와 동거하지 아니하는 자
2. 혼인한 자녀
3. 군에 복무중인 자
4. 외국에 체류중인 자
[전문개정 1981.3.2]

제3조(전직대통령 등의 경호 〈개정 2005.6.30〉) 법 제4조제1항제3호에 따라 전

직대통령과 그의 배우자 및 자녀의 경호에는 다음 각호의 조치를 포함한다. 〈개정 2005.6.30, 2008.2.29〉

1. 경호안전상 별도주거지 제공(별도주거지는 본인이 마련할 수 있다)
2. 현거주지 및 별도주거지에 경호를 위한 인원의 배치, 필요한 경호의 담당
3. 요청이 있는 경우 대통령전용기 및 헬리콥터의 지원
4. 그 밖에 경호처장(이하 "처장"이라 한다)이 관계기관과 협의하여 정한 사항

[본조신설 1984.2.7]

[제2조의2에서 이동, 종전 제3조는 제4조로 이동 〈2005.6.30〉]

제3조의2(경호등급) ①처장은 법 제4조제1항제5호 및 제6호에 따른 경호대상자의 경호임무를 수행하기 위하여 해당 경호대상자의 지위와 경호위해요소, 해당 국가의 정치상황, 국제적 상징성, 상호주의 측면, 적대국가 유무 등 국제적 관계를 고려하여 경호등급을 구분하여 운영할 수 있다.

②제1항에 따라 경호등급을 구분하여 운영하는 경우에는 외교통상부장관, 국가정보원장 및 경찰청장과 미리 협의하여야 한다.

③제1항의 경호등급과 관련하여 필요한 사항은 대통령실장(이하 "실장"이라 한다)과 협의하여 처장이 따로 정한다.

[본조신설 2008.2.29]

제4조(경호구역) ①법 제5조제1항 따른 경호처의 경호구역 중 대통령집무실・대통령관저 등은 내곽구역과 외곽구역으로 나누며 그 범위는 부도와 같다.

②제1항에 따른 대통령집무실・대통령관저 등을 제외한 각종 행사장・유숙지 등에 대한 경호구역은 행사의 성격, 경호위해요소 등을 고려하여 처장이 실장과 협의하여 지정한다. 다만, 긴급한 경우에는 그러하지 아니하다.

[전문개정 2008.2.29]

제5조(직급) 경호공무원의 계급별 직급의 명칭은 별표 1과 같다.

[본조신설 1999.12.31]

[제4조의2에서 이동, 종전 제5조는 제6조로 이동 〈2005.6.30〉]

제6조 삭제 〈2008.2.29〉

제6조의2 삭제 〈2008.2.29〉

제7조(인사위원회의 설치) ①경호처 직원의 인사에 관한 정책 및 그 운용에 관한 중요사항을 심의하기 위하여 인사위원회 및 인사실무위원위를 대통령실에 둔다. 〈개정 2008.2.29〉

②인사위원회는 위원장 1인과 5인 이상 7인 이하의 위원으로 구성하며, 위원장은 2급 이상 직원 중에서, 위원은 3급 이상 직원 중에서 각각 처장의 추천을 받아 실장이 임명한다. 〈개정 2005.6.30, 2008.2.29〉

③인사실무위원회는 위원장 1인과 5인 이상 7인 이하의 위원으로 구성하며, 위원장은 3급 이상 직원 중에서, 위원은 4급 이상 직원 중에서 각각 처장의 추천을 받아 실장이 임명한다. 〈개정 2005.6.30, 2008.2.29〉

④인사위원회 및 인사실무위원회의 회의 기타 운영에 관하여 필요한 사항은 실장이 정한다.

[전문개정 1999.12.31]

[제6조에서 이동, 종전 제7조는 제9조로 이동〈2005.6.30〉]

제8조(인사위원회의 직무 등) 인사위원회는 인사에 관하여 인사실무위원회와 관계부서에서 제안한 인사정책 및 그 운용에 관한 사항등을 심의하여 실장에게 건의한다.

[본조신설 1999.12.31]

[제6조의2에서 이동, 종전 제8조는 삭제〈2005.6.30〉]

제9조(임용) 경호공무원 및 기능직공무원의 임용은 학력·자격·경력을 기초로 하며, 시험성적·근무성적 기타 능력의 실증에 의하여 행한다.

〈개정 1999.12.31〉

[제7조에서 이동, 종전 제9조는 제20조로 이동 〈2005.6.30〉]

제9조의2(임용권의 위임) 실장은 법 제7조제3항에 따라 3급 이하 5급 이상의 전보권, 4급 및 5급의 임용제청권, 6급 이하 및 기능직공무원의 임용권을 처장에게 위임할 수 있다.

[본조신설 2008.2.29]

제10조(신규채용) ①경호공무원 및 기능직공무원의 신규채용은 공개경쟁시험에 의하여 행한다.

②다음 각호의 1에 해당하는 경우에는 특별채용시험에 의하여 신규채용할 수 있다. 〈개정 2003.6.30, 2005.6.30〉

1. 공개경쟁시험에 의한 채용이 곤란한 임용예정직에 관련된 자격증 소지자를 임용하는 경우
2. 임용예정직에 상응하는 근무실적 또는 연구실적이 3년 이상인 자를 임용하는 경우
3. 임용예정직에 상응하는 전문지식·경험·기술이 있는 자를 1급 또는 2급의 경호공무원으로 임용하는 경우
4. 외국어에 능통하고 국제적 소양과 전문지식을 지닌 자를 임용하는 경우
5. 법 제10조제1항제3호의 사유로 퇴직하거나 「국가공무원법」 제71조제1항제1호의 휴직기간만료로 인하여 퇴직한 경호공무원 또는 기능직공무원을 퇴직한 날부터 3년 이내에 퇴직시에 재직한 직급의 직원으로 재임용하는 경우

③별정직공무원의 신규채용은 비서·공보·의무·운전·사범·교관·사진 등의 특수분야를 대상으로 한다. 〈신설 2005.6.30〉

[본조신설 1999.12.31]

[제7조의2에서 이동, 종전 제10조는 제21조로 이동 〈2005.6.30〉]

제11조(시보임용) ①5급 이하 경호공무원 또는 기능직공무원을 신규채용하는 경우에는 1년 이내의 기간동안 시보로 임용하고 그 기간 중에 근무성적과 교육훈련성적이 양호한 경우에 정규직원으로 임용한다.

②휴직기간, 직위해제기간 및 징계에 의하여 정직처분을 받은 기간은 제1항의 규정에 의한 시보임용기간에 산입하지 아니한다.

[본조신설 1999.12.31]
[제7조의3에서 이동, 종전 제11조는 제25조로 이동 〈2005.6.30〉]

제12조(시험) ①직원의 임용을 위한 시험은 이를 직급별로 실시한다.
②시험은 공개경쟁채용시험·특별채용시험·승진시험으로 구분하여 실장이 실시하며, 경호공무원의 필기시험과목은 별표 2와 같다.
③별정직·기능직공무원에 대하여는 신규채용의 경우를 제외하고는 시험을 과하지 아니한다.
④실장은 시험에 관한 출제·채점·면접시험·실기시험 및 기타 시험에 필요한 사항을 담당하게 하기 위하여 시험위원을 임명 또는 위촉할 수 있다.
⑤필기시험의 출제 및 채점에 있어서는 과목당 2인 이상의 시험위원이 임명 또는 위촉되어야 하며, 면접시험에 있어서는 3인 이상의 시험위원이 임명 또는 위촉되어야 한다.
⑥이 영에 규정된 사항외에 시험에 관하여 필요한 사항은 실장이 정한다.
[본조신설 1999.12.31]
[제7조의4에서 이동, 종전 제12조는 제27조로 이동 〈2005.6.30〉]

제13조(공개경쟁채용시험) ①공개경쟁채용시험은 필기시험·면접시험·신체검사 및 체력검정에 의하여 실시한다. 다만, 실장이 필요하다고 인정하는 때에는 실기시험·지능검사·인성검사 및 적성검사의 전부 또는 일부를 병과하여 실시할 수 있다. 〈개정 2005.6.30〉
②경호공무원의 공개경쟁채용시험의 대상이 되는 계급은 5급·7급 및 9급으로 하고, 기능직공무원의 공개경쟁채용시험의 대상이 되는 계급은 10급으로 한다. 〈신설 2005.6.30, 2007.11.30〉
[본조신설 1999.12.31]
[제7조의5에서 이동, 종전 제13조는 제33조로 이동 〈2005.6.30〉]

제14조(특별채용시험) ①특별채용시험은 필기시험·면접시험 및 신체검사에 의하여 실시하며, 실기시험·체력검정·지능검사·인성검사 및 적성검사의 전

부 또는 일부를 병과하여 실시할 수 있다.

②제1항의 시험에 있어 실장이 필요하다고 인정하는 자에 대하여는 필기시험의 전부 또는 일부를 면제할 수 있다.

[본조신설 1999.12.31]

[제7조의6에서 이동, 종전 제14조는 제36조로 이동 〈2005.6.30〉]

제15조(승진시험) ①6급 경호공무원을 5급 경호공무원으로 승진임용하고자 하는 때에는 승진시험을 병행할 수 있다.

②제1항의 규정에 의한 승진시험은 필기시험에 의하여 실시하되, 실기시험을 병과할 수 있다.

[본조신설 1999.12.31]

[제7조의7에서 이동 〈2005.6.30〉]

제16조(근무성적평정 및 경력평정의 실시) 직원의 복무능률의 증진과 인사관리의 적정을 기하기 위하여 근무성적평정과 경력평정을 한다. 다만, 별정직공무원에 대하여는 경력평정을 하지 아니한다.

[본조신설 1999.12.31]

[제7조의8에서 이동 〈2005.6.30〉]

제17조(평정기준) ①근무성적평정은 일정한 기간중 당해 직원의 직무수행의 성과·능력·태도, 청렴도 및 직무에의 적합성 기타 직무수행에 필요한 사항에 관하여 행한다.

②경력평정은 당해 직원의 경력이 직급별로 그 담당직무수행과 관련되는 정도를 기준으로 행하여야 한다.

[본조신설 1999.12.31]

[제7조의9에서 이동 〈2005.6.23〉]

제18조(근무성적평정) ①근무성적평정은 3급 이하의 직원을 대상으로 하여 정기평정과 수시평정으로 나누어 실시하되, 정기평정은 연 1회 실시한다.

〈개정 2005.6.30〉
②근무성적평정의 방법·시기·절차 등에 관하여 필요한 사항은 실장이 정한다.
[본조신설 1999.12.31]
[제7조의10에서 이동 〈2005.6.30〉]

第19조(경력평정) ①제21조제1항의 승진소요최저연수에 도달한 5급 이하 경호공무원과 기능직공무원에 대하여는 그 경력을 평정하여 승진임용에 반영하여야 한다. 〈개정 2005.6.30〉
②경력평정은 해당 직급, 하위직급 및 차하위직급의 재직기간을 평정기간으로 한다.
③경력평정대상기간에는 휴직기간 및 정직기간은 이를 산입하지 아니한다. 다만, 법률의 규정에 의한 의무수행을 위하여 휴직한 자의 휴직기간과 공무로 인한 질병 또는 부상에 의한 휴직기간은 이를 산입한다.
④경력평정의 시기·방법·절차 등에 관하여 필요한 사항은 실장이 정한다.
[본조신설 1999.12.31]
[제7조의11에서 이동 〈2005.6.30〉]

第20조(승진임용 방법) ①경호공무원 및 기능직공무원의 승진은 근무성적 및 경력평정 기타 능력의 실증에 의하여 행한다.
②실장은 승진임용에 필요한 요건을 구비한 5급 이하 경호공무원 및 기능직공무원에 대하여 근무성적평정 4.5할, 경력평정 2할, 교육훈련성적 3할, 상훈 및 신체검사 0.5할의 비율에 따라 승진심사자명부를 작성하여야 한다.
③제2항의 승진심사자명부에 등재하는 대상은 승진심사일이 속하는 달의 다음달 말일까지 승진소요최저연수를 충족하는 자를 포함한다.
〈신설 2005.6.30〉
④승진심사는 승진심사자명부에 등재되어 있는 자를 대상으로 하고, 승진이 결정된 자는 승진일에 승진소요최저연수를 충족하여야 한다.
〈신설 2005.6.30〉
⑤이 영에 규정된 사항외에 승진임용에 관하여 필요한 사항은 실장이 정한다.

[전문개정 1999.12.31]
[제9조에서 이동 〈2005.6.30〉]

제21조(승진소요최저연수) ①경호공무원 및 기능직공무원이 승진함에 있어서는 다음 각호의 기간동안 당해 계급에 재직하여야 한다. 〈개정 2003.6.30〉
1. 경호공무원
가. 3급 이상-2년 이상
나. 4급-4년 이상
다. 5급-5년 이상
라. 6급-4년 이상
마. 7급 및 8급-3년 이상
바. 9급-2년 이상
2. 기능직공무원
가. 기능7급 및 기능8급-2년 이상
나. 기능9급 및 기능10급-1년 6월 이상
②제1항의 기간에는 휴직기간·직위해제기간 및 징계처분기간을 포함하지 아니한다. 다만, 법률의 규정에 의한 의무수행을 위하여 휴직한 자의 휴직기간과 공무로 인한 질병 또는 부상에 의한 휴직기간은 이를 산입한다.
[전문개정 1999.12.31]
[제10조에서 이동 〈2005.6.30〉]

제22조(특별승진) ①경호공무원 및 기능직공무원이 다음 각 호의 어느 하나에 해당하는 때에는 제20조 및 제21조의 규정에 불구하고 특별승진 임용할 수 있다. 다만, 제1호 내지 제3호는 3급 이하 경호공무원 및 기능직공무원에게만 적용한다. 〈개정 2003.6.30, 2005.6.30, 2007.6.28〉
1. 경호위해요소를 사전에 발견·제거하여 경호안전에 특별한 공을 세운 자
2. 경호위급사태 발생시 경호대상자의 생명을 구하는데 공이 현저한 자
3. 헌신적인 직무수행으로 업무발전에 기여한 공이 현저하여 모든 직원의 귀감이 되는 자

4. 재직 중 공적이 특히 현저한 자가 제26조의 규정에 의하여 공로퇴직하는 때
5. 재직 중 공적이 특히 현저한 자가 공무로 인하여 사망한 때

②제1항의 규정에 의하여 특별승진임용하는 경우에는 공무원임용령 제32조제1항의 규정에 의한 승진임용의 제한을 받지 아니한다. 〈개정 2003.6.30〉

③제1항제1호 내지 제3호의 규정에 의하여 특별승진임용하는 경우에는 제21조의 규정에 의한 승진소요최저연수를 1년 단축할 수 있고, 동항제4호의 규정에 의하여 특별승진임용하는 경우에는 공로퇴직일 전일까지 당해 계급에서 1년 이상 재직하여야 하며, 동항제5호의 규정에 의하여 특별승진임용하는 경우에는 승진소요최저연수의 적용을 받지 아니한다. 〈개정 2005.6.30〉

④직원을 특별승진임용하고자 하는 때에는 인사위원회의 심의를 거쳐야 한다.

[본조신설 1999.12.31]

[제10조의2에서 이동 〈2005.6.30〉]

제23조(별정직국가공무원의 근무상한연령) 별정직국가공무원의 근무상한연령은 경호공무원의 정년과 균형을 유지하는 범위안에서 실장이 정한다.

[본조신설 1999.12.31]

[제10조의3에서 이동 〈2005.6.30〉]

제24조(교육훈련 등 〈개정 2003.6.30〉) ①실장은 직원에 대하여 직무의 능률증진을 위한 교육훈련을 실시한다.

②실장은 필요하다고 인정하는 때에는 직원을 국내외의 교육기관 또는 연구기관에 위탁하여 교육훈련을 받게 할 수 있다.

③실장은 교육훈련의 성과측정을 위하여 정기 또는 수시로 평가를 실시하고 그 결과를 인사관리에 반영하여야 한다.

④제2항의 규정에 의하여 6월 이상 국외에서 교육훈련을 받은 직원에 대하여는 6년의 범위안에서 교육훈련기간의 2배에 상당하는 기간, 6월 이상 국내에서 교육훈련을 받은 직원에 대하여는 6년의 범위안에서 교육훈련기간과 동일한 기간(일과후에만 실시하는 국내훈련의 경우에는 훈련기간의 5할에 해당하는 기간)을 복무하도록 하여야 한다. 다만, 복무의무를 부과하기 곤란하거나

복무의무를 부과한 후 이를 이행할 수 없는 특별한 사유가 있어 실장이 복무의무를 면제한 경우에는 그러하지 아니하다.

⑤제4항의 규정에 의한 의무복무를 이행하지 아니한 자는 교육훈련을 위하여 소요된 경비의 전액 또는 일부를 반납하여야 한다.

⑥실장은 경호공무원으로 20년 이상 근무한 후 퇴직하고자 하는 자에 대하여 퇴직후 사회적응능력의 배양을 위하여 1년 이내의 범위에서 연수를 실시할 수 있다. 이 경우 실장은 연수기간중 당해 연수자의 직급에 해당하는 정원이 따로 있는 것으로 보고 결원을 보충할 수 있다. 〈신설 2003.6.30〉

[본조신설 1999.12.31]

[제10조의4에서 이동 〈2005.6.30〉]

第25條(보수) ①처장의 보수는 「공무원보수규정」에 따른 차관의 보수와 같은 금액으로 한다. 〈개정 2008.2.29〉

②기타 직원의 보수에 관하여는 「공무원보수규정」에 따른다.

〈개정 1981.3.2, 1999.12.31, 2005.6.30〉

[전문개정 1979.12.27]

[제11조에서 이동 〈2005.6.30〉]

第26條(공로퇴직) ①경호공무원으로 10년 이상 성실하게 근무한 후 퇴직하는 자에 대하여는 예산의 범위안에서 공로퇴직수당(이하 "수당"이라 한다)을 지급할 수 있다. 〈개정 1999.12.31〉

②제1항의 수당지급액은 다음의 산식에 의하여 산출한 금액의 범위안으로 한다.

퇴직당시 봉급월액×{36+(33−근속연수)×2/3}

③수당의 지급절차 기타 수당지급에 관하여 필요한 사항은 행정안전부장관 및 기획재정부장관과 협의하여 실장이 정한다.

〈개정 1999.5.24, 2007.6.28, 2008.2.29〉

[본조신설 1995.12.30]

[제11조의2에서 이동 〈2005.6.30〉]

제27조(직권면직) ①법 제10조제1항제2호·제5호 및 동조제2항의 규정에 의하여 직권면직시키고자 하는 경우에는 제30조의 규정에 의한 관할 징계위원회의 동의를 얻어야 한다. 〈개정 2005.6.30〉

②삭제 〈2005.6.30〉

[전문개정 1999.12.31]

[제12조에서 이동 〈2005.6.30〉]

제28조(징계의결의 요구) ①소속직원에게 징계사유가 있다고 인정되는 때에는 5급 이상은 실장이, 6급 이하는 처장이 관할징계위원회에 징계의결을 요구하여야 한다. 〈개정 2008.2.29〉

②실장은 경호처에 파견되어 근무중인 직원에 대하여 징계사유가 있다고 인정되는 때에는 파견직원의 원소속기관의 장에게 그 사유를 통보하여야 한다. 〈개정 2008.2.29〉

③제1항의 규정에 의하여 징계의결을 요구하는 때에는 미리 당해 직원의 징계사유에 대하여 충분히 조사하고 입증자료를 첨부하여 징계의결요구서에 의하여 이를 행하여야 한다.

[본조신설 1999.12.31]

[제12조의2에서 이동 〈2005.6.30〉]

제29조(징계위원회의 구성) ①고등징계위원회위원장은 처장이 되고, 위원은 3급 이상의 직원중에서 실장이 임명한다. 〈개정 2004.7.24, 2008.2.29〉

②보통징계위원회위원장은 경호처 차장이 되고, 위원은 4급 이상의 직원중에서 처장이 임명한다. 〈개정 2006.1.2, 2008.2.29〉

[본조신설 1999.12.31]

[제12조의3에서 이동 〈2005.6.30〉]

제30조(징계위원회의 관할·운영 등) ①고등징계위원회는 1급 내지 5급 직원에 대한 징계사건 및 6급 이하 및 기능직직원에 대한 중징계 사건을 심사·의결한다.

②보통징계위원회는 6급 이하 및 기능직직원에 대한 경징계 사건을 심사·의결한다.

③징계위원회의 관할이 다른 상하직위자가 관련된 징계사건은 제1항 및 제2항의 규정에 불구하고 고등징계위원회에서 심사·의결한다. 다만, 하위직위자에 대한 징계를 분리하여 심사·의결하는 것이 타당하다고 인정되는 때에는 고등징계위원회의 의결로써 하위직위자에 대한 징계사건을 보통징계위원회에 이송할 수 있다.

[본조신설 1999.12.31]

[제12조의4에서 이동 〈2005.6.30〉]

제31조(「공무원 징계령」의 준용 〈개정 2009.3.18〉) 직원의 징계에 관하여 이 영에 특별한 규정이 있는 경우를 제외하고는 「공무원 징계령」 제9조 내지 제15조, 제17조 내지 제25조를 준용한다. 〈개정 2009.3.18〉

[본조신설 1999.12.31]

[제12조의5에서 이동 〈2005.6.30〉]

제32조(보상) ①법 제13조에서 "상이를 입고 퇴직한 자와 그 가족"이라 함은 「국가유공자 등 예우 및 지원에 관한 법률 시행령」 별표 3에 해당하는 자와 그 가족을 말한다. 〈개정 2005.6.30〉

②법 제13조에서 "사망(상이로 인하여 사망한 경우를 포함한다)한 자의 유족"이라 함은 직원의 사망 당시 「국가유공자 등 예우 및 지원에 관한 법률」 제5조에 해당하는 자를 말한다. 〈개정 2005.6.30〉

③제1항의 규정에 해당하는 자는 「국가유공자 등 예우 및 지원에 관한 법률」 제4조제1항제4호 또는 제6호에 규정된 전상군경 또는 공상군경과 그 가족으로 보고, 제2항의 규정에 해당하는 자는 「국가유공자 등 예우 및 지원에 관한 법률」 제4조제1항제3호 또는 제5호에 규정된 전몰군경 또는 순직군경의 유족으로 보아 동법에 의한 보상을 실시한다. 〈개정 2005.6.30〉

④제3항의 규정에 의한 보상을 받고자 하는 자는 「국가유공자 등 예우 및 지원에 관한 법률 시행령」 제8조제1항의 규정에 의하여 보상대상자의 등록을 신

청하여야 한다. 이 경우 등록신청서에는 실장이 발급한 상이 또는 사망확인증명서와 국·공립병원장이 발급한 상이 또는 사망진단서를 첨부하여야 한다. 〈개정 2005.6.30〉

⑤실장이 제4항 후단의 규정에 의한 상이 또는 사망확인증명서를 발급한 때에는 「국가유공자 등 예우 및 지원에 관한 법률 시행령」 제9조의 규정에 의하여 국가유공자등요건관련사실확인서를 지체없이 국가보훈처장에게 통보하여야 한다. 〈개정 2005.6.30〉

[본조신설 1999.12.31]

[제12조의6에서 이동 〈2005.6.30〉]

第33조 삭제 〈2008.2.29〉

第34조(복제) ①실장은 필요하다고 인정하는 경우 직원에게 제복을 지급할 수 있다. 〈개정 1999.12.31〉

②직원의 복제에 관하여 필요한 사항은 실장이 정한다.

〈개정 1999.5.24, 1999.12.31, 2007.6.28〉

[본조신설 1995.12.30]

[제13조의2에서 이동 〈2005.6.30〉]

第35조(준용) 경호처의 직원에 관하여 이 영에 특별한 규정이 있는 경우를 제외하고는 「공무원임용령」 및 「국가공무원 복무규정」을 준용한다.

〈개정 2008.2.29〉

[본조신설 1999.12.31]

[제13조의3에서 이동 〈2005.6.30〉]

第36조(위임사항) 이 영의 시행에 관하여 필요한 사항은 실장이 정한다.

〈개정 2006.11.15〉

[제14조에서 이동 〈2005.6.30〉]

부칙 〈제7349호,1974.11.14〉

이 영은 공포한 날로부터 시행한다.

부칙 〈제7973호,1976.2.4〉

이 영은 공포한 날로부터 시행한다.

부칙 〈제8173호,1976.6.24〉

이 영은 1976년 7월 1일부터 시행한다.

부칙 〈제8368호,1976.12.31〉

이 영은 공포한 날로부터 시행한다.

부칙 〈제9173호,1978.9.25〉

이 영은 공포한 날로부터 시행한다.

부칙 〈제9692호,1979.12.27〉

①**(시행일)** 이 영은 공포한 날로부터 시행한다.

②**(폐지법령)** 대통령령 제7246호 대통령경호 경비대책위원회규정, 대통령령 제7713호 대통령경호 경비안전대책통제단설치에관한규정 및 대통령령 제7862호 안전대책사범처리협의회규정은 이를 폐지한다.

부칙 〈제9748호,1980.2.1〉

①(시행일) 이 영은 1980년 2월 1일부터 시행한다.
②및 ③생략

부칙 〈제10205호,1981.2.26〉

①(시행일) 이 영은 공포한 날로부터 시행한다.
②내지 ⑤생략

부칙 〈제10232호,1981.3.2〉

이 영은 공포한 날로부터 시행한다.

부칙 〈제11238호,1983.10.7〉

①(시행일) 이 영은 공포한 날로부터 시행한다.
②(경과조치) 이 영 시행으로 감축되는 고용직공무원의 정원에 해당하는 각 기관별 현원이 있는 경우에는 1983년 10월 31일까지 그 초과현원에 상응하는 정원이 따로 있는 것으로 본다.

부칙 〈제11348호,1984.2.7〉

이 영은 공포한 날로부터 시행한다.

부칙 〈제11435호,1984.5.31〉

이 영은 공포한 날로부터 시행한다.

부칙 〈제11614호,1984.12.31〉

이 영은 공포한 날로부터 시행한다.

부칙 〈제12439호,1988.5.2〉

이 영은 공포한 날로부터 시행한다.

부칙 〈제12733호,1989.6.17〉

제1조(시행일) 이 영은 공포한 날로부터 시행한다.

제2조(정원에 관한 경과조치) 이 영 시행당시 이 영의 시행으로 감축되는 고용직공무원에 해당하는 현원이 있는 경우에는 그 현원을 기능직공무원으로 특별채용할 때까지 그 현원에 대한 고용직공무원정원이 따로 있는 것으로 보며, 그 현원에 해당하는 기능직공무원의 정원은 이를 충원할 수 없다.

제3조(잡무직렬 기능직공무원에 관한 경과조치) 대통령령 제12704호 공무원임용령중개정령 부칙 제5조제2항의 규정에 의하여 다른 직렬의 기능직공무원으로 임용된 것으로 보는 자는 이 영의 규정에 불구하고 종전의 등급으로 재직할 수 있다.

제4조 및 제5조 생략

부칙 〈제12844호,1989.11.20〉

이 영은 1990년 1월 1일부터 시행한다.

부칙 〈제13647호,1992.5.18〉

이 영은 1992년 7월 1일부터 시행한다.

부칙 〈제14619호,1995.4.12〉

이 영은 공포한 날부터 시행한다.

부칙 〈제14894호,1995.12.30〉

이 영은 공포한 날부터 시행한다.

부칙 〈제15278호,1997.2.13〉

이 영은 공포한 날부터 시행한다.

부칙 〈제15305호,1997.3.20〉

①(시행일) 이 영은 공포한 날부터 시행한다.

②(정원감축에 따른 경과조치) 이 영 시행당시 이 영의 규정에 의하여 감축되는 기능직 교환원 운전원 위생원 사무원 및 방호원의 정원에 해당하는 초과현원이 있는 경우에는 현원이 이 영에 의한 정원과 일치될 때까지 그 초과현원에 상응하는 정원이 따로 있는 것으로 본다.

부칙 〈제16318호,1999.5.24〉

①(시행일) 이 영은 공포한 날부터 시행한다.

②(정원에 관한 적용례) 대통령경호실에 두는 공무원의 정원에 관하여 2000년 6월 30일까지는 별표에 불구하고 별표의2를 적용한다.

③(정원에 관한 경과조치) 이 영 시행당시 별표의2에 의한 정원을 초과하는 현원이 있는 경우에는 2000년 6월 30일까지 그 초과현원에 상응하는 정원이 따로 있는 것으로 보되, 초과현원이 별정직공무원인 경우에는 1999년 12월 31일까지 그 정원이 따로 있는 것으로 본다. 다만, 별표의 시행으로 감축되는 정원에

해당하는 초과현원이 있는 경우에는 2000년 12월 31일까지 그 초과현원에 상응하는 정원이 따로 있는 것으로 본다.

부칙 〈제16678호,1999.12.31〉

제1조(시행일) 이 영은 2000년 1월 1일부터 시행한다.

제2조(정원에 관한 적용례) 대통령경호실에 두는 공무원의 정원에 관하여 2000년 6월 30일까지는 별표 3에 불구하고 별표 3의2를 적용한다.

제3조(정원에 관한 경과조치) 이 영 시행당시 별표 3의2에 의한 정원을 초과하는 현원이 있는 경우에는 2000년 6월 30일까지 그 초과현원에 상응하는 정원이 따로 있는 것으로 보되, 초과현원이 별정직공무원인 경우에는 그러하지 아니하다. 다만, 별표 3의 시행으로 감축되는 정원에 해당하는 초과현원이 있는 경우에는 2000년 12월 31일까지 그 초과현원에 상응하는 정원이 따로 있는 것으로 본다.

제4조(다른 법령의 개정) ①공무원보수규정중 다음과 같이 개정한다.

별표 31중 성과급적 연봉제의 적용대상공무원란중 "군무원, 국가정보원직원"을 "군무원, 국가정보원직원, 대통령경호실직원"으로 한다.

②경비업법시행령중 다음과 같이 개정한다.

제16조제2호중 "경호원으로"를 "경호공무원 또는 별정직공무원으로 경호업무에"로 한다.

③소방법시행령중 다음과 같이 개정한다.

제9조제2항제11호중 "대통령경호실법시행령 제7조의 규정에 의하여 임용된 경호원으로"를 "대통령경호실법에 의한 경호공무원 또는 별정직공무원으로"로 한다.

부칙 〈제17499호,2002.1.26〉

①**(시행일)** 이 영은 공포한 날부터 시행한다.

②**(정원에 관한 적용례)** 대통령경호실에 두는 공무원의 정원에 관하여 2005년 2

월 24일까지는 별표 3에 불구하고 별표 3의2를 적용한다.

③(정원에 관한 경과조치) 이 영 시행으로 2005년 2월 25일자로 감축되는 정원 27인(3급 1, 4급 3, 4 5급 3, 5급 9, 6급 7, 기능직 4)에 해당하는 초과현원이 있는 경우에는 2005년 8월 24일까지 그 초과현원에 상응하는 정원이 따로 있는 것으로 본다.

부칙 〈제18036호,2003.6.30〉

이 영은 공포한 날부터 시행한다.

부칙 〈제18264호,2004.1.29〉

이 영은 공포한 날부터 시행한다.

부칙 〈제18481호,2004.7.24〉

이 영은 공포한 날부터 시행한다.

부칙 〈제18729호,2005.3.2〉
(재정경제부와그소속기관직제 등 일부개정령)

이 영은 공포한 날부터 시행한다.

부칙 〈제18896호,2005.6.30〉

①(시행일) 이 영은 공포한 날부터 시행한다.

②(정원에 관한 적용례) 대통령경호실에 두는 공무원의 정원에 관하여 2010년 2월 24일까지는 별표 3의 개정규정에 불구하고 별표 3의2의 개정규정을 적용한다.

③(정원에 관한 경과조치) 별표 3의 개정규정의 시행으로 2010년 2월 25일자로 감축되는 정원에 해당하는 초과현원이 있는 경우에는 2010년 8월 24일까지 그 초과현원에 상응하는 정원이 따로 있는 것으로 본다.

부칙 〈제19260호,2006.1.2〉

이 영은 공포한 날부터 시행한다.

부칙 〈제19596호,2006.6.30〉

(고위공무원단제도의 도입 등에 따른 재정경제부와 그 소속기관 직제 등 일부개정령)

제1조(시행일) 이 영은 2006년 7월 1일부터 시행한다.

제2조(다른 법령의 개정) 책임운영기관의 설치·운영에 관한 법률시행령 일부를 다음과 같이 개정한다.

별표 1의2중 국립과학수사연구소 총정원의 한도란 중 "281인"을 "286인"으로 한다.

부칙 〈제19732호,2006.11.15〉

①(시행일) 이 영은 공포한 날부터 시행한다.

②(경과조치) 이 영 시행당시 전직 대통령의 자녀에 대한 경호에 대하여는 종전의 규정에 따른다.

부칙 〈제20119호,2007.6.28〉

제1조 (시행일) 이 영은 공포한 날부터 시행한다.

제2조 (총액인건비제의 시행에 따른 정원에 관한 적용례) 「행정기관의 조직과 정원에 관한 통칙」제29조제2항에 따라 별표 3의2에 따른 총정원의 3퍼센트를 넘지 아니하는 범위 안에서 따로 정하는 공무원의 직급별 정원은 2010년 2월

24일까지는 별표 3의3과 같다.

부칙 〈제20413호,2007.11.30〉

이 영은 공포한 날부터 시행한다.

부칙 〈제20732호,2008.2.29〉

제1조(시행일) 이 영은 공포한 날부터 시행한다.

제2조(다른 법령의 개정) ① 경비업법시행령 일부를 다음과 같이 개정한다.

제13조제2호 및 제18조제1항 단서 중 "「대통령경호실법」"을 각각 "「대통령 등의 경호에 관한 법률」"로 한다.

② 국군지휘통신사령부령 일부를 다음과 같이 개정한다.

제2조제5호 중 "대통령경호실"을 "대통령실 경호처"로 한다.

제7조 중 "대통령경호실장"을 "대통령실 경호처장"으로 한다.

③ 대통령경호안전대책위원회규정을 다음과 같이 개정한다.

제1조 중 "「대통령경호실법」"을 "「대통령 등의 경호에 관한 법률」"로 한다.

제2조 중 "출입국관리국장"을 "출입국・외국인정책본부장"으로, "문화관광부"를 "문화체육관광부"로, "정보통신부 통신전파방송정책본부장, 건설교통부 철도기획관"을 "방송통신위원회 방송통신정책실장, 국토해양부 항공철도국장"으로 한다.

제4조제2항제1호 중 "대통령경호실장"을 "대통령실 경호처장"으로, 같은 항 제4호 중 "출입국관리국장"을 "출입국・외국인정책본부장"으로, 같은 항 제6호 중 "문화관광부"를 "문화체육관광부"로, 같은 항 제7호 중 "정보통신부 통신전파방송정책본부장"을 "방송통신위원회 방송통신정책실장"으로, 같은 항 제8호 중 "건설교통부 철도기획관"을 "국토해양부 항공철도국장"으로 한다.

제6조제2항 중 "대통령경호실"을 "대통령실 경호처"로 한다.

④소방시설 설치유지 및 안전관리에 관한 법률 시행령 일부를 다음과 같이 개정한다.

제23조제2항제12호 중 "「대통령경호실법」"을 "「대통령 등의 경호에 관한 법률」"로 한다.

⑤수도방위사령부령 일부를 다음과 같이 개정한다.

제5조제2항 중 "대통령경호실장"을 "대통령실 경호처장"으로 한다.

제4조(다른 법령과의 관계) 이 영 시행 당시 다른 법령에서 종전의 영 또는 그 규정을 인용하고 있는 경우 이 영 중 그에 해당하는 규정이 있는 때에는 종전의 규정에 갈음하여 이 영 또는 이 영의 해당 조항을 각각 인용한 것으로 본다.

부칙 〈제21351호, 2009.3.18〉 (공무원 징계령)

제1조(시행일) 이 영은 2009년 4월 1일부터 시행한다.

제2조(다른 법령의 개정) ① 및 ② 생략

③대통령 등의 경호에 관한 법률 시행령 일부를 다음과 같이 개정한다.

제31조의 제목 및 제목 외의 부분 중 "공무원징계령"을 각각 "「공무원 징계령」"으로 한다.

④ 및 ⑤ 생략

경 찰 법

1991. 5. 31
법률 제4369호

改正/1996. 8. 8. 법률 제5153호
(中略)
改正/1991. 1.21. 법률 제5681호
改正/2000.12.20. 법률 제6279호
改正/2003. 2. 4. 법률 제6855호
改正/2003.12.31. 법률 제7035호
改正/2004.12.23. 법률 제7247호
一部改正/2008. 6.13. 법률 제9114호

제1장 총칙

제1조(목적) 이 법은 국가경찰의 민주적인 관리・운영과 효율적인 임무수행을 위하여 국가경찰의 기본조직 및 직무범위 기타 필요한 사항을 규정함을 목적으로 한다. 〈개정 2006.7.19〉

제2조(국가경찰의 조직 〈개정 2006.7.19〉) ①치안에 관한 사무를 관장하게 하기 위하여 행정안전부장관소속하에 경찰청을 둔다.
〈개정 1996.8.8, 2004.12.23, 2008.2.29〉
②경찰청의 사무를 지역적으로 분담 수행하게 하기 위하여 특별시장・광역시장 및 도지사(이하 시・도지사라 한다)소속하에 지방경찰청을 두고, 지방경찰청장소속하에 경찰서를 둔다. 〈개정 1997.12.13〉
③삭제 〈1996.8.8〉

제3조(국가경찰의 임무 〈개정 2006.7.19〉) 국가경찰은 국민의 생명·신체 및 재산의 보호와 범죄의 예방·진압 및 수사, 치안정보의 수집, 교통의 단속 기타 공공의 안녕과 질서유지를 그 임무로 한다. 〈개정 2006.7.19〉

제4조(권한남용의 금지) 국가경찰은 그 직무를 수행함에 있어서 헌법과 법률에 따라 국민의 자유와 권리를 존중하고, 국민전체에 대한 봉사자로서 공정중립을 지켜야 하며, 부여된 권한을 남용하여서는 아니된다. 〈개정 2006.7.19〉

제2장 경찰위원회

제5조(경찰위원회의 설치) ①경찰행정에 관하여 제9조제1항 각호에 정한 사항을 심의·의결하기 위하여 행정자치부에 경찰위원회(이하 "위원회"라 한다)를 둔다. 〈개정 2004.12.23〉

②위원회는 위원장 1인을 포함한 7인의 위원으로 구성하되, 위원장 및 5인의 위원은 비상임, 1인의 위원은 상임으로 한다.

③제2항의 규정에 의한 위원중 상임위원은 정무직으로 한다.

〈신설 2004.12.23〉

제6조(위원의 임명 및 결격사유) ①위원은 행정안전부장관의 제청으로 국무총리를 거쳐 대통령이 임명한다. 〈개정 2004.12.23, 2008.2.29〉

②행정안전부장관은 위원을 제청함에 있어서 국가경찰의 정치적 중립이 보장되도록 하여야 한다. 〈개정 2004.12.23, 2006.7.19, 2008.2.29〉

③위원 중 2인은 법관의 자격이 있는 자이어야 한다.

④다음 각호의 1에 해당하는 자는 위원이 될 수 없다.

〈개정 1999.1.21, 2006.7.19〉

1. 당적을 이탈한 날부터 3년이 경과되지 아니한 자
2. 선거에 의하여 취임하는 공직에서 퇴직한 날부터 3년이 경과되지 아니한 자
3. 경찰·검찰·국가정보원직원 또는 군인의 직에서 퇴직한 날부터 3년이 경과되지 아니한 자

4. 「국가공무원법」 제33조 각호의 1에 해당하는 자

제7조(위원의 임기 및 신분보장) ①위원의 임기는 3년으로 하며, 연임할 수 없다. 이 경우 보궐위원의 임기는 전임자의 잔임기간으로 한다.

②위원은 정당에 가입하거나 제6조제4항제2호 또는 제3호의 직에 취임 또는 임용되거나 제4호에 해당하게 된 때에는 당연히 퇴직된다.

③위원은 중대한 심신상의 장애로 직무를 수행할 수 없게 된 경우를 제외하고는 그 의사에 반하여 면직되지 아니한다.

제8조(「국가공무원법」의 준용 〈개정 2006.7.19〉) 위원에 대하여는 「국가공무원법」 제60조 및 제65조의 규정을 준용한다. 〈개정 2006.7.19〉

제9조(위원회의 심의 · 의결사항) ①다음 각호의 사항은 위원회의 심의 · 의결을 거쳐야 한다. 〈개정 2004.12.23, 2006.7.19, 2008.2.29〉

1. 국가경찰의 인사 · 예산 · 장비 · 통신 등에 관한 주요정책 및 국가경찰업무 발전에 관한 사항
2. 인권보호와 관련되는 국가경찰의 운영 · 개선에 관한 사항
3. 국가경찰 임무외의 다른 국가기관으로부터의 업무협조요청에 관한 사항
4. 제주특별자치도의 자치경찰에 대한 국가경찰의 지원 · 협조 및 협약체결의 조정 등에 관한 주요 정책사항
5. 기타 행정안전부장관 및 경찰청장이 중요하다고 인정하여 위원회에 부의한 사항

②행정안전부장관은 제1항의 규정에 의하여 심의 · 의결된 내용이 부적정하다고 판단될 때에는 재의를 요구할 수 있다. 〈개정 2004.12.23, 2008.2.29〉

제10조(위원회의 운영 등) ①위원회의 사무는 경찰청에서 수행한다.

②위원회의 회의는 재적위원 과반수의 출석과 출석위원 과반수의 찬성으로 의결한다.

③이 법에 규정된 것 외에 위원회의 운영 및 제9조제1항 각호에 정한 심의 · 의

결사항의 구체적 범위, 재의요구등에 관하여 필요한 사항은 대통령령으로 정한다.

제3장 경찰청

제11조(경찰청장) ①경찰청에 경찰청장을 두되, 경찰청장은 치안총감으로 보한다.

②경찰청장은 경찰위원회의 동의를 얻어 행정안전부장관의 제청으로 국무총리를 거쳐 대통령이 임명한다. 이 경우 국회의 인사청문을 거쳐야 한다. 〈개정 2003.2.4, 2003.12.31, 2008.2.29〉

③경찰청장은 국가경찰에 관한 사무를 통할하고 청무를 관장하며 소속공무원 및 각급 국가경찰기관의 장을 지휘·감독한다. 〈개정 2006.7.19〉

④ 삭제 〈2003.12.31〉

⑤경찰청장의 임기는 2년으로 하고, 중임할 수 없다. 〈신설 2003.12.31〉

⑥경찰청장이 그 직무집행에 있어서 헌법이나 법률을 위배한 때에는 국회는 탄핵의 소추를 의결할 수 있다. 〈신설 2003.12.31〉

[99헌마135 1999.12.23 경찰법(1991. 5. 31. 법률 제4369호로 제정되어 1997. 1. 13. 법률 제5260호로 개정된 것) 제11조 제4항 및 부칙 제2조는 헌법에 위반된다.]

제12조(차장) ①경찰청에 차장을 두되, 차장은 치안정감으로 보한다.

②차장은 경찰청장을 보좌하며, 경찰청장이 부득이한 사유로 직무를 수행할 수 없을 때에는 그 직무를 대행한다. 〈개정 2004.12.23〉

제13조(하부조직) ①경찰청의 하부조직은 국 또는 부 및 과로 한다.

②경찰청장·차장·국장 또는 부장 밑에 정책의 기획이나 계획의 입안 및 연구조사를 통하여 그를 직접 보좌하는 담당관을 둘 수 있다.

③경찰청의 하부조직의 명칭 및 분장사무와 공무원의 정원은 「정부조직법」 제2조제4항 및 제5항의 규정을 준용하여 대통령령 또는 행정안전부령으로 정한다. 〈개정 1998.2.28, 2006.7.19, 2008.2.29〉

제4장 지방경찰

第14조(지방경찰청장) ①지방경찰청에 지방경찰청장을 두되, 지방경찰청장은 치안정감·치안감 또는 경무관으로 보한다.

②지방경찰청장은 경찰청장의 지휘·감독을 받아 관할구역안의 국가경찰사무를 관장하고 소속공무원 및 소속국가경찰기관의 장을 지휘·감독한다.
〈개정 2006.7.19〉

第15조(차장) ①지방경찰청에 차장을 둘 수 있다.

②차장은 지방경찰청장을 보좌하여 소관사무를 처리하고 지방경찰청장이 부득이한 사유로 직무를 수행할 수 없을 때에는 그 직무를 대행한다.
〈개정 2004.12.23〉

第16조(치안행정협의회) ①지방행정과 치안행정의 업무조정 그 밖의 필요한 사항을 협의·조정하기 위하여 시·도지사(제주특별자치도지사를 제외한다) 소속하에 치안행정협의회를 둔다. 〈개정 2006.7.19〉

②치안행정협의회의 조직·운영 기타 필요한 사항은 대통령령으로 정한다.

第17조(경찰서장) ①경찰서에 경찰서장을 두되, 경찰서장은 총경 또는 경정으로 보한다. 〈개정 2000.12.20〉

②경찰서장은 지방경찰청장의 지휘·감독을 받아 관할구역안의 소관사무를 관장하고 소속공무원을 지휘·감독한다.

③경찰서장소속하에 지구대 또는 파출소를 두고, 그 설치기준은 치안수요·교통·지리 등 관할구역의 특성을 고려하여 행정안전부령으로 정한다. 다만, 필요한 경우에는 출장소를 둘 수 있다. 〈개정 2004.12.23, 2008.2.29〉

第18조(직제) 지방경찰청 및 경찰서의 명칭·위치·관할구역·하부조직·공무원의 정원 기타 필요한 사항은 「정부조직법」 제2조제4항 및 제5항의 규정을 준용하여 대통령령 또는 행정안전부령으로 정한다.

〈개정 1998.2.28, 2006.7.19, 2008.2.29〉

제5장 삭제 〈1996.8.8〉

제19조 삭제 〈1996.8.8〉

제20조 삭제 〈1996.8.8〉

제21조 삭제 〈1996.8.8〉

제22조 삭제 〈1996.8.8〉

제6장 국가경찰공무원 〈개정 2006.7.19〉

제23조(국가경찰공무원 〈개정 2006.7.19〉) ①국가경찰공무원의 계급은 치안총감·치안정감·치안감·경무관·총경·경정·경감·경위·경사·경장·순경으로 한다. 〈개정 2006.7.19〉

②국가경찰공무원의 임용·교육훈련·복무·신분보장 등에 관하여는 따로 법률로 정한다. 〈개정 2006.7.19〉

제24조(직무수행) ①국가경찰공무원은 상관의 지휘·감독을 받아 직무를 수행하고, 그 직무수행에 관하여 서로 협력하여야 한다. 〈개정 2006.7.19〉

②경찰공무원은 구체적 사건수사와 관련된 제1항의 지휘·감독의 적법성 또는 정당성 여부에 대하여 이견이 있는 때에는 이의를 제기할 수 있다. 〈신설 2008.6.13〉

③국가경찰공무원의 직무수행에 필요한 사항은 따로 법률로 정한다. 〈개정 2006.7.19, 2008.6.13〉

제7장 비상사태시의 특별조치 〈신설 2006.7.19〉

제25조(비상사태시 자치경찰에 대한 지휘 · 명령) ①경찰청장은 전시 · 사변, 천재 · 지변 그 밖에 이에 준하는 국가비상사태, 대규모의 테러 또는 소요사태가 발생하였거나 발생할 우려가 있어 전국적인 치안유지를 위하여 긴급한 조치가 필요하다고 인정할 만한 충분한 사유가 있는 경우에는 제2항의 규정에 따라 제주특별자치도의 자치경찰공무원(이하 "자치경찰공무원"이라 한다)을 직접 지휘 · 명령할 수 있다. 다만, 제주특별자치도 지역 단위의 치안유지를 위한 경우에는 제주특별자치도지방경찰청장이 지휘 · 명령할 수 있다.

②경찰청장 또는 제주특별자치도지방경찰청장은 제1항의 규정에 따른 조치가 필요한 경우에는 미리 제주특별자치도지사에게 자치경찰공무원을 직접 지휘 · 명령하고자 하는 사유 및 내용 등을 적시하여 통보하여야 한다. 이 경우 제주특별자치도지사는 정당한 사유가 없는 한, 즉시 소속 자치경찰공무원에 대하여 경찰청장 또는 제주특별자치도지방경찰청장의 지휘 · 명령을 받을 것을 명하여야 한다.

③경찰청장 또는 제주특별자치도지방경찰청장이 제1항의 규정에 따라 지휘 · 명령권을 인수한 경우에는 경찰청장은 경찰위원회에 즉시 보고하여야 하고, 제주특별자치도지방경찰청장은 「제주특별자치도 설치 및 국제자유도시 조성을 위한 특별법」 제113조의 규정에 따른 관할 치안행정위원회에 즉시 통보하여야 한다.

④제3항의 규정에 따라 자치경찰공무원에 대한 지휘 · 명령권자의 변동사실을 보고받은 경찰위원회는 제1항에 규정된 사유에 해당되지 아니한다고 인정하는 때에는 그 지휘 · 명령권을 반환할 것을 의결할 수 있으며, 같은 사실을 통보받은 치안행정위원회는 제1항에 규정된 사유에 해당되지 아니한다고 인정하는 때에는 경찰청장 또는 제주특별자치도지방경찰청장에게 그 지휘 · 명령권의 반환을 건의할 수 있다.

⑤경찰청장 또는 제주특별자치도지방경찰청장은 제1항의 규정에 따라 경찰청장 또는 제주특별자치도지방경찰청장이 자치경찰공무원을 지휘 · 명령할 수 있는 사유가 해소된 때에는 자치경찰공무원에 대한 지휘 · 명령권을 즉시 제주

특별자치도지사에게 반환하여야 한다.

⑥제1항 및 제2항의 규정에 따라 제주특별자치도의 자치경찰공무원이 경찰청장 또는 제주특별자치도지방경찰청장의 지휘·명령을 받는 경우 그 지휘·명령의 범위 안에서는 국가경찰공무원으로 본다.

[본조신설 2006.7.19]

부칙 〈제4369호,1991.5.31〉

제1조(시행일) 이 법은 공포후 60일이 경과한 날부터 시행한다.

제2조(최초위원의 임기) 이 법 시행후 최초로 임명되는 경찰위원회 위원의 임기는 7인중 2인(위원장 및 상임위원)은 3년, 5인은 2년으로 한다.

제3조(경찰청설치 등에 관한 경과조치) 이 법 시행당시의 내무부 치안본부와 그 소속공무원은 각각 이 법에 의한 경찰청과 그 소속공무원으로, 서울특별시·직할시·도경찰국 및 경찰서와 그 소속공무원은 각각 지방경찰청 및 경찰서와 그 소속공무원으로, 해양경찰대 및 지구해양경찰대와 그 소속공무원은 각각 해양경찰청 및 해양경찰서와 그 소속공무원으로 본다.

제4조(다른 법률의 개정) ①서울특별시행정에관한특별조치법 중 다음과 같이 개정한다.

제3조제1항제5호를 삭제한다.

제5조제3항 중 "경찰업무를 담당하는 국장은 치안정감으로, 과장은 총경으로"를 삭제한다.

제6조 단서를 삭제한다.

②경찰대학설치법 중 다음과 같이 개정한다.

제1조, 제4조제1항 및 제6조제2항 중 "내무부장관"을 각각 "경찰청장"으로 한다.

③전투경찰대설치법 중 다음과 같이 개정한다.

제1조제1항 중 "서울특별시장·직할시장·도지사"를 "지방경찰청장"으로 한다.

제1조제2항, 제2조 및 제3조중 "내무부장관"을 각각 "경찰청장"으로 한다.

④경찰공무원법 중 다음과 같이 개정한다.

제4조제1항 중 "내무부장관"을 "경찰청장"으로, "내무부"를 "경찰청"으로 한다.

제5조제3호 중 "내무부장관"을 "경찰청장"으로 한다.

제6조를 다음과 같이 한다.

제6조(임용권자) ①총경이상의 경찰공무원은 경찰청장의 추천에 의하여 내무부장관의 제청으로 국무총리를 거쳐 대통령이 임용한다. 다만, 총경의 전보·휴직·직위해제·정직 및 복직은 경찰청장이 행한다.

②경정이하의 경찰공무원은 경찰청장이 임용한다. 다만, 경정에의 신규채용·승진임용 및 면직은 경찰청장의 제청으로 국무총리를 거쳐 대통령이 행한다.

③경찰청장은 대통령령이 정하는 바에 의하여 경찰공무원의 임용에 관한 권한의 일부를 소속기관의 장 및 지방경찰청장에게 위임할 수 있다.

④경찰청장 또는 제3항의 규정에 의하여 임용권의 위임을 받은 자는 내무부령이 정하는 바에 의하여 소속경찰공무원의 인사기록을 작성·보관하여야 한다.

제9조제1항 중 "내무부장관"을 "경찰청장"으로 하고, 동조제3항 단서 및 제4항 중 "내무부장관"을 각각 "경찰청장"으로 한다.

제12조제1항 중 "내무부에 중앙승진심사위원회를, 내무부·서울특별시·직할시·도"를 "경찰청에 중앙승진심사위원회를, 경찰청·지방경찰청"으로 한다.

제13조제1항 중 "내무부장관"을 "경찰청장"으로 한다.

제15조제1항 중 "내무부장관"을 각각 "경찰청장"으로 한다.

제17조제1항 내지 제3항 중 "내무부장관"을 각각 "경찰청장"으로 한다.

제24조제4항 전단 중 "내무부장관"을 "경찰청장"으로 하고, 동항후단을 다음과 같이 한다.

이 경우 경무관이상의 경찰공무원에 대하여는 내무부장관 및 국무총리를 거쳐 대통령의 승인을 얻어야 하고, 총경·경정의 경찰공무원에 대하여는 국무총리를 거쳐 대통령의 승인을 얻어야 한다.

제25조제1항 중 "내무부·서울특별시·직할시·도"를 "경찰청·지방경찰청"으로 한다.

제27조 본문 중 "내무부장관"을 "경찰청장"으로 하고, 동조 단서를 다음과 같이 한다.

다만, 파면·해임 및 정직은 징계위원회의 의결을 거쳐 당해 경찰공무원의 임용권자가 행하되, 경무관이상의 정직과 경정이상의 파면 및 해임은 경찰청장의 제청으로 내무부장관 및 국무총리를 거쳐 대통령이 행하고, 총경 및 경정의 정직은 경찰청장이 행한다.

제28조 본문 중 "내무부장관"을 "경찰청장"으로 한다.

제30조제2항제2호 및 제4호중 "내무부장관"을 각각 "경찰청장"으로 한다.

법률 제3606호 부칙 제6조중 "내무부"를 "경찰청"으로 한다.

⑤경범죄처벌법 중 다음과 같이 개정한다.

제7조제1항 중 "내무부장관"을 "경찰청장"으로 한다.

⑥총포・도검・화약류등단속법 중 다음과 같이 개정한다.

제4조제1항 전단, 제9조제1항 본문・제2항, 제10조제5호, 제42조제1항・제3항전단, 제51조제2항전단, 제52조제9호, 제53조제2항, 제59조제2항전단, 제60조 및 제61조중 "내무부장관"을 각각 "경찰청장"으로 한다.

제6조제1항 중 "서울특별시장・직할시장 또는 도지사(이하 "시・도지사"라 한다)"를 "지방경찰청장"으로 한다.

제12조제1항, 제13조제2항 내지 제4항, 제14조제1항, 제22조, 제25조제1항 전단・제2항, 제28조제1항, 제32조제2항, 제38조제1항전단, 제39조제1항전단, 제40조제3항 및 제67조제2항중 "시・도지사"를 각각 "지방경찰청장"으로 한다.

제14조제2항, 제38조제2항・제3항 및 제39조제2항・제4항 전단 중 "시・도지사는"을 각각 "지방경찰청장은"으로 한다.

제32조제3항 중 "내무부장관 또는 시・도지사는"을 "경찰청장 또는 지방경찰청장은"으로 한다.

제68조 중 "내무부장관 또는 시・도지사는"을 "경찰청장 또는 지방경찰청장은"으로, "시・도지사 또는 경찰서장"을 "지방경찰청장 또는 경찰서장"으로 한다.

제74조제2항 중 "내무부장관, 시・도지사"를 "경찰청장, 지방경찰청장"으로 한다.

⑦사격및사격장단속법 중 다음과 같이 개정한다.

제6조본문 중 "서울특별시장・부산시장 또는 도지사"를 "지방경찰청장"으로

한다.
제7조제6호 중 "총포화약류단속법"을 "총포·도검·화약류등 단속법"으로 한다.
제20조제2항을 삭제한다.
⑧신용조사업법 중 다음과 같이 개정한다.
제4조제1항 본문중 "서울특별시장·직할시장 또는 도지사(이하 "도지사"라 한다)"를 "지방경찰청장"으로 한다.
제4조제3항, 제12조제1항 본문 및 제12조의2 본문 중 "도지사는"을 각각 "지방경찰청장은"으로 한다.
제7조 본문 및 제14조 중 "도지사"를 각각 "지방경찰청장"으로 한다.
제12조제3항 중 "도지사가"를 "지방경찰청장이"로, "내무부장관"을 "경찰청장"으로 한다.
⑨경찰직무응원법 중 다음과 같이 개정한다.
제1조제1항 중 "서울특별시장 또는 도지사(이하 지방장관이라 한다)는"을 "지방경찰청장은"으로, "타지방장관"을 "다른 지방경찰청장"으로 하고, 동조제2항을 다음과 같이 한다.
②경찰청장은 돌발사태의 진압이나 특수지구의 경비에 있어서 긴급한 경우에는 지방경찰청장 또는 소속 경찰기관의 장에 대하여 다른 지방경찰청의 경찰관을 응원시키기 위하여 소속 경찰관의 파견을 명할 수 있다.
제2조 중 "도"를 "지방경찰청"으로 한다.
제3조 중 "지방장관"을 "지방경찰청장"으로, "타도"를 "다른 지방경찰청"으로 한다.
제4조 및 제5조 중 "내무부장관"을 각각 "경찰청장"으로 한다.
제6조본문 중 "내무부장관"을 "경찰청장"으로 하고, 동조단서 중 "내무부치안국과장인 서기관"을 "경찰청과장인 총경"으로 한다.
제7조제1항 중 "내무부장관"을 "경찰청장"으로 하고, 동조제2항을 삭제한다.
⑩용역경비업법 중 다음과 같이 개정한다.
제4조제1항 본문 중 "서울특별시장·직할시장 또는 도지사(이하 "도지사"라 한다)"를 "지방경찰청장"으로 하고, 동항 단서를 다음과 같이 한다.

다만, 영업구역이 2이상의 지방경찰청 관할구역에 걸칠 때에는 경찰청장의 허가를 받아야 한다.

제13조제1항 및 제15조의2제2항 전단중 "내무부장관"을 각각 "경찰청장"으로 하고, 제13조제2항 중 "도지사와"를 "지방경찰청장과"로 한다.

⑪청원경찰법 중 다음과 같이 개정한다.

제4조제1항 중 "서울특별시장・직할시장 또는 도지사(이하 "도지사"라 한다)"를 "지방경찰청장"으로 한다.

제4조제2항・제3항, 제8조제2항 및 제9조 본문 중 "도지사는"과 제9조의2제1항, 제9조의3제2항 및 제10조의3중 "도지사는"을 각각 "지방경찰청장은"으로 한다.

제5조제1항, 제9조의2제2항 및 제12조제1호중 "도지사"를 각각 "지방경찰청장"으로 한다.

제6조제2항 중 "내무부장관"을 "경찰청장"으로 한다.

제12조제2호 중 "내무부장관"을 "경찰청장"으로 한다.

⑫도로교통법 중 다음과 같이 개정한다.

제3조 본문 중 "서울특별시장・직할시장 또는 도지사(이하 "시・도지사"라 한다)는"을 "지방경찰청장은"으로 하고, 동조 단서 중 "시・도지사"를 "지방경찰청장"으로 한다.

제6조제1항 중 "시・도지사는"을 "지방경찰청장은"으로 하고, 동조제4항 중 "시・도지사가"를 "지방경찰청장이"로 하며, 동조제5항 중 "시・도지사"를 "지방경찰청장"으로 한다.

제10조제1항 중 "시・도지사는"을 "지방경찰청장은"으로 한다.

제12조제4항제5호 중 "시・도지사가"를 "지방경찰청장이" 한다.

제13조제1항 중 "시・도지사는"을 "지방경찰청장은"으로 하고, 동조제2항 단서 중 "시・도지사가"를 "지방경찰청장이"로 한다.

제15조제2항 및 제16조제2항 중 "시・도지사는"을 각각 "지방경찰청장은"으로 한다.

제20조제3항, 제22조제1항 단서, 제27조제1항제5호・동조제2항제2호, 제28조제6호 및 제29조제7호중 "시・도지사가"를 각각 "지방경찰청장이"로 한다.

제34조제2항, 제35조제2항, 제38조제3항 및 제39조중 "시 · 도지사는"을 각각 "지방경찰청장은"으로 한다.

제40조 본문 중 "시 · 도지사"를 "지방경찰청장"으로 한다.

제48조제9호중 "시 · 도지사가"를 "지방경찰청장이"로 한다.

제55조제2항 · 제3항 중 "내무부장관"을 각각 "경찰청장"로 한다.

제63조제3항제7호 중 "시 · 도지사가"를 "지방경찰청장이"로 한다.

제65조 본문 중 "내무부장관"을 "경찰청장"으로 한다.

제68조제1항, 제73조 및 제74조제1항 중 "시 · 도지사"를 각각 "지방경찰청장"으로 한다.

제74조제2항 · 제3항 중 "시 · 도지사는"을 각각 "지방경찰청장은"으로 한다.

제75조 중 "시 · 도지사"를 "지방경찰청장"으로 한다.

제76조제1항 및 제78조 본문 중 "시 · 도지사는"을 "지방경찰청장은"으로 한다.

제79조제1항 본문 중 "시 · 도지사"를 "지방경찰청장"으로 하고, 동조제2항 중 "시 · 도지사가"를 "지방경찰청장이"로 한다.

제81조제1항 본문 중 "시 · 도지사는"을 "지방경찰청장은"으로 하고, 동조제2항 중 "시 · 도지사"를 "지방경찰청장"으로 하며, 동조제3항 중 "시 · 도지사는"을 "지방경찰청장은"으로 한다.

제82조제1항 중 "시 · 도지사"를 "지방경찰청장"으로 한다.

제85조제2항, 제87조제2항 및 제95조 내지 제97조 중 "내무부장관"을 각각 "경찰청장"으로 한다.

제100조 중 "서울특별시 · 직할시 또는 도"를 "지방경찰청"으로 한다.

제101조제1항 본문 중 "시 · 도지사는"을 "지방경찰청장은"으로 한다.

제103조 중 "내무부장관"을 "경찰청장"으로 한다.

제104조 중 "시 · 도지사는"을 "지방경찰청장은"으로 한다.

제113조제4호 중 "시 · 도지사"를 "지방경찰청장"으로 한다.

제119조제1항 본문 중 "내무부장관"을 "경찰청장"으로 한다.

⑬대한민국재향경우회법 중 다음과 같이 개정한다.

제2조제2항, 제9조 본문, 제11조제5항 및 제16조중 "내무부장관"을 각각 "경찰청장"으로 한다.

⑭형의 실효 등에 관한 법률 중 다음과 같이 개정한다.

제2조제4호 · 제5호 및 제5조제1항 중 "내무부 치안본부"를 각각 "경찰청"으로 한다.

⑮병역의무의 특례규제에 관한 법률 중 다음과 같이 개정한다.

제5조제1항 내지 제4항 및 제6조제4항 중 "내무부장관"을 각각 "경찰청장"으로 한다.

〈16〉해상교통안전법 중 다음과 같이 개정한다.

제9조제2항 · 제3항, 제45조제1항 및 제52조제1항중 "내무부장관"을 각각 "경찰청장"으로 한다.

〈17〉도로법 중 다음과 같이 개정한다.

제54조의2제2항 중 "내무부장관과 교통부장관"을 "교통부장관과 경찰청장"으로 한다.

〈18〉자동차관리법 중 다음과 같이 개정한다.

제24조제1항 중 "내무부장관"을 "경찰청장"으로 한다.

〈19〉집회 및 시위에 관한 법률 중 다음과 같이 개정한다.

제6조제1항 단서 및 제2항 본문 중 "경찰국장"을 "지방경찰청장"으로 하고, 제6조제1항 단서 중 "경찰국"을 "지방경찰청"으로 한다.

부칙 〈제5153호,1996.8.8〉 (정부조직법)

제1조(시행일) 이 법은 공포후 30일이내에 제41조의 개정규정에 의한 해양수산부와 해양경찰청의 조직에 관한 대통령령의 시행일부터 시행한다.

제2조 생략

제3조(다른 법률의 개정) ①내지 ④생략

⑤경찰법 중 다음과 같이 개정한다.

제2조제1항 중 "치안 및 해양경찰"을 "치안"으로 하고, 동조제3항을 삭제한다.

제5장(제19조 내지 제22조)을 삭제한다.

⑥내지 〈69〉생략

제4조 생략

부칙 〈제5260호,1997.1.13〉

①(시행일) 이 법은 공포한 날부터 시행한다.

②(다른 법률의 개정) 정당법 중 다음과 같이 개정한다.

제6조에 제5호를 다음과 같이 신설한다.

5. 경찰법 제11조제4항의 규정에 의한 경찰청장 퇴직후 2년이내인 자

[99헌마135 1999.12.23 경찰법(1991. 5. 31. 법률 제4369호로 제정되어 1997. 1. 13. 법률 제5260호로 개정된 것) 제11조 제4항 및 부칙 제2조는 헌법에 위반된다.]

부칙 〈제5454호,1997.12.13〉

(정부부처명칭등의변경에따른건축법등의정비에관한법률)

이 법은 1998년 1월 1일부터 시행한다. 〈단서 생략〉

부칙 〈제5529호,1998.2.28〉 (정부조직법)

제1조(시행일) 이 법은 공포한 날부터 시행한다. 〈단서 생략〉

제2조 내지 제4조 생략

제5조(다른 법률의 개정) ①내지 ⑪생략

⑫경찰법 중 다음과 같이 개정한다.

제13조제3항 및 제18조 중 "대통령령으로 정한다."를 각각 "정부조직법 제2조 제4항 및 제5항의 규정을 준용하여 대통령령 또는 행정자치부령으로 정한다."로 한다.

⑬내지 〈34〉생략

제6조 및 제7조 생략

부칙 〈제5681호,1999.1.21〉 (국가정보원법)

제1조(시행일) 이 법은 공포한 날부터 시행한다.
제2조 생략
제3조(다른 법률의 개정) ①내지 ⑧생략
⑨경찰법 중 다음과 같이 개정한다.
제6조제4항제3호 중 "국가안전기획부직원"을 "국가정보원직원"으로 한다.
⑩내지 ⑭생략
제4조 생략

부칙 〈제6279호,2000.12.20〉

이 법은 공포한 날부터 시행한다.

부칙 〈제6855호,2003.2.4〉 (국회법)

제1조(시행일) 이 법은 공포한 날부터 시행한다. 〈단서 생략〉
제2조(다른 법률의 개정) ①내지 ③생략
④경찰법 중 다음과 같이 개정한다.
제11조제2항에 후단을 다음과 같이 신설한다.
이 경우 국회의 인사청문을 거쳐야 한다.
⑤생략

부칙 〈제7035호,2003.12.31〉

①(시행일) 이 법은 공포한 날부터 시행한다.
②(재직중인 경찰청장의 임기에 관한 경과조치) 이 법 시행 당시 재직중인 경찰청장의 임기는 그 임명된 날부터 기산한다.

부칙 〈제7247호,2004.12.23〉

제1조(시행일) 이 법은 공포한 날부터 시행한다.

제2조(다른 법률의 개정) ①경찰관직무집행법 중 다음과 같이 개정한다.

제3조제2항 전단 중 "지서"를 "지구대"로 한다.

②유실물법 중 다음과 같이 개정한다.

제1조제1항 본문 중 "지서"를 "지구대"로 한다.

③도로교통법 중 다음과 같이 개정한다.

제50조제2항 본문 중 "경찰지서"를 "지구대"로 한다.

④보안관찰법 중 다음과 같이 개정한다.

제18조제1항 각호외의 부분 전단 중 "지서"를 "지구대"로, "지·파출소장"을 "지구대·파출소장"으로 하고, 동조제2항 내지 제4항 중 "지·파출소장"을 각각 "지구대·파출소장"으로 한다.

부칙 〈제7968호,2006.7.19〉

이 법은 공포한 날부터 시행한다.

부칙 〈제8852호,2008.2.29〉 (정부조직법)

제1조(시행일) 이 법은 공포한 날부터 시행한다. 다만, ···〈생략〉···, 부칙 제6조에 따라 개정되는 법률 중 이 법의 시행 전에 공포되었으나 시행일이 도래하지 아니한 법률을 개정한 부분은 각각 해당 법률의 시행일부터 시행한다.

제2조부터 제5조까지 생략

제6조(다른 법률의 개정) ①부터 〈708〉 까지 생략

〈709〉 경찰법 일부를 다음과 같이 개정한다.

제2조제1항, 제6조제1항·제2항, 제9조제1항제5호·제2항 및 제11조제2항 중 "행정자치부장관"을 각각 "행정안전부장관"으로 한다.

제13조제3항, 제17조제3항 본문 및 제18조 중 "행정자치부령"을 각각 "행정안

전부령"으로 한다.

〈710〉 부터 〈760〉 까지 생략

제7조 생략

부칙 〈제9114호,2008.6.13〉

이 법은 공포한 날부터 시행한다.

경찰관직무집행법

全文改正/1981. 4.13. 법률 제3427호
改正/1988.12.31. 법률 제4048호
(中略)
改正/1999. 5.24. 법률 제5988호
改正/2004.12.23. 법률 제7247호
타법改正/2006. 2.21. 법률 제7849호

제1조(목적) ①이 법은 국민의 자유와 권리의 보호 및 사회공공의 질서유지를 위한 경찰관(국가경찰공무원에 한한다. 이하 같다)의 직무수행에 필요한 사항을 규정함을 목적으로 한다. 〈개정 2006.2.21〉

②이 법에 규정된 경찰관의 직권은 그 직무수행에 필요한 최소한도 내에서 행사되어야 하며 이를 남용하여서는 아니된다.

제2조(직무의 범위) 경찰관은 다음 각호의 직무를 행한다.

1. 범죄의 예방·진압 및 수사
2. 경비·요인경호 및 대간첩작전수행
3. 치안정보의 수집·작성 및 배포
4. 교통의 단속과 위해의 방지
5. 기타 공공의 안녕과 질서유지

제3조(불심검문) ①경찰관은 수상한 거동 기타 주위의 사정을 합리적으로 판단하여 어떠한 죄를 범하였거나 범하려 하고 있다고 의심할 만한 상당한 이유가 있는 자 또는 이미 행하여진 범죄나 행하여지려고 하는 범죄행위에 관하여 그

사실을 안다고 인정되는 자를 정지시켜 질문할 수 있다.
②그 장소에서 제1항의 질문을 하는 것이 당해인에게 불리하거나 교통의 방해가 된다고 인정되는 때에는 질문하기 위하여 부근의 경찰서·지구대·파출소 또는 출장소(이하 "경찰관서"라 하되, 지방해양경찰관서를 포함한다)에 동행할 것을 요구할 수 있다. 이 경우 당해인은 경찰관의 동행요구를 거절할 수 있다. 〈개정 1988.12.31, 1996.8.8, 2004.12.23〉
③경찰관은 제1항에 규정된 자에 대하여 질문을 할 때에 흉기의 소지여부를 조사할 수 있다.
④제1항 또는 제2항의 규정에 의하여 질문하거나 동행을 요구할 경우 경찰관은 당해인에게 자신의 신분을 표시하는 증표를 제시하면서 소속과 성명을 밝히고 그 목적과 이유를 설명하여야 하며, 동행의 경우에는 동행장소를 밝혀야 한다. 〈개정 1991.3.8〉
⑤제2항의 규정에 의하여 동행을 한 경우 경찰관은 당해인의 가족 또는 친지등에게 동행한 경찰관의 신분, 동행장소, 동행목적과 이유를 고지하거나 본인으로 하여금 즉시 연락할 수 있는 기회를 부여하여야 하며, 변호인의 조력을 받을 권리가 있음을 고지하여야 한다. 〈신설 1988.12.31〉
⑥제2항의 규정에 의하여 동행을 한 경우 경찰관은 당해인을 6시간을 초과하여 경찰관서에 머물게 할 수 없다. 〈신설 1988.12.31, 1991.3.8〉
⑦제1항 내지 제3항의 경우에 당해인은 형사소송에 관한 법률에 의하지 아니하고는 신체를 구속당하지 아니하며, 그 의사에 반하여 답변을 강요당하지 아니한다. 〈신설 1988.12.31〉

제4조(보호조치 등) ①경찰관은 수상한 거동 기타 주위의 사정을 합리적으로 판단하여 다음 각호의 1에 해당함이 명백하며 응급의 구호를 요한다고 믿을 만한 상당한 이유가 있는 자를 발견한 때에는 보건의료기관 또는 공공구호기관에 긴급구호를 요청하거나 경찰관서에 보호하는 등 적당한 조치를 할 수 있다. 〈개정 1988.12.31〉

1. 정신착란 또는 술취한 상태로 인하여 자기 또는 타인의 생명·신체와 재산에 위해를 미칠 우려가 있는 자와 자살을 기도하는 자

2. 미아 · 병자 · 부상자등으로서 적당한 보호자가 없으며 응급의 구호를 요한다고 인정되는 자. 다만, 당해인이 이를 거절하는 경우에는 예외로 한다.

②제1항의 긴급구호요청을 받은 보건의료기관이나 공공구호기관은 정당한 이유없이 긴급구호를 거절할 수 없다.

③제1항의 경우에 피구호자가 휴대하고 있는 무기 · 흉기 등 위험을 야기할 수 있는 것으로 인정되는 물건은 경찰관서에 임시영치할 수 있다.

④경찰관이 제1항의 조치를 한 때에는 지체없이 이를 피구호자의 가족 · 친지 기타의 연고자에게 그 사실을 통지하여야 하며, 연고자가 발견되지 아니할 때에는 피보호자를 적당한 공중보건의료기관이나 공공구호기관에 즉시 인계하여야 한다.

⑤경찰관은 제4항의 규정에 의하여 피구호자를 공중보건의료기관 또는 공공구호기관에 인계한 때에는 즉시 그 사실을 소속 경찰서장 또는 지방해양경찰관서의 장에게 보고하여야 한다. 〈신설 1988.12.31, 1996.8.8〉

⑥제5항의 보고를 받은 소속 경찰서장 또는 지방해양경찰관서의 장은 대통령령이 정하는 바에 의하여 피구호자를 인계한 사실을 지체없이 당해 공중보건의료기관 · 공공구호기관의 장 및 그 감독행정청에 통보하여야 한다.
〈신설 1988.12.31, 1996.8.8〉

⑦제1항의 규정에 의한 경찰관서에서의 보호는 24시간을, 제3항의 임시영치는 10일을 초과할 수 없다. 〈개정 1988.12.31〉

제5조(위험발생의 방지) ①경찰관은 인명 또는 신체에 위해를 미치거나 재산에 중대한 손해를 끼칠 우려가 있는 천재, 사변, 공작물의 손괴, 교통사고, 위험물의 폭발, 광견 · 분마류 등의 출현, 극단한 혼잡 기타 위험한 사태가 있을 때에는 다음의 조치를 할 수 있다.

1. 그 장소에 집합한 자, 사물의 관리자 기타 관계인에게 필요한 경고를 발하는 것
2. 특히 긴급을 요할 때에는 위해를 받을 우려가 있는 자를 필요한 한도 내에서 억류하거나 피난시키는 것
3. 그 장소에 있는 자, 사물의 관리자 기타 관계인에게 위해방지상 필요하다고

인정되는 조치를 하게 하거나 스스로 그 조치를 하는 것

②경찰관서의 장은 대간첩작전수행 또는 소요사태의 진압을 위하여 필요하다고 인정되는 상당한 이유가 있을 때에는 대간첩작전지역 또는 경찰관서·무기고 등 국가중요시설에 대한 접근 또는 통행을 제한하거나 금지할 수 있다.

③경찰관이 제1항의 조치를 한 때에는 지체없이 이를 소속경찰관서의 장에게 보고하여야 한다.

④제2항의 조치를 하거나 제3항의 보고를 받은 경찰관서의 장은 관계기관의 협조를 구하는 등 적당한 조치를 하여야 한다.

제6조 (범죄의 예방과 제지) ①경찰관은 범죄행위가 목전에 행하여지려고 하고 있다고 인정될 때에는 이를 예방하기 위하여 관계인에게 필요한 경고를 발하고, 그 행위로 인하여 인명·신체에 위해를 미치거나 재산에 중대한 손해를 끼칠 우려가 있어 긴급을 요하는 경우에는 그 행위를 제지할 수 있다.

②삭제 〈1988.12.31〉

제7조(위험방지를 위한 출입) ①경찰관은 제5조제1항·제2항 및 제6조제1항에 규정한 위험한 사태가 발생하여 인명·신체 또는 재산에 대한 위해가 절박한 때에 그 위해를 방지하거나 피해자를 구조하기 위하여 부득이 하다고 인정할 때에는 합리적으로 판단하여 필요한 한도 내에서 타인의 토지·건물 또는 선차 내에 출입할 수 있다.

②흥행장·여관·음식점·역 기타 다수인이 출입하는 장소의 관리자 또는 이에 준하는 관계인은 그 영업 또는 공개시간 내에 경찰관이 범죄의 예방 또는 인명·신체와 재산에 대한 위해예방을 목적으로 그 장소에 출입할 것을 요구한 때에는 정당한 이유없이 이를 거절할 수 없다.

③경찰관은 대간첩작전수행에 필요한 때에는 작전지역안에 있어서의 제2항에 규정된 장소안을 검색할 수 있다.

④제1항 내지 제3항의 규정에 의하여 경찰관이 필요한 장소에 출입할 때에는 그 신분을 표시하는 증표를 제시하여야 하며, 함부로 관계인의 정당한 업무를 방해하여서는 아니 된다.

제8조(사실의 확인 등) ①경찰관서의 장은 직무수행에 필요하다고 인정되는 상당한 이유가 있을 때에는 국가기관 또는 공사단체 등에 대하여 직무수행에 관련된 사실을 조회할 수 있다. 다만, 긴급을 요할 때에는 소속경찰관으로 하여금 현장에 출장하여 당해 기관 또는 단체의 장의 협조를 얻어 그 사실을 확인하게 할 수 있다.

②경찰관은 미아를 인수할 보호자의 여부, 유실물을 인수할 권리자의 여부 또는 사고로 인한 사상자를 확인하기 위하거나 행정처분을 위한 교통사고조사상의 사실을 확인하기 위하여 필요한 때에는 관계인에게 출석을 요하는 사유·일시 및 장소를 명확히 한 출석요구서에 의하여 경찰관서에 출석할 것을 요구할 수 있다.

제9조(유치장) 경찰서 및 지방해양경찰관서에 법률이 정한 절차에 따라 체포·구속되거나 신체의 자유를 제한하는 판결 또는 처분을 받은 자를 수용하기 위하여 유치장을 둔다. 〈개정 1996.8.8, 1999.5.24〉

제10조(경찰장비의 사용 등) ①경찰관은 직무수행 중 경찰장비를 사용할 수 있다. 다만, 인명 또는 신체에 위해를 가할 수 있는 경찰장비에 대하여는 필요한 안전교육과 안전검사를 실시하여야 한다.

②제1항의 "경찰장비"라 함은 무기, 경찰장구, 최루제 및 그 발사장치, 감식기구, 해안감시기구, 통신기기, 차량·선박·항공기 등 경찰의 직무수행을 위하여 필요한 장치와 기구를 말한다.

③경찰장비를 임의로 개조하거나 임의의 장비를 부착하여 통상의 용법과 달리 사용함으로써 타인의 생명·신체에 위해를 주어서는 아니된다.

④제1항 단서의 경찰장비의 종류 및 그 사용기준, 안전교육·안전검사의 기준 등에 대하여는 대통령령으로 정한다.

[본조신설 1999.5.24]

제10조의2(경찰장구의 사용〈개정 1999.5.24〉) ①경찰관은 현행범인인 경우와 사형·무기 또는 장기 3년 이상의 징역이나 금고에 해당하는 죄를 범한 범인

의 체포·도주의 방지, 자기 또는 타인의 생명·신체에 대한 방호, 공무집행에 대한 항거의 억제를 위하여 필요하다고 인정되는 상당한 이유가 있을 때에는 그 사태를 합리적으로 판단하여 필요한 한도내에서 경찰장구를 사용할 수 있다. 〈개정 1991.3.8, 1999.5.24〉

②제1항의 "경찰장구"라 함은 경찰관이 휴대하여 범인검거와 범죄진압 등 직무수행에 사용하는 수갑·포승·경찰봉·방패 등을 말한다.〈신설 1999.5.24〉

제10조의3(분사기 등의 사용〈개정 1999.5.24〉) ①경찰관은 범인의 체포·도주의 방지 또는 불법집회·시위로 인하여 자기 또는 타인의 생명·신체와 재산 및 공공시설안전에 대한 현저한 위해의 발생을 억제하기 위하여 부득이한 경우 현장책임자의 판단으로 필요한 최소한의 범위안에서 분사기(총포·도검·화약류등 단속법의 규정에 의한 분사기와 최루등의 작용제) 또는 최루탄을 사용할 수 있다.〈개정 1999.5.24〉

②삭제 〈1999.5.24〉

[본조신설 1989.6.16]

제10조의4(무기의 사용) ①경찰관은 범인의 체포·도주의 방지, 자기 또는 타인의 생명·신체에 대한 방호, 공무집행에 대한 항거의 억제를 위하여 필요하다고 인정되는 상당한 이유가 있을 때에는 그 사태를 합리적으로 판단하여 필요한 한도 내에서 무기를 사용할 수 있다. 다만, 형법에 규정한 정당방위와 긴급피난에 해당하는 때 또는 다음 각호의 1에 해당하는 때를 제외하고는 사람에게 위해를 주어서는 아니 된다.〈개정 1988.12.31, 1999.5.24〉

1. 사형·무기 또는 장기 3년 이상의 징역이나 금고에 해당하는 죄를 범하거나 범하였다고 의심할 만한 충분한 이유가 있는 자가 경찰관의 직무집행에 대하여 항거하거나 도주하려고 할 때 또는 제삼자가 그를 도주시키려고 경찰관에게 항거할 때에 이를 방지 또는 체포하기 위하여 무기를 사용하지 아니하고는 다른 수단이 없다고 인정되는 상당한 이유가 있을 때
2. 체포·구속영장과 압수·수색영장을 집행할 때에 본인이 경찰관의 직무집행에 대하여 항거하거나 도주하려고 할 때 또는 제삼자가 그를 도주시키려

고 경찰관에게 항거할 때 이를 방지 또는 체포하기 위하여 무기를 사용하지 아니하고는 다른 수단이 없다고 인정되는 상당한 이유가 있을 때

3. 범인 또는 소요행위자가 무기·흉기 등 위험한 물건을 소지하고 경찰관으로부터 3회 이상의 투기명령 또는 투항명령을 받고도 이에 불응하면서 계속 항거하여 이를 방지 또는 체포하기 위하여 무기를 사용하지 아니하고는 다른 수단이 없다고 인정되는 상당한 이유가 있을 때
4. 대간첩작전수행에 있어 무장간첩이 경찰관의 투항명령을 받고도 이에 불응하는 경우

②제1항의 "무기"라 함은 인명 또는 신체에 위해를 가할 수 있도록 제작된 권총·소총·도검 등을 말한다.〈신설 1999.5.24〉

③대간첩·대테러작전 등 국가안전에 관련되는 작전을 수행할 때에는 개인화기외에 공용화기를 사용할 수 있다.〈신설 1999.5.24〉

제11조(사용등록의 보관) 제10조의3의 규정에 의한 분사기나 최루탄 또는 제10조의4의 규정에 의한 무기를 사용하는 경우 그 책임자는 사용일시·사용장소·사용대상·현장책임자·종류·수량등을 기록하여 보관하여야 한다.

[본조신설 1999.5.24]

제12조(벌칙) 이 법에 규정된 경찰관의 의무에 위반하거나 직권을 남용하여 다른 사람에게 해를 끼친 자는 1년 이하의 징역이나 금고에 처한다.

[전문개정 1988.12.31]

제13조(시행령) 이 법 시행에 관하여 필요한 사항은 대통령령으로 정한다.

부칙 〈제3427호,1981.4.13〉

이 법은 공포한 날로부터 시행한다.

부칙 〈제4048호,1988.12.31〉

이 법은 공포후 30일이 경과한 날로부터 시행한다.

부칙 〈제4130호,1989.6.16〉

이 법은 공포한 날부터 시행한다.

부칙 〈제4336호,1991.3.8〉

이 법은 공포한 날부터 시행한다.

부칙 〈제5153호,1996.8.8〉 (정부조직법)

제1조(시행일) 이 법은 공포후 30일 이내에 제41조의 개정규정에 의한 해양수산부와 해양경찰청의 조직에 관한 대통령령의 시행일부터 시행한다.

제2조 생략

제3조(다른 법률의 개정) ①내지 ⑥생략

⑦경찰관직무집행법 중 다음과 같이 개정한다.

제3조제2항 전단 중 "(이하 "경찰관서"라 한다)"를 "(이하 "경찰관서"라 하되, 지방해양경찰관서를 포함한다)"로 한다.

제4조제5항 및 제6항 중 "소속경찰서장"을 각각 "소속 경찰서장 또는 지방해양경찰관서의 장"으로 한다.

제9조 중 "경찰서"를 "경찰서 및 지방해양경찰관서"로 한다.

⑧내지 〈69〉생략

제4조 생략

부칙 <제5988호,1999.5.24>

①(시행일) 이 법은 공포후 6월이 경과한 날부터 시행한다.

②(벌칙에 관한 경과조치) 이 법 시행전의 행위에 대한 벌칙의 적용에 있어서는 종전의 규정에 의한다.

부칙 <제7247호,2004.12.23> (경찰법)

제1조(시행일) 이 법은 공포한 날부터 시행한다.

제2조(다른 법률의 개정) ①경찰관직무집행법 중 다음과 같이 개정한다.

제3조제2항 전단 중 "지서"를 "지구대"로 한다.

②내지 ④생략

부칙 <제7849호,2006.2.21>

(제주특별자치도 설치 및 국제자유도시 조성을 위한 특별법)

제1조(시행일) 이 법은 2006년 7월 1일부터 시행한다. <단서 생략>

제2조 내지 제39조 생략

제40조(다른 법령의 개정) ①및 ②생략

③경찰관직무집행법 일부를 다음과 같이 개정한다.

제1조제1항 중 "경찰관"을 "경찰관(국가경찰공무원에 한한다. 이하 같다)"으로 한다.

④내지 <47>생략

제41조 생략

경찰관직무집행법시행령

改正/1999.11.27. 대통통령 제16601호
타법改正/2006. 6.29. 대통령령 제19563호

제1조(목적) 이 영은 경찰관직무집행법(이하 "법"이라 한다)의 시행에 관하여 필요한 사항을 규정함을 목적으로 한다.

제2조(임시영치) 국가경찰공무원이 법 제4조제3항의 규정에 의하여 무기·흉기등을 임시영치한 때에는 소속 국가경찰관서의 장(지방해양경찰관서의 장을 포함한다. 이하 같다)은 그 물건을 소지하였던 자에게 별지 제1호서식에 의한 임시영치증명서를 교부하여야 한다.〈개정 1996·8·8, 2006.6.29〉

제3조(피구호자의 인계통보) 법 제4조제6항의 규정에 의한 경찰서장 또는 해양경찰서장의 공중보건의료기관·공공구호기관의 장 및 그 감독행정청에 대한 통보는 별지 제2호서식에 의한다.〈개정 1996·8·8〉
[전문개정 1989·3·7]

제4조(대간첩작전지역등에 대한 접근 등의 금지·제한) 국가경찰관서의 장은 법 제5조제2항의 규정에 의하여 대간첩작전지역등에 대한 접근 또는 통행을 제한하거나 금지한 때에는 보안상 부득이한 경우를 제외하고는 지체없이 그 기간·장소 기타 필요한 사항을 방송·벽보·경고판·전단살포 등 적당한 방법으로 일반인에게 널리 알려야 한다. 이를 해제한 때에도 또한 같다.
〈개정 2006.6.29〉

제5조(신분을 표시하는 증표) 법 제3조제4항 및 법 제7조제4항의 신분을 표시하는 증표는 국가경찰공무원의 공무원증으로 한다.
〈개정 1989·3·7, 2006.6.29〉

제6조(출석요구서) 법 제8조제2항의 규정에 의한 출석요구서는 별지 제3호서식에 의한다.

제7조(보고) 국가경찰공무원은 다음의 조치를 한 때에는 소속 국가경찰관서의 장에게 이를 보고하여야 한다. 〈개정 2006.6.29〉

1. 법 제3조제2항의 규정에 의한 동행요구를 한 때
2. 법 제4조제1항의 규정에 의한 긴급구호요청 또는 보호조치를 한 때
3. 법 제4조제3항의 규정에 의한 임시영치를 한 때
4. 법 제6조제1항의 규정에 의하여 범죄행위를 제지한 때
5. 삭제〈1989·3·7〉
6. 법 제7조제2항 및 제3항의 규정에 의하여 다수인이 출입하는 장소에 대하여 출입 또는 검색을 한 때
7. 법 제8조제1항 단서의 규정에 의한 사실확인을 한 때
8. 삭제〈1999.11.27〉
9. 삭제〈1999.11.27〉

부칙 〈제10346호,1981.6.11〉

이 영은 공포한 날로부터 시행한다.

부칙 〈제12555호,1988.12.19〉

(서식중본적란삭제를위한상훈법시행령등의일부개정령)

①(시행일) 이 영은 공포한 날로부터 시행한다.
②(경과조치) 이 영 시행전에 종전의 규정에 의하여 작성되어 사용중인 서식은

계속하여 사용하되, 이 영에 의하여 삭제된 난은 기재하지 아니한다.

부칙 〈제12641호,1989.3.7〉

이 영은 공포한 날로부터 시행한다.

부칙 〈제15136호,1996.8.8〉 (해양경찰청과그소속기관직제)

제1조(시행일) 이 영은 공포한 날부터 시행한다.
제2조 생략
제3조(다른 법령의 개정) ① 및 ②생략
③경찰관직무집행법시행령 중 다음과 같이 개정한다.
제2조 중 "소속 경찰관서의 장"을 "소속 경찰관서의 장(지방해양경찰관서의 장을 포함한다. 이하 같다)"으로 한다.
제3조 및 별지 제3호서식의 이면 작성요령란 중 "경찰서장"을 각각 "경찰서장 또는 해양경찰서장"으로 한다.
제4조 생략

부칙 〈제16601호, 1999.11.27〉 (경찰장비의사용기준등에관한규정)

제1조(시행일) 이 영은 공포한 날부터 시행한다.
제2조(다른 법령의 개정) ①경찰관직무집행법시행령 중 다음과 같이 개정한다.
제7조제8호 및 제9호를 각각 삭제한다.
②생략

부칙 〈제19563호,2006.6.29〉
(제주특별자치도 설치 및 국제자유도시 조성을 위한 특별법 시행령)

제1조(시행일) 이 영은 2006년 7월 1일부터 시행한다.

제2조 내지 제6조 생략

제7조(다른 법령의 개정) ①경찰관직무집행법시행령 일부를 다음과 같이 개정한다.

제2조 중 "경찰관"을 "국가경찰공무원"으로, "소속경찰관서"를 "소속 국가경찰관서"로 한다.

제4조 전단 중 "경찰관서"를 "국가경찰관서"로 한다.

제5조 중 "경찰관"을 "국가경찰공무원"으로 한다.

제7조 각 호 외의 부분 중 "경찰관"을 "국가경찰공무원"으로, "경찰관서"를 "국가경찰관서"로 한다.

②내지 〈32〉생략

제8조 생략

참고문헌

1. 단행본

경찰대학, 『경찰경비론』, 2003, pp. 258-260.
경찰대학, 『경찰학개론』, 2003, p. 14.
경찰청외사관리실, 『국제범죄』, 2005. 3, p. 8.
고창섭 외 2명, 『비서학원론』, 1998, p. 15.
국가정보원, 『2007년 테러정세』, 2007.
국가정보원, 『월간테러정세』, 2007년 2월자.
국가정보원, 『월간테러정세』, 2007년 4월자.
국가정보원, 『테러로부터 안전한 해외생활』, 2004.
국기원, 『태권도 3급 사범지도자연수교재』, 국기원, 2000, p. 202.
국사편찬위원회, 『한국사』, 서울 : 탐구당문화사, p. 224.
김계원, 『경호학』, 백산출판사, 2004, pp. 19-20.
김광성 · 김경지, 『한국태권도사』, 경운출판사, 1998, p. 22.
김기옥, 『비서학개론』, 비봉출판사, 1990, p. 13.
김동희, 『행정법 Ⅱ』, 박영사, 1997, p. 156.
김두현, 『경호경비법』, 와이제이, 1996.
김두현, 『경호학개론』, 백산출판사, 2008, p. 40.
김인곤, 『예절 · 도의』, 문우사, 1985, p. 17.
김정행 · 김상철 · 김창룡, 『무도론』, 대한미디어, 1997, pp. 155-156.
김형렬, 『정책학』, 법문사, 1990, p. 576.
김 홍, 『한국의 군제사』, 학연문화사, 2001.
내무부 치안국, 『한국경호사』, p. 30.

대한체육과학대학교 유도학과 교수 공저, 『유도지도법』, 한일, 1992, p. 44.
명광식, 『합기도특수호신술』, 서림, 1993, p. 26.
문광건의 공저, 『뉴테러리즘의 오늘과 내일』, 서울 : KIDA출판부, 2003.
문교부, 『태권도』, 체육교육자료총서 40권, 1976, p. 11.
미국, 『SS팜플렛』(Protective Services), 1978, p. 20.
민중서림 편집부, 『엣센스국어사전』, 서울 : 민중서림, 1997.
박금철, 『비서학개론』, 형설출판사, 1991, p. 22.
박재문, 『한국교육사』, 학지사, 2001, p. 43.
박준석, 『호신술과 자기방어』, OCU강의 3주차, p. 5.
사이버경찰청, 『경찰백서』, 2009.
사이버경찰청, 『정보공개창구자료』, 2009.
서울특별시편찬위원회, 『서울600년사』, 서울 : 삼화인쇄, 1977, pp. 403-405.
성균관출판부, 『생활예절(청소년을 위한)』, 성균관대학교출판부, 1993, p. 17.
신동건, 『경비실무』, 도서출판 경찰행정연구원, 1994, p. 95.
신종호, 『최신검도법』, 서림, 1993, p. 7.
여성상담과 여성복지, 『한국여성의 전화』, 1999, p. 134.
오영균 외 2명, 『비서학원론』, 학문사, 1998, p. 17.
유연숙·최애경, 『비서학개론』, 서울 : 법문사, 1996.
육군본부, 『韓國軍制史』, 서울 : 육군본부, 1968, p. 72.
이태진, 『조선후기의 정치와 운영제 변천』, 서울 : 한국연구원, 1985, p. 261.
이현종, 『동양연표』, 서울 : 탐구당, 1977.
이홍직, 『국사대사전』, 서울 : 민중서림, 1999, pp. 919-920.
일본전국경비협회, *Security Times*, 2002년 10월호, Vol. 274, p. 12.
조계숙·최애경, 『현대 비서학』, 성루 : 대영문화사, 1996, p. 18.
차문섭, 『조선시대 군제연구』, 서울 : 단국대학교출판부, 1995.
천관우, 『근세조선사연구』, 서울 : 일조각, 1982.
최의창(편), 『체육교육과정탐구』, 서울 : 태근문화사, 1996.
최효식, 『조선후기 군제사 연구』, 서울 : 신서원, 1995, p. 115.
통계청, 『청소년 범죄현황』, 2009.
행정안전부, 『정부의전편람』, 2008, p. 163.

행정안전부, 『통계연보』, 2008, p. 90.
『周書』 권49, 列傳 41, 異域 上, 高麗條.
『舊唐書』 권199 上, 列傳 149, 東夷 高麗條.
『古事記』 應神 20年, 此之御歲條.
『日本書紀』 권10, 應神天皇 15年條.
『日本書紀』 권19, 應明天王 15年 2月條.
『삼국사기 백제본기』, 고이왕 27년(AD 260년).
『三國史記』 권4, 新羅本紀 4, 眞興王, 37年條.
『三國史記』 권13, 高句麗本紀 1, 琉璃明王 23年條.
『三國史記』 권18, 高句麗本紀 6, 小獸林王 2年條, 「立太學敎育子弟」.
『三國史記』 권45, 列傳 5, 貴山條.
『高麗史』 권1, 世家 1, 太祖 13年 12月 庚寅條.
『高麗史』 권2, 世家 2, 光宗 9年條.
『高麗史』 권73, 志 27, 選擧 1.
『高麗史』 권74, 志 28, 選擧 2, 學校條.

2. 논문

강길훈, 「민간경비의 환경과 이론적 배경 고찰」, 경호경비연구, 제2호, 1999, p. 25.
교육개혁위원회, 「세계화・정보화시대를 주도하는 신교육체제 수립을 위한 교육개혁방안」, 1995.
김경숙, 「사회체육학과 교육과정 방향탐색에 관한 연구」, 한국체육학회지, 33(2), 1994, pp. 254-267.
김광기, 「조선시대 무예사를 통한 경호제도의 고찰」, 건국대학교 대학원 박사학위논문, 1998, p. 20.
김보환, 「효율적 범죄통제를 위한 방법체제의 개선 : 도시경찰을 중심으로」, 치안논총, 제6집, 경찰대학 치안연구소, 1989.
김성은, 「비서의 직업윤리의식과 그 영향요인에 관한 연구」, 이화여자대학교 대학원 석사학위논문, 1998, pp. 5-6.
김영제, 「시큐리티 컨설팅 활성화를 통한 시스템 구축 방안에 관한 연구」, 용인대학과 경영대학원 석사학위논문, 2002, pp. 32-34.

김용옥, 「현행국민학교 체육교육과정의 운영실태 분석 및 그 개선방안 연구」, 한국체육학회지, 33(1), 1994, pp. 49-64.

김의영, 「청소년의 무도수련 참가가 가치관 형성에 미치는 영향」, 명지대학교 대학원 박사학위논문, 2001, p. 37.

노일환, 「한·일 체육교육과정 비교분석 Ⅱ; 중등학교 제6차 개정안을 중심으로」, 공주대교육연구, 제10집, 1995, pp. 43-66.

노희덕·김방출, 「한국 대학의 체육계 학과 전문교육과정의 변천에 관한 연구」, 서울대 체육연구소 논문집, 제12권 1호, 1991, pp. 19-28.

박승찬, 「한·중 FTA 추진관련 중국 정부조달시장 및 진출전략 연구」, 외교통상부 연구보고서, 2007.

박준석, 「뉴테러리즘의 국가적 대응전략과 민간경호경비 연계성과 발전방안」, 2005년 제7회 한국민간경비학회 정기학술세미나 논문집, 2005, p. 58.

박준석, 「경호학의 학문적 정립을 위한 발전방안」, 제7회 한국경호경비학회 학술세미나, 2001, pp. 33-36.

박준석·박대우, 「한국 민간경호경비 관련 자격제도 도입방안」, 제7회 한국경호경비학회 학술세미나, 2004, p. 202.

서 민, 「우리나라 민간경비산업의 문제점과 개선방안에 관한 연구」, 성균관대학교 행정대학원 석사학위논문, 2003, pp. 26-27.

서진석, 「민간경비의 개념정의와 새로운 경향에 관한 이론적 고찰」, 21세기 질서행정, 성석 정진환 교수 정년기념논총 간행위원회, 2002, p. 331.

세종연구소, 「테러와 한국의 국가안보」, 세종 정책토론 보고서, 2004.

안창훈, 「경비지도사 제도의 문제점 및 개선방안에 관한 연구」, 논문집, 제17집, 경찰대학, 1997, pp. 20-21.

양재열, 「경호의 기본적 이론에 관한 연구」, 연세대학교 행정대학원 석사학위논문, 1995.

양재열, 「경호의 본질적 이론에 관한 연구: 국가원수 경호를 중심으로」, 연세대학교 행정대학원 석사학위논문, 1995, p. 21.

양진방, 「해방이후 한국태권도의 발전과정과 그 역사적 의미」, 서울대학교 대학원 석사학위논문, 1986, p. 215.

엄기진, 「한 · 일 체육과 교육과정 변천 비교 연구」, 강원대학교 인문학연구, 제18집, 1983, pp. 153–180.

오선경, 「민간경비 역할증대에 따른 인력관리 효율화 방안에 관한 연구」, 동국대학교 행정대학원 석사학위논문, 2000, pp. 22–23.

위준혁, 「경호경비에 관한 연구」, 동국대학교 대학원 석사학위논문, 1968, p. 97.

이강일, 「테러리즘에 대한 국제 사회적 대응 방안과 그 문제점」, 한국테러리즘 연구소, 2002, p. 1.

이기헌 · 임영철 · 기광도, 「미국 경찰의 범죄예방활동에 관한 연구」, 한국형사정책연구원, 1995, p. 57.

이범제, 「체육계 학과의 교육과정 비교 연구」, 국민대학교 대학원 박사학위논문, 1992.

이영래, 「요인테러의 실태분석에 의한 경호적 대응방안에 관한 연구」, 연세대학교 대학원 석사학위논문, 1999, p. 68.

이영우, 「우리나라 경찰기관 개선론 연구」, 청주대학교 대학원 박사학위논문, 2009, p. 47.

이윤근, 「범죄예방을 위한 공경비 섹터의 민영화 방안에 관한 연구」, 한국민간경비학회 국제학술세미나, 2003, p. 111.

이윤근, 「한국 사경비 발전방안에 관한 조사연구」, 동국대학교 대학원 박사학위논문, 1989, pp. 18–19.

이윤임, 「기업의 위기관리PR에 관한 연구」, 연세대학교 대학원 석사학위논문, 1991, p. 11.

이재진, 「국가위기관리를 위한 요인경호시스템에 관한 연구」, 성균관대학교 경영대학원 석사학위논문, 2002.

이충수, 「朝鮮王朝時代 侍衛制度의 史的硏究」, 연세대학교 대학원 석사학위논문, 1997, p. 17.

장기붕, 「21세기 국가경호기관 MODEL에 관한 연구」, 연세대학교 행정대학원 석사학위논문, 2001, p. 10.

장대홍, 「미국 민간경비산업의 새로운 경향, 민간경비산업의 국제적 동향」, 한국민간경비학회, 2001, pp. 26–27.

장석현, 「국가중요시설의 대테러방안에 관한 연구」, 2005년 제7회 한국민간경비학회 정기학술세미나 논문집, 2005, pp. 8–9.

장영인, 「대학 사회체육학과의 교육과정에 관한 연구」, 순천대학논문집(인문사회과학), 제10집, 1991, pp. 111-124.

전태인, 「고려시대 무예활동을 통한 친위조직연구」, 한국체육대학교 대학원 박사학위논문, 2005, pp. 116-120.

정동활, 「각국 경호제도 비교분석과 21세기형 선진경호제도 연구」, 연세대학교 행정대학원 석사학위논문, 2004, pp. 40-48.

정선용, 「애틀란타 올림픽여자유도 체급별 사용기술에 관한 연구」, 국민대학교 대학원 석사학위논문, 1997, p. 15.

정윤길, 「지방공공서비스의 위탁계약 관리과정에 관한 연구」, 동국대학교 대학원 박사학위논문, 1998, pp. 9-10.

조미혜, 「제7차 체육과 교육과정 개정에 따른 체육교육과정 변천의 탐색」, 한국 스포츠교육학회지, 4(1), 1997, p. 3.

주영학, 「자치경찰제도의 정립 방안에 관한 연구」, 청주대학교 대학원 석사학위논문, 2009, p. 28.

코트라(KOTRA), 『06 중국투자기업 그랜드서베이』, 2007.

한국형사정책연구원, 「각국의 범죄예방정책에 관한 연구」(A Study on Crime Prevention Policies in Foreign Countries), 1994, p. 19.

3. 외국문헌

Aviv, Juval, *Staying Safe,* New York : HarperResource, 2004.

Bayley, David and Shearing, Clifford D., *The future of policing*, Law and Society Review, 30(4), 1996, pp. 585-606.

Burt Rapp 외 1, *Bodyguarding : A Complete Manual*, 1995.

Button, Mark, *Private Policing,* London : Willan Publishing, 2002.

Clark, C. M. & Peterson, P. L. 「Teachers thought processes」, In M. C. Wittrock(Ed.), *Handbook of Research on Teaching,* New York : MacMillan, 1986.

D'Aveni, Richard A. & MacMillan, IanC, 「Crisis and the Content of Managerial Communications : A Study of the Focus of Attention of Top Managers in Surviving and Failing Firms」, *Admistrative Science Quartly*, 35, 1990, pp. 634-657.

Duncan, A. J., 「Quality control and industrial statistics」, Richard D. Irwin, Inc., Homewood, Illinois, 1974.

E. H. Johnson, *Handbook on Crime and Delinquency Prevention*, Greenwood Press, 1987, p. 2.

Ennis, C., *Students' experiences in sport-based physical education : Apologies are necessary*, Quest, 1996, pp. 48, 453-456.

George, Bruce and Button, Mark, *Private security,* Perpetuity Press, 2000.

Gion Green, *Introduction to Security,* Boston : Butterworths, 1981, p. 18.

J. & Good, T. L., 「Teacher behavior and student achievement」, In M. C. Wittrock(Ed.), *Handbook of Research on Teaching,* New York : MacMillan, 1986, pp. 328-375.

Johnston, Les., *Policing Britain : Risk, Security and Governance*, London : Longman, 2000.

L. J. Fennelly, *Handbook of Loss Prevention and Crime Prevention*, Butterworths, 1989, p. 4.

Linke, Curtis G., *Crisis-Deading with the Unexpected*, New York : Longman, 1989, p. 67.

Louis A. Radelet, David L. Carter, *The Police And The Community*, New York : MacMillan College Publishing Company, p. 60.

Mark V. LonsDale, *Body guard*, Los Angeles : California 90049, 1995.

Nalla, M. K. and Newman, G. R., *Public Versus Private Control : A Reassessment*, Journal of Criminal Justice, Vol. 19, 1991, pp. 537-547.

National Crime Prevention Institute, *Understanding Crime Prevention*, Butterworths, 1986, p. 2.

National Crime Prevention through Environmental Design, Sage Publications, 1977, p. 24.

P. J. Brantingham and F. L. Faust, 「A Conceptual Model of Crime Prevention」, *Crime and Delinquency*, 22, 1976. 6, p. 292(E. H. Johnson, op. cit.), p. 3.

Petak, Willam J. *Emergency Management : A Challenge for Public Administration,* Public Administration Review, 45, Special Issue, 1985, p. 3.

Private Security, *Report of the Task Force on Private Security*, U. S. Government Printing Office, 1976, p. 4.

Stenning, Philip C. and Shearing, Clifford D., *The quiet revolution : the nature, development and general legal implications of private security in Canada*, Criminal Law Quarterly, 22, 1980, pp. 220-248.

Shearing, Clifford D. and Stenning, Philip C., *Modern Private Security : Its Growth and Implications*, in Crime and Justice, Vol. 3, edited by M. Tonry and N. Morris, Chicago : University of Chicago Press, 1981, pp. 193-245.

S. P. Lab., *Crime Prevention-Approaches, Practices and Evaluations*, Anderson Publishing Co., 1992, p. 10.

The Homeland Security Presidential Directive-1, October 29, 2001.

The Secret Service Moments in History, 1990, p. 4.

Tomas M. Scott and Marlys McPherson, *The Development of The Private Sector of The Criminal Justice System*, Law and Society Review, Vol. 6, No. 2, pp. 267-288.

U.S. CID, *Protective Service*, 1978.

U.S Department of State, *National Strategy for Combation Terrorism,* Washington : DoS, September 2006, p. 21.

Webster's New Collegiate Dictionary.

4. 기타

「경비업법」 제2조 제1항.

「대통령 등의 경호에 관한 법률」(법률 제10060호, 2010. 3. 12 개정), 제2조.

「성폭력범죄의 처벌 및 피해자보호 등에 관한 법률」(2010년 1월 18일 개정).

「용역경비업법」(법률 5124호, 1995. 12. 30) 제2조.

「일본경비업법」 제2조 1항[경비업무].

내일신문, 2008년 3월 5일.

동아일보, 「테러 후유증과 대변화」, 2005. 9. 10.

아시아경제, 「中 진출 국내기업, 폭탄테러로 비상」, 2008.

연합뉴스, 「작년부터 테러피해 우려 부각」, 2007.

연합뉴스, 「조직폭력배 8년간 31% 증가, 구속자는 55% 감소」, 2010년 4월 12일자.

연합뉴스, 「조폭 전성시대… 한국판 야쿠자 현실화하나」, 2010년 4월 12일자.

http://www.pss.go.kr/pss/introduce/organization.jsp(2010년 4월 2일 검색).

http://www.pss.go.kr/warp/kr/data/old_security(2010년 4월 2일 검색).

http://www.pss.go.kr/warp/kr/introduse/history(2010년 4월 2일 검색).

http://www.smpa.go.kr/202sc/(2010년 4월 13일 검색).

http://www.sisters.or.kr/index.php/subpage/pds/1(한국성폭력 상담소).

http://www.secretservice.gov/faq.shtml#faq9(2010년 3월 30일 검색).

http://www.trea/gov/usss(미국 S.S 홈페이지).

http://www.secretservice.gov/FY2008_AnnualReport_WM.pdf

http://www.cevretservice.gov/opportunities_agent.shtml(2010년 3월 24일 검색).

http://www.secretservice.gov/faq.shtml#faq23(2010년 3월 24일 검색).

http://www.secretservice.gov/opportunities_ud.shtml(2010년 4월 1일 검색).

http://www.secretservice.gov/faq.shtml(2010년 4월 13일 검색).

http://www.met.police.uk/about/(2010년 4월 4일 검색).

http://www.met.police.uk/about/leadership.htm(2010년 4월 4일 검색).

http://www.met.police.uk/about/organisation.htm(2010년 4월 4일 검색).

http://www.met.police.uk/(영국 MPS조직도, 2010년 자료).

저자소개

■ 박준석

현재) 용인대학교 무도대학 경호학과 교수
한국민간경비학회 상임이사
대한무도학회 상임이사
경호경비학회 이사
한국공안행정학회 이사
경기대학교 대학원 졸업(이학박사)
경비지도사 자격시험 출제위원
특수경비원 신임교육 외래교수

〈논 문〉

경호학의 학문적 정립을 위한 발전방안(2001)
한국대학의 경호관련 이론분야의 학문적 발전방안(2000)
한국 금융기관의 시설경비 실태 및 발전방안(2004)
경호무도의 기술적용과 발전방안(2004)
호텔시큐리티에 대한 대응방안(2005)
민간경호경비원 교육훈련의 개선방안(2005)
민간경호경비 관련 전문 자격제도 도입방안(2006)
뉴테러리즘의 국가적 대테러전략과 민간경호경비 관련성에 관한 연구(2006)
외 다수

〈저 서〉

민간경호 · 경비산업론(백산출판사)
뉴테러리즘개론(백산출판사)
경호학의 이해(백산출판사)
경호무도(홍경출판사)
한국무예학통론(백산출판사)
호신술과 자기방어(백산출판사)
레저자원(백산출판사)
경호학의 학문적 기초(한국학술정보)

■ 정주섭

현재) 가천길재단 비서실장
경원대학교 태권도학과 교수
한국경호경비학회 상임이사
경기대학교 경호안전학 박사
대통령경호실 경호관
대통령부속실 비서관

경호학원론

2010년 6월 15일 인 쇄
2010년 6월 22일 발 행

공저자 박 준 석·정 주 섭
발행인 (寅製) 진 욱 상
발행처 백산출판사
서울시 성북구 정릉3동 653-40
등록 : 1974. 1. 9. 제 1-72호
전화 : 914-1621, 917-6240
FAX : 912-4438
http://www.ibaeksan.kr
edit@ibaeksan.kr
biz@ibaeksan.kr

저자와
합의하에
인지첩부
생략

값 20,000원
ISBN 978-89-6183-325-7